제3판

# 재난관리론 II
## 유형·국가별 재난관리체계

임현우 · 유지선

"재난이란 무엇이고 어떻게 관리해야 하는가?"

이 책은 재난관리를 소명으로 안고 살아가는 재난관리 종사자이자

연구가인 부부가 쓴 재난관리 분야에 대한 실제적 이론서이다.

박영사

이 책을 지금의 나를 있게 해 주신 임영택, 장봉덕, 유종일, 고순례 부모님의
80여 년간의 삶에 대한 존경의 의미로 그분들께 바칩니다.

그리고 그분들이 일궈 놓은 세상에서 안전한 삶을 영위해야 하는
내 아이들 임희서, 임효주와 같은 미래세대를 위해 쓰이길 바랍니다.

3판을 준비하는 동안 발생한 10.29. 이태원 참사는 피해자뿐만 아니라 사회 전체적으로 잊을 수 없는 비통함을 주었다. 또한, 참사의 후유증은 다시 날카로운 도구가 되어, 사회 구성원 서로의 마음에 상처를 주고 사회적 갈등까지 야기하고 있다. 3판 출간이라는 저자의 부끄러운 노력이 안전한 사회를 위한 작은 보탬이라도 되기를 다시 한 번 소망해 본다.

3판에서는 2판의 틀을 가급적 유지하면서, 기존의 재난유형별 관리체계를 보다 구체적으로 보강하고, 국가별 재난관리체계를 새롭게 선보인다. 그동안 저자는 재난유형 간 공통적 접근방식(All-Hazards Apporach)으로의 전환을 주장하면서, 현행 재난유형별 개별적 접근방식의 소개에는 신중하였다. 하지만 재난관리 현업 종사자에게는 아직 재난유형별 개별적 접근방식이 익숙할 뿐만 아니라 재난유형 간 공통적 접근방식으로의 완전한 전환에는 시간과 노력이 필요하다. 이러한 점에서 오히려 현행 재난유형별 관리체계를 구체화하는 것이 현실적이라고 판단하였다.

해외사례라고 불리는 국가별 재난관리체계를 새롭게 선보인 것도 같은 이유에서다. 그동안 저자는 수박 겉핥기식의 단편적 해외사례 소개보다는 우리나라 재난관리 방식의 철학과 원칙을 제시하고 의미를 부여하는 방식을 집필 원칙으로 삼아 왔다. 하지만 재난이 발생할 때마다 해외 재난관리 운용사례에 대해 사회적 관심이 집중되고, 각 나라가 처한 정치, 행정 등의 고유한 특성에 대한 충분한 이해없이 해외 선도국가의 운용사례를 맹목적으로 추종하자는 다소 위태로워 보이는 주장이 제기되어 왔다. 저자는 이러한 현실을 존중하자는 의미에서 그동안 국내외에서 강의와 연구를 준비하며 수집해온 자료를 바탕으로 국가별로 상이한 해외사례를 소개하며 독자의 이해를 돕고자 한다.

저자의 새로운 시도로 책의 분량이 증가하면서, 재난관리론 I(이론과 실제), 재난관리론 II(유형·국가별 재난관리체계)의 2권으로 분권하였다는 점에 대해 독자 여러분의 양해를 구한다. 다시 한 번 3판이 세상에 나올 수 있도록 도움을 주신 재난현장 일선에서 저자와 함께 고군분투하고 있는 선후배와 동료들, 박영사의 조성호 이사님, 사윤지 님 등 출판 관계자를 비롯해 저자의 출간을 독려하고 응원해 주신 모든 분들께 감사의 인사를 드린다.

2024년 2월
대한민국 재난현장에서
저자 임현우, 유지선

## 2판 서문

　초판을 발행한 지 벌써 3년여가 지나간다. 그동안 많은 대학에서 재난관리론 수업 교재로 초판을 채택하여 주는 등 예상하지 못한 과분한 사랑을 받았다. 재난관리 관련학과 외에도 행정ㆍ정책학과, 소방ㆍ경찰학과, 안보ㆍ비상대비학과 등에서 신규로 수업과정을 개설하면서까지 본서의 내용을 가르쳐주신 것에 깊은 감사와 함께 막중한 책임을 느낀다. 특히, 일부 행정ㆍ정책학과에서의 재난관리론을 정규과목으로 채택한 데 대해서는 "재난관리 역량은 일선 행정가에게 가장 필요한 덕목 중 하나이다"라는 그간 저자의 주장에 대한 사회적 응답으로 느껴져 보람을 느낀다.

　이번 개정판에서는 초판의 단독 저자에게 인생의 동반자이자 재난관리 분야에서 함께 분투하고 공부해온 아내 유지선 박사가 집필에 참여하였다. 우리 부부는 지난 2017년, 미국에서 최초로 재난관리학 학사학위 과정이 개설된 University of North Texas의 행정학과 박사과정을 40이 넘은 나이에 진학했었다.

　그간 재난관리가 토목, 건설 등과 같은 공학분야 중심으로 연구되어온 한국에서 국가 재난관리자로 근무해온 우리 부부에게 인문사회학을 모태로 가르치는 미국 재난관리 학문은 매우 신선한 경험이었다. 저는 재난관리에 대한 사람들의 행태이론에 관심을 가졌고 유지선 박사는 기후변화와 연계한 행정분야의 협력체계를 연구하는 계기가 되었다.

　초판에서 강조한 바와 같이 재난관리학은 매우 다양한 분야에서 연구되어 왔지만 이런 다양성 때문에 오히려 전체적인 통찰력을 가지고 연구되기 어려운 한계가 있다. 우리 두 사람도 비록 같은 학위과정에서 공부했지만 행정학 이론에 보다 치중하는 유지선 박사와 그간의 공학적 한계를 심리학 이론으로 보완코자 노력하는 저의 관심도는 서로 다르다. 우리 부부는 이러한 차이가 이 책의 다양성을 넓히는 데에 도움이 될 것이라는 기대를 하며 이번 개정판 저술 작업에 함께 참여하였다.

이 개정판에는 재난관리 현업에 종사하며 연구자의 생활을 하는 우리 부부의 시간적 한계로 그간의 학문적 관심 연구성과가 충분히 반영되지는 못하였다. 그러나 위험지각(제2장)에 대한 내용을 보강하고 최근 이슈가 되고 있는 재난대피 행동학(제14장), 재난의 불평등성(제15장), 탈진실의 시대와 위험 커뮤니케이션(제16장), 기후변화와 재난관리(제19장) 등의 내용이 추가되었다.

또한, 재난관리 종사자에게 실질적으로 필요한 각종 재난유해별 특성과 현행 재난·사고관리체계를 부록에서 폭넓게 보완하였다. 아울러, 재난관리에 익숙치 않은 초심자도 쉽게 접근할 수 있기를 바라는 마음을 담아 책의 전개 순서를 재난의 개념과 발생(제1장)부터 순차적으로 소개하는 방식으로 변경하였다.

개정판을 준비하는 동안 기상관측 역사상 가장 긴 장마였다는 2020년 여름과 전대미문의 재난상황인 코로나19의 중앙재난안전대책본부 담당관으로 근무하였다. 또한, 피해자 시신수습에만 29일이 걸렸던 2022년 광주 현대산업개발 신축 아파트 붕괴사고에서는 사고상황을 총괄조정하는 행정안전부 담당국장으로, 역대 피해면적이 두 번째로 넓었던 2022년 강원·경북 산불에서는 중앙재난안전대책본부 통제관으로 근무하였다(이상 저자 임현우). 이 기간 동안 희생되신 수많은 사람들과 그 가족들에게 안타까운 마음과 함께 통렬한 책임의식을 가진다.

이 개정판은 이러한 책임의식에서 비롯하여 재난관리를 평생의 소명으로 살아가겠다고 다짐한 우리 부부의 작은 노력의 시작이다. 다음 개정판이 나올 때쯤에는 보다 안전한 사회에서 우리 아이들이 밝은 모습으로 살아가길 바란다.

개정판의 많은 내용들은 재난관리 현장에서 함께 부딪히며 노력해온 동료들과의 고민과 도움으로 완성되었다. 특히, 행정안전부 자연재난대응과, 중앙재난상황실, 사회재난대응정책관실(이상 저자 임현우), 국제협력담당관실, 안전소통담당관실(저자 유지선) 등에서 함께 동고동락했던 동료들에게 깊은 감사를 드린다. 그리고 우리 부부에게 재난관리 학문의 새로운 시각을 갖도록 해준 University of North Texas의 Simon Andrew, Garry Webb, 장희선 교수님께도 감사의 마음을 전한다. 그분들의 가르침은 행정현장에서 경직되어온 사고에 보다 포괄적인 유연성을 선물해 주셨다. 마지막으로 보잘것없는 저자의 원고를 발전시켜 이 책의 출판이 가능토록 해준 조성호 이사님, 김상인 위원님 등 박영사 관계자께 다시 한번 감사의 인사를 드린다.

2022년 3월
대한민국 재난현장에서
저자 임현우, 유지선

재난관리 업무에 첫발을 내딛은 후, 지난 15년간 미뤄 둔 숙제를 이제야 마친 기분이다. 15년 전 저자는 우리나라 최초의 재난관리 전담기관인 소방방재청에서 재난관리 업무를 시작하게 되었다. 재난관리 공무원으로의 삶은 매우 역동적이었다. 평상시에는 일반적인 중앙부처 공무원들처럼 기획, 입법 등 정책업무를 수행하였다. 하지만 예기치 않은 재난이 발생하면 24시간 상황근무 체계로 업무가 전환되면서 상황실에서 밤을 새웠고, 이후 상황이 수습되면 피해 현장을 찾아 복구 계획의 수립을 지원하는 삶이었다.

하지만 이렇게 바쁜 생활 속에서 당시 머릿속에는 떠나지 않은 의문이 있었다. 바로 "진정한 재난관리는 어떤 것일까?"라는 매우 어리석지만 근본적인 질문이었다. 항공사고, 환경오염 등 각종 사고에는 따로 주관부처가 있었고, 사고현장에는 소방, 경찰 등 초기대응자가 구조업무를 하고, 또 해당지역에는 지방자치단체도 있었다. 이러한 업무관계 속에서 재난관리라는 업무는 당시 내게 매우 추상적으로 다가왔다. 담당하고 있는 업무에 대한 확신이 생기지 않았다.

나중에 알게 된 것이지만 이런 의문은 내 자신만의 문제는 아니었다. 업무에 종사하는 내 동료와의 대화 속에서, 그리고 재난연구를 하는 학자, 학생에게서도 내가 겪고 있는 비슷한 혼란을 발견하였다. 이러한 혼란은 그들 스스로의 자존감을 떨어뜨리는 역할을 하기도 했고, 사회 전체적으로 재난관리라는 학문과 업무의 존립에 대한 의문으로 이어졌다.

그러던 중에 운이 좋게 UN 등에서 주최하는 여러 국제회의에 참석할 수 있는 기회들을 갖게 되었고 여기에서 다른 나라의 재난사례와 세계적으로 공유되는 재난관리의 의미에 대해 조금씩 알게 되었다. 또한, 미국 유학의 기회도 갖게 되어 박사과정 연구자로 미국 연방재난관리청(Federal Emergency Management Agency; FEMA)에서 발주한 연구과제 등에 참여하며 보다 실질적인 지식을 접하게 되었다.

이후 귀국해서 맡은 업무 중 하나가 우리나라의 재난상황을 총괄하는 재난상황실장의 업무였다. 재난상황실장의 업무는 그동안 맡아왔던 재난관리 담당자의 역할과는 또 다른 차원의 일이었다. 낮과 밤을 가르지 않고 수많은 사고들이 매일 발생했고, 어떤 날에는 끔찍한 대형 재난을 맡아야 했다. 그 어떤 사고와 재난도 동일한 상황, 절차를 적용할 수 있는 것은 없었다. 어떤 것들은 상상조차 허락되지 않은 상황이었다.

이런 상황에서 줄곧 재난관리 업무를 해온 담당자로서 내 자신의 무기력함에 너무 부끄러웠다. 돌이켜보건대 그간의 내 경험과 지식은 너무 지엽적이어서 경험해 보지 못한 재난상황에서 전체적으로 바라볼 수 있는 안목을 갖추지 못했다.

이 책은 저자의 이러한 자기반성에서 출발하여 재난관리에 관한 각종 이론과 지식을 정리해 보기 위해 쓴 책이다. 수년에 걸쳐 재난관리에 관해 국내외적으로 출간된 서적과 논문들을 조사하고, 저자가 대학에서 학생들에게 강의하면서 정리한 자료들을 토대로 저술하였다.

「1편: 재난관리의 학문」은 '재난관리학'의 정체성에 관한 논의부터 현재의 독립 학문으로 자리매김하는 발전과정 등 학문으로서의 재난관리를 개괄적으로 다루고 있다. 이후 「2편: 재난관리의 기초」는 '재난이란 무엇인가?'에서부터 관련 이론들, 재난관리학의 발전, 재난관리 행정의 역사, 법령체계 전반, 정부의 재난관리 조직 · 기구 등 재난관리 전반을 개괄적으로 다루고 있다. 「3편: 재난관리의 단계」에서는 재난관리가 구체적으로 어떻게 이루어지는지를 단계별로 정리하였다. 또한 「4편: 협력적 재난관리」에서는 재난관리가 여러 이해관계자의 협력에 기반한다는 점에 초점을 맞춰 국내재난에 대한 민관협력과 국가 간 협력이 필요한 대규모 재난발생시의 국제협력으로 나누어 정리하였다. 마지막으로 「5편: 재난관리의 현안」에서는 최근 관심을 받고 있는 재난관리 현안으로, BCM(Business Countinuity Management)으로 대표되는 기업재난관리, 금융시장을 통한 재난위험을 분산하는 재난보험, 재난특성을 물리적 피해에서 심리적 현상까지 확대하는 재난심리와 위험인식, 그리고 위험 커뮤니케이션 등을 다루었다.

막상 출판을 하자니 망설여진다. 재난관리학 강의의 교재로 활용하기 위해 학기 시작 전에 마무리해야 한다는 성급함에 당초에 준비하고 있었던 국내외 주요 재난발생 사례, 주요 국가별 재난관리체계, 의미 있는 재난관리 담론 등을 충분히 반영하지 못하였다. 이런 부분은 향후 개정판의 후속작업에 반영할 예정이다. 아무쪼록 이 책이 15년 전의 저자와 똑같은 질문, "도대체 재난관리란 무엇이지?"를 가지고 있는 재난관리학을 배우는 학생들 그리고 현업에 종사하고 있는 담당자뿐만 아니라 재난관리에 관심을 가지는 모든 사람들에게 조금이라도 재난관리를 이해하는 데 도움이 되길 바라며, 우리 사회가 재난 없는 안전한 사회가 되는 데 작은 초석이 되기를 기원해 본다.

이 책은 그동안 저자에게 재난관리에 대한 가르침을 주신 수없이 많은 분들의 도움으로 완성되었다. 한 분, 한 분을 적는 것이 오히려 지면의 제약으로 인해 누락될 수 있는 분들께 서운함을 줄 수 있을 것 같아 실례를 무릅쓰고 마음속 감사의 표현으로 이를 대신한다. 하지만 항상 역동적인 모습으로 제자를 격려해 주시다 지금은 고인이 되신 서울대학교 김재관 교수님, 재난관리의 다양한 학문영역을 경험하게 해준 (前)University of Illinois at Urbana-Champaign 송준호 교수님, University of North Texas의 Simon Andrew, Garry Webb 교수님의 가르침은 아직까지 잊을 수가 없다. 그리고 항상 부족한 남편을 격려해 주며 같은 재난관리 업무에 종사하며 학문연구에 매진하고 있는 내 아내 유지선에게도 다시 한번 고마움을 전한다. 마지막으로 보잘것없는 저자의 원고를 발전시켜 이 책의 출판이 가능토록 해준 조성호 이사님, 박송이 대리님 등 박영사 관계자께 다시 한번 감사의 인사를 드린다.

2019년 6월
University of North Texas의 재난상황연구실(EOC Lab)에서
저자 임현우

# 목차

# PART 01

# 재난유형별
# 관리체계

지구상에는 다양한 유형의 재난이 존재해 왔다. 또한, 지금도 새로운 재난이 발생하면서 인류에게 새로운 위협을 가하고 있다. 재난관리자는 이러한 수많은 재난의 개별적인 특성을 파악하고 효과적으로 대응해 나가야 한다. 하지만 수많은 재난에 대해 일일이 개별적 특성을 파악하고 대응하는 것은 현실적으로 어렵다. 따라서 다양한 재난에 대해 효율적으로 대응하기 위해서는 각 재난의 공통 요소를 찾고 분류하는 작업이 필요하다.

　최근 일부 학자들은 재난이란 유무형의 대규모 피해로 기능이 마비된 사회적 현상이기 때문에 재난의 유형을 구분하는 것은 의미없다는 주장을 하고 있다. 이러한 주장에 기반하여 다양한 재난유형에 대한 공통된 접근방식을 정립하고 이를 표준화시키는 일에 속도를 내야 한다는 목소리가 커지고 있는 상황이다.

　하지만 실제 현업에서 재난관리 업무에 종사하는 사람들은 여전히 재난유형별 접근방법에 대한 미련을 버리지 못한다. 이는 재난업무를 하기 위해서는 최소한 해당 재난을 일으키는 위해(hazard)의 개별적 특성에 대한 이해부터 시작해야 하며, 아직까지 재난유형 간에 통용되는 표준화된 관리방식 마련에 이견이 좁혀지지 않고 있기 때문이다. 이 파트에서는 학문적인 접근보다는 실무적인 시각에서 현업 종사자를 위한 내용을 다루고자 한다.

- **다양한 재난분류 방식**

　재난의 정의가 학파, 학자, 기관 등에 의해 다양한 것처럼 그 분류 기준도 매우 다양하다. 전통적으로 재난유형별 접근방법은 길버트(Gilbet, 1998)의 접근방법 중 재난을 외부세력의 침입으로 보는 관점에 기반하여, 재난을 일으키는 위해(hazard)를 기준으로 태풍, 호우 등 자연현상에 의한 자연재난(natural disaster)과 붕괴, 폭발 등 인적작용에 따른 인위재난(man-made disaster)으로 구분한다. 우리나라의 「재난 및 안전관리 기본법」에서도 발생원인에 따른 전통적인 분류체계에 따라 재난을 <u>자연재난</u>과 광의의 인위재난이라 할 수 있는 <u>사회재난</u>으로 구분하고 있다.

　하지만 최근 많은 학자들은 발생원인에 따른 재난분류 방식의 한계성을 인식하고 좀 더 포괄적인 시도를 하고 있다. 재난은 유무형의 대규모 피해로 기능이 마비된 사회적 현상으로서 발생원인에 따라 이분법적으로 구분하는 것은 잘못된 주장일 뿐만 아니라 최근 자연적 요소와 인위적 요소가 복합적으로 일어나는 상황에서 자연재난과 인위재난의 엄격한 분류도 현실적으로 어렵다는 주장이다.

　이러한 주장의 가장 대표적인 학자가 다인스(Dynes, 1970)이다. 그는 재난의 분류기준으로 발생빈도(frequency), 발생원인(cause), 진행속도(speed of onset), 지속시간(duration), 영향범위(scope of impact), 예측 가능성(predictability), 피해 잠재성(destructive potential), 제어 가능성(controllability), 사전 징후성(length of possible forewarning)의 9가지를 제시한 바 있다.

### ▪ 현업에서 활용되는 방식

이러한 다양한 분류방식과 학설에도 불구하고 실제 현업에서 재난관리 업무에 종사하는 사람들은 재난위해, 즉 발생원인에 따른 분류방식에 대한 미련을 버리지 못한다. 이는 우리 재난관리체계에서 담당인력의 전문성, 조직 및 법률체계에 기초하고 있기 때문이다.

일반적으로 재난관리 업무는 재난위해를 기준으로 담당하는 기관 및 부서로 나누어진다. 또한, 대학 등 전문가를 양성하는 기관에서는 주로 재난위해별로 전문가가 양성되고 있다. 예를 들어, 재난위해 중 산불이라고 하면 중앙부처에서는 산림청, 지방자치단체에서는 산림부서가 이를 담당하고 있으며, 「산림보호법」을 기반으로 산불에 대한 예방, 대비, 대응, 복구업무를 추진하고 있다. 뿐만 아니라 산림청과 산림부처에서 산불을 담당하는 종사자 중 전문인력은 주로 대학 등에서 산림관련 분야를 전공했거나 별도로 공부했던 사람들이다.

방사능 누출의 경우에는 원자력안전위원회와 지방자치단체의 원자력 관련 부서에서 「원자력시설 등의 방호 및 방사능 방재 대책법」을 통해 예방뿐만 아니라 대비, 대응, 복구 등 일련의 재난관리 활동을 실시하고 있다. 이들은 전문인력으로 원자력 분야를 전공했거나 별도로 공부했던 사람들이다.

즉, 산불, 방사능 누출 등과 같은 전문분야의 재난관리 업무를 하기 위해서는 최소한 해당 재난을 일으키는 위해(hazard)의 특성에 대한 이해부터 시작해야 하기 때문에 관련 전문지식과 이를 위한 조직 및 법률체계가 별도로 필요하다는 사회적 인식이 강하다. 이러한 인식은 재난위해에 대한 분야별 전문성은 강화시킬 수 있지만, 오히려 재난관리 분야에서 상호간에 배타성을 야기시켜 재난관리 방식의 표준화를 이끌어내지 못하고 있다.

이렇게 현업에서는 발생원인에 따라 재난유형별로 차별화된 관리방법이 적용될 수밖에 없다는 현실적 불가피성으로 우리나라의 「재난 및 안전관리 기본법」에서도 발생원인에 따른 전통적인 분류체계에 따라 재난을 <u>자연재난</u>과 광의의 인위재난이라 할 수 있는 <u>사회재난</u>으로 구분하고 있다.

### ▪ 이 파트의 기술방식

따라서 여기에서는 학문적인 접근보다 실무적인 시각에서 현업 종사자를 위한 내용을 다루고자 한다. 재난위해의 종류, 즉 발생원인에 따른 재난분류법에 따라 재난을 구분하고 그에 따라 재난발생 및 특성 그리고 재난대응 및 대책이라는 측면에서 살펴본다.

관계법령의 취지에 맞춰 자연재난은 기상재난, 지질재난 및 우주재난으로 구분하였으며, 인적재난은 화재, 붕괴 등과 같은 사고성 재난, 국가핵심기반의 마비, 전염병 및 감염병과 같은 질병성 재난 그리고 최근 신종재난으로 부각된 미세먼지 등 그 밖의 재난으로 구분하였다.

다만, 일부 재난의 경우에는 자연현상과 인간행위에 따라 자연재난과 인적재난으로 모두 발생할 수도 있다. 예를 들어 산불의 경우에는 낙뢰 등과 같은 자연적인 요인과 실화와 같은 인위적인 요인이 혼재되어 각각 발생한다. 따라서 이러한 경우에는 자연재난이 되기도 하고 인위재난이 되기도 한다. 이런 취지로 이 장에서는 자연현상에 의해 발생하는 재난(자연재난), 인적작용에 의해 발생하는 재난(인위재난) 그리고 자연현상과 인위재난으로 모두 발생가능한 재난으로 나누어 설명한다.

# CHAPTER
# 01

# 자연현상에 의해 발생하는 재난: 자연재난

## 1. 개설

　「국가위기관리지침(2013)」 등에서는 자연재난을 일으키는 위해를 기상재난의 위해(meteorological hazards)와 지질재난의 위해(geological hazards)로 구분하고 있다. 여기에서도 이러한 분류체계에 따라 <u>기상재난</u>과 <u>지질재난</u>으로 구분한다. 그리고 최근 태양흑점 폭발 등에 의해 발생하는 우주전파 등에 의한 재난을 <u>우주재난</u>으로 구분하여 추가로 서술한다.

　먼저 우리나라에 주로 영향을 주는 자연재난을 살펴보면, 표 1.1에서 보이는 바와 같이 최근 10년간 국비지원이 이루어진 자연재난에 대해 연평균 3,418억 원의 피해를 입고 있다. 이러한 자연재난을 일으키는 위해를 크기순으로 표시하면 호우 → 태풍 → 대설 → 강풍 → 풍랑 등의 순임을 알 수 있다.

### 표 1.1 최근 10년간 원인별 피해액 현황(2010~2019)

(단위: 백만 원)

| | 2010년 | 2011년 | 2012년 | 2013년 | 2014년 | 2015년 | 2016년 | 2017년 | 2018년 | 2019년 | 연평균 |
|---|---|---|---|---|---|---|---|---|---|---|---|
| 호우 | 188,864 | 516,581 | 37,639 | 156,257 | 141,283 | 1,255 | 37,831 | 103,522 | 53,810 | 1,651 | 123,869 |
| 태풍 | 180,238 | 213,749 | 975,991 | 1,670 | 5,257 | 13,873 | 226,085 | 0 | 70,629 | 212,778 | 190,027 |
| 대설 | 69,274 | 46,973 | 19,790 | 11,208 | 32,210 | 13,476 | 19,701 | 85 | 14,035 | 671 | 22,742 |
| 강풍 | 182 | 0 | 25,974 | 921 | 94 | 4,028 | 0 | 0 | 7 | 7 | 3,121 |
| 풍랑 | 7,351 | 292 | 0 | 44 | 0 | 345 | 8,752 | 617 | 2,823 | 474 | 2,069 |
| 합계 | 447,919 | 779,606 | 1,061,406 | 172,113 | 180,858 | 34,992 | 294,385 | 106,241 | 143,322 | 217,600 | 341,828 |

\* 국비지원이 이루어진 재난에 대한 집계이며, 각 피해액은 2019년도 환산가격 기준임

\* 출처: 재해연보(행정안전부, 2019)

## 2. 기상재난

기상재난은 지상 대기상태의 변화와 관련된 것으로 태풍, 호우, 홍수, 대설, 강풍, 풍랑, 해일, 낙뢰, 가뭄, 황사 등에 의한 재난이다.

### 2.1 태풍

#### (1) 재난발생 및 특성

##### ■ 정의 및 분류

일반적으로 적도 부근의 저위도 지방에서는 태양으로부터 많은 에너지를 받아 형성된 따뜻한 공기가 바다로부터 수증기를 공급받아 저기압성 순환이 만들어진다. 이러한 저기압성 순환을 열대저기압(Tropical Cyclone)이라고 한다. 열대저기압은 그림 1.1에서 볼 수 있는 바와 같이 발생장소에 따라 그 명칭을 각각 달리하고 있다. 태풍이란 이 중에서 우리나라가 인접한 북서태평양에서 발생하는 중심부근 최대풍속이 17m/s 이상의 열대저기압을 말한다.

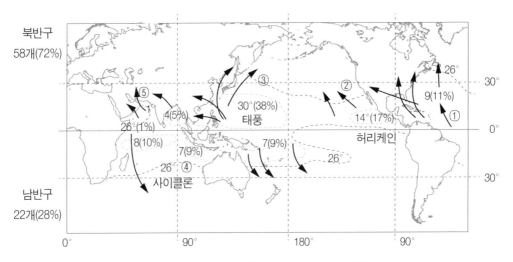

**그림 1.1 열대저기압의 발생위치에 따른 다양한 명칭**

*출처: 태풍백서(기상청, 2010)

즉, 우리나라가 속한 북서태평양에서 발생하는 태풍은 북대서양·북동태평양 등 북중미 인근해역에서 발생하는 허리케인(Hurricane), 인도양·아라비아해·남서태평양 등지에서 발생하는 사이클론(Cyclone)과 이름만 다를 뿐 열대저기압이라는 같은 기상현상이다. 호주 사람들은 사이클론 중에서 호주 인근에서 발생하는 것들을 윌리윌리(Willy-Willy)라고 차별해서 부르기도 한다.

　세계기상기구(World Meteorological Organization; WMO)는 표 1.2에서 보이는 바와 같이 열대저기압을 중심부근 최대풍속에 따라 열대저압부부터 태풍까지 4단계로 구분한다. 하지만 한국과 일본은 중심부근 최대풍속 17m/s 이하인 열대저압부와 그 이상인 태풍으로 2단계로 양분하고 있다.

### 표 1.2 열대저기압의 구분

| 중심부근 최대풍속 | 17m/s 미만 | 17~24m/s | 25~32m/s | 33m/s 이상 |
|---|---|---|---|---|
| 세계기상기구 | 열대저압부 (Tropical Depression; TD) | 열대폭풍 (Tropical Storm; TS) | 강한 열대폭풍 (Severe Tropical Storm; STS) | 태풍 (Typhoon; TY) |
| 한국, 일본 | 열대저압부 (Tropical Depression; TD) | 태풍 (Typhoon; TY) | | |

　열대저압부는 통상 TD(Tropical Depression)로 불리는데 aTD와 fTD로 나누어진다. aTD는 'analysis TD'의 약칭으로 중심부근 최대풍속이 11~14m/s인 상대적으로 약한 열대저압부로서 기상청에서는 자체적으로 분석만 실시할 뿐 국민들에게 예보하지는 않는다. 하지만 'forecast TD'의 약칭인 fTD는 중심부근 최대풍속이 14~17 m/s인 상대적으로 강한 열대저압부로서 24시간 이내 태풍으로 발달할 가능성이 높은 상태일 경우에는 그 분석결과를 예보하고 있다.

　태풍의 경우, 기상청에서는 강도에 대해 중심부근 최대풍속을 기준으로 표 1.3 과 같이 세분하고 있는데, 과거 약, 중, 강, 매우 강의 4개 등급에서 2020년부터 초강력 등급을 추가하여 약('-'로 표시), 중, 강, 매우 강, 초강력의 5단계로 정의하고 있다.[1] 과거에는 태풍의 크기도 소형, 중형, 대형, 초대형 등 4단계로 구분하였으나, 2020년부터는 단계별 구분 대신에 강풍반경(풍속 15m/s 이상)과 폭풍반경(풍속 25m/s 이상)을 직접 수치로 나타내고 있다.

---

1) 열대저기압인 태풍은 저기압의 한 종류이기 때문에 중심기압이 낮을수록 강하다고 할 수 있다. 보통 태풍의 중심기압은 930~970hPa 정도라고 알려져 있다.

표 1.3 태풍의 강도[2]

| 강 도 | 중심부근 최대풍속 |
|---|---|
| 약(−) | 17~25m/s |
| 중(normal) | 25~33m/s |
| 강(strong) | 33~44m/s |
| 매우 강(very strong) | 44~54m/s |
| 초강력(super strong) | 54m/s 이상 |

참고로, 미국에서는 허리케인의 강도를 표 4와 같이 사피아−심슨 허리케인 등급(Saffir−Simpson Hurricane Scale)에 따라 중심부근 최대풍속을 기준으로 5단계로 구분하고 있다.

표 1.4 허리케인 풍속등급

| 등 급 | 중심부근 최대풍속 |
|---|---|
| 열대저압부(Tropical Depression) | 17m/s 이하 |
| 열대폭풍(Tropical Storm) | 18~32m/s |
| 1등급(Category 1) | 33~42m/s |
| 2등급(Category 2) | 43~49m/s |
| 3등급(Category 3) | 50~58m/s |
| 4등급(Category 4) | 59~69m/s |
| 5등급(Category 4) | 70m/s 이상 |

* 출처: NOAA(2018)

■ 태풍의 발생

태풍이 발생하기 위해서는 뜨거운 수증기가 지속적으로 공급되고 소용돌이를 일으킬 수 있는 회전력이 있어야 한다. 적도인근은 뜨거운 수증기 공급은 원활하게 이루어지는 반면에 소용돌이를 일으킬 수 있는 바람이 불지 않는 무풍지대다. 따라

---

2) 언론에서 자주 언급되는 슈퍼태풍은 우리나라의 경우 특별한 기준이 없으나 미국 합동태풍경보센터(Joint Typhoon Warning Center; JTWC)에서는 중심부근 최대풍속이 67m/s(130knots) 이상인 태풍을 슈퍼태풍이라 정의하고 있다(국가태풍센터, 2011). 하지만 우리나라의 경우 풍속을 계산할 때, 10분 평균풍속을 사용하는 반면에 미국의 경우 1분 평균풍속을 계산한다. 일반적으로 통용되는 환산계수 0.88을 적용하면 우리나라 최대풍속으로는 약 59m/s(=67×0.88)가 된다.

서 일반적으로 태풍은 남북위 5° 이상 지역에서 발생한다.[3] 북반구에서 태풍이 주로 발생하는 위치는 계절에 따라 변화를 보이는데, 초여름에는 주로 북위 10~20°N에서 발생하다가 7, 8월 한여름에는 20~30°N 부근으로 북상하고 이후 다시 저위도로 남하한다(국가태풍센터, 2011).

태풍은 해수의 온도가 26℃ 이상일 때 발생하기 쉽다. 해수의 온도가 높아야 증발이 원활하게 이루어지기 때문이다. 이렇게 따뜻한 바다에서 증발된 수증기에 소용돌이가 생기게 되면 수증기가 주위에서 중심으로 모여들게 된다. 이러는 과정에서 수증기에 상승기류가 생기고 강한 호우를 만들어내는 높은 구름인 적란운으로 발달하게 된다. 특히, 수증기가 물방울이 되는 구름이 만들어지는 과정에서 많은 에너지가 방출되면서 더 강한 상승기류와 소용돌이가 만들어지는 상호작용을 하게 되는데, 이 과정에서 강한 폭풍우가 형성되게 된다.

---

### ✍ 태풍의 이름

정확한 기록을 찾을 수는 없지만 태풍에 이름이 부여되기 시작한 것은 호주의 예보관들에 의해 시작되었다는 주장이 많다. 당시에 호주의 예보관들은 태풍이 야기하는 부정적 영향과 연계하여 주로 자신이 싫어하는 정치인의 이름으로 태풍을 풍자적으로 부르곤 했다. 하지만 당시에는 태풍에 이름을 붙이는 것이 공식적으로 행해지던 것은 아니었다.

이후 공식적으로 이름이 부여되기 시작한 것은 제2차 세계대전 이후에 태풍업무를 미군이 주도하면서부터다. 당시 미군들은 태풍이 순해지라는 의미에서 태풍에 자신의 아내나 애인의 이름을 붙여 사용하였다. 그런데 이렇게 여성의 이름만을 사용하는 데 대해 성차별이라는 의견이 대두되었고, 이후 1978년부터는 남자와 여자 이름을 번갈아 사용하는 것으로 바뀌었다.

그리고 2000년 이후에는 태풍위원회 총회의 결정에 따라 태풍의 영향을 받는 아시아 지역 14개 회원국에서 각각 10개씩 제출한 140개의 이름을 5개 조로 나누어서 발생순서에 따라 순번을 정해서 사용하고 있다. 이때 어떤 태풍이 큰 피해를 일으킨 경

---

3) 태풍의 소용돌이가 반시계 방향으로 회전하는 이유는 '전향력' 때문이라는 가상의 힘으로 설명된다. 지구는 반시계 방향으로 회전하고 있기 때문에 북반구에서는 극지방에서 적도로 물체를 발사했을 때, 물체는 오른쪽으로 휘어진 것처럼 보인다. 즉, 이렇게 오른쪽으로 휘어진 것처럼 보이게 하는 가상적 힘을 전향력이라 하는데, 극지방에서는 최대이고 적도에서는 최소(0)가 된다. 이러한 전향력의 방향 때문에 태풍의 소용돌이는 반시계 방향으로 회전하며, 위도 5°N 이하의 저위도에서는 전향력이 약하기 때문에 태풍이 발생하지 않는다. 전향력은 발견한 과학자의 이름을 따서 '코리올리의 힘(Coriolis force)'이라고도 한다.

우에는 피해를 입은 나라의 요청을 받아 그 이름을 빼고 새로운 이름으로 바꾸기도 한다.

또한, 어떤 열대저기압은 최초에 발생지역상 허리케인이나 사이클론으로 불리다가 이후 태풍 예보구역으로 넘어와서 태풍으로 다시 분류되기도 한다. 이때는 현행 태풍의 이름 붙이기 방식을 사용하지 않고 당초 허리케인이나 사이클론에서 사용하던 이름을 그대로 유지한다. 예를 들어, 2023년에 허리케인 '도라'가 태풍 '도라'로 되었다.

*출처: 국가태풍센터(2021). 태풍백서. 기상청 국가태풍센터

### ■ 태풍의 발달: 이동경로

태풍은 발생 초기 북쪽으로 힘을 받아서 이동하게 되는데, 이는 태풍에서의 북쪽 지역은 전향력이 강해서 북쪽으로 끄는 힘이 강한 반면에, 남쪽은 전향력이 약해서 남쪽으로 끄는 힘이 약하기 때문이다. 이후, 태풍은 그림 1.2와 같이 발생 초기에는 편동풍을 타고 북서쪽으로 이동하다 북위 25~30°에 이르면 편서풍의 영향으로 북동쪽으로 방향을 바꾼다. 이때 편서풍이 부는 방향과 진행방향이 일치되어 이동속도가 더욱 빨라진다. 편동풍 지역에서의 이동속도는 평균 20km/h 정도이지만 전향할 때 늦어지다가 전향한 후에는 급속히 증가하여 평균 40km/h 이상으로 되기도 한다.[4]

진로는 전체적으로 여름철에 발달한 북태평양 고기압의 가장자리를 따라 이동하는데, 북태평양 고기압의 세력이 강할 때에는 중국 대륙으로, 약할 때는 일본 열도 쪽으로 치우치게 된다. 따라서 그림 2와 같이 초여름에는 중국 대륙으로, 늦여름에는 일본 열도로 치우치는 경로를 따르게 된다.

---

[4] 정체되거나 이동이 느린 태풍은 대체로 원형을 이루고 있지만, 이동 중인 태풍은 일반적으로 이동방향으로 처지는 모양이다.

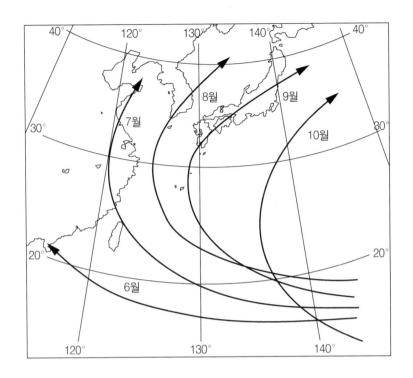

**그림 1.2 태풍의 월별 진로**

* 출처: 태풍백서(기상청, 2010)

이외에도 상당히 이례적인 경우이긴 하지만 두 개의 태풍이 같이 발생하여 인접하게 위치한 경우에는 서로의 이동경로나 속도에 영향을 미치게 되는데, 이러한 현상을 '후지와라' 효과라고 한다. '후지와라' 효과에 따른 태풍의 영향은 특정하게 정해져 있는 것이 아니라 다양한 형태로 나타난다.

예를 들어, 약한 태풍이 강한 태풍에 합쳐지기도 하고, 서로 합쳐지지는 않지만 나란히 같이 이동하기도 한다. 또한 어느 한쪽이 다른 한쪽을 따라가기도 하고 동쪽 태풍이 먼저 이동하고 서쪽의 태풍이 사라지는 모습을 보이다가 다시 북상하기도 하는 등 다양한 양상을 보이게 된다. 우리나라의 경우도 2012년 태풍 '덴빈'과 '볼라벤', 2018년 '솔릭'과 '시마론'이 후지와라 효과의 영향을 받은 것으로 알려졌다(행정안전부, 2020).

### ■ 태풍의 발달: 바람과 강수

일반적으로 태풍은 강한 바람과 많은 강수를 동반하는 것으로 알려져 있다. 하지만 이러한 바람과 강수와 관련하여 태풍에는 공통된 특성이 있다. 첫째, 태풍의 중심부에는 그림 1.3과 같이 '눈(eye)'이라고 하는 하강기류에 의해 구름이 없고 바람이 약한 맑은 날씨를 보이는 통상 약 20~50km의 구간이 존재한다. 그리고 그 주위에 폭우와 강풍이 가장 강한 구름벽이 형성되면서 바람이 반시계 방향으로 나선형으로 불어 나간다. 즉, 일반적으로 생각하는 것과 다르게 태풍의 중심부에는 바람과 강우가 없는 반면에, 중심부를 바로 벗어나는 경계에는 가장 강한 폭우와 강풍이 나타나는 것이다.

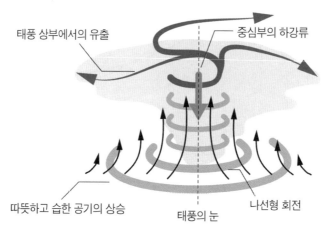

그림 1.3 태풍의 수직구조

* 출처: 태풍백서(기상청, 2010)

둘째, 일반적으로 이 바람은 그림 1.4와 같이 태풍 진행방향의 오른쪽이 더 강하다. 이는 오른쪽은 태풍을 진행시키는 바람과 태풍 자체의 바람이 합성되어 더 커지고, 왼쪽은 서로 상쇄되어 더 약해지기 때문이다. 이런 이유로, 태풍 진행방향의 오른쪽을 '위험반원', 왼쪽을 '가항반원'이라고 한다. 태풍 진행방향의 오른쪽에서는 왼쪽에 비해 바람과 마찬가지로 강우의 세기도 더 크다. 여기서 가항반원의 의미는 선박이 항해 중일 경우, 왼쪽으로 피하면 폭풍우를 피할 수 있다는 의미이다.

셋째, 태풍이 동반하는 강수에도 일정한 특성이 있다. 태풍에 의한 강수에는 태풍의 '눈' 주변의 중심 부근의 강한 상승기류에 의한 중심역 강수가 있다. 아울러, 앞서 설명한 바와 같이 진행방향의 오른쪽에서는 왼쪽에 비해 바람과 마찬가지로 강우의 세기도 더 크다. 뿐만 아니라 태풍 중심이 통과하기 1~2일 전에 강한 강우가 쏟아지는 전선성 강우가 있다.

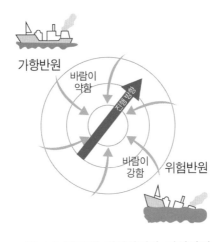

그림 1.4 태풍의 위험반원과 가항반원

* 출처: 태풍백서(기상청, 2010)

■ 태풍의 소멸

아무리 강한 태풍일지라도 중위도로 올라가면 해수 온도가 떨어지기 때문에 에너지 공급을 받지 못해서 서서히 세력이 약화된다. 이러한 현상은 다른 해에 비해서 해수의 온도가 낮은 경우 더 빠르게 진행된다. 또한, 육지에 상륙하게 되면 육지와의 마찰력으로 인해서 그 강도가 급격하게 떨어지게 된다.

일반적으로 태풍이 세력을 잃으면 태풍과 성질은 유사하나 세력이 약한 <u>열대저압부</u>로 약화된다. 그리고 추가적으로 세력을 잃으면 열대저압부의 성질조차도 잃고 <u>온대저기압</u>으로 변질하여 소멸한다. 다만, 일부 태풍의 경우에는 열대저압부를 거치지 않고 바로 구조변화를 거쳐 온대저기압으로 급속도로 변질되는 경우도 있으며, 열대저압부에서 온대저기압을 거치지 않고 급속하게 소멸되기도 한다.

태풍이 온대저기압이 되면, 비록 바람의 강도는 약화되지만 여전히 많은 강우를 동반하며 큰 피해를 유발하기도 한다. 여기서 열대저압부와 온대저기압은 같은 저기압이지만 서로 구별되는 특성을 가진다. 열대저압부는 태풍이 구조변화 없이 약화된 것으로서 여전히 태풍의 성질을 가진다. 즉, 여전히 강한 바람이 불며 상당한 강수를 동반한다. 다만, 열대저압부는 성질이 동일한 공기 속에서 나타나기 때문에 한랭 및 온난전선을 동반하는 경우는 매우 드물다.

온대저기압은 태풍에서 구조변화의 과정을 거친 것으로 더 이상 태풍의 성질을 가지지는 않는다. 편서풍의 영향을 받는 중위도 온대지방에서 주로 나타나며, 대부분 온난전선과 한랭전선을 동반한다. 온대저기압은 일반적으로 열대저압부처럼 바람이 강하지는 않은 반면에 많은 강수를 동반한다. 온대저기압 전면은 온난전선이 통과하고 남동풍이 불어오며 층운형 구름이 발달해 넓은 구역에 이슬비가 내린다. 반면에 온대저기압 후면에는 한랭전선의 통과로 북서풍이 불어오고 적운형 구름이 발달해 좁은 구역에 강한 소나기가 내린다. 편서풍의 영향을 받기 때문에 주로 북반구에서는 서쪽에서 동쪽으로 이동한다.

■ **태풍의 영향**

태풍이 가지는 에너지를 폭탄에 비유하자면 1945년 일본 나가사키에 떨어진 원자탄의 1만 배보다 더 큰 에너지를 가지고 있다고 한다(국가태풍센터, 2011). 태풍은 이렇게 큰 에너지를 가지면서 강한 바람과 호우를 동반하며 피해를 일으킨다. 즉, 태풍에 의한 피해는 강한 바람과 호우에 의한 피해가 복합적으로 발생하는 형태이다. 이로 인해서 수목이 꺾이고 건물이 무너지고, 전선이 끊어져 정전이 발생하기도 한다. 또한, 하천이 범람하고 항내의 선박들을 침몰시키기도 한다.

하지만 태풍은 이러한 부정적 영향 외에도 긍정적 측면도 가진다. 앞서 설명한 바와 같이 저위도의 따뜻한 공기를 고위도로 이동시켜 지구상 에너지 균형을 맞추는 기능뿐만 아니라 바다를 뒤섞으며 산소를 공급해 바다를 정화시키고 적조를 해소시키며 수온을 떨어뜨려 바다 생태계에 유리한 환경을 만든다. 또한, 대기를 순환시키면서 비를 뿌려 대기를 정화시키는 것과 동시에 육지에 수분을 공급하여 육지 생태계에 유리한 환경도 조성한다.

■ **태풍 발생통계**

최근 10년간(2004~2013년) 연평균 23.4개의 태풍이 발생하였고, 이 중 연평균 2~3개가 주로 8월→7월→9월→10월 순으로 우리나라에 영향을 미쳤다.[5] 그동안 우리나라에 가장 많은 피해를 준 태풍은 인명 및 재산피해를 기준으로 살펴보면 표 1.5와 같이 각각 1936년 태풍 3693호와 2002년 태풍 루사이다.

큰 인명피해를 유발한 태풍은 2002년 태풍 '루사'를 제외하고 대부분 1980년대 이전에 발생한 태풍으로서, 인명피해의 감소는 그간의 지속된 예방사업과 발전하고 있는 대응기술 등에 기인한 것이라고 할 수 있다. 반면에 재산피해는 2000년 이후에

---

5) 어떤 태풍이 우리나라에 영향을 미쳤느냐 여부는 우리나라의 기상특보 구역 중 어느 한 곳 이상에 태풍특보가 발표되었느냐 여부로 판단한다. 예를 들어, 우리나라 육지에 직접 상륙하지 않더라도 제주도 남쪽 먼바다 등 해상에 태풍특보가 내린 경우라도 우리나라에 영향을 준 태풍으로 분류한다. 또한, 이러한 태풍에 대해서는 우리나라에 '내습'한 것으로 인정하고 있다.

발생한 태풍이 5개로서 다수를 이루고 있는데, 이는 도시화와 산업화로 인해 태풍 피해에 노출된 취약요소가 증가하였기 때문이다.

　　일 최대강수량 및 최대 순간풍속을 기준으로 하면 표 1.6과 같이 각각 2002년 태풍 루사에서 강원 강릉지역에 하루 동안 내린 870.5mm와 2003년 태풍 매미 내습 시 제주 고산지역에 60.0m/s의 강풍이다.

표 1.5 태풍 순위(인명 및 재산피해 기준)

| 인　명 | | | | 재　산 | | | |
|---|---|---|---|---|---|---|---|
| 순위 | 발생일 | 태풍명 | 사망·실종 (명) | 순위 | 발생일 | 태풍명 | 재산피해액 (억원) |
| 1위 | 1936.08.26~08.28 | 3693호 | 1,232 | 1위 | 2002.08.30~09.01 | 루사 | 51,479 |
| 2위 | 1923.08.11~08.14 | 2353호 | 1,157 | 2위 | 2003.09.12~09.13 | 매미 | 42,225 |
| 3위 | 1959.09.15~09.18 | 사라 | 849 | 3위 | 2006.07.09~07.29 | 에위니아 | 18,344 |
| 4위 | 1972.08.18~08.20 | 베티 | 550 | 4위 | 1999.07.23~08.04 | 올가 | 10,490 |
| 5위 | 1925.07.15~07.18 | 2560호 | 516 | 5위 | 2012.08.25~08.30 | 볼라벤 & 덴빈 | 6,365 |
| 6위 | 1914.09.11~09.13 | 1428호 | 432 | 6위 | 1995.08.19~08.30 | 재니스 | 4,563 |
| 7위 | 1933.08.03~08.05 | 3383호 | 415 | 7위 | 1987.07.15~07.16 | 셀마 | 3,913 |
| 8위 | 1987.07.15~07.16 | 셀마 | 345 | 8위 | 2012.09.15~09.17 | 산바 | 3,657 |
| 9위 | 1934.07.20~07.24 | 3486호 | 265 | 9위 | 1998.09.29~10.01 | 예니 | 2,749 |
| 10위 | 2002.08.30~09.01 | 루사 | 246 | 10위 | 2000.08.23~09.01 | 쁘라삐룬 | 2,521 |

\* 출처: 국가태풍센터(2018) 등

표 1.6 태풍 순위(일 최대강수량 및 최대 순간풍속 기준)

| 일 최다강수량 | | | | 최대 순간풍속 | | | |
|---|---|---|---|---|---|---|---|
| 순위 | 태풍명 | 지 명 | 강수량(㎜) | 발생일 | 순위 | 태풍명 | 지 명 | 순간풍속(m/s) | 발생일 |
| 1위 | 루사 | 강 릉 | 870.5 | 2002.08.31 | 1위 | 매미 | 제주 | 60.0 | 2003.09.12 |
| 2위 | 아그네스 | 장 흥 | 547.4 | 1981.09.02 | 2위 | 쁘라삐룬 | 흑산도 | 58.3 | 2000.08.31 |
| 3위 | 예니 | 포 항 | 516.4 | 1998.09.30 | 3위 | 루사 | 고산 | 56.7 | 2002.08.31 |
| 4위 | 글래디스 | 부 산 | 439.0 | 1991.08.23 | 4위 | 차바 | 고산 | 56.5 | 2016.10.05 |
| 5위 | 나리 | 제 주 | 420.0 | 2007.09.16 | 5위 | 링링 | 흑산도 | 54.5 | 2019.09.07 |
| 6위 | 매미 | 남 해 | 410.0 | 2003.09.12 | 6위 | 나리 | 울릉도 | 52.4 | 2007.09.17 |
| 7위 | 베티 | 해 남 | 407.5 | 1972.08.20 | 7위 | 볼라벤 | 완도 | 51.8 | 2012.08.28 |
| 8위 | 올리브 | 삼 척 | 390.8 | 1971.08.05 | 8위 | 테드 | 울릉도 | 51.0 | 1992.09.25 |
| 9위 | 올가 | 동두천 | 377.5 | 1999.08.01 | 9위 | 마이삭 | 고산 | 49.2 | 2020.09.02 |
| 10위 | 재니스 | 보 령 | 361.5 | 1995.08.25 | 10위 | 베라 | 울진 | 49.0 | 1986.08.28 |

\* 출처: 국가태풍센터(2010) 등

## (2) 재난대응 및 대책

태풍, 호우, 대설 등 모든 풍수해(조수 제외)에 대한 재난관리 주관기관은 행정안전부이다. 행정안전부는 관계법령인 「자연재해대책법」 등에 따라 풍수해로 인한 재난을 관장하며, 이를 위해 「풍수해 위기관리 표준매뉴얼」 등을 운용하고 있다.

### ■ 예·경보체계: 태풍정보와 태풍특보, 중앙재난안전대책본부 비상단계

태풍이 북서태평양에서 발생하면 기상청에서는 태풍의 위치, 크기, 강도 등을 나타내는 태풍정보를 발표한다. 이때 그림 1.5와 같이 태풍의 위치는 예측의 어려움을 감안하여 오차를 고려한 적색 실선의 확률원(70% 확률반경)으로 표시하고 있으며, 태풍의 크기·강도를 나타내는 바람의 세기는 각각 풍속 15m/s와 25m/s가 영향을 미치는 지역을 청색 실선의 영향원으로 나타내고 있다.[6]

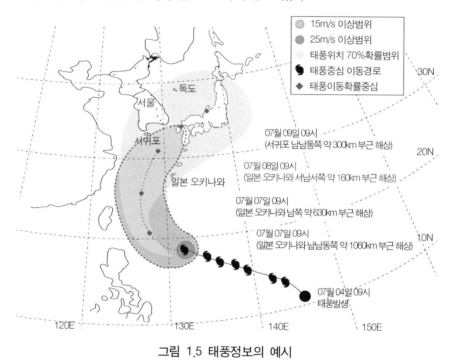

그림 1.5 태풍정보의 예시

* 출처: 태풍백서(기상청, 2010)

---

6) 태풍은 진로는 매우 예측하기 어려울 뿐만 아니라 여러 나라에 동시에 영향을 미치기 때문에 각 나라별로 독자적으로 분석하여 상이한 정보를 발표하기도 한다. 따라서 우리나라에 영향을 미치는 태풍의 경우에는 실무적으로 다양한 나라에서 발표된 정보를 참고하게 되는데, 우리나라의 재난관리자는 주로 미국, 일본, 중국 등의 정보를 참고로 한다. 이들 정보는 국가별로 해당 기관에서 운영하는 홈페이지를 통해 접근할 수 있으며, 실무적으로는 각종 태풍정보를 모아두는 포털 사이트를 주로 활용하고 있다. 가장 많이 이용되고 있는 포털 사이트로는 우리나라의 민간 태풍연구센터(http://typhoon.or.kr)와 필리핀의 민간 태풍정보센터(http://www.typhoon2000.ph/) 등이 있다.

이러한 태풍정보와 별도로 만약 태풍이 우리나라에 영향을 줄 것으로 예상되면 기상청에서는 태풍예비특보, 즉 표 1.7과 같은 주의보, 경보 등 태풍특보를 발표하게 된다.

표 1.7 태풍특보 발표기준

| 구 분 | 기 준 |
|---|---|
| 태풍주의보 | 태풍으로 인하여 강풍, 풍랑, 호우, 폭풍해일 현상 등이 주의보 기준에 도달할 것으로 예상될 때 |
| 태풍경보 | 태풍으로 인하여 ① 강풍(또는 풍랑) 경보 기준에 도달할 것으로 예상될 때, ② 총강우량이 200mm 이상 예상될 때, ③ 폭풍해일 경보 기준에 도달된 것으로 예상될 때 |

태풍은 우리나라에서 매년 대규모 피해를 일으키는 주요 재난 중의 하나이며, 이에 대응하기 위해서는 범정부적 대응조치가 필요하다. 이를 위해 태풍에 대해서는 「중앙재난안전대책본부 구성 및 운영 등에 관한 규정」에 따라 중앙재난안전대책본부의 비상단계를 가동할 수 있는 기준이 태풍특보의 발표여부, 예상 또는 발생한 피해의 심각성 등을 기준으로 규정되어 있다. 태풍에 대한 재난관리 주관기관인 행정안전부는 이러한 가동기준에 따라 중앙재난안전대책본부를 비상단계별로 가동하여 운영하게 된다. 태풍에 대한 관심, 경계, 주의, 심각단계의 재난위기경보는 이러한 중앙재난안전대책본부 비상단계와 연계되어 발표된다.

표 1.8 태풍에 대한 중앙재난안전대책본부 비상단계

| 비상단계 | 판단기준 |
|---|---|
| 상시대비단계 | • 여름철 자연재난 대책기간(매년 3.15.~10.15.) |
| 중앙재난안전대책본부 비상1단계 | • 태풍 예비특보[7]가 발표된 경우 |
| 중앙재난안전대책본부 비상2단계 | • 태풍주의보 또는 경보가 발표된 경우<br>• 태풍주의보 또는 경보가 발표되지 않더라도 국지적으로 극심한 피해의 발생 가능성이 있거나 발생한 경우 |
| 중앙재난안전대책본부 비상3단계 | • 태풍경보가 발표되고 대규모 피해발생 가능성이 있는 경우<br>• 태풍경보가 발표되지 않더라도 전국적으로 대규모 피해의 발생 가능성이 있거나 발생한 경우 |

7) 중앙재난안전대책본부 비상단계의 기준이 되는 기상특보에서 육지의 도서 및 산간 지역, 해상의

중앙재난안전대책본부 비상단계가 재난대응을 위한 목적이라면 기상청에서는 태풍위치에 대한 3개의 위험구역, 즉 감시→경계→비상구역으로 나누고 이러한 위험구역에 진입하는 시점을 기준으로 기상감시를 위한 비상근무 단계를 강화하고 태풍정보의 발생횟수를 증가시킨다. 예를 들어, 태풍이 감시 및 경계구역에 있을 경우에는 일일 4차례(6시간 간격)의 태풍정보를 발표하다가 비상구역에 접어들면 발표횟수를 일일 8차례(3시간 간격)로 증가시킨다.

표 1.9 태풍의 비상·경계·감시구역

| 구 분 | 기 준 |
|---|---|
| 비상구역 | 태풍의 중심이 북위 28° 북쪽, 동경 132° 서쪽에 위치한 경우 |
| 경계구역 | 태풍의 중심이 북위 25° 북쪽, 동경 135° 서쪽에 위치한 경우 |
| 감시구역 | 태풍의 중심이 북위 25° 남쪽, 동경 135° 동쪽의 북서태평양 구역에 위치한 경우 |

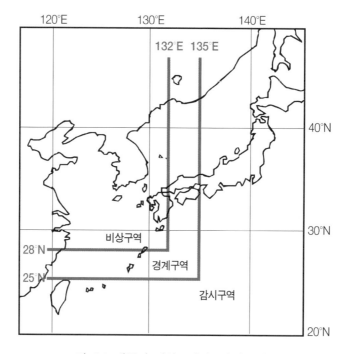

그림 1.6 태풍의 비상·경계·감시구역

* 출처: 방재기상운영규정(기상청, 2021)

먼바다에 발표되는 기상특보는 고려하지 않는다. 여기서, 도서지역은 서해5도, 흑산도·홍보, 거문도·초도, 추자도가 있으며, 산간지역은 제주도산지, 강원북부산지, 강원중부산지, 강원남부산지, 경북북동산지가 있다.

■ **분야별 태풍 대책**

태풍은 많은 호우와 강한 바람을 동반하여 육상과 해상에 동시에 영향을 미치기 때문에 호우, 홍수, 강풍, 풍랑, 조석 등 각종 기상재난이 복합적으로 발생하는 현상이다. 따라서 태풍에 대한 대응 및 대책의 경우에도 태풍 자체적으로 차별화된 방식이 있는 것이 아니라 다양한 개별 기상재난에 대한 다양한 대응 및 대책을 복합적인 실시하는 방식이라 할 수 있다. 태풍 발생시 국민들의 행동요령도 이러한 맥락에서 이해되어야 한다.

## 2.2 호우와 홍수

호우와 홍수는 흔하게 혼동하는 개념이다. 일반적으로 호우는 많은 비가 내리는 원인측면의 기상현상이며, 홍수는 호우로 인해 침수가 발생하는 결과측면의 피해현상이다.

### (1) 재난발생 및 특성

■ **호우의 정의 및 발생**

일반적으로 비가 내리는 것을 강우라고 하는데, 이 중 많은 비가 내리는 것을 호우라고 한다. 호우는 우리나라 자연재난 피해의 가장 큰 원인 중 하나로 나타나고 있다. 우리나라의 경우, 주로 여름철에 장마전선에 따라 나타나는 경우가 많고, 태풍 내습시 동반하여 나타나기도 한다.

일반적으로 저기압이 위치한 지역에서 강우가 발생한다고 이해된다. 이때 저기압이 위치한 지역에는 찬 공기가 따뜻한 공기 쪽으로 이동하여 따뜻한 공기 밑으로 파고들 때 형성되는 한랭전선과 따뜻한 공기가 찬 공기 쪽으로 이동하여 찬 공기 위로 올라갈 때 형성되는 온난전선이 위치한다.

한랭전선 지역에는 찬 공기가 더운 공기를 밀어 올리기 때문에 공기의 상승운동이 매우 활발하여 전선의 기울기가 급하면서 적운형의 구름이 발달하여 좁은 지역에 천둥, 번개 또는 우박을 동반한 짧고 강한 비가 내린다. 또한, 찬 공기가 밀려들면서 한랭전선이 통과하고 나면 기온이 떨어진다.

하지만 온난전선 지역에서 따뜻한 공기가 찬 공기를 타고 올라가기 때문에 전선의 기울기가 완만하여 넓은 지역에 걸쳐 층운형 또는 권운형 구름이 만들어지고 넓은 지역에 오래 약한 비가 내린다. 또한, 따뜻한 공기가 밀려들면서 온난전선이 통과하고 나면 기온이 올라간다.

호우 중에서도 짧은 시간 동안 좁은 지역에 집중적으로 내리는 강우를 집중호우라고 한다. 집중호우에 대해서는 명확한 정의는 없으나 보통 1일 강수량이 연 강수량의 10%인 경우 또는 1시간 강수량이 30mm를 넘는 강우로 정의하기도 한다(소방방재청, 2014).

우리나라는 삼면이 바다로 둘러싸여 있고 높은 산이나 계곡 등으로 지형효과가 매우 커서 집중호우가 여름철에 빈번하게 발생하며 정확한 예측도 어려운 실정이다. 이런 이유로 집중호우가 발생하면 많은 피해가 발생한다. 표 1.10에서 나타나는 바와 같이 우리나라의 경우 연평균 1,332mm의 호우가 7월 → 8월 → 9월 → 6월 순으로 내린다. 특히 7월과 8월 두 달에 내리는 호우량은 전체의 41%로서 이 기간에 집중적으로 발생한다.

표 1.10 월별 강수량 (평년 1990~2020년 평균)

| 구 분 | 1월 | 2월 | 3월 | 4월 | 5월 | 6월 | 7월 | 8월 | 9월 | 10월 | 11월 | 12월 | 합계 |
|---|---|---|---|---|---|---|---|---|---|---|---|---|---|
| 강수량(mm) | 26.2 | 35.7 | 56.5 | 89.7 | 102.1 | 148.2 | 296.5 | 282.6 | 155.1 | 63.0 | 48.0 | 28.0 | 1,331.7 |
| 비 율(%) | 2 | 3 | 4 | 7 | 8 | 11 | 22 | 21 | 12 | 5 | 4 | 2 | 100 |

* 출처: 기상청(2021)

■ 호우의 절대적 강자: 장마

우리나라에서는 일반적으로 6월 말에서 7월 말까지 비가 오랜 기간 계속 내리는데, 이를 장마라고 한다. 통계적으로는 연평균 강우량의 30% 이상이 이 기간에 내린다. 중국에서 '메이유', 일본에서 '바이우'라 불리는 장마는 무덥고 습한 북태평양 고기압이 여름이 되면서 미국 하와이 근처에서 우리나라로 세력을 넓히면서, 오호츠크해 부근에서 발달한 차갑고 습한 오호츠크해 고기압과 만나 발생한다.

원래 성질이 다른 고기압들이 만나게 되면 공기 덩어리 간에 경계가 생기는데, 이를 '전선'이라고 한다. 이 전선은 이동하지 않고 머무는 성질이 있는데, 이렇게 정체된 전선을 따라 끊임없이 저기압이 서쪽에서 동쪽으로 움직이게 되면 많은 비가 쏟아지게 되는 것이다. 이러한 이유로 이 전선은 학술적으로는 '정체전선'이라고 불리지만, 주로 '장마전선'이라 통용되고 있다. 일반적으로 장마전선에 해당하는 지역은 많은 비가 내리지만, 남쪽지역은 무덥고, 북쪽지역은 시원하다.

장마전선은 크게 보면 6월 하순에는 남부지방, 7월 중순에는 중부지방까지 북상했다가 7월 하순에는 북한지방을 거쳐 만주 지방으로 올라가 소멸한다. 하지만 이

기간에도 양쪽 고기압 세력에 따라 남북으로 올라왔다 내려갔다 하는 소위 '남북진동(南北振動)'을 하면서 해당 지역에 날씨변화를 준다.

주로 장마기간에 집중호우가 많이 발생하지만, 장마기간이 종료된 후에 사람들의 경각심이 낮아졌을 때 집중호우가 발생하여 많은 인명, 재산피해가 발생하기도 한다. 실제, 1998년 여름에는 장마가 종료된 직후인 7월 31일에 지리산을 시작으로 전국적으로 집중호우가 발생하여 300여 명이 사망하였다. 최근 2022년에도 장마가 끝난 8월 7일 서울 등 수도권에 집중호우가 발생하여 반지하 주택 등에서 19명이 사망한 바 있다.

표 1.11 장마기간[8] (평년 1991~2020년 기준)

| 구 분 | 시작일 | 종료일 | 기간(일) |
|---|---|---|---|
| 중 부 | 6월 25일 | 7월 26일 | 31.5 |
| 남 부 | 6월 23일 | 7월 24일 | 31.4 |
| 제 주 | 6월 19일 | 7월 20일 | 32.4 |

* 출처: 기상청(2021)

✍ 특별한 장마: 가을장마와 마른장마

장마는 여름철에 많은 비가 오랜 기간 내리는 현상이다. 그런데 장마의 정의에 반해 가을철에 이러한 현상이 일어나거나 장마인데도 불구하고 비가 내리지 않거나 약하게 내리는 사례가 발생하기도 한다. 이러한 역설적인 현상을 각각 '가을장마'와 '마른장마'라고 한다.

• 가을장마: 장마는 일반적으로 6월 하순에서 7월 하순 사이에 발생하지만 8월 말부터 10월 말까지 장마처럼 오랜 기간에 걸쳐 많은 비가 내리기도 한다. 이러한 현상을 통상 '가을장마'라고 하는데, 사람들 사이에 많이 쓰이는 표현일 뿐 공식적인 기상용어는 아니다.
초여름에 발생하는 장마가 북태평양 고기압과 오호츠크해 고기압 사이에 나타나는 반면에 가을장마는 일반적으로 북태평양 고기압이 수축하고 시베리아 고기압이 확장하게 되면서 두 기단 사이의 정체전선이 한반도에 생길 때 발생한다. 이외에도 가을장마는 저기압 또는 기압골의 접근, 가을태풍의 전면 수렴대 등 다양한 기압배치

---

8) 장마의 시작과 종료에 대해서는 기상청에서 기준을 운용하고 있다. 예를 들어, 다소 기술적인 표현이긴 하지만 장마의 시작과 종료는 동경 122.5~135.0°에서 평균 상당온위 등으로 연계해서 정의한다.

에 따라 발생하기도 한다.

보통 1~2일 정도 많은 비가 내리다가 말지만 초여름처럼 수일에 걸쳐 발생하기도 한다. 명확한 정의가 없기 때문에 발생통계도 없지만 수년에 한 번씩은 발생하는 드물지 않은 현상이다.

• **마른장마**: 여름철 장마개시가 선언되었는데도 불구하고 비가 없거나 적게 내리기도 하는데, 이를 지칭하여 사람들은 '마른장마'라고 한다. 이 또한 공식적 기상용어는 아니다.

장마를 일으키는 정체전선이 한반도에 접근하지 않거나 활동이 약해진 경우에 주로 발생하는데, 북태평양 고기압이 한반도를 완전히 덮으면서 정체전선이 제대로 형성하지 못했을 때도 발생한다.

* 출처: 기상청(2021). 생활 속 기상 이야기. 기상청 블로그. 수집 2021년 7월 9일 등

■ **호우의 피해유형**

호우로 인한 피해는 주로 i) 산사태 등 사면붕괴로 인한 피해와 ii) 침수로 인한 홍수피해에서 발생한다. 사면붕괴는 일반적으로 비 내리는 기간이 길어져 토양에 흡수된 수분비율이 높을 때 발생하는 데 반해, 홍수피해는 일시적으로 많은 비가 내려 발생한다.

여름철에 예보되지 않고 짧은 시간에 특정 지역에 한꺼번에 쏟아지는 비를 일명 '게릴라성 집중호우'라고 한다. 게릴라성 집중호우의 대표적인 형태로는 스콜과 소나기를 들 수 있다.

## ✎ 게릴라성 집중호우

나폴레옹이 스페인 원정에 갔을 때, 스페인 사람들은 독특한 전술을 구사하였다고 한다. 사전징후나 선전포고 없이 전투병들이 소규모로 매복해 있다가 적군에게 타격을 입히는 전술이었는데 상당히 치명적이었다. 나폴레옹은 이런 무장저항을 '소규모 전투'라는 스페인어의 '게릴라'로 불렀다.

이런 의미로 '게릴라성 집중호우'는 언제, 어디에 올지 예측이 불가능할 뿐만 아니라 짧은 시간에 내리는 양이 많아서 상당한 피해를 입히는 호우를 말한다. 일반적으로 대기가 몹시 불안정하거나 북쪽의 한랭전선이 여름에 남하했을 때 적운형의 비구름대가 생기며 발생한다.

그렇다면 왜 우리나라에서 이러한 게릴라성 집중호우가 자주 발생하는 것일까? 이에 대한 정답은 우리나라에 산지가 많으며 바다와 접하고 있다는 데서 찾아볼 수 있다. 고저의 편차가 큰 산지 지형의 특성상 기류의 변화가 클 뿐만 아니라 편서풍을 타고 서해로부터 들어오는 수증기량이 매우 많기 때문에 불안정하고 불규칙한 기단이 만들어져 기상변화가 빈번하고 예측하기도 어렵다. 또한, 최근에는 콘크리트 구조물로 가득 찬 도시환경이 이러한 불안정 및 불확실성을 가중시킨다는 지적도 있다.

게릴라성 집중호우를 발생시키는 이러한 요인들은 피해를 가중시키는 원인이 된다. 산지 지형은 계곡 등을 통해 유역의 강수가 한꺼번에 모이도록 해서 상대적으로 적은 강우에도 돌발홍수가 빈번하게 발생하고 지속된 강수로 인해 산지토양이 포화되면서 산사태가 빈번하게 발생한다. 해안가에서도 조석간만의 차이로 인해 만조시에는 오히려 해안가에 위치한 하천이 역류하거나 흐름이 정체되어 침수 피해를 가중시킨다. 이 뿐만 아니라 아스팔트 도로 등 불투수성 포장면으로 가득찬 도시에서는 지면에 떨어진 강수가 토양, 풀밭 등에 흡수되지 않고 짧은 시간에 한꺼번에 우수 또는 하수관로로 흘러들어 배출용량 부족의 문제를 야기하고 있다.

＊출처: 기상청(2021). 생활 속 기상 이야기. 기상청 블로그. 수집 2021년 7월 9일 등

✍ 스콜(squall)과 소나기(shower)

　우리나라에서 여름철에 내리는 호우의 형태 중 하나는 갑작스럽게 내리는 게릴라성 소나기(shower)이다. 일부에서는 이러한 소나기를 열대 또는 아열대 지방에서 게릴라성으로 내리는 스콜(squall)과 같은 것으로 혼동하기도 하는데, 서로 다른 기상현상이다.

　스콜은 열대 또는 아열대 지방에서 생기는 게릴라성 호우의 일종이다. 일반적으로 열대 또는 아열대 지방의 경우 태양 빛이 강해서 지면을 매우 강하게 달구게 된다. 그리고 이때 지면 위에 만들어지는 더운 공기는 상층 공기보다 더 더워서 낮은 밀도로 인해 상승하게 되고 높은 수직 구름인 적란운이 좁은 지역에 만들어지게 된다. 그리고 이 적란운이 포화되면서 비가 되어 떨어진다. 즉, 스콜은 상층도 이미 더운데 지면의 뜨거운 공기가 상승하여 만들어진 적란운이 형성되어 발생하는 게릴라성 비다.

　이에 반해 소나기는 상층에 차가운 한기가 존재할 때 발생한다. 우리나라 상층에 한기가 자리잡힌 상태에서 강한 일사로 인해 지면에 더운 공기가 쌓이면, 스콜이 발생하는 것처럼 더운 공기가 상승하면서 상층 한기와 만나게 되는 적란운이 형성된다. 이때 온도차가 다른 대기가 만나면 대기 자체가 불안정해져서 소나기가 게릴라성으로 내리게 되는 것이다.

　이렇게 소나기가 만들어지는 수직적으로 발달한 적란운 상층에는 한기가 자리잡고 있기 때문에 일반적으로 소나기는 차갑다. 따라서 소나기는 지면을 식히면서 내리고 난 이후에는 시원하다. 하지만 스콜이 발생하는 적란운의 상층은 여전히 뜨거운 상태이기 때문에 스콜은 여전히 뜨겁고 따라서 내린 후에도 기온은 떨어지지 않는다.

　우리나라 소나기는 일반적으로 북대평양 고기압의 가장자리, 즉 장마가 시작되기 전에 상층 한기의 유입시기와 연계하여 시간과 관계없이, 넓은 지역에 점조직처럼 산발적으로 내린다. 하지만 스콜은 낮 동안 달궈진 열기와 상층 온도가 낮아지는 오후 늦게 또는 이른 저녁에 내리면서 남북으로 폭이 좁은 선형태로 내리게 된다.

*출처: 기상청(2021). 생활 속 기상 이야기. 기상청 블로그. 수집 2021년 7월 9일 등

## ✍ 야행성 강우: 밤에 비가 많이 내리는 이유

재난관리를 하는 사람들이 비를 싫어하는 이유 중 하나는 비가 주로 밤에 많이 내리다는 것이다. 일반적으로 비가 내리기 위해서는 대기 중에 수증기가 충분하게 있어야 할 뿐만 아니라 그 수증기가 응결되기 좋은 조건에서 대기 상층으로 올려 보낼 수 있는 기류의 흐름이 있어야 한다.

밤에 비가 많이 내리는 이유는 이러한 3가지 조건 모두가 만족될 가능성이 높아지기 때문이다. 구체적으로는 수증기를 불어넣는 하층 제트의 강화, 전반적으로 낮아지는 기온, 지면에 비해 빨리 냉각되는 대기 상층으로 설명된다.

### △ 수증기를 불어넣는 하층 제트의 강화

비구름이 만들어지기 위해서는 해양으로부터 불어오는 강한 바람, 즉 하층 제트로부터 수증기의 공급이 이루어져야 한다. 따라서 하층 제트가 강해지면 수증기 공급이 많아지고, 약해지면 수증기 공급이 적어진다.

그런데 낮시간에는 지표면의 강한 가열로 인해 아지랑이가 생기는 것과 같이 수직으로 강한 대류흐름이 생긴다. 수직으로의 대류흐름은 수평방향으로 불어오는 하층 제트의 흐름을 방해하게 되는데, 이러한 마찰력으로 인해 낮시간대는 하층 제트가 약해지고 수증기 공급도 적어진다.

이렇게 낮시간에는 수증기 유입이 적어지게 되면서 호우 가능성도 줄어들게 되는 데 반해 밤시간대에는 수증기 유입이 많아지게 되면서 호우 가능성도 더 늘어나게 된다.

### △ 전반적으로 낮아지는 기온

대기가 수증기를 머금을 수 있는 능력은 온도에 의해 좌우된다. 온도가 높아질 수록 대기 중에 수증기를 더 많이 머금을 수 있으며, 온도가 낮아지면 수증기를 머금을 수 있는 능력이 줄어든다. 이렇게 대기가 수증기를 머금을 수 있는 능력을 포화증기압이라고 한다.

일반적으로 대기 중에는 수증기가 존재하는데, 어떤 이유로 대기의 온도가 낮아지게 되면 수증기를 머금을 수 있는 능력인 포화증기압이 낮아져서 더 이상 수증기를 머금을 수 없는 상태가 되기도 한다. 이런 경우에는 수증기를 물방울로 바꾸는 변화가 시작되는데, 이러한 변화를 수증기의 응결이 시작된다고 표현한다.

일반적으로 밤에는 대기의 기온이 낮아지게 되기 때문에 이러한 포화증기압이 낮아지게 된다. 따라서 낮시간과 같은 수증기량이 있어도 수증기의 응결이 더 쉽게 일어나기 때문에 호우 가능성이 더 높아진다.

### △ 지면에 비해 빨리 냉각되는 대기 상층

낮시간대는 태양열이 강해서 지상과 대기(특히 상층)가 같이 데워진다. 하지만 지면과 대기는 서로 열용량이 다르기 밤시간에 식는 속도에 차이가 있다. 일반적으로 밤시간에는 대기는 빨리 식는 반면에 지면은 천천히 식는다.

따라서 밤시간이 되면 대기의 상층은 빨리 식어 기온이 낮은 반면에, 대기의 하부는 늦게 식어 기온이 높아 대기의 상하층 간의 기온차가 생기게 된다. 이러한 상하층 간의 온도차로 인해 공기가 수직으로 뒤섞이게 되고 이때 충분한 수증기가 밀려들면 적란운과 같은 폭우 구름이 발달하게 된다. 따라서 그만큼 호우 가능성이 높아지게 되는 것이다.

*출처: 기상청(2021). 생활 속 기상 이야기. 기상청 블로그. 수집 2021년 7월 9일 등

■ **호우의 결과로서의 홍수**

호우가 많은 비가 내리는 원인측면의 기상현상이라면 홍수는 이로 인해 침수가 발생하는 결과측면의 피해현상이다. 홍수는 짧은 시간에 일시적으로 많은 비가 내려 i) 사람들이 거주하는 하천 안쪽의 호우, 즉 내수배제가 되지 않아 생기는 경우와 ii) 하천 자체가 범람해서 발생하는 경우에 발생한다.

즉, 호우피해의 가장 대표적인 유형이 홍수피해인 반면에 모든 홍수가 호우로 인해 발생하는 것은 아니다. 예를 들어, 급격한 댐 방류로 인해 인접 지역이 침수되는 경우에는 홍수피해라고 할 수 있지만 호우피해라고 할 수는 없다. 우리나라는 북한의 댐 문단방류로 인해 가끔 홍수피해가 보고되고 있다.

(2) 재난대응 및 대책

앞서 언급한 바와 같이 모든 풍수해(조수 제외)에 대한 재난관리 주관기관은 행정안전부이므로 호우에 대한 재난관리 주관기관도 행정안전부이다. 다만, 홍수의 경우, 호우의 결과로서 발생하였다면 행정안전부가 재난관리 주관기관이 될 수 있으나, 북한의 댐 무단방류 등 자연현상이 아닌 홍수 자체만으로는 환경부가 재난관리 주관기관이라 할 수 있다.

행정안전부는 관계법령인 「자연재해대책법」 등에 따라 풍수해로 인한 재난을 관장하며, 이를 위해 「풍수해 위기관리 표준매뉴얼」 등을 운용하고 있다. 또한, 환경부는 이와 별도로 북한의 댐 무단방류로 인한 임진강, 한탄강, 북한강 등의 홍수발생에 대비하여 「접경지역 재난사고 위기관리 매뉴얼」 등을 운용하고 있다.

■ 예·경보체계: 호우특보와 홍수예보, 중앙재난안전대책본부 비상단계

기상청에서는 원인측면에서 표 1.12에서와 같이 일정 기간에 내리는 비의 강우량을 기준으로 주의보 및 경보 형태의 호우특보를 발표한다.

표 1.12 호우특보 발표기준

| 구 분 | 기 준 |
|---|---|
| 호우주의보 | 3시간 강우량이 60mm 이상 예상되거나 12시간 강우량이 110mm 이상 예상될 때 |
| 호우경보 | 3시간 강우량이 90mm 이상 예상되거나 12시간 강우량이 180mm 이상 예상될 때 |

한편, 앞서 설명한 바와 같이 하천의 범람으로 인한 홍수뿐만 아니라 하천 안쪽에 내수배제가 되지 않아 홍수가 발생하는 경우도 주로 하천 수위가 높아 빗물이 빠져나가지 못해 생기는 경우가 대부분이므로 하천 수위는 홍수피해에 가장 중요한 요인 중 하나이다. 따라서 홍수통제소장(환경부)은 표 1.13에서와 같이 「하천법」에 따라 하천 주요지점에 대해 하천수위 상승으로 홍수가 예상될 때 결과측면에서 주의보와 경보 형태로 홍수예보를 시행하게 된다.

표 1.13 홍수예보 발령기준

| 구 분 | 기 준 |
|---|---|
| 홍수 주의보 | 수위가 더 이상 상승하면 제방·수문·교량 등에 대한 경계가 필요한 수위<br>• 홍수예보지점에 계획홍수량의 100분의 50에 해당하는 유량이 흐를 때의 수위<br>• 홍수예보지점의 5년 평균 저수위로부터 계획홍수위까지 100분의 60에 해당하는 수위 등 |
| 홍수 경보 | 수위가 더 이상 상승하면 제방·수문·교량 등의 붕괴위험이 예상되는 수위<br>• 홍수예보지점에 계획홍수량의 100분의 70에 해당하는 유량이 흐를 때의 수위<br>• 홍수예보지점의 5년 평균 저수위로부터 계획홍수위까지 100분의 80에 해당하는 수위 등 |

* 출처: 「하천법 시행규칙」 제23조 제1항

## ✍ 휴전선 인근 접경지역의 홍수

일반적으로 홍수는 인근지역에 비가 많이 왔을 때 발생하지만 휴전선 인근 접경지역의 홍수는 또 다른 요인이 있다. 2009년 9월 6일 임진강 유역에는 비가 오지 않은 날씨에도 불구하고 갑작스럽게 강물이 불어나는 바람에 하천변에서 야영을 하던 6명이 사망하고 다수의 어선, 어구 등에 피해가 발생하였다. 이는 휴전선 넘어 북한에서 우리에게 사전 통보없이 황강댐을 무단 방류하여 생긴 홍수피해이다.

이렇게 우리는 북한과 임진강, 한탄강, 북한강 등의 수계를 공유하고 있음에도 불구하고 대치상황인 특수한 관계로 인해 북한이 사전 통보없이 자신들의 대형 댐을 무단으로 방류하는 경우 속수무책으로 홍수피해를 입을 수가 있다. 우리는 2009년 10월 14일 북한과 향후 황강댐 개방시 통보토록 합의하였으나 북한은 이를 잘 이행하지 않고 있다. 따라서 우리는 이러한 홍수피해를 줄이기 위해 북한의 댐 무단방류를 세밀하게 모니터링하고 수위상승이 예상되는 경우 하천변, 저지대 등 위험지역의 사람들을 긴급하게 대피시켜야 한다.

원칙적으로 접경지역이 군사보안으로 출입이 제한되는 지역이기 때문에 관할 군부대에서 휴전선 인근의 수위상황을 모니터링해서 관할관청인 한국수자원공사와 지방자치단체에 통보하게 된다. 이러한 통보결과를 바탕으로 해당 하천유역에 대해 홍수대비 경보방송을 실시하고 만약의 경우를 대비하여 예찰활동을 하게 된다.

최근에는 이러한 북한의 댐 무단방류에 대비하여 우리도 대응할 수 있는 홍수조절댐을 건설하였다. 예를 들어, 임진강 유역에는 북한의 황강댐 방류에 대비하여 군남 홍수조절댐을 건설(2011년 준공)하여 하류지역의 갑작스러운 홍수피해에 대비하고 있다. 또한, 북한강 유역에는 북한의 임남댐(일명, '금강산댐') 방류에 대비하여 평화의 댐(홍수조절댐)을 건설(1단계 1989년, 2단계 2006년, 3단계 2012년 준공)하여 하류지역의 홍수피해를 대비하고 있다.

다만, 북한지역의 댐에 비해 우리나라가 건설한 홍수조절댐은 경제성 등에 대한 고려로 인해 그 저수용량이 충분하지는 않다.[9] 따라서 우리는 하천하류에 미치는 영향을 고려하며 댐에 유입되는 물을 최대한 방류하는 방식으로 홍수조절댐을 운영하고 있다. 하지만 댐 건설 이후에도 인근지역에 홍수경보가 주기적으로 발령되고 있으며, 모든 재난상황이 그러하듯 완벽하게 북한상황에 대비할 수 있는 체계는 아니므로 철저하게 관리되어야 하는 또 다른 재난유형인 것이다.

이외에 북한지역에 우리에게 직접 영향을 줄 수 있는 댐은 없으나 한탄강 유역에는 한탄강 홍수조절댐이 건설(2016년 준공)되어 운영되고 있다. 이는 북한의 댐 무단방류에 대한 대비 목적 외에 북한지역의 집중호우로 인해 북한수계에서 한탄강으로 빗물이 갑작스럽게 유입되는 상황에 대비하기 위한 것이다.

---

9) 예를 들어, 북한의 황강댐 저수용량이 3.0억톤인 데 비해 우리나라의 군남 홍수조절댐은 0.7억톤에 불과하다. 또한, 북한의 임남댐의 저수용량이 26.2억톤이지만 우리의 평화의 댐(홍수조절댐)도

**그림 1.7 북한의 댐 무단방류 등에 대비한 접경지역 홍수조절댐 현황**

\* 출처: 환경부(2021). 접경지역 재난사고 대응매뉴얼. 환경부 등

호우는 우리나라에서 매년 대규모 피해를 일으키는 주요 재난 중 하나이며, 이를 대응하기 위해서는 범정부적 대응조치가 필요하다. 이를 위해「중앙재난안전대책본부 구성 및 운영 등에 관한 규정」에 근거하여 호우특보의 발표여부, 예상 또는 발생한 피해의 심각성 등에 따라 중앙재난안전대책본부의 비상단계를 적용하는 기준을 규정하고 있다. 호우에 대한 재난관리 주관기관인 행정안전부는 이러한 가동기준에 따라 중앙재난안전대책본부를 비상단계별로 가동하여 운영하게 된다. 아울러 호우에 대한 관심, 경계, 주의, 심각단계의 재난위기경보는 이러한 중앙재난안전대책본부 비상단계와 연계되어 발표된다.

---

비슷한 저수용량인 26.3억톤이다. 참고로 한탄강 홍수조절댐의 경우 저수용량은 2.7억톤이다.

표 1.14 호우에 대한 중앙재난안전대책본부 비상단계

| 비상단계 | 판단기준 |
|---|---|
| 상시대비단계 | • 여름철 자연재난 대책기간(매년 3.15.~10.15.) |
| 중앙재난안전대책본부<br>비상1단계 | • 호우주의보가 4개 시·도10) 이상에 발표된 경우<br>• 호우경보가 3개 시·도 이상 발표된 경우 |
| 중앙재난안전대책본부<br>비상2단계 | • 호우경보가 4개 시·도 이상에 발표된 경우<br>• 국지적으로 극심한 피해의 발생 가능성이 있거나 발생한 경우 |
| 중앙재난안전대책본부<br>비상3단계 | • 호우경보가 4개 시·도 이상에 발표되고 3일 이상 지속될 것<br>  으로 전망될 때<br>• 전국적으로 대규모 피해의 발생 가능성이 있거나 발생한 경우 |

## 2.3 대설

### (1) 재난발생 및 특성

대설이란 짧은 시간에 많은 양의 눈이 내리는 현상이다. 우리나라는 절대적인 양을 고려하면 눈이 많이 내리는 편은 아니다. 하지만 바다로 둘러싸여 있는 산악 지형의 영향으로 예고 없이 국지적으로 많은 눈이 내려서 대규모 시설피해, 교통혼잡 등의 피해가 발생한다.

### ■ 대설을 발생시키는 대표적 기상모델

눈이란 대기와 지면의 기온이 낮은 상태에서 강수 형태가 비가 아닌 눈으로 내리는 현상이다. 일반적으로 우리나라 기상청에서는 대설 발생에 대한 기상모델로 상층 한대 제트축(Polar Jet Streak)을 기준으로 북쪽에서 영향을 주는 i) 한랭 종관 저기압형(Synoptic Low), ii) 극 저기압형(Polar Low), iii) 발해만 저기압형(Meso Cyclone), iv) 서해안형(Lake Effect)과 남쪽에서 영향을 주는 v) 온난 종관 저기압형(Synoptic Low),

---

10) i) 시·도는 다수의 시·군 또는 예보구역으로 구성되어 있으므로 이 중에서 3개 이상의 시·군 또는 예보구역에 호우특보가 발표된 경우에 해당 시·도에 호우특보가 발표된 것으로 본다. ii) 다만, 제주도는 3개 이상의 예보구역에 경보가 발표된 경우에 한해 특보(주의보 또는 경보)가 발표된 것으로 본다. 또한, iii) 중앙재난안전대책본부 비상단계의 기준이 되는 기상특보에서 육지의 도서 및 산간 지역, 해상의 먼바다에 발표되는 기상특보는 고려하지 않는다. 여기서 도서지역은 서해5도, 흑산도·홍보, 거문도·초도, 추자도가 있으며, 산간지역은 제주도산지, 강원북부산지, 강원중부산지, 강원남부산지, 경북북동산지가 있다.

vi) 동해안형(Lake Effect)으로 나뉜다. 일반적으로 눈구름이 만들어지는 경우는 겨울에 발달한 각종 저기압의 영향을 받아 그 내부에서 눈구름이 만들어지면서 눈이 내리는 경우일 것이다. 하지만 우리나라의 경우 대규모 폭설과 연결되는 기상모델로서 '호수 효과(Lake Effect)'가 주목을 받고 있다. 호수 효과(Lake Effect)란 차가운 공기가 상대적으로 따뜻한 서해 또는 동해 바다를 건너 이동하면서 해수와 대기의 온도차('해기차'라 불린다)로 눈구름이 만들어져서 눈이 내리는 경우로서 서해안형과 동해안형으로 구분된다.

첫째, 서해안형의 경우 찬 대륙고기압의 공기가 중국 북서부에서 북서 기류로 서해로 이동하면서 해수와 대기의 온도차('해기차'라 불린다)로 눈구름이 만들어져서 눈이 내리는 경우이다. 이러한 기압배치는 12~1월에 자주 발생하기 때문에 이 시기에 서해안을 중심으로 폭설이 발생하는 대표적인 원인이다.

둘째, 동해안형으로 중국 북동부의 찬 대륙고기압의 공기가 개마고원 등 고도가 높은 지역을 우회해서 북동기류로 동해로 유입되면서 해기차로 인해 눈구름이 만들어져서 눈이 내리는 경우이다. 이러한 기압배치는 1~2월에 자주 발생하기 때문에 이 시기에 동해안을 중심으로 많은 눈이 내리는 원인이다.

일반적으로 동해안의 수온은 서해안보다 높기 때문에 해기차가 클 뿐 아니라 동해안 근처에 위치한 태백산맥이 북동풍과 부딪히면서 상승기류를 발생시켜 눈구름이 더욱 크게 발달한다. 즉, 서해안의 눈구름대는 강한 바람에 의해 멀리 퍼져나가지만 동해안은 태백산맥에 막혀 강원 영동지역에 눈이 집중된다. 따라서 우리나라의 경우 서해안보다 동해안에 폭설이 나타날 가능성이 더 높다.

### ■ 습설과 건설

눈은 수분 함량에 따라 습설(濕雪; Sticky Snow)과 건설(乾雪; Powdery Snow)로 구분된다(반기성, 2001). 습설은 수분이 많은 눈으로 포근한 날씨에 주로 내리고 눈송이가 크고 잘 뭉쳐지고 쌓이는 특성이 있다. 이에 반해 건설은 수분이 적은 눈으로 추운 날씨에 주로 내리고 눈송이가 작고 잘 뭉쳐지지 않아서 날리는 특성이 있다.

대설 피해의 가장 대표적인 유형은 쌓인 눈으로 시설물이 붕괴되는 것인데, 습설의 경우 눈 결정이 커서 자체 밀도는 건설보다 낮지만 잘 뭉쳐지고 쌓이면서 자체 눈 무게로 인한 다져짐으로 인해 단위부피당 무게가 증가하게 된다. 이로 인해 다져진 습설의 단위부피당 무게는 건설의 3배 이상이어서 같은 양의 눈이라도 훨씬 위험하다.

습설의 경우, 나뭇가지에 붙어서 부러뜨리기도 하고 비닐하우스 등 약한 구조물을 붕괴시킬 뿐만 아니라 강설 기간이 길어지면 일반 구조물도 붕괴시키기도 한다. 대표적인 예로 2014년 2월 17일 습설로 인해 경북 경주에 위치한 마우나 오션 리조트의 체육관 지붕이 붕괴되면서 10명이 사망하고 204명이 부상을 입은 대형 참사가 발생한 바 있다.

■ **적설 예보절차**

눈은 일반적으로 내린 양보다는 쌓인 양을 뜻하는 적설량으로 표현된다. 대기와 지면의 기온이 낮은 상황에서 어떤 지역에 강수가 예상된다면 이러한 적설량은 크게 i) 강수형태 판단, ii) 수 상당량비 계산, iii) 적설량 산출과 같은 3단계 절차에 따라 이루어진다(기상청, 2011).

먼저, 기상예보관은 대기분석을 통해 해당 강수가 비→진눈깨비→눈 중 어떤 강수형태를 가지는지 판단해야 한다. 지상기온, 상대습도 등 대기분석에 따라 강수형태가 결정되는데, 지상기온과 상대습도가 낮을수록 비→진눈깨비→눈이 될 가능성이 높다. 하지만 눈이 내리더라도 지상기온과 상대습도가 높다면 곧 녹아버리게 된다. 따라서 기상예보관은 기상분석을 통해 진눈깨비 또는 눈이 지면에 쌓일 수 있는지를 결정해야 한다.

둘째, 기상예보관이 기상분석을 통해 진눈깨비 또는 눈이 지면이 쌓일 수 있다고 판단되면 얼마나 쌓일지를 계산해야 한다. 이 경우 수 상당량비(Snow to Rain Ration)의 개념이 중요한데, 수 상당량이란 1mm의 강수량이 몇 mm의 적설량으로 나타나는지를 의미하는 것으로서 일반적으로 10으로 통용된다. 즉, 1mm의 비가 눈이 될 경우 10mm가 되게 된다는 의미다.

하지만 수 상당량비는 눈의 종류에 따라 다르다. 예를 들어, 습설이 될 가능성이 높은 함박눈의 경우에는 눈 결정이 커서 눈송이가 크기 때문에 수 상당량비는 상대적으로 큰 값을 가진다. 반면에 건설이 될 가능성이 높은 싸리눈의 경우에는 눈 결정이 촘촘하고 눈송이가 작아서 수 상당량비가 상대적으로 작은 값을 나타낸다. 마지막으로 기상예보관을 이렇게 구한 수 상당량비에 해당 지역에 대한 예상 강수량을 곱해서 최종적으로 예상 적설량을 산출하게 된다.

### ✍ 겨울철 교통사고의 복병: 살얼음(Black Ice)과 어는 비, 포트홀(Pot Hole)

겨울철 도로에 눈이 쌓이면 차량이 미끄러져 교통사고가 발생하지만 이외에도 또 다른 교통사고의 복병이 있다. '살얼음', '어는 비' 그리고 '포트홀'이라고 불리는 현상을 알아본다.

#### ■ 살얼음(블랙 아이스, Black Ice)

밤사이 내린 눈이 녹으면 바로 사라지지 않고 도로에 스며든다. 이후 기온이 내려가면 도로 표면에 얇은 얼음막으로 얼게 되는데, 이러한 얼음막은 투명하고 얇아서 얼음막은 잘 보이지 않고 검은색의 아스팔트가 비쳐 보인다. 따라서 운전자가 보기에는 얼음으로 보이지 않고 살짝 젖은 도로처럼 보여서 운전하는 동안 이를 인지하지 못해 미끄러짐 등 대형 교통사고의 원인이 되고 있다. 이러한 '도로 살얼음'을 '블랙 아이스(black ice)'라고 부르기도 한다. 도로 살얼음은 이외에도 안개나 이슬에 의해 생기기도 하고 아래에서 설명할 '어는 비'로 인해 생기기도 한다.

2019년 12월 14일 상주－영천고속도로에서는 도로 위에 살얼음이 발생한 상태에서 차량이 잇따라 미끄러지면서 영천 방향 상행선에서는 화물차 등 26대가 추돌하고 이 중 8대에서 불이 나 6명이 사망했을 뿐만 아니라 비슷한 시각 사고 지점에서 4km 떨어진 상주 방향 하행선에서도 18대가 추돌해 1명이 사망하는 등 살얼음 도로 위 연쇄 추돌사고로 총 7명이 사망하고 41명이 다쳤다.

#### ■ 어는 비

'어는 비'는 내린 비가 지표에 닿자마자 얼어붙는 현상으로 앞서 설명한 블랙 아이스의 또 다른 원인이다. 높은 상공에서 내리던 눈이 떨어지는 중간에 따뜻한 공기를 만나면 녹으며 비로 바뀌게 된다. 하지만 이후에 지표 부근에서 다시 기온이 영하권이 되면 온도는 섭씨 0° 이하지만 얼 만한 충분한 시간이 없어 비의 상태 그대로 땅에 떨어진다. 이렇게 온도가 섭씨 0° 이하지만 얼지 않은 '과냉각' 상태의 비는 약한 충격만 가해도 바로 얼음으로 변하는데, 땅에 떨어지자마자 그 충격으로 바로 블랙 아이스로 변하는 것이다. 이러한 이유로 어는 비는 차량 통행이 있는 도로에서도 발생하기 쉽다.

#### ■ 포트홀(Pot Hole)

겨울철에는 유난히 도로 표면 일부가 부서지거나 내려앉으며 생긴 냄비(pot) 모양의 작은 구멍을 발견하기 쉬운데, 이를 '포트홀(pot hole)'이라고 부른다. 포트홀은 일반적으로 도로 표면의 틈새에 눈이나 비가 스며들어 녹았다 얼었다를 반복하거나 차량의 운행에 의한 진동으로 인해 점점 커지면서 발생하게 된다. 특히, 겨울철 제설작업 중 사용되는 염화칼슘 등은 아스팔트를 경화시켜 포트홀 생성을 촉진시킨다. 운전자에게 포트홀은 갑작스러운 장애물로 나타나기 때문에 타이어 표면에 손상을 가해 찢어뜨리거나 이로 인해 차량 전복사고가 발생하기도 한다.

## (2) 재난대응 및 대책

앞에서 언급한 바와 같이 대설을 포함한 모든 풍수해(조수 제외)에 대한 재난관리 주관기관은 행정안전부이다. 행정안전부는 관계법령인 「자연재해대책법」 등에 따라 풍수해로 인한 재난을 관장하며, 이를 위해 「풍수해 위기관리 표준매뉴얼」 등을 운용하고 있다.

### ■ 예 · 경보체계: 대설특보 및 중앙재난안전대책본부 비상단계

기상청에서는 표 1.15와 같이 24시간 동안 내린 신적설[11]을 기준으로 주의보 및 경보 형태의 대설특보를 발표한다.

표 1.15 대설특보 발표기준

| 구 분 | 기 준 |
|---|---|
| 대설주의보 | 24시간 신적설이 5cm 이상 예상될 때 |
| 대설경보 | 24시간 신적설이 20cm 이상 예상될 때(다만, 산지는 30cm 이상) |

대설은 우리나라에서 매년 대규모 피해를 일으키는 주요 재난 중 하나이며 이에 대응하기 위해서는 범정부적 대응조치가 필요하다. 대설에 대해서는 「중앙재난안전대책본부 구성 및 운영 등에 관한 규정」에 따라 중앙재난안전대책본부의 비상단계를 가동할 수 있는 기준이 대설특보의 발표여부, 예상 또는 발생한 피해의 심각성 등으로 규정되어 있다. 대설에 대한 재난관리 주관기관인 행정안전부는 이러한 가동기준에 따라 중앙재난안전대책본부를 비상단계별로 가동하여 운영하게 된다. 아울러 대설에 대한 관심, 경계, 주의, 심각단계의 재난위기경보는 이러한 중앙재난안전대책본부 비상단계와 연계되어 발표된다.

---

11) 눈이 내린 양 측정용어: 기상청에서 눈이 내린 양을 cm 단위로 측정하며, 신적설과 적설이 있다.
   • 신적설: 어떤 정해진 기간(6시간, 24시간 등)에 내려 쌓인 눈의 높이를 말하며, 기상청에서는 매일 0시마다 측정 적설판을 털어내고 다시 측정한다. 하루(0~24시) 중 눈이 가장 많이 쌓였을 때의 깊이를 '최심신적설'이라 한다.
   • 적설: 쌓인 기간에 관계없이 관측할 때 실제로 쌓여 있는 눈의 높이를 말하며, 눈을 털어내지 않은 측정 적설판의 눈의 높이를 측정한다. 눈은 녹거나 눌리고 날려갈 수도 있기 때문에 눈이 계속 내리더라도 관측값이 줄어드는 경우가 있다. 특정기간 중에 측정한 값 중에서 가장 큰 값을 '최심적설'이라고 한다.

표 1.16 대설에 대한 중앙재난안전대책본부 비상단계

| 비상단계 | 판단기준 |
|---|---|
| 상시대비단계 | • 겨울철 자연재난 대책기간(매년 11.15.~3.15.) |
| 중앙재난안전대책본부<br>비상1단계 | • 대설주의보가 4개 시·도[12] 이상에 발표된 경우<br>• 대설경보가 3개 시·도 이상 발표된 경우 |
| 중앙재난안전대책본부<br>비상2단계 | • 대설경보가 4개 시·도 이상에 발표된 경우<br>• 국지적으로 극심한 피해의 발생 가능성이 있거나 발생한 경우 |
| 중앙재난안전대책본부<br>비상3단계 | • 대설경보가 4개 시·도 이상에 발표되고 3일 이상 지속될 것으로 전망될 때<br>• 전국적으로 대규모 피해의 발생 가능성이 있거나 발생한 경우 |

■ 분야별 대설 대책

대설 대책의 핵심은 쌓인 눈을 제거하는 제설작업이다. 하지만 기온이 너무 낮거나 눈이 많이 쌓이면 제설제를 뿌려도 효과가 없다. 따라서 제설제는 강설 초기에 사용하는 것이 효과적이다. 이후에는 제설장비 등을 활용하여 도로에 쌓인 눈을 밀어낸 후 제설제를 사용하여야 한다.

눈이 한꺼번에 내리면, 여러 곳에서 신속하게 동시에 제설작업을 하기 쉽지 않다. 도시 내 주요 도로에 위험도 및 중요도에 따라 제설 우선순위를 부여하기도 한다. 또한, 통행이 많은 경사로나 고갯길 등에는 자동으로 제설할 수 있는 설비를 설치하기도 한다. 가장 많이 사용하는 것이 제설에 효과적인 염수를 분사할 수 있는 '자동염수분사장치'이며, 최근에는 염수가 환경을 오염시킨다는 지적에 따라 도로에 열선을 깔아서 눈을 녹이는 '도로열선시스템(snow heating system)'을 설치하기도 한다.

하지만 공공기관 중심으로 골목길, 보행로 등까지 제설작업을 실시하기는 쉽지 않다. 이에 따라 최근 정부에서는 '우리 동네 또는 내 집 앞 눈 치우기' 운동을 통해

---

12) i) 시·도는 다수의 시·군 또는 예보구역으로 구성되어 있으므로 이 중에서 3개 이상의 시·군 또는 예보구역에 대설특보가 발표된 경우에 해당 시·도에 대설특보가 발표된 것으로 본다. ii) 다만, 제주도는 3개 이상의 예보구역에 경보가 발표된 경우에 한해 특보(주의보 또는 경보)가 발표된 것으로 본다. 또한, iii) 중앙재난안전대책본부 비상단계의 기준이 되는 기상특보에서 육지의 도서 및 산간 지역, 해상의 먼바다에 발표되는 기상특보는 고려하지 않는다. 여기서, 도서지역은 서해5도, 흑산도·홍보, 거문도·초도, 추자도가 있으며, 산간지역은 제주도산지, 강원북부산지, 강원중부산지, 강원남부산지, 경북북동산지가 있다.

자율적 제설작업 동참을 유도하고 있다.

지붕면이 넓으며 평평한 체육관 등은 눈이 흘러내리지 않아 쌓이기 쉽다. 이러한 적설취약구조물에 대해서는 주기적으로 점검하고 쌓인 눈을 쓸어내려야 한다. 특히, 농업용 비닐하우스에 눈이 많이 쌓일 경우, 붕괴되기 쉬우므로 눈이 많이 내릴 경우에는 쓸어내거나 내부에 보일러를 가동하여 눈이 녹도록 해야 한다.

철도의 경우, 차량에 있는 빙설이 낙하하면서 궤도의 자갈이 튀어 사고가 발생할 수 있는바 '노상 안정제'를 뿌리거나 제동장치에도 '착설 방지제'를 뿌리기도 한다. 또한, 눈이 많이 쌓인 경우에는 일반 차량과 마찬가지로 열차도 서행해야 한다. 제주공항과 같이 눈이 많이 내리는 곳에서는 항공편이 한꺼번에 결항될 수 있다. 따라서 항공편이 한꺼번에 결항되었을 경우에 체류객을 지원할 수 있는 대책이 마련되어야 한다.

## 2.4 강풍

### (1) 재난발생 및 특성

강한 바람은 시설물을 파손시키고 농작물 낙과를 유발하고 날아다니는 비산물을 발생시켜 그로 인한 2차적인 피해를 야기한다. 월별로 강풍특보 발표현황을 분석해 보면 4월→3월→12월 순이다. 봄철에는 건조한 대기와 큰 일교차가 강풍을 발생시키는 원인이 된다. 대기가 건조하면 약간의 가열 차이만으로도 큰 바람의 원인이 되고, 큰 일교차에 따른 부등가열은 큰 바람을 야기할 수 있기 때문이다. 또한, 겨울철에는 주로 대륙과 해양의 온도 차이로 인해 강한 바람이 생긴다.

기상청에서는 바람의 세기를 약한(4m/s 미만), 약간 강한(4~9m/s), 강한(9~14m/s), 매우 강한(14m/s 이상)의 4가지로 크게 구분하고 있다. 이외에 전 세계적으로는 풍력계급을 13개로 분류하여 풍속과 상태 등을 연계시킨 보퍼트 풍력계급이 통용되기도 한다.

## 표 1.17 보퍼트의 풍력 계급표

| 풍력<br>계급 | 명칭 | 풍 속<br>(m/s) | 육상상태 | 해면상태 |
|---|---|---|---|---|
| 0 | 고요 | 0~0.2 | 연기가 똑바로 올라간다. | 해면이 거울과 같다. |
| 1 | 실바람 | 0.3~1.5 | 풍향은 연기가 날아가는 것으로 알 수 있으나, 풍향계는 잘 움직이지 않는다. | 물결이 생선 비늘 같이 작고, 물거품이 없다. |
| 2 | 남실바람 | 1.5~3.3 | 바람이 피부에 느껴진다. 나뭇잎이 흔들리며, 풍향계가 움직이기 시작한다. | 물결이 작고, 파도의 마루 부분이 부서지지 않고 모양이 뚜렷하다. |
| 3 | 산들바람 | 3.3~5.5 | 나뭇잎과 작은 가지가 끊임없이 흔들리고, 깃발이 가볍게 날린다. | 물결이 커지고, 파도의 마루가 부서져서 물거품이 생겨 흰 파도가 간간이 보인다. |
| 4 | 건들바람 | 5.5~8.0 | 먼지가 일고 종잇조각이 날리며, 작은 가지가 흔들린다. | 파도가 일고, 파장이 길어지며 흰 파도가 많이 보이기 시작한다. |
| 5 | 흔들바람 | 8.0~10.8 | 잎이 무성한 작은 나무 전체가 흔들리고, 호수에 물결이 일어난다. | 파도가 조금 높아지고, 물거품이 생기기 시작한다. |
| 6 | 된바람 | 10.8~13.9 | 큰 나뭇가지가 흔들리고, 전선이 울리며 우산을 사용하기 어렵다. | 파도가 높아지기 시작하고, 물거품이 광범위해지며 물보라가 생긴다. |
| 7 | 센바람 | 13.9~17.2 | 나무 전체가 흔들리며, 바람을 안고서 걷기 곤란하다. | 파도가 높아지고, 파도가 서로 부서져서 물거품이 생겨 줄을 이루며 바람에 의해 날린다. |
| 8 | 큰바람 | 17.2~20.7 | 작은 나뭇가지가 꺾이며, 바람을 안고서 걸을 수 없다. | 파도가 제법 높고, 파장이 더 길고 마루의 끝이 거꾸로 된다. 물거품이 강풍에 날린다. |
| 9 | 큰센바람 | 20.7~24.5 | 큰 나뭇가지가 꺾이고, 가옥에 다소 피해가 생긴다. 굴뚝이 넘어지고 기와가 벗겨진다. | 파도가 높고, 물거품이 바람에 따라 짙은 줄무늬를 띤다. 마루가 흩어져 말리고 물보라 때문에 시정이 나빠진다. |
| 10 | 노대바람 | 24.5~28.4 | 나무가 뿌리째 뽑히고, 가옥에 큰 피해가 일어난다. 내륙 지방에서는 보기 드문 현상이다. | 파도가 옆으로 긴 마루로 되어 몹시 높고, 물거품이 큰 덩어리가 되어 강풍에 날린다. 파도가 심하게 부서지고 시정이 나쁘다. |
| 11 | 왕바람 | 28.4~32.6 | 광범위한 피해가 생긴다. | 파도가 대단히 높고, 주위의 배는 파도에 가려 볼 수 없고 길게 줄지은 물거품들이 바다를 덮는다. 시정이 극히 나쁘다. |

| 풍력<br>계급 | 명칭 | 풍속<br>(m/s) | 육상상태 | 해면상태 |
|---|---|---|---|---|
| 12 | 싹쓸바람 | ≥32.6 | 매우 광범위한 피해가 생긴다. | 파도가 매우 높고, 바다는 물거품과 물보라로 가득 차 바로 앞도 분간하기 어려울 정도다. |

✍ 다양한 바람의 종류

일반적으로 우리가 느끼는 주된 바람은 기압배치에 따른 압력차이에 의해 발생한다. 하지만 이러한 기압차이가 없을 경우에도 국지적인 비열차이에 의해 바람이 발생하게 된다. 가장 대표적인 예로 해륙풍과 산속풍이 있다.

■ 해륙풍(해풍과 육풍)

일반적으로 육지는 바다에 비해 열을 담아둘 수 있는 그릇, 즉 열용량이 작아 쉽게 가열되고 냉각되는데, i) 낮에는 육지가 빨리 데워져서 육지의 공기가 가벼워져 상승하면서 바다에서 육지로 해풍이 불어오고, ii) 밤에는 육지가 빨리 식혀져서 육지의 공기가 무거워져 하강하면서 육지에서 바다로 육풍이 분다.

■ 산곡풍(산풍과 곡풍)

일반적으로 산에서 정상부는 골싸기에 비해 열용량이 작아 쉽게 가열되고 냉각되는데, i) 낮에는 산의 정상부분이 빨리 데워져서 가벼워진 공기가 상승하며 골짜기에서 정상부로 곡풍(골바람)이 불어오고, ii) 밤에는 산이 정상부분이 빨리 식혀져서 무거워진 공기가 하강하며 정상부에서 골짜기로 산풍(산바람)이 분다.

## (2) 재난대응 및 대책

앞에서 언급한 바와 같이 강풍을 포함한 모든 풍수해(조수 제외)에 대한 재난관리 주관기관은 행정안전부이다. 행정안전부는 관계법령인 「자연재해대책법」 등에 따라 풍수해로 인한 재난을 관장하며, 이를 위해 「풍수해 위기관리 표준매뉴얼」 등을 운용하고 있다.

### ■ 예 · 경보 체계: 강풍특보

강풍에 대해 기상청에서는 표 1.18에서와 같이 풍속 또는 순간풍속을 기준으로 강풍주의보, 강풍경보 등 강풍특보를 발표하고 있다. 여기서 풍속이라 함은 지상 10m에서 관측시각 기준으로 이전 10분간의 평균풍속을 말한다.

표 1.18 강풍특보 발표기준

| 구 분 | 기 준 |
|---|---|
| 강풍주의보 | 육상에서 풍속[13] 14m/s 이상 또는 순간풍속 20m/s 이상이 예상될 때<br>다만, 산지는 풍속 17m/s 이상 또는 순간풍속 25m/s 이상이 예상될 때 |
| 강풍경보 | 육상에서 풍속 21m/s 이상 또는 순간풍속 24m/s 이상이 예상될 때<br>다만, 산지는 풍속 24m/s 이상 또는 순간풍속 30m/s 이상이 예상될 때 |

일반적으로 우리나라의 경우 강풍에 의한 대규모 피해는 태풍과 같이 강풍을 동반한 기상현상으로 발생하고 강풍만의 단독 피해는 매우 드문 현상으로 강풍에 대한 중앙재난안전대책본부 비상단계 또는 재난위기경보의 기준은 명시적으로 규정되어 있지 않다.

✎ 신종재난: 빌딩풍

2020년 여름, 태풍 마이삭과 하이선이 부산을 강타했을 때 해운대 인근의 해안가 고층건물 주변이 다른 지역에 비해 강한 바람이 불면서 건물의 유리창이 파손되고 외장재가 날리면서 인근 도로로 날아들었다. 이로 인해 인근에서 운행 중이던 차량 등이 파손되는 피해가 발생하였다. 실제 관측결과에 따르면, 태풍 마이삭 내습시에 해운대 앞 해수욕장에서의 관측값에 비교하여 인근 마린시티 빌딩에서는 풍속이 40% 가량 증가하였고, 태풍 하이선 내습시에는 97%가 증가하였다(권순철 등, 2020).

이러한 피해가 발생하는 원인으로는 '빌딩풍'이 지목되는데, 이는 바람이 고층건물의 사이를 통과하면서 바람 방향이 변하고 풍속이 빨라지는 현상이다. 즉, 동일한 세기의 바람이라도 도시지역의 고층건물에 부딪치면 소용돌이치거나 위·아래로 급상승·강하하면서 강한 돌풍을 만들게 되는 것이다. 이러한 이유로 강풍을 직접 맞은 아파트 단지의 외곽 건물보다 단지의 내부 건물에 피해가 심각한 경우가 빈번하게 발생한다.

최근 빈번한 이상기후 발생으로 해안가에 해일이나 태풍 피해 가능성이 커지고, 고층빌딩의 건설이 급증하고 있는 추세에서 '빌딩풍'은 신종재난으로 주목받고 있다. 참고로 전국적으로 31층 이상 고층빌딩은 2010년 753동에서 2019년 2,739동으로 10년 새 3.6배 증가하였다.

하지만 '빌딩풍'은 아직 학문적으로 충분한 연구가 되지 않았고 학문적으로 명확하게 정의된 개념은 아니다. 아직까지 도시 환경변화에 따라 생긴 일상적 개념으로 다

---

13) 일정기간 중 최대풍속이라 하면 이러한 풍속 중 최대값을 의미하기 때문에, 일반적으로 생각하는 최대순간풍속보다는 작은 값을 나타낸다. 일반적으로 일정기간 중 최대순간풍속은 최대풍속의 1.5배 정도 되는 것으로 알려져 있다.

뤄지고 있으며, 영어로는 skyscraper wind, urban canyon wind 등으로 다양하게 표현되고 있다.

'빌딩풍'이 발생하였을 경우의 주요 위험요인은 건물의 파손으로 인한 거주민의 직접적인 피해보다는 비산물로 인한 보행자 등에 대한 간접적인 피해이다. 빌딩풍이 강하다고 하지만 건물 뼈대의 파손보다는 유리창, 외장재 등의 파손으로 국한되기 때문이다. 하지만 이러한 파손된 유리창, 외장재가 강한 강풍으로 날리면서 인근 도로 등에 통행하는 사람, 차량 등을 직접 가격하는 경우에는 사망에 이르는 심각한 인명피해가 발생할 수 있다. 실제 해외에서는 빌딩풍이 각종 인명 사고와 각종 소송으로 이어지면서 정부 차원에서 대응하는 사례가 늘고 있다.

하지만 빌딩풍이 무서워서 막연히 고층빌딩을 규제할 수만은 없다. 빌딩풍은 건물의 형상과 가로수 등 주변 환경의 영향을 받기 때문에 이들의 변화를 통해 빌딩풍 발생을 줄일 수 있기 때문이다. 우리나라에서는 아직 '빌딩풍' 영향을 검토하는 풍환경 실험이 생소하지만, 일본, 영국 등에서는 풍하중 검토를 통해 빌딩풍 발생을 최소화할 수 있는 방법을 건설 설계 등에 반영되고 있다.

영국 런던시는 2019년에 풍환경 가이드라인(wind microclimate guidelines)을 만들어서 100m 이상 고층건물을 지으려는 경우에는 풍환경 분석 등을 통한 설계보고서를 제출토록 하고 초속 15m를 자전거 운행의 안전기준으로 정하고 빌딩풍 등으로 인한 자진거 운행의 인전을 위협하는 요소를 설계에 반영히도록 권고하고 있다.

빌딩풍 방지를 위한 설계와 관련하여 일본 도쿄의 NEC 수퍼타워 빌딩은 건물 중간에 3층 높이의 바람구멍(풍혈)을 뚫었다. 영국 런던의 스트라다 빌딩도 건물 꼭대기에 3개의 풍혈을 설치했는데, 여기에 전기를 생산할 수 있는 대형 터빈까지 설치하여 전체 건물의 전기사용량의 8%를 충당하고 있다. 또한, 영국 리즈시는 건물 사이에 방풍 스크린을 설치하여 빌딩풍을 줄이고 있다.

* 차근호 (2020). '빌딩풍'의 위력 … 태풍 때 부산 고층건물 바람 강도 2배. 연합뉴스 2020년 9월 8일자; 김태형 (2021). [태풍에 무기력한 초고층 빌딩, 왜] 〈하〉 늘어나는 '빌딩숲', 거세지는 '빌딩풍'. e대한경제 2020년 9월 11일자; 권순철 등(2020). 지역맞춤형 재난안전 문제해결 개술개발 지원사업: 빌딩풍 위험도 분석 및 예방·대응 기술 개발. 부산대학교

## 2.5 풍랑과 너울

바다에 바람 등으로 인해 수면에 어떤 교란이 일어나면, 자연은 이를 다시 원상태로 되돌리려는 복원을 시도하면서 물결이 만들어지고 이러한 물결은 해안까지 반복적으로 전파되게 된다. 이러한 바다에서 발생하는 반복적인 물결을 파도 또는 파랑이라고 한다. 그런데 이러한 파도는 발생하는 원인에 따라 불리는 명칭이 다른데, 크게 풍랑과 너울로 구분된다.

### (1) 재난발생 및 특성

#### ■ 풍랑의 발생 및 특성

풍랑(wind wave)은 표현 그대로 바람에 의해 어떤 지역에 직접 발생하는 파도로서 풍파라고도 한다. 어떤 지역에 강한 바람이 지속적으로 불 때 일반적으로 발생하게 된다. 지난 5년간(2008~2012년) 평균 풍랑특보를 살펴보면 12월 → 11월 → 1월 순으로 주로 바람이 강한 겨울철에 발생하고 있다.

#### ■ 너울의 발생 및 특성

풍랑이 바람에 의해 직접적으로 만들어진 파도라면, 너울(swell)은 멀리 떨어진 다른 지역에서 만들어진 파도가 전해져온 현상이다. 구체적으로 너울은 바람이 부는 지역(풍역대)에서 만들어진 풍랑이 밖으로 전파되거나 풍랑의 속도가 풍속보다 빨라 파도가 바람보다 먼저 오는 경우에 발생한다. 이러한 이유로 해당 지역에서만 봤을 때, 너울은 바람이 없이 발생하는 파도라고 생각된다.

너울과 풍랑은 발생원리에서는 구분할 수 있지만 실제 현업에서는 해상에는 항상 바람이 불고 있기 때문에 너울과 풍랑을 구분하기 쉽지 않다. 따라서 기상청에서는 풍랑과 너울을 파도의 주기를 가지고 구분하고 있는데, 8초 이상의 주기를 가진 긴 파도를 너울로 분류하고 있다.

너울은 발생시기를 특정하기 어려우며, 서·남해안에 비해 섬 등의 장애물이 없는 동해안에 집중해서 발생하고 있다고만 알려져 있다. 다만, 너울은 결국 먼바다에서 생긴 풍랑으로 만들어진다는 점에서 먼바다에 태풍이 지나가거나 큰 풍랑이 발생하면 1~2일 후에 우리나라 해안에서는 너울을 쉽게 관측할 수 있다.

■ 풍랑과 너울의 비교

일반적으로 풍랑과 너울은 파도라는 동일한 현상으로 나타나기 때문에 구분하기 어렵다. 하지만 앞에서 설명한 바와 같이 풍랑과 너울은 발생원리가 서로 다르기 때문에 서로 상이한 특징을 가진다. 앞에서 이미 설명한 것들을 요약해서 종합하면 아래 표 1.19와 같다.

재난관리자들은 풍랑에 비해 너울을 더 위험하다고 생각한다. 그 이유는 바닷가 날씨와 관계없이 밀려오기 때문이다. 풍랑은 대게 바닷가에 바람이 심하게 부는 궂은 날씨이고 주기가 짧아서 지속적으로 파도가 발생하기 때문에 사람들은 스스로 위험하다고 생각하고 조심하게 된다. 하지만 너울은 구름 한 점 없이 맑은 날에 발생할 수 있을 뿐만 아니라 주기가 길어서 잠잠하다가 갑작스럽게 발생하기 때문에 경계심 없이 물놀이를 즐기던 사람들이 피해를 입는 경우가 발생한다.

이뿐만 아니라 너울은 주기와 파장이 길게 때문에 한 번 들어올 때, 가지고 오는 바닷물의 양이 훨씬 커서 에너지도 훨씬 크다. 또한, 같은 이유로 인해 해안에서 쉽게 부서지는 풍랑과는 달리 대부분의 힘을 그대로 간직한 채 깊숙이 밀려들어 왔다가 한꺼번에 빠져나가 넘어뜨리고 끌고 가는 힘이 클 수밖에 없다.

표 1.19 풍랑과 너울의 특성 비교

| 구분 | 풍랑(wind wave) | 너울(swell) |
|---|---|---|
| 생성 | 바람에 의해 어떤 지역에 직접 발생 | 풍랑이 바람이 부는 지역(풍역대) 밖으로 전파되거나 풍랑의 속도가 풍속보다 빨라 파도가 바람보다 먼저 오는 경우에 발생 → 바람이 없이 멀리서 전해오는 파도 |
| 파형 | 파도 간의 간격이 짧고 꼭대기가 뾰족함(모양과 방향이 불규칙적) | 파도 간의 간격이 길고 꼭대기가 둥그스름함(모양과 방향이 규칙적) |
| 위력 | 파장이 짧아 파도의 힘이 크지 않음 → 일반적으로 방파제를 넘지 못함 | 파장이 길어 한 주기의 바닷물 양이 풍랑의 몇 배나 됨 → 빈번하게 방파제를 넘음 |

(2) 재난대응 및 대책

일반적으로 풍랑과 너울에 의한 피해는 태풍 등 풍수해의 일부로서 발생하는데, 이 경우의 재난관리 주관기관은 행정안전부이며 「풍수해 위기관리 표준매뉴얼」 등이 적용된다. 아울러 너울은 현행 재난관리체계에서 조수재난의 부분으로도 간주되고 있다. 따라서 너울 자체로 인한 피해가 발생하였을 경우에는 해양수산부가 재난관리 주관기관이 되며 「조수재난 위기관리 표준매뉴얼」 등이 적용된다. 뿐만 아니라 풍랑과 너울 자체로 인해 선박사고 등 특정사고가 발생하는 경우에도 해양수산부가 재난관리 주관기관이 되며 「선박사고 위기관리 표준매뉴얼」 등이 적용된다. 즉, 풍랑과 너울에 대해서는 관계법령 및 위기관리 매뉴얼이 발생하는 사고상황에 맞게 단수 또는 복수로 다양하게 적용될 수 있다.

### ■ 예 · 경보체계: 풍랑특보와 너울정보

풍랑은 바람과 직접적인 연관을 가지므로 비교적 예측하기가 쉽다. 기상청에서는 표 1.20과 같이 풍속과 유의파고를 기준으로 정해진 값 이상일 때 주의보 또는 경보 형태의 풍랑특보를 발표하고 있다. 여기서 유의파고란 N개의 파 중에서 파고가 높은 N/3개를 선정하고 이들 파고를 평균한 값을 말한다.

**표 1.20 풍랑특보 발표기준**

| 구 분 | 기 준 |
|---|---|
| 풍랑주의보 | 해상에서 풍속 14m/s 이상이 3시간 이상 지속되거나 유의파고[14]가 3m 이상이 예상될 때 |
| 풍랑경보 | 해상에서 풍속 21m/s 이상이 3시간 이상 지속되거나 유의파고가 5m 이상이 예상될 때 |

하지만 너울은 아직까지 정확하게 예측하기 어려워 기상청에서도 특보발표 기준이 없으며, 기상예보 또는 정보 등을 통해 대략적인 발생예측 정보만을 통보하고 있다.

풍랑과 너울에 대해서는 관계법령 및 위기관리 매뉴얼이 발생하는 사고상황에 맞게 단수 또는 복수로 다양하게 적용될 수 있으므로 중앙재난안전대책본부 비상단계 또는 재난위기경보의 기준 등도 이렇게 다양하게 적용되는 법령 및 매뉴얼 등에 따라야 한다.

---

14) 유의파고는 해상의 파고상태를 나타내는 표준으로 사용되며 일반적으로 최대파고＝1.61×유의파고, 평균파고＝0.63×유의파고의 관계가 있다.

■ 풍랑, 너울 예보시 행동요령

해수면이 월중 가장 높은 '사리' 기간인 보름(15일)과 그믐(1일)의 밀물(만조) 시간에는 이러한 풍랑과 너울로 인한 높은 물결은 백사장으로 밀려오거나 갯바위, 방파제를 넘는 곳이 발생하고 저지대 침수 가능성이 있으므로 이 시기에는 해안가 안전사고에 각별히 유의해야 한다.

또한, 태풍 등으로 먼바다에서 풍랑이 발생한 이후 1~2일 후에 바람이 잦아진 상태에서 백사장, 해변가에 갑자기 너울이 발생할 수 있으므로 태풍 등이 물러난 이후에도 재난관리자는 긴장을 끈을 놓아서는 안 된다.

## 2.6 조수

### (1) 재난발생 및 특성

■ 밀물(고조, 만조)과 썰물(저조, 간조)

모든 해수면은 정도의 차이는 있지만 매일 약 2차례씩 규칙적으로 높아졌다 낮아졌다를 되풀이하는 주기적인 높이변화를 일으키는데, 이러한 현상을 '조석(潮汐, tide)'이라고 한다. 조석 중에서 먼바다에서 해안으로 해수가 밀려와시 해수면이 높아지는 현상을 '밀물'이라고 하며, '고조(高潮)', '만조(滿潮)'라고도 한다. 반대로 해안에서 먼바다로 해수가 빠져나가 해수면이 낮아지는 것을 '썰물'이라고 하며, '저조(低潮)', '간조(干潮)'라고 한다.[15]

이렇게 매일 반복되는 조석은 주로 달과 지구의 관계에 의해 영향을 받는다. 먼저, 지구의 어떤 지점에서 달이 가까이 있으면, 해당 지점과 반대 지점의 해수면은 서로 간에 당기는 인력으로 상승하게 되고 바닷물이 육지 쪽으로 밀려 들어오게 되고, 반대로 해당 지점과 직각방향에 있어서 달과 떨어져 있으면, 해당 지점과 반대 지점의 해수면은 하강하게 되고 바닷물이 바다 쪽으로 빠져나가게 되는 것이다.

이러한 밀물과 썰물이 반복되는 과정에서는 해안과 먼바다 사이에 해수의 흐름이 생기는데, 이러한 흐름을 '조류'라고 하며, 이때의 해수를 '조수'라고 한다. 따라서 '조류'란 조석에 의한 조수의 흐름인 것이다. 조류의 방향은 하루에 네 번 바뀌며, 일반적으로 간조와 만조시의 해수면 높이의 차이, 즉 '조차'[16]가 클수록 조류의 세기가

---

15) 또한, 밀물과 썰물 사이에서 해수면의 높이변화가 순간적으로 정지하는 것과 보이는 상태를 '정조'라고 한다.

16) 특히, 조석에서 이러한 간조와 만조를 아울러서 부를 때는 '조석간만(潮汐干滿)'이라고 부르기도 하

강하다. 조석은 해안 또는 해저의 모양과 크기의 영향도 많이 받는데, 따라서 조석, 조류, 조차 등은 지역에 따라 다르며 우리나라에서는 동해안에 비해 서해안의 조석 차이가 훨씬 크게 나타난다.

---

✍ **조석의 주기가 약 12시간 25분인 이유?**

   조석이 지구가 자전하면서 달에 대한 상대적 위치가 변해서 생긴다는 점에서 조석의 주기는 정확히 12시간이 되어야 한다. 하지만 지구가 자전하는 동안에 달도 약 6.5°를 공전하기 때문에 만조에서 다음 만조가 되기 위해서 지구는 약 6.5°를 더 자전해야 한다. 따라서 만조에서 다음 만조까지 걸리는 시간은 12시간에서 약 25분이 지난 약 12시간 25분이다.

---

■ **사리(대조)와 조금(소조)**

   비록 달이 태양에 비해 가까이 있어 밀물과 썰물은 달과 지구의 위치에 영향을 받지만 태양도 달에 비해 크지는 않지만 무시할 수 없는 영향을 미친다. 달이 가장 크게 보이는 보름(음력 15일경)과 거의 보이지 않는 그믐(음력 1일경)에는 태양과 달, 지구의 위치가 일직선상에 놓이게 된다. 이때는 달의 조석과 태양의 조석이 합쳐져서 고조는 더 높아지고 저조는 더 낮아지는 현상이 발생하는데, 이를 사리 또는 대조(大潮)라고 하고 이 기간을 대조기라 한다. 특히, 백중인 음력 7월 15일 전후에 나타나는 백중사리에 연중 가장 높은 고조가 발생하므로 저지대 침수피해가 우려되고, 영등인 음력 2월 15일 전후에 발생하는 영등사리에 연중 가장 낮은 저조가 발생하므로 진도 등에 해수면이 노출되면서 육지와 섬이 연결되는 바다 갈라짐 현상이 발생하게 된다.

   이와 반대로 달이 반쪽만 보이는 상현(음력 8일경)과 하현(음력 23일경)에는 태양과 지구, 달이 직각을 이루어 달의 조석이 태양 조석에 상쇄되어 고조는 낮아지고 저조는 높아지는 조금 또는 소조(小潮)라 하고 이 기간을 소조기라 한다.

   또한, 대조기와 소조기 사이에도 조류의 세기를 등급화하여 사용하고 있는데, 이를 '물때'라 한다. 물때는 금력 1일부터 15일까지를 각각 지칭하는 15등급으로 구분되는데, 각 일자별로 표시방법은 지역별로 다르다. 8물때식은 주로 동해와 남해, 7물때식은 서해에서 사용되고 있다.

---

는데, 이렇게 간조와 만조시의 해수면 높이의 차이인 조석간만의 차이가 '조차(潮差)'가 되는 것이다.

표 1.21 물때 등급표

| 음력일자 | 01 | 02 | 03 | 04 | 05 | 06 | 07 |
|---|---|---|---|---|---|---|---|
| 일반식 | 턱사리 | 한사리 | 목사리 | 어깨사리 | 허리사리 | 한꺽기 | 두꺽기 |
| 8물때식 | 여덟물 | 아홉물 | 열물 | 열한물 | 열두물 | 열셋물 | 열넷물 |
| 7물때식 | 일곱매 | 여덟매 | 아홉매 | 열매 | 한꺽기 | 두꺽기 | 아조 |
| 08 | 09 | 10 | 11 | 12 | 13 | 14 | 15 |
| 선조금 | 앉은조금 | 한조금 | 한매 | 두매 | 무릅사리 | 배꼽사리 | 가슴사리 |
| 조금 | 한물 | 두물 | 세물 | 네물 | 다섯물 | 여섯물 | 일곱물 |
| 조금 | 무시 | 한매 | 두매 | 세매 | 네매 | 다섯매 | 여섯매 |

■ 조수에 의한 피해

조수에 의한 피해는 조수 자체에 의한 피해보다는 태풍, 호우, 풍랑 등 다른 기상현상과 복합적으로 발생하는 유형이다. 만조시 해수면의 상승으로 발생할 수 있는 침수피해이다. 해수면의 높이는 태양·지구·달 세 천체가 일직선상에 놓이게 되는 매달 음력 보름(15일경)과 그믐(1일)의 '사리'에 월중 가장 더 높아진다. 또한, 이때 밀물과 썰물 간의 조차도 커져 해수의 흐름도 강해진다. 따라서 사리 때는 저지대의 침수, 월파 등의 위험이 있으므로 주의해야 한다. 특히, 여름철인 음력 7월 15일을 전후한 '백중사리' 기간에 연중 이러한 현상이 가장 크다고 할 수 있다. 이때 태풍 등으로 폭풍해일이 발생하게 되면 저지대 등에 대규모 침수피해가 발생할 수도 있다.

✍ 천문조와 기상조

앞서 설명한 바와 같이 일반적으로 조석은 지구의 해수면이 달이나 태양의 인력을 받아 오르락내리락하며 발생하는 현상이다. 하지만 해수면의 높이인 조석은 이외에도 기압, 바람 등 기상의 변화로 인해 발생하기도 한다. 이러한 두 가지 현상의 조석을 구분하기 위해 전자를 천문조(astronomical tide)라고 하고, 후자를 기상조(meteorological tide)라고 한다.

(2) 재난대응 및 대책

일반적으로 조수에 의한 피해는 단독 현상으로 발생하기보다는 태풍, 호우 등이 발생한 상황에서 해수면이 높은 만조가 겹치면서 풍수해 피해의 부분으로 발생한다. 따라서 앞서 설명한 바와 같이 풍수해의 일부로서 발생하였을 경우에는 재난관리 주관기관은 행정안전부이며 「풍수해 위기관리 표준매뉴얼」 등이 적용된다.

하지만 풍수해의 일부가 아닌 조수 자체만으로 피해가 발생하였다면 이는 해양수산부가 재난관리 주관기관이다. 해양수산부에서는 조수 자체만으로 발생하는 피해를 고려하여 관계법령인 「연안관리법」 등에 따라 조수로 인한 재난을 관장하며 「조수재난 위기관리 표준매뉴얼」 등을 운용하고 있다.

■ 예·경보체계: 고조정보

해양수산부 소속의 국립해양조사원에서는 '고조정보'를 발령하고 있는데, 발령기준은 33개의 조위관측소(검조소, 2021년 기준)별로 정해진 관심 → 주의 → 경계 → 위험의 4단계 조위상승값 이상으로 해수면이 상승할 것으로 예상될 때 내려지게 된다. 이러한 고조정보의 단계별 기준은 침수위험의 발생 가능성과 이로 인한 피해 가능성에 따라서 산정된다.

이러한 고조정보와 연계하여 관심, 주의, 경계, 심각단계의 재난위기경보도 발령되며, 범정부적 대처가 필요한 경우 등 심각도에 따라 중앙사고수습본부, 중앙재난안전대책본부 등이 가동된다.

---

✍ **특이한 해류: 이안류(離岸流, rip currents)**

일반적으로 파도가 해안에 가까워지면 약해졌다가 왔던 길로 다시 고루 빠져나간다. 하지만 해안 또는 해저 지형이 특수하게 굴곡진 곳에서는 특정 지점으로 물길이 쏠리면서 빠른 속도로 빠져나간다. 이렇게 해안에서 바다로 빠르게 흘러가는 해류를 이안류라고 한다. 또한, 일반적인 파도와는 다르게 육지에서 바다로 거꾸로 흘러간다고 해서 '역파도'라고도 불린다.

이안류는 영화 '빠삐용'에서 빠삐용을 탈출할 수 있도록 도움을 주기도 했지만, 해수욕장 등지에서 갑작스럽게 발생하는 경우가 많아 인명사고의 주요 원인이 되기도 한다. 실제 우리나라의 경우에도 해운대 해수욕장 등에서 자주 발생하는데, 최근 3년간 200여 명이 이안류에 휩쓸렸다가 구조되었다.

이안류 사고 중 가장 대표적인 것으로는 1955년 7월 28일 일본 미에현 쓰시의 나카가와라 해안에서 벌어진 사고가 꼽힌다. 당시 시키타 중학교 여학생 200여 명이 수영수업을 받기 위해 수심이 낮은 바다에 서 있었는데, 이 중에서 100여 명이 갑작스러운 이안류에 휩쓸려 나갔다. 긴급한 구조에도 불구하고 이 중에서 36명의 사상자가 발생하였는데, 이안류에 대한 경각심을 가지게 하는 대표적인 사고이다.

이안류가 발생하는 곳에는 자연스럽게 수심이 깊은 물길이 만들어져 물빛이 어두운 색을 띠거나 백사장의 부유 물질이 바다로 운반되는 모습을 보이기도 한다. 파도가 부서지는 현상이 없으므로 이런 곳은 피해야 한다.

국립해양조사원에서는 해운대 등 국내 8개 해수욕장[17)]에 대해 실시간 부이 관측값, 조위 관측값 등을 토대로 하여 '이안류 위험지수(S)'를 계산하고 다시 이를 관심→주의→경계→위험의 4단계로 분류하여 '이안류 정보'를 발표하고 있다.

표 1.22 이안류 정보 발표기준

| 정보단계 | 위험지수 | 해수욕 가능여부 |
|---|---|---|
| 관 심 | $S<30$ | 이안류 발생이 희박한 상황으로 일상적 해수욕 가능 |
| 주 의 | $30≤S<55$ | 이안류 발생이 가능한 상황으로 수영이 능숙한 사람만 해수욕 가능 |
| 경 계 | $55≤S<80$ | 강하고 돌발적인 이안류 발생이 농후한 상황으로 수영이 능숙한 사람도 해수욕 자제 |
| 위 험 | $80≤S$ | 매우 위험한 이안류 발생이 확실시되는 상황으로 해수욕 불가 |

* 출처: 조수 재난 위기관리 표준매뉴얼(해양수산부, 2021)

만약, 이안류에 휩쓸렸을 때에는 육지로 나오려고 해류의 흐름을 거슬러 발버둥 쳐도 강한 해류의 힘을 이길 수 없으므로 이때는 해안선을 따라가는 방향으로, 즉 해류의 좌우방향으로 빠져 나와야 한다. 즉, 곧장 해안 쪽으로 헤엄치기보다는 해류의 방향을 고려하여 해류와 45도 각도로 헤엄쳐야 하며, 일단 이안류의 흐름에서 일단 벗어난 이후에는 곧바로 육지 쪽으로 헤엄쳐 나오는 것이 좋다.

* 출처: 서금영 (2017년 7월 18일). 서금영의 재미있는 과학. 조선일보 http://newsteacher.chosun.com/ site/data/html_dir/ 2017/07/18/2017071800059.html

## 2.7 폭풍해일과 기상해일

해저의 지각 변동이나 해상의 기상변화에 의하여 갑자기 바닷물이 크게 일어서 육지로 넘쳐 들어오는 현상을 해일이라고 한다. 이 중에서는 해저의 지각 변동에 의한 해일의 가장 대표적인 현상이 지진해일이며, 해상의 기상변화에 의한 것으로는 폭풍해일과 기상해일이 있다. 지진해일에 대해서는 지진과 연계해서 설명하도록 하

---

17) 2021년 기준, 이안류 정보가 발표되고 있는 국내 8개 해수욕장은 해운대 · 송정 · 임랑 · 경포 · 낙산 · 망상 · 대천 · 속초 · 중문 해수욕장이다.

고 여기서는 폭풍해일과 기상해일을 설명한다.

## 2.7.1 폭풍해일

### (1) 재난발생 및 특성

#### ■ 폭풍해일의 발생원리

바람의 교란에 의한 파도, 즉 풍랑, 너울과 달리 태풍과 같은 저기압권에서 해수면은 낮은 압력으로 부풀어 오르게 되는데, 이를 폭풍해일이라고 한다. 예를 들어, 태풍의 중심기압이 대기압보다 1hPa 떨어질 때마다 1cm씩 해수면이 상승한다. 일반적으로 평균 대기압이 1,013hPa이므로 960hPa일 경우에는 해수면이 50cm 정도 상승하게 된다.

특히, 일반적으로 태풍은 강풍을 동반하게 되는데, 바람의 방향이 해안을 향하게 되면 해안 쪽으로 해수가 밀려 들어와 해수면이 더 상승하게 된다. 드물기는 하지만 강풍에 의해 발생한 너울의 이동속도가 태풍으로 부풀어 오른 해수면 이동속도와 유사하게 되는 경우에는 공명현상으로 폭풍해일이 더 가중되기도 한다.

#### ■ 폭풍해일의 피해유형

폭풍해일에 의한 피해도 결국 침수피해인데, 만약 폭풍해일이 발생한 시기가 사리(특히, 백중사리) 기간 중 바닷물이 고조가 되는 데다 풍랑, 너울과 같은 파도의 효과가 겹친다면 최악의 해일피해가 발생하게 된다.

### (2) 재난대응 및 대책

일반적으로 폭풍해일은 태풍 등 풍수해의 일부로서 발생하는데, 이 경우의 재난관리 주관기관은 행정안전부이며 「풍수해 위기관리 표준매뉴얼」 등이 적용된다. 하지만 폭풍해일 자체로 인해 선박사고 등 특정사고가 발생하는 경우에는 해양수산부가 재난관리 주관기관이 되며 「선박사고 위기관리 표준매뉴얼」 등이 적용된다. 즉, 폭풍해일에 대해서는 관계법령 및 위기관리 매뉴얼이 발생하는 사고상황에 맞게 단수 또는 복수로 다양하게 적용될 수 있다.

#### ■ 예ㆍ경보 체계: 폭풍해일특보

기상청에서는 해수면이 상승하여 발효기준값 이상이 예상될 때 폭풍해일 주의보와 경보로 구분하여 폭풍해일 특보를 발표하고 있다. 이러한 발효기준값은 33개의 조위관측소(검조소, 2021년 기준)별로 별도로 지정하고 있는데, 주의보는 해안지대의 단순히 침수피해가 예상될 때 그리고 경보는 중대가 재해가 발생할 것으로 예상될 때를 기준으로 분석하여 지정하고 있다.

표 1.23 폭풍해일 특보 발표기준

| 구 분 | 기 준 |
|---|---|
| 폭풍해일주의보 | 천문조, 기상조(태풍, 폭풍, 저기압 등)의 복합적인 영향으로 해수면이 상승하여 주의보 발효기준값 이상이 예상될 때<br>→ 지역별로 별도로 지정 |
| 폭풍해일경보 | 천문조, 기상조(태풍, 폭풍, 저기압 등)의 복합적인 영향으로 해수면이 상승하여 경보 발효기준값 이상이 예상될 때<br>→ 지역별로 별도로 지정 |

일반적으로 우리나라의 경우 폭풍해일에 의한 대규모 피해는 태풍과 같이 폭풍해일을 동반한 현상으로 발생하고 폭풍해일만의 단독 피해는 매우 드문 현상으로 강풍에 대한 중앙재난안전대책본부 비상단계 또는 재난위기경보의 기준은 명시적으로 규정되어 있지 않다.

## 2.7.2 기상해일

### (1) 재난발생 및 특성

#### ■ 기상해일의 발생원리

기상해일은 바닷물을 누르던 공기의 압력에 갑작스러운 변동이 생겨 바닷물에 파동이 만들어지는 현상이다. 일반적으로 공기의 밀도가 낮은 저기압 아래에서는 해수면이 위로 상승하게 되면서 물결이 만들어진다. 기상해일은 주로 한 시간에 3hPa 정도의 기압 하강을 일으킬 수 있는 강한 저기압이 접근할 때 이러한 기압 점프로 대기압이 급하게 변하면서 해수면이 상승 또는 하강하게 되면서 시작된다. 이때 기압 점프의 이동속도가 해일의 전파속도가 같아지면 공명 현상이 발생하여 해일의 높이가 더 크게 증가하면서 피해를 일으킬 수 있는 기상해일이 만들어지는 것이다.

이렇게 먼바다에서 증폭된 기상해일은 해안에 가까워지면서 수심이 감소하면 전파속도가 느려지는 이유로 물결이 서로 겹치는 천수화 현상이 일어난다. 이로 인해 해안에 가까워질수록 해일의 높이가 높아지게 되는데, 특히 포구 등과 같이 해일이 지나는 공간의 폭이 줄어드는 지형에서는 물결이 모이면서 해일이 높이가 더 높아지게 되는 것이다.

### ■ 기상해일의 발생특성: 봄철 + 서해안

우리나라에서는 이러한 기상해일이 주로 봄철 3~5월에 서해안에서 발생한다. 그렇다면 왜 봄철 서해안에서 기상해일이 발생하는 것일까? 이는 서해의 수심과 봄철 기압배치와 관련이 있다. 일반적으로 어떤 파동의 전파속도는 해수면의 수심과 관계가 있는데, 수심이 깊을수록 더 빠르다. 서해는 평균 수심이 50미터 남짓하여 파동의 전파속도가 약 시속 80km 정도이다. 그런데 서해에서는 봄철에 나타나는 기압배치로 저기압의 이동속도가 약 시속 80km가 되는 경우가 자주 발생하게 된다. 따라서 봄철 서해에서 저기압으로 시작된 작은 파동은 저기압의 이동속도와 파동의 전파속도가 일치하면서 공명현상으로 인해 물결의 높이가 증폭되면서 해안에 피해를 일으킬 수 있는 기상해일로 발전하게 되는 것이다.

### ■ 기상해일의 발생사례

2008년 5월 4일 충남 보령의 죽도에서 일어난 일이다. 잔잔하던 바닷가에 갑자기 2m 가까운 해일이 들이닥친다. 깜짝 놀란 사람들이 황급히 뛰어오르지만 해일에 휩쓸린 45명 중에서 끝내 9명은 목숨을 잃고 15명이 다쳤다. 당시에는 이러한 갑작스러운 해일의 원인을 알지 못했다. 일부에서는 너울일 수가 있다고 추측하기도 했지만 서해안에서의 너울은 흔하지 않았다. 훗날 분석결과 이는 당시에는 생소하던 '기상해일'로 밝혀졌다. 기상해일(meteo-tsunami)은 실체가 정확하게 분석되기 전까지는 '이상파랑'으로 불리기도 하였다.

사실 충남 보령 사고 이전에도 우리나라에서는 기상해일에 의한 피해가 발생하였다. 2005년 2월 9일에 제주도 한림읍 옹포리 포구에서 기상해일로 의심되는 범람현상이 발생하였고 이후에 같은 해인 3월 23일에 남해안에서 뚜렷한 기상해일이 발생하였다. 하지만 당시에는 인명피해도 없었고 침수피해도 미미하여 관심을 받지 못하였다. 2007년 3월 31일 전남 영광 일대에서 발생한 기상해일로 2명이 사망하고 2008년 5월 4일 충남 보령 죽도에서 대규모 인명피해가 발생하면 관련연구가 본격화되었다. 두 사고 모두 선박이 전복될 정도로 그 영향이 컸다. 하지만 기상청의 과거 18년간(2001~2017년) 통계자료에 따르면 기상해일의 발생빈도는 연평균 약 6회 정도로 자주 발생하는 것은 아니다.

### (2) 재난대응 및 대책

현행 재난관리체계에서는 기상해일은 해수의 높낮이의 변화를 나타내는 현상으로서 조수재난의 부분으로 간주되고 있다. 따라서 해양수산부가 재난관리 주관기관이 되며 조수재난의 범주에서 「조수재난 위기관리 표준매뉴얼」 등 관계법령 및 위기관리 매뉴얼이 적용되고 있다.

아울러 기상해일로 인해 선박사고 등 특정사고가 발생하는 경우에는 역시 해양수산부가 재난관리 주관기관이 되지만, 「선박사고 위기관리 표준매뉴얼」 등의 해당 사고에 특화된 위기관리 매뉴얼도 적용된다. 즉, 기상해일에 대해서는 관계법령 및 위기관리 매뉴얼이 발생하는 사고상황에 맞게 단수 또는 복수로 다양하게 적용될 수 있다.

#### ■ 예·경보체계: 일기예보 또는 기상정보

기상해일에 대해서는 아직 주의보 또는 경보 형태의 기상특보 제도가 마련되지 않고 있다. 이는 아직 기상해일에 대해서 예측 및 분석하기 어렵기 때문이다. 기상청에서는 기상특보 대신에 서해안 중심으로 해면 기압 및 바람을 실시간 감시하여 기상해일에 대한 일기예보 또는 기상정보를 발령하고 있다.

그리고 유관기관에 대해서는 보다 세부적인 실시간 '기상해일 정보'를 핸드폰 SMS 등을 통해 통보하고 있다. 이러한 '기상해일 정보'는 다음과 같이 서해상에서 기상점프가 최초로 감지되는 경우와 이후에 어느 정도 분석을 통한 결과를 발표하는 경우로 나뉜다. 전자의 경우에는 기상점프의 발생시간 및 위치, 풍속과 풍향에 대한 정보를 담고 있으며, 후자는 기상해일이 해안에 도달하는 시간과 지역에 대한 정보를 포함하고 있다.

✍ '지진해일 정보'의 예시

△ 서해상에서 기상점프가 최초로 감지되는 경우
[기상해일 정보] 기압점프 최초감지/하태도 04/04 13:30, 3.3hPa, 8.0m/s, ESE

기상해일은 아직까지 예측 및 분석이 어렵고 그 영향에 대해서도 충분한 연구가 되어 있지 않다. 이로 인해 중앙재난안전대책본부 비상단계, 재난위기경보 등에 대한 명시적인 기준도 아직 마련되어 있지 않다.

## 2.8 산사태(Land Slide)

### (1) 재난발생 및 특성

#### ■ 산사태의 정의 및 분류

산사태(山沙汰, landslide)는 호우, 지진, 화산, 절토, 풍화 등으로 산에서 암반 또는 토사가 갑자기 무너져 내리는 현상이다. 따라서 비탈면의 경사가 급하고 토층 바닥에 암반이 깔려 있는 곳에서 발생할 가능성이 높다. 산사태가 발생하기 위해서는 이러한 지형, 지질, 토질 및 식생 등의 내적 요인을 자극할 수 있는 호우, 지진, 화산, 절토, 풍화 등의 외적 요인이 필요하다.

산사태는 이러한 외적 요인에 따라 자연재난 중 기상재난(호우 등), 지질재난(지진, 화산 등), 인위재난(절토 등) 등으로 다양하게 분류될 수 있다. 우리나라에서 발생하는 산사태는 대부분 태풍, 호우 등으로 발생하기 때문에 일반적으로 자연재난 중 기상재난으로 인식된다.

#### ■ 산사태 발생원리

평상시에 흙입자들은 점착력이나 마찰력으로 인해 어느 정도의 결속력을 가지고 있다. 하지만 태풍, 호우 등으로 빗물이 흙입자들 사이로 들어가면, 부력으로 인해 흙입자 간 결속력이 약화되면서 붕괴된다. 특히, 빗물이 암반과 토층의 경계까지 흘러들어가게 되면 이 사이가 포화되어 분리되면서 밖의 토층이 떨어져 나가게 되기도 한다. 이렇게 산사태는 장마 등 오랜 기간 강우가 지속되어 토양에 빗물이 포화된 상태에서 추가적으로 집중호우가 발생하는 경우에 자주 발생한다.[18] 이는 토층

---

18) 산림청(2017)에서는 연속강우량 200mm 이상이고 최대시우량 32mm이면 붕괴 가능성이 높은 것

의 두께가 상대적으로 얇은 우리나라에서 많이 발생하는 산사태의 유형이다.

또한, 상류의 소규모 산사태로 생긴 암반, 토사 등이 물과 섞여 계곡을 따라 흐르는 토석류(土石流, debris flow)와 땅속 깊은 곳에서 점토층이나 지하수의 영향으로 흙덩이 자체가 천천히 이동하는 땅밀림도 산사태의 범위에 포함된다.

---

✎ **가뭄과 산불이 산사태에 미치는 영향**

△ **가뭄이 미치는 영향**

산사태는 가뭄 뒤 내리는 폭우에 취약하다. 오랜 가뭄으로 지반에 균열이 생긴 상태에서 갑작스럽게 많은 강우가 발생한 경우에 빗물이 지반의 균열된 부분으로 빠르게 흡수되면 토양의 무게가 갑자기 증가한다. 이때 토양의 일부가 무게를 버티지 못해 쓸려 내려가면서 산사태가 발생하기도 한다.

△ **산불이 미치는 영향**

산불이 발생한 지역에서도 산사태가 발생하기 쉽다. 초목이 불타면 비가 토양에 바로 접촉하고 토양을 지탱해주는 나무의 뿌리도 사라진다. 또한, 고온으로 인해 토양속 수분이 빠져나간 뒤 입자 사이에 공간이 커지면 땅이 푸석해지며 흙의 성질이 변한다. 이러한 이유로 토양은 휩쓸림에 저항할 수 있는 힘이 약해진다.

---

### (2) 재난대응 및 대책

산사태에 대한 재난관리 주관기관은 산림청이다. 산림청은 관계법령인 「산림보호법」 등에 따라 산사태로 인한 재난을 관장하며, 이를 위해 「산사태 위기관리 표준매뉴얼」 등을 운용하고 있다.

■ **예 · 경보체계: 산사태예측정보와 산사태위험예보, 재난위기경보**

산림청은 평상시 지역별로 과거 산사태 발생이력을 분석한 결과를 토대로 전국을 강우정보와 지질특성을 고려하여 11개 권역으로 구분하고 토양 내 함유된 빗물의 상대적인 양인 토양함수지수 기준값을 관리하고 있다. 그리고 위험기상이 예측되는 경우에는 기상청 기상정보 등을 활용하여 토양 내에 예상된 빗물의 양을 분석한 값인 예상 토양함수지수를 계산하여 기준값과의 비교를 통해 표 1.23과 같이 읍 · 면 · 동 단위로 주의보 또는 경보로 표현되는 산사태예측정보를 작성하여 시 · 군 · 구에 통보한다.

---

으로 보고 있다.

표 1.24 산사태예측정보 기준

| 구 분 | 기 준 |
|---|---|
| 산사태주의보 | 관측된 토양함수지수가 기준값의 80%에 도달한 때 |
| 산사태경보 | 관측된 토양함수지수가 기준값의 100%에 도달한 때 |

산림청으로부터 이러한 산사태예측정보를 받은 시·군·구청장은 상황판단회의를 개최하여 기상상황 등 관련정보를 추가적으로 고려하여 주의보와 경보 형태로 산사태위험예보를 발령하게 되어 있다. 하지만 실제 상황에서 시·군·구청장은 면밀하게 상황분석을 하기보다는 관할지역 내 읍·면·동 중에서 어느 한 군데라도 산사태예측정보가 제공되는 경우에는 시·군·구 전 지역에 대해 산사태위험예보를 실시하는 경향이 있다.

이로 인해 산사태위험예보가 과도하게 자주 발령되고 실제 지역주민들은 산사태위험예보가 발령되더라도 심각하게 받아들이지 않게 된다. 이는 산사태예측정보는 읍·면·동 단위로, 산사태위험예보는 시·군·구 단위로 서로 발령단위가 다르다는 제도적 문제 외에도 산사태로 인해 피해가 발생했을 경우 혹시 모를 비난 또는 책임에 대한 책임을 모면하려는 일선 공무원들의 우려 때문으로도 설명된다.

표 1.25 산사태예측정보와 산사태위험예보

| 구 분 | 산사태예측정보 | 산사태위험예보 |
|---|---|---|
| 제공/발령형식 | 산사태주의보 또는 경보 | 산사태주의보 또는 경보 |
| 제공/발령단위 | 읍·면·동 | 시·군·구 |
| 제공/발령권자 | 산림청장 | 시·군·구청장 |

산림청장은 산사태 재난의 위기발생 가능성을 평가하여 그 수준에 따라 전국 또는 시·도 단위의 산사태 재난위기경보를 발령하게 된다. 앞서 설명한 산사태위험예보가 국민들에게 산사태 위험에 대한 정보를 제공하는데 목적을 두고 있는 데 반해, 산사태 재난위기경보는 관계기관이 적절한 대응조치를 하도록 하는 기준을 제공하는데 그 목적을 두고 있다. 「산림보호법」에 따른 산사태 재난위기경보 발령기준 및 관계기관의 조치기준을 표 1.26과 같이 설명하고 있다.

표 1.26 산사태 재난위기경보 발령기준

| 구분 | 발령기준 | 조치기준 |
|---|---|---|
| 관심 | • 산사태 빈발시기, 산사태예방지원본부 운영기간 등 산사태에 관한 관심이 필요한 시기라고 인정하는 경우<br>• 지진 규모 4.0~4.4의 지진이 발생한 경우 | • 재난관리자원 정비<br>• 비상연락망 정비 및 대피장소 점검 · 정비 |
| 주의 | • 산사태 발생 위험이 높아져 산사태가 발생할 가능성이 있다고 인정하는 경우<br>• 산사태주의보 예측정보가 30% 이상의 시 · 군 · 구에서 발생한 경우<br>• 지진 규모 4.5~4.9의 지진이 발생한 경우 | • 입산통제<br>• 산사태취약지역 순찰 강화<br>• 재난자막방송 및 재난문자 전송<br>• 주민대피 명령 |
| 경계 | • 중 · 소규모 산사태가 발생하였거나 대규모 산사태가 발생할 가능성이 크다고 인정하는 경우<br>• 산사태주의보 예측정보가 50% 이상의 시 · 군 · 구에서 발생하거나 산사태경보 예측정보가 30% 이상의 시 · 군 · 구에서 발생한 경우<br>• 지진 규모 5.0~5.9의 지진이 발생한 경우 | |
| 심각 | • 대규모 산사태가 발생하였거나 발생할 것이 확실한 경우 또는 산사태로 인명피해가 발생했을 경우<br>• 산사태경보 예측정보가 50% 이상의 시 · 군 · 구에서 발생한 경우<br>• 지진 규모 6.0 이상의 지진이 발생한 경우 | • 주의 및 경계 단계의 조치<br>• 피해대책 마련 |

## ■ 산사태위험지도 및 산사태취약지역

산림청에서는 전국 산지에 대한 산사태 위험도를 1~5등급으로 구분한 산사태 위험지도를 제작하여 운영하고 시 · 군 · 구청장과 국유림관리소장은 산사태위험지도에 나타난 산사태 위험도 1등급 지역 중에서 산사태로 인하여 인명 및 재산 피해가 우려되는 지역을 산사태취약지역으로 지정하여 관리하고 있다.

산림청장은 우선 전국을 대상으로 5년마다 산사태 발생이 우려되는 지역에 대해 기초조사를 실시한다. 그리고 이러한 기초조사 결과에 따라 지역산사태예방기관장인 지방자치단체장, 지방산림청장 및 국유림관리소장은 5년마다 관련지역에 대하여 실태조사를 실시한다.

그리고 시·군·구청장과 국유림관리소장은 이러한 실태조사 결과를 기초로 하여 산사태 발생이 우려되는 예방시설을 설치하는 등 산사태로부터 국민의 생명과 재산 및 산림자원을 보호하기 위할 목적으로 산사태취약지역을 지정한다.[19]

■ 산사태 우려시 행동요령

산사태는 예측하기가 매우 어렵기는 하지만 발생하기 전에 일부에서 사전 징후들이 관찰되기도 한다. 먼저, 경사면에서 갑자기 많은 양의 물이 솟을 때에는 땅속에 과포화된 지하수가 있다는 것을 의미한다. 또한, 평소 잘 나오던 샘물이나 지하수가 갑자기 멈출 때에도 산 위의 지하수가 통과하는 토양층에 이상이 발생한 것이다. 갑자기 산허리 일부에 균열이 가거나 내려앉을 때, 바람이 없는데도 나무가 흔들리거나 넘어질 때 또는 산울림이나 땅울림이 들릴 때에도 산사태가 이미 시작된 것이므로 신속하게 대피하여야 한다.

## 2.9 낙뢰

### (1) 재난발생 및 특성

■ 낙뢰의 발생원리

낙뢰란 구름과 지면 사이에 전류가 흐르는 현상이다. 일반적으로 수직으로 커다랗게 발달한 적란운 속에는 많은 수분과 얼음 입자가 들어 있는데, 이들은 상호작용하여 상층부에는 양전하(+), 하층부에는 음전화(−)를 축적하게 된다. 이때 축적된 전하량이 어떤 기준치를 넘어서게 되면 갑자기 전류가 흐르는 방전현상이 일어나게 된다.

이때 90% 이상 대부분의 방전은 구름 내 또는 구름 간에 이루어져 우리에게 피해를 주지는 않지만 폭우로 인해 습도가 많아지면 구름과 지면 사이에 방전이 일어나게 되고 이것이 벼락이라고도 불리는 낙뢰이다. 이때 발생하는 매우 밝은 불빛을 '번개'라 하며, 방전 통로에서 발생하는 약 3만℃(태양 표면온도의 4배)의 열로 인해 주변공기가 급속히 팽창하면 발생하는 소리를 '천둥'이라고 한다.

---

19) 지역산사태예방기관 중 실제로 산사태취약지역을 지정하는 기관은 업무에 대한 위임전결에 따라 시·군·구청장과 국유림관리소장이 된다.

■ 낙뢰의 피해유형

낙뢰가 발생할 때 흐르는 전류는 일반적으로 천만 V(볼트), 수만 A(암페어) 이상으로 사망까지 이르는 감전피해, 화재사고 등 재산피해를 일으키는데, 뾰족한 곳에 모이는 전하의 성질상 산 정상 또는 전봇대 등에 낙뢰가 떨어지기 쉽고 계곡 바닥이나 넓은 평지는 상대적으로 안전하다. 사람이 낙뢰를 맞게 되면 일반적으로 80%는 즉사하고 20%만이 생존할 수 있다고 한다. 또한, 생존한 사람들조차 장기간 이상감각과 수면장애, 성격변화 등의 후유증을 앓게 된다. 낙뢰에 의해 사람들이 영향을 받는 경우는 직접 맞는 직접뇌격 외에도 접촉외격, 측면섬락, 보폭전압 등이 있다(행정안전부, 2021).

먼저, 직접뇌격(direct strike)은 낙뢰가 사람에게 직접 떨어져 전류가 신체를 통해 대지로 흐르는 것으로 가장 위험하다. 둘째, 접촉뇌격(contact strike)은 골프채 등 사람이 지닌 물체에 낙뢰가 떨어진 후에 전류가 물체를 통해 사람을 거쳐 대지로 흐르는 경우이다. 셋째, 측면섬락(side flash)은 낙뢰가 나무와 같은 인근의 물체에 떨어졌을 때, 전류가 공기의 절연을 뛰어넘어 사람을 거쳐 대지로 흐르는 경우이다. 마지막으로 보폭전압(step voltage)은 낙뢰의 전류가 대지에 흐를 때 근처에 있는 사람의 신체를 통해 전류가 흐르는 경우이다. 일반적으로 낙뢰에 의한 전류가 심장 또는 머리를 통해 흐를 때 사망하게 되는데, 이런 측면에서 직접뇌격, 접촉뇌격, 측면섬락, 보폭전압 순으로 위험하다고 할 수 있다.


■ 낙뢰의 발생사례

앞서 설명한 바와 같이 낙뢰는 감전사고로 사람의 생명을 앗아가기도 하지만, 화재 또는 섬락 등으로 전력·가스·수도·교통·통신 등 국가기반시설을 마비시키기도 한다. 미국에서는 운항 중인 항공기가 낙뢰를 맞아 추락한 사례(1963년, 81명 사망)가 있으며, 일본에서는 원자력 발전소의 송전선이 낙뢰를 맞아 발전이 정지되거나 도쿄 전력의 송전선이 낙뢰를 맞아 대규모 정전(약 3만 세대)이 발생하기도 하였다. 우리나라에서도 인명피해뿐만 아니라 양식장 정전으로 인한 물고기 폐사, 변전소 고장으로 전동차 운행중단, 교량시설 파손으로 교통지장 등의 피해가 발생한 바 있다.

표 1.27 국내에서 발생한 낙뢰피해 발생 사례

| 발생일 | 주요 내용 | 피해현황 |
|---|---|---|
| 2007.07.29 | 수락산 도정봉 동막골 7부 능선에서 등산 중 낙뢰 발생 | 사망 1명,<br>부상 2명 |
| 2007.07.29 | 북한산 용혈봉 정상 및 인근에서 낙뢰 발생 | 사망 4명,<br>부상 7명 |
| 2007.08.22 | 경남 진주시 공사현장에서 크레인 밑에 대피 중 낙뢰 발생 | 사망 1명,<br>부상 5명 |
| 2008.06.08 | 소백산 비로봉 정상으로부터 아래 능선에서 낙뢰 발생 | 부상 5명 |
| 2009.06.21 | 제주 서귀포시 양식어장 낙뢰로 인한 정전으로 물고기 폐사 | 2.35억 원 |
| 2009.07.02 | 남태령역 인근 변전소가 낙뢰로 인한 단전,<br>06:44~07:17(34분간) 지하철 운행 중단 | 지하철 운행<br>중단<br>(34분) |
| 2010.09.05 | 수락산 능선에서 등산 중 낙뢰 발생 | 부상 21명 |
| 2013.07.08 | 충북 음성군 공사장 휴대전화 사용 중 낙뢰 발생 | 사망 1명 |
| 2015.12.03 | 서해대교 케이블에 낙뢰로 화재 발생, 15일간 통행 중단 | 376억 원 |

* 출처: 낙뢰 재난 위기관리 표준매뉴얼(행정안전부, 2021)

지난 10년간(2006~2015년) 낙뢰 발생 횟수를 보면 연평균 14만여 회이며, 주로 8월→7월→6월 순으로 여름철에 발생한다. 이에 따라 우리 정부에서는 매년 5월 15일부터 10월 15일까지를 낙뢰피해 대책기간으로 정해 운영하고 있다.

표 1.28 지난 10년간 연도별 낙뢰발생 횟수(2006~2015)

(단위: 회)

| 연도별 | 합계 | 1월 | 2월 | 3월 | 4월 | 5월 | 6월 | 7월 | 8월 | 9월 | 10월 | 11월 | 12월 |
|---|---|---|---|---|---|---|---|---|---|---|---|---|---|
| 2006 | 158,736 | 3 | 12 | 11 | 18,948 | 6,375 | 37,615 | 27,711 | 41,181 | 18 | 3,143 | 23,689 | 30 |
| 2007 | 242,495 | 22 | 5 | 23,990 | 3,272 | 12,247 | 15,033 | 74,777 | 107,985 | 3,452 | 1,270 | 424 | 18 |
| 2008 | 96,083 | 11 | 1 | 8 | 234 | 3,943 | 18,004 | 35,565 | 35,732 | 2,180 | 279 | 63 | 63 |
| 2009 | 63,870 | 3 | 1 | 278 | 103 | 1,033 | 19,192 | 28,125 | 7,334 | 878 | 4,863 | 1,997 | 63 |
| 2010 | 164,193 | 3 | 32 | 437 | 87 | 422 | 17,384 | 38,384 | 81,637 | 22,584 | 74 | 2,938 | 211 |
| 2011 | 130,495 | 3 | 6 | 17 | 54,147 | 5,298 | 7,843 | 27,585 | 31,154 | 2,244 | 2,102 | 92 | 4 |
| 2012 | 105,196 | 1 | – | 20 | 135 | 30,678 | 6,451 | 34,668 | 22,422 | 7,354 | 2,360 | 805 | 302 |
| 2013 | 198,256 | 3 | 20 | 81 | 2,673 | 252 | 8,237 | 33,478 | 132,880 | 19,266 | 777 | 559 | 30 |
| 2014 | 64,698 | 6 | 4 | 120 | 151 | 4,410 | 22,898 | 25,453 | 9,227 | 1,139 | 1,034 | 113 | 143 |
| 2015 | 130,766 | 42 | 38 | 46 | 6,950 | 998 | 13,012 | 19,462 | 67,976 | 15,378 | 6,320 | 230 | 314 |
| 연평균 | 135,478 | 9 | 11 | 2,274 | 7,882 | 5,969 | 15,061 | 31,383 | 48,867 | 6,773 | 2,021 | 2,811 | 108 |

* 출처: 기상청 낙뢰연보(기상청, 2016)

## (2) 재난대응 및 대책

낙뢰에 대한 재난관리 주관기관은 행정안전부이다. 행정안전부는 관계법령인 「자연재해대책법」 등에 따라 풍수해로 인한 재난을 관장하며, 이를 위해 「낙뢰 재난 위기관리 표준매뉴얼」 등을 운용하고 있다.

### ■ 예·경보체계: 일기예보 또는 기상정보

낙뢰는 아직까지 정확하게 예측하기가 어려운 기상현상이다. 따라서 아직 기상청에서 발표하는 낙뢰에 대한 기상특보는 없으며, 다만 낙뢰 발생의 가능성이 높을 때, 일기예보 또는 기상정보를 발표한다. 이외에 실시간으로 낙뢰의 발생상황을 발생시각, 위치, 강도, 극성 등의 정보를 포함하여 홈페이지 등을 제공하고 있을 따름이다. 아울러 낙뢰에 대해서는 아직까지 예측 및 분석이 어려워 중앙재난안전대책본부 비상단계, 재난위기경보 등의 기준이 명시적으로 규정되어 있지 않다.

### ■ 낙뢰발생시 행동요령

피뢰침 등의 설치를 통해 낙뢰피해에 대한 예방대책을 수립하고 있으나, 낙뢰가 예상될 때는 가능한 바깥출입을 삼가는 것이 좋다. 외부에 있을 경우에도 낙뢰가 발생하면 건물이나 자동차 등의 내부, 지하는 안전한 곳이니 그쪽으로 대피해야 한다. 산 위 암벽이나 키 큰 나무 밑도 위험하니 낮은 자세로 안전한 곳으로 대피해야 하며, 평지에서는 가능한 물기가 없는 움푹 파인 곳으로 대피하는 것이 바람직하다.

등산용 스틱이나 우산 같이 긴 물건에서 몸을 멀리하고 같은 이유로 골프, 낚시 등 야외활동 중일 때는 장비를 몸에서 떨어뜨리고 안전한 곳으로 피해야 한다. 실내에서도 전기선을 통한 감전우려로 전기제품의 플러그를 빼고 최소 1m 이상 거리를 유지하는 것이 좋다.

---

✍ 30−30 안전규칙

낙뢰와 관련하여 30−30 안전규칙이 있다. 이는 "i) 번개가 친 이후 30초 이내에 천둥이 울리면, 즉시 안전한 곳으로 대피해야 한다. ii) 또한, 마지막 천둥 소리가 난 이후에도 30분 정도는 더 기다린 이후에 이동해야 한다."는 두 가지 행동요령을 함축적으로 나타낸 규칙이다. 번개가 친 이후 30초 이내에 천둥이 울리는 경우에는 방전을 하는 구름이 가까이 있을 수 있으므로 위험하다는 것을 의미하며, 최소 30분 이상 기다려서 구름이 더 이상 방전하지 않는 안정된 상태로 되는지 확인하고 이동하라는 의미이다.

---

## 2.10 폭염과 한파

일반적으로 폭염은 매우 심한 더위 그리고 한파는 매우 심한 추위를 일컫는 말이다. 폭염과 한파는 서로 반대되는 기상현상이지만 그 특성과 대책은 비슷한 부분이 많다. 따라서 폭염과 한파를 같이 설명한다.

### 2.10.1 폭염

#### (1) 재난발생 및 특성

##### ■ 폭염의 정의와 발생

폭염(暴炎, heat wave)은 매우 심한 더위를 뜻하는 용어로서 기상학적으로는 일 최고기온이 33℃ 이상인 경우를 폭염으로 정의하고 있다. 일반적으로 폭염의 원인은 여름철 덥고 습한 북태평양 고기압의 영향이다. 특히, 대기의 하층에 고온다습한 북태평양 고기압이 자리잡은 상태에서 상층에 고온건조한 티베트 고기압이 이불처럼 덮을 때에는 폭염이 더 강하게 나타난다. 즉, 하강기류를 형성하는 두 개의 고기압이 겹치면 하강기류가 더 강해져 열이 빠져나갈 수가 없다. 이러한 현상을 열돔 같다고 해서 일부에서는 '열돔효과'라고 부르기도 한다.

또한, 우리나라 남쪽에 태풍이 위치한 경우, 태풍에서 발생한 남풍 계통의 뜨거운 수증기를 불러올려 폭염이 더욱 강화되기도 한다. 최근 폭염은 장기간에 매우 강한 무더위를 발생시키는 등 이상현상으로 나타나고 있는데, 이는 지구온난화와 엘니뇨 현상 등이 더해져 영향을 강화시키는 것으로 분석되고 있다.

### ■ 도시의 열섬현상

이뿐만 아니라 농촌보다는 도시가 폭염이 더 자주 발생하는데, 이는 콘크리트나 아스팔트가 낮에 보다 많은 열을 흡수하는 데다 밤에 지속적으로 방출하기 때문이다. 자동차·에어컨 등 일상 속 사용된 에너지 자체가 방출되어 기온을 높이고, 이러한 오염물질이 대기를 오염시키며 온실효과를 만들어내 열기를 가둬두어 인위적으로 기온이 상승하기 때문이다. 이외에도 도심에 빼곡하게 세워진 고층빌딩은 바람이 순환하기 어렵게 만들면서 기온 상승을 가중시키는데, 이러한 상황을 '열섬효과'라고 부른다.

이러한 '열섬현상'을 해결하기 위해서 제한적이지만 많은 대책들이 추진되고 있다. 도시와 건물을 설계할 때 바람길을 고려하거나, 옥상에 정원을 만들어 도심 속 녹지를 조성하기도 한다. 이외에도 태양열을 반사할 수 있는 흰색 특수 페인트를 옥상에 코팅하는 쿨루프를 시공하거나 도로에도 태양열을 반사시키는 차열성 포장을 하기도 한다. 또한, 폭염이 심한 경우에는 도로에 물을 뿌려 일시적이나마 온도를 낮추기도 한다.

### ■ 열대야 현상

아무리 폭염 중에도 일반적으로 밤이 되면 열이 지구 밖으로 방출되어 기온이 떨어진다. 그런데 구름이 많거나 습도가 높으면 온실효과로 인해 열이 대기 중에 그대로 남아 밤에도 온도가 떨어지지 않는다. 이러한 현상을 별도로 '열대야'라고 하며, 기상청에서는 정량적으로 '밤(18시~09시) 최저기온이 25℃ 이상인 날'로 정의하고 있다.

내륙과 해안을 비교해 보면 일반적으로 낮 동안 내륙에서는 폭염이 발생하고 밤동안 해안에서 열대야가 발생하기 쉽다. 이는 육지와 해양의 열용량의 차이로 인한 것인데, 빨리 더워지고 빨리 식는 육지의 특성으로 인해 내륙은 낮에는 더 뜨겁고 밤에는 덜 뜨거운 반면에, 천천히 더워지고 천천히 식는 해양의 특성으로 인해 해안에서는 낮에 덜 뜨겁고 밤에 더 뜨겁게 되는 것이다. 이외에도 도시에서는 앞서 설명한 '열섬효과'로 열대야가 더욱 자주 발생한다. 특히, 구름이 많거나 습도가 높은 날씨에서 이런 것들이 담요 같은 역할을 하면서 열대야가 더 발생할 가능성이 높다.

---

### ✍ 무더위와 불볕더위

여름이 되어 날씨가 더워지면 자주 등장하는 표현으로 무더위와 불볕더위가 있다. 이들은 어떤 차이가 있을까?

**• 무더위**

먼저, '무더위'의 '무'는 '물'이 다른 단어와 붙여 쓰이며 'ㄹ'이 탈락한 것이다. 즉, '무더위'는 '물더위'에서 나온 말로서 '무지개'도 '물지개'에서 나온 말인 것과 같은 맥락이다. 따라서 '무더위'는 습도와 온도가 매우 높아 후텁지근하고 푹푹 찌는 듯한 더위를 말하는 것이다. 같은 온도라 할지라도 사람들이 느끼는 불쾌감은 이렇게 습도가 높은 무더위일 때 훨씬 높다. 이러한 무더위는 일반적으로 비가 오기 전후나 장마철 또는 장마 이후에 찾아온다. 유사한 표현으로 찜통 또는 가마솥에서 뜨거운 김을 쐬는 것과 같다는 표현으로 '찜통더위' 또는 '가마솥더위'가 있다.

**• 불볕더위**

'불볕더위'에서 '불'은 '불(fire)'을 나타내는 것으로 실제 불볕더위를 '불더위'라고도 한다. 습도는 낮지만 햇볕이 쨍쨍 내리쬐는, 즉 사막에서와 같이 뜨거운 태양이 작열하는 더위를 불볕더위라고 한다. 일반적으로 같은 온도라면 습도가 낮을 때에는 사람들이 불쾌감을 적게 느낀다. 앞서 유사한 표현으로 설명한 '불더위' 외에도 '강더위'가 사용된다.

---

### ■ 역대 최악의 폭염

폭염은 연도별 기압계 특성 등에 영향을 받기 때문에 특정한 여름철에 폭염이 집중되기도 한다. 일반적으로 폭염이 장기화되는 해의 여름철에는 강수량이 적고 장마도 짧은 특성을 가진다. 폭염 일수를 기준으로 살펴보면 기상관측 이래 2018년 → 1994년 → 2016년 순으로 폭염이 가장 심하였다. 반면에 열대야 일수를 기준으로 살펴보면 1994년, 2018년, 2013년 순이다.[20]

기상관측 이래 발생한 상위 5위의 연도를 살펴보면 2000년대 들어 폭염 일수에 3개년이 포함되어 있으며, 열대야 일수는 무려 4개년이 포함되어 있다. 실제 최근 10년(2011~2020년)간 평균 발생일수는 폭염 14.0일, 열대야 9.0로 1970년대 8.3일과 4.2일, 1980년대 9.7일과 4.2일, 1990년대 9.6일과 5.8일, 2000년대 9.2일과 5.1일로 증가추세에 있음을 알 수 있다. 월별 폭염 및 열대야 일수를 살펴보면 8월→7월→6월 순이다(국가기후데이터센터, 2021).

표 1.29 전국 폭염 및 열대야 일수 순위[21]

| 순위 | 폭염 기준 | | 열대야 기준 | |
|---|---|---|---|---|
| | 연도(년) | 일수(일) | 연도(년) | 일수(일) |
| 1 | 2018 | 31.0 | 1994 | 16.8 |
| 2 | 1994 | 29.6 | 2018 | 16.6 |
| 3 | 2016 | 22.0 | 2013 | 14.0 |
| 4 | 2013 | 16.6 | 2010 | 11.5 |
| 5 | 1990 | 16.4 | 2019 | 10.2 |
| 6 | 1978 | 16.3 | 2017 | 10.1 |
| 7 | 1996 | 15.7 | 2016 | 10.0 |
| 8 | 1973 | 15.2 | 2012 | 9.1 |
| 9 | 2004 | 14.8 | 1978 | 9.0 |
| 10 | 1985 | 14.7 | 1995 | 8.6 |

* 기상관측 이래(1973~2020년) 평균 폭염 일수는 10.1일, 열대야 일수는 5.7일임
* 출처: 기상청(2021)

표 1.30 월별 폭염 및 열대야 발생일수(1973~2020)

| 폭염 일수(일) | | | | | | 무더위 일수(일) | | | | | |
|---|---|---|---|---|---|---|---|---|---|---|---|
| 5월 | 6월 | 7월 | 8월 | 9월 | 합계 | 5월 | 6월 | 7월 | 8월 | 9월 | 합계 |
| 0.1 | 0.6 | 3.9 | 5.4 | 0.2 | 10.1 | 0.0 | 0.0 | 2.4 | 3.1 | 0.1 | 5.7 |

* 출처: 국가기후데이터센터(2021)

---

20) 폭염, 열대야, 한파 등의 발생일수 계산은 기상관측망 62개 지점 관측망에 대한 지역 평균값을 사용한다. 예를 들어, 특정일에 62개 지점 모두에 대해 폭염이 발생하면 폭염 일수가 1.00(=62/62) 일이 증가하지만, 이 중에서 10개 지점만 폭염이 발생하면 0.16(=10/62)일만 증가한다. 우리나라의 기상관측망을 1973년부터 확충되었으며 1989년 이전에는 56개 지점 관측망을 사용하였다.
21) 국가기후데이터센터 (2021). 최근 10년 폭염과 열대야 발생 3일 이상 더 증가. 기상청 보도자료. 2021.7.5. 배포.

## (2) 재난대응 및 대책

폭염에 대한 재난관리 주관기관은 행정안전부이다. 행정안전부는 관계법령인 「자연재해대책법」 등에 따라 풍수해로 인한 재난을 관장하며, 이를 위해 「폭염 위기관리 표준매뉴얼」 등을 운용하고 있다.

### ■ 예·경보체계: 기상특보 및 중앙재난안전대책본부 비상단계

지역별로 폭염이 발생하면 기상청에서는 표 1.31과 같이 예상되는 일 최고 체감온도 등에 따라 주의보와 경보 형태의 폭염특보를 발령한다. 폭염특보의 기준으로 시범사업을 끝내고 본격적으로 체감온도를 도입한 것은 2023년이다.

#### 표 1.31 폭염특보 발표기준

| 구 분 | 기 준 |
|---|---|
| 폭염주의보 | 폭염으로 인하여 ① 일 최고 체감온도 33℃ 이상인 상태가 2일 이상 지속 또는 ② 급격한 체감온도 상승 또는 폭염 장기화 등으로 중대한 피해발생이 예상될 때 |
| 폭염경보 | 폭염으로 인하여 ① 일 최고 체감온도 35℃ 이상인 상태가 2일 이상 지속 또는 ② 급격한 체감온도 상승 또는 폭염 장기화 등으로 광범위한 지역에서 중대한 피해발생이 예상될 때 |

### ✍ 체감온도

우리가 느끼는 체감온도는 주로 습도와 바람에 의해 좌우되는데, 일반적으로 여름철에는 습도, 겨울철에는 바람이 주요 요인이다. 따라서 기상청은 여름철에 상대습도를, 겨울철에 바람세기를 고려하여 체감온도를 발표한다.

여름철 체감온도는 상대습도가 높으면 높아지고 낮아지면 낮아진다. 상대습도가 50%일 때는 체감온도와 대기 중의 기온이 일치하는데, 상대습도가 10%씩 증·감함에 따라 체감온도도 1℃씩 가량 증·감한다. 예를 들어, 기온이 35℃일 때 상대습도가 30%이면 체감온도가 32℃에 그치지만, 상대습도가 70%이면 체감온도는 37℃로 상승한다.

겨울철 체감온도는 바람이 세면 낮아지고 약해지면 높아진다. 원칙적으로 바람이 불지 않을 때, 즉 풍속이 0일 때 체감온도와 대기 중의 기온이 일치하지만 풍속이 1m/s 올라갈 때마다 체감온도가 1~2℃ 떨어진다. 예를 들어, 풍속이 2m/s에서 체감온도는 -14℃이지만 풍속이 10m/s로 강해지면 체감온도는 -20℃까지 떨어진다.

그런데 앞서 살펴본 바와 같이 폭염특보의 경우에는 체감온도를 기준으로 하고 있지만, 한파특보의 경우는 아직 대기 중 기온을 기준으로 하고 있다. 한도특보의 경우, 체감온도를 기준으로 하지 않는 이유는 체감온도의 예측이 어렵기 때문이다. 습도의 경우 상대적으로 시기별 변동성도 낮고 주변 지형의 영향도 적게 받아 예측이 용이하다. 하지만 바람의 경우 기압계 변동성이 예민할 뿐만 아니라 주변지형의 영향도 많이 받기 때문에 예측이 어렵다. 따라서 겨울에는 체감온도의 예측이 어렵다.

■ 중앙재난안전대책본부 비상단계

　폭염은 일단 발생하면 국지적인 영향보다는 국가적으로 영향을 미치게 되어 범정부적인 대응조치가 필요하다. 이를 위해 폭염에 대해서는「중앙재난안전대책본부 구성 및 운영 등에 관한 규정」에 따라 중앙재난안전대책본부의 비상단계를 가동할 수 있는 기준을 일 최고기온과 해당지역의 범위에 따라 규정하고 있다. 폭염에 대한 재난관리 주관기관인 행정안전부는 이러한 가동기준에 따라 중앙재난안전대책본부를 비상단계별로 가동하여 운영하게 된다. 아울러, 폭염에 대한 관심, 경계, 주의, 심각단계의 재난위기경보도 이러한 폭염특보 및 중앙재난안전대책본부 비상단계와 연계되어 발표된다.

표 1.32 폭염에 대한 중앙재난안전대책본부 비상단계

| 비상단계 | 판단기준 |
|---|---|
| 상시대비단계 | • 폭염이 자주 발생하는 기간(매년 5.20.~9.30.) |
| 중앙재난안전대책본부 비상1단계 | • 예보구역의 40% 이상에서 일 최고기온 35℃ 이상인 상태가 3일 이상 지속될 것으로 예상될 때<br>• 예보구역의 10% 이상에서 일 최고기온 38℃ 이상인 상태가 3일 이상 지속될 것으로 예상될 때 |
| 중앙재난안전대책본부 비상2단계 | • 예보구역의 60% 이상에서 일 최고기온 35℃ 이상인 상태가 3일 이상 지속될 것으로 예상될 때<br>• 예보구역의 40% 이상에서 일 최고기온 38℃ 이상인 상태가 3일 이상 지속될 것으로 예상될 때 |
| 중앙재난안전대책본부 비상3단계 | • 예보구역의 80% 이상에서 일 최고기온 35℃ 이상인 상태가 3일 이상 지속될 것으로 예상될 때<br>• 예보구역의 60% 이상에서 일 최고기온 38℃ 이상인 상태가 3일 이상 지속될 것으로 예상될 때 |

■ 폭염 발생시 행동요령

폭염에 장기간 노출되면 노약자 등을 중심으로 열사병, 일사병, 열경련 등 온열질환자가 발생하여 사망에 이르기도 한다. 이러한 온열질환을 예방하기 위해서는 이른바 3대 행동수칙이 강조된다. 이러한 3대 행동수칙은 i) 시원한 물을 자주 마실 것, ii) 규칙적으로 휴식할 것, iii) 그늘진 장소에 머무를 것이다.


■ 분야별 폭염대책

폭염에 의한 인명피해는 농어촌, 공사장 등 야외 작업현장에서 주로 발생한다. 따라서 정부는 폭염기간에는 무더위 시간대에 옥외작업을 자제토록 휴식시간제(14~17시)를 시행하고 온열질환 예방 3대 행동수칙을 준수하도록 지도·점검하고 있다. 또한, 예기치 않은 폭염으로 인해 공사가 지연되면 공사기간을 연장하거나 계약금액을 조정하도록 하고 있다.

폭염은 노인, 노숙인, 쪽방촌 주민과 같은 취약계층에 훨씬 가혹하다. 정부는 생활지원사, 방문간호사, 사회복지사, 자원봉사자 등이 활동하며 이들의 건강과 안부를 확인하는 '재난도우미제'를 운영하고 있다. 특히, 노인들은 혼자 사는 경우가 많은데, 정부는 이러한 노인들의 일상생활을 지원하는 생활지원사를 통해 노인에게 돌봄 서비스를 실시하고 있다. 적은 금액이지만 여름과 겨울철에 경로당에 냉방비용 등도 지원하고 있다.

노숙인과 쪽방 주민의 경우에는 공무원과의 접촉을 기피하는 경우도 발생한다. 따라서 이들에 대해서는 민간에서 운영하는 노숙인과 쪽방촌에 대한 종합지원센터, 상담소, 일시보호시설 등에게 행정적, 재정적 지원을 통해 우회적으로 지원하는 정책을 시행하기도 한다.

또한, 이러한 취약계층을 포함한 일반 국민들에 대해서는 각 지방자치단체에서 마을회관 등을 냉방장비를 갖춘 시설을 활용한 실내형 '무더위 쉼터' 또는 인근공원 등 그늘진 공간을 활용한 야외형 '무더위 쉼터' 등을 운영하고 있다. 특히, 열대야에는 불쾌지수가 높아져 숙면을 취하기 어렵고 이로 인해 사람들이 무기력감에 시달리기 쉬운데 이러한 무더위 쉼터는 에어컨 등이 없는 사람들에게 매우 긴요하게 활용되고 있다.

이외에도 고온으로 인해 가축·어류 등이 집단으로 폐사하는 경우가 발생할 뿐만 아니라 농작물 발육 부진의 문제가 발생한다. 해양수산부(국립수산과학원)에서는

양식생물의 폭염대응과 관련하여 '고수온 특보' 제도를 운영하고 있다. '고수온 특보'
는 주로 7~9월에 발령되며, 그 발령기준은 다음과 같다.

표 1.33 고수온 특보 발령기준

| 구 분 | 기 준 |
|---|---|
| 고수온 관심 | 수온 28℃ 도달이 예상되기 7~10일 전의 해역 |
| 고수온 주의보 | 수온 28℃ 도달될 것으로 예측되는 해역<br>수온이 전일 대비 3℃ 또는 평년 대비 2℃ 이상 상승하는 해역 |
| 고수온 경보 | 수온 28℃ 이상이 3일 이상 지속 또는 지속될 것으로 예상되는 해역<br>수온이 전일 대비 5℃ 또는 평년 대비 3℃ 이상 상승하는 해역 |

양식생물에 대해 여름철 고수온기 이전에는 사전에 출하하여 사육 밀도를 우선
낮추고 냉방 시설 및 장비 등을 점검·보완한다. 고수온기 직전에는 영양제 등이 포
함된 양질의 사료를 공급하여 양식생물의 면역력을 향상시키고, 고수온 특보 발령시
에는 사료 섭취율과 소화율이 급격하게 떨어지므로 사료 공급을 줄이거나 중단한다.
액화산소나 산소공급 시설 등을 활용하여 용존 산소량을 높이는 조치를 시행하고
필요한 경우에는 양식생물을 양식장 밖으로 긴급하게 방류하기도 한다. 농축산식품
부를 중심으로 차광·수막시설, 스프링클러 등과 같은 시설개선을 통해 가축폐사,
농작물 고사 등에 대한 폭염대책을 시행하고 있다.

또한, 도로나 공항의 포장면이 부풀러 올라 운행 중인 차량, 항공기 등에 사고
가 발생할 수 있으며, 철도 레일의 팽창으로 인한 열차의 탈선 등이 발생할 수 있
다. 따라서 포장면에 대해서는 평상시 줄눈을 설치하거나 폭염시 살수를 통해 포장
면의 변형을 방지해야 하며, 철도레일도 살수장치를 설치하고 철도레일 온도측정을
통해 고온(64℃ 이상)에서는 운행중단을 통해 사고상황으로 발전하는 것을 차단하여
야 한다.

폭염이 발생하면 전력수요 급증에 따른 과부하로 인한 정전 등의 사고가 발생
할 수 있다. 또한, 전력수요의 조정 등을 통해 '블랙아웃(black-out)'과 같은 대규모
정전으로 확산되는 것을 막아야 한다.

# ✍ 오존

일조량이 많아 폭염이 발생하는 여름철에 나타나는 또 하나의 현상으로 대기 중에 오존의 농도가 높아지는 문제가 있다. 이러한 오존은 대부분 자동차 배기가스 등에서 배출되는 질소산화물(NOx) 등이 일조량이 많은 여름철에 자외선과 광화학 반응을 일으키며 생성되는 대기오염 물질이다.

일반적으로 성층권에 있는 오존은 태양으로부터 오는 자외선을 흡수해 자외선에 의한 피해를 막아주는 긍정적 역할을 하게 되는 데 반해, 대기권에 있는 오존은 적당량은 살균, 탈취 등의 효과가 있지만 일정 농도를 넘어서면 인체의 점막조직을 산화시켜, 기침, 폐 기능이상 등 호흡기 질환과 눈 따끔거림 등의 안과질환을 일으키게 된다. 또한, 농작물 수확량 감소 등과 같은 문제도 일으킬 수 있다.

이에 따라 정부에서는 오존에 대해서도 대기오염예보제와 경보제를 실시하고 있는데, 1시간 평균 오존 농도에 따라 환경부에서는 좋음, 보통, 나쁨, 매우 나쁨의 4단계 예보를 하고, 시·도지사는 실제 측정값에 따라 주의보, 경보, 중대경보의 3단계 경보를 발표하고 있다. 일반적으로 오후 3시 전후(2~4시)에 오존 농도가 가장 높다.

- 오존예보제: 1시간 평균 오존 농도가 다음과 같이 예상될 때 4단계로 발표
  → 좋음(0.030ppm 이하), 보통(0.031~0.090ppm), 나쁨(0.091~0.150ppm), 매우 나쁨 (0.151ppm 이상)
- 오존경보제: 1시간 평균 오존 농도의 실제 측정값이 다음과 같을 때 3단계로 발표
  → 오존주의보(0.12ppm 이상), 오존경보(0.30ppm 이상), 오존중대경보(0.50ppm 이상)

미세먼지, 오존 등을 통틀어 대기오염물질이라 하며, 환경부는 이러한 대기오염물질에 대해 개별적으로 대기오염 예보 및 경보제를 운영하고 있다. 하지만 같은 대기오염예보에서 미세먼지의 경우, 일평균 농도가 일정수준 이상 넘을 것으로 예상돼야 '나쁨' 예보를 하지만 오존의 경우 1시간 농도를 기준으로 '나쁨' 예고를 하고 있다. 이는 미세먼지의 경우, 체내에 비교적 장기간 축적되어야 해롭지만 오존의 경우 1~2시간 정도의 단기간만 노출되어도 인체에 직접적 영향을 줄 수 있기 때문이다. 또한, 오존은 미세먼지와 달리 마스크 등으로도 걸러낼 수 없다. 따라서 오존경보가 내려지면 야외활동을 자제하는 것이 가장 바람직한 대처법이다.

## 2.10.2 한파

### (1) 재난발생 및 특성

#### ■ 한파의 정의와 발생

한파(寒波, Cold Wave)는 매우 심한 추위를 일컫는 현상으로 학문적으로는 아침 최저기온이 −12℃인 경우로 정의된다. 일반적으로 우리나라의 겨울철은 주로 서고 동저형의 기압배치가 형성되고 차가운 러시아 바이칼호 주변에서 형성되는 대륙고기압이 1주일 주기로 확장하면서 '삼한사온(三寒四溫)' 형태로 추위가 주기적으로 반복하여 발생한다.

하지만 최근 들어서는 오랜 기간 동안 유래 없이 강한 한파가 발생하고 있는데, 이는 음(−)의 북극진동(Arctic Oscillation) 현상으로 설명되고 있다. 북극진동은 북극의 주변부로 찬 공기가 서에서 동으로 고리모양으로 굽이치는 모습을 나타내게 되는데, 이를 따라 제트기류라고 하는 북극의 주변부에 찬 공기의 강풍대가 생성된다. 그리고 이러한 강풍대의 제트기류는 북극의 찬 공기의 남하를 막아주는 역할을 한다.

하지만 북극에서 지구온난화 등의 영향으로 기온이 높아지면서 빙하면적이 줄어들게 되면 북극과 중위도의 기온 차이가 줄어들게 되는데, 북극진동이 약해지면서 제트기류도 힘을 잃고 축 늘어지게 된다. 그리고 북극의 찬 공기가 한반도까지 내려오게 되는 것이다. 이뿐만 아니라 밀도가 큰 찬 공기가 몰려오면서 기압차로 인해 풍속이 세어지게 되는데, 체감온도도 더 낮아지게 된다.

#### ■ 역대 최악의 한파

역대 발생한 상위 5위의 연도를 살펴보면 모두 1970년대와 1980년대이다. 이 자료만 보면 전반적으로 기온상승 추세라고 할 수 있으나 10년 단위의 분석자료를 살펴보면 다르게 나타난다. 실제 최근 10년간(2010~2019년) 평균 한파 발생일수는 5.3일, 평균 최저기온은 −4.1℃로서 1970년대 8.0일과 −4.8℃, 1980년대 8.1일과 −4.9℃, 1990년대 4.4일과 −4.1℃, 2000년대 4.6일과 −3.7℃로서 최근 10년은 1990년대 이후 가장 추웠던 10년으로 분석된다. 반면에 2019년의 경우는 예외적으로 0.4일과 −0.4℃로서 기상관측 이래 가장 따뜻한 겨울로 기록되면서 겨울철 기후변동이 커지는 것으로 분석되고 있다. 월별 한파 일수 및 최저기온은 1월 → 2월 → 12월 순이다(국가기후데이터센터, 2021).

표 1.34 전국 한파 일수 순위[22]

| 순위 | 한파 일수 | | 평균 최저기온 | |
|---|---|---|---|---|
| | 연도(년) | 일수(일) | 연도(년) | 온도(℃) |
| 1 | 1977 | 14.7 | 1983 | −7.2 |
| 2 | 1984 | 14.5 | 1980 | −7.0 |
| 3 | 1981 | 13.5 | 1985 | −6.8 |
| 4 | 1980 | 12.4 | 1976 | −6.7 |
| 5 | 1985 | 11.0 | 1973 | −6.3 |
| 6 | 2018 | 10.0 | 2010 | −5.7 |
| 7 | 2011 | 9.8 | 2012 | −5.7 |
| 8 | 2012 | 9.5 | 2017 | −5.7 |
| 9 | 1974 | 8.9 | 1995 | −5.6 |
| 10 | 1986 | 8.8 | 1984 | −5.3 |

* 기상관측 이래(1973~2019년) 연평균 한파 일수는 6.0일, 최저기온은 −4.3℃임
* 출처: 기상청(2021)

표 1.35 월별 한파 일수 및 최저기온(1973~2020)

| 한파 일수(일) | | | | 최저 기온(℃) | | | |
|---|---|---|---|---|---|---|---|
| 12월 | 1월 | 2월 | 합계 | 12월 | 1월 | 2월 | 평균 |
| 1.3 | 3.2 | 1.5 | 6.0 | −3.3 | −5.7 | −3.8 | −4.3 |

* 출처: 국가기후데이터센터(2021)

주요 도시만을 비교해 봤을 때, 태양의 고도각으로 인해 일반적으로 위도가 높은 중부지방의 서울, 인천, 강릉 등이 위도가 낮은 남부지방의 대구, 부산, 목포보다 많이 나타났다. 다만 비슷한 위도일지라도 해안가에 위치한 인천 등은 내륙에 위치한 서울 등에 비해 적게 나타나는데, 이는 육지와 바다의 열용량의 차이로 인한 것이다.

---

22) 국가기후데이터센터 (2021). 최근 10년 폭염과 열대야 발생 3일 이상 더 증가. 기상청 보도자료. 2021.7.5. 배포.

## 🚲 동장군(冬將軍, General Frost)

추운 겨울이면 '동장군(冬將軍)이 기승을 부린다'는 말을 자주 듣는다. 이때의 '동장군'은 혹독한 추위를 용맹하고 무서운 장군에 빗대어 의인화한 말이다. 이 말의 어원은 역사적 사건에 기반하고 있다.

1812년 나폴레옹은 60만이나 되는 대군을 이끌고 러시아에 쳐들어갔다. 하지만 당시 러시아 군대는 별 저항을 하지 않고 계속 후퇴를 하고, 나폴레옹 군대는 쉽게 모스크바까지 진격할 수 있었다. 그런데 막상 도착해 보니 도시는 텅 비어 있고 러시아 황제는 보이지 않았다. 이후 나폴레옹 군대는 러시아의 혹독한 추위와 지속되는 굶주림으로 버티기를 못하고 결국 후퇴할 수밖에 없었다. 이후 나폴레옹은 정치적 몰락을 겪게 된다.

사람들은 이 역사적 사건 있은 후에 나폴레옹조차 물리친 러시아의 혹독한 추위를 무서운 장군에 빗대어 'General Frost'라고 부르게 되었고, 우리나라 사람들도 이 표현을 일본어를 거쳐 번역해 사용하면서 동장군이라는 표현이 '매서운 추위'를 나타내는 말로서 사용되게 되었다는 것이다.

하지만 이 일화에는 재미있는 반박이 있다. 역사적으로 당시 기상을 분석해 보면 나폴레옹이 러시아에 쳐들어간 그해 겨울은 다른 해보다 따뜻했고 그 유명한 러시아 추위는 막판에 철수할 때에서야 몰려왔다는 것이다. 따라서 역사가들은 나폴레옹이 후퇴의 원인을 추위 때문이라고 둘러댄 것일 뿐이고 병사들은 막판에 철수할 때 겪은 추위에 대해 주변에 전하면서 왜곡되었다는 것이다.

사실이야 어찌 되었건 동장군이라는 표현에는 재난과 정치의 밀접한 관계를 설명하고 있는 역사적 의미가 있다.

\* 출처: 어린이백과 (2021). Naver 지식백과. Retrieved from https://terms.naver.com/

### (2) 재난대응 및 대책

한파에 대한 재난관리 주관기관은 행정안전부이다. 행정안전부는 관계법령인 「자연재해대책법」 등에 따라 한파로 인한 재난을 관장하며, 이를 위해 「한파 위기관리 표준매뉴얼」 등을 운용하고 있다.

#### ■ 예·경보체계: 한파특보와 중앙재난안전대책본부 비상단계

지역별로 한파가 발생하면 기상청에서는 표 1.36과 같이 예상되는 아침 최저기온에 따라 주의보와 경보 형태의 한파특보를 발령한다.

표 1.36 한파특보 발표기준

| 구 분 | 기 준 |
|---|---|
| 한파주의보 | 10~4월에 다음 중 하나에 해당하는 경우<br>• 아침 최저기온이 전날보다 10℃ 이상 하강하여 3℃ 이하이고 평년값 보다 3℃가 낮을 것으로 예상될 때<br>• 아침 최저기온이 −12℃ 이하가 2일 이상 지속될 것으로 예상될 때<br>• 급격한 저온현상으로 중대한 피해가 예상될 때 |
| 한파경보 | 10~4월에 다음 중 하나에 해당하는 경우<br>• 아침 최저기온이 전날보다 15℃ 이상 하강하여 3℃ 이하이고 평년값 보다 3℃가 낮을 것으로 예상될 때<br>• 아침 최저기온이 −15℃ 이하가 2일 이상 지속될 것으로 예상될 때<br>• 급격한 저온현상으로 광범위한 지역에서 중대한 피해가 예상될 때 |

■ 중앙재난안전대책본부 비상단계

한파는 일단 발생하면 국지적인 영향보다는 국가적으로 영향을 미치게 되어 범정부적인 대응조치가 필요하다. 이를 위해 한파에 대해서는 「중앙재난안전대책본부 구성 및 운영 등에 관한 규정」에 따라 중앙재난안전대책본부의 비상단계를 가동할 수 있는 기준을 일 최고기온과 해당지역의 범위에 따라 규정하고 있다. 호우에 대한 재난관리 주관기관인 행정안전부는 이러한 가동기준에 따라 중앙재난안전대책본부를 비상단계별로 가동하여 운영하게 된다. 아울러, 한파에 대한 관심, 경계, 주의, 심각단계의 재난위기경보도 이러한 한파특보 및 중앙재난안전대책본부 비상단계와 연계되어 발표된다.

표 1.37 한파에 대한 중앙재난안전대책본부 비상단계

| 비상단계 | 판단기준 |
|---|---|
| 상시대비단계 | • 한파가 자주 발생하는 기간(매년 11.15.~3.15.) |
| 중앙재난안전대책본부<br>비상1단계 | • 한파경보가 예보구역의 40% 이상에 발표되고 2일 이상 지속될 것으로 예상되는 경우 |
| 중앙재난안전대책본부<br>비상2단계 | • 한파경보가 예보구역의 60% 이상에 발표되고 2일 이상 지속될 것으로 예상되는 경우 |
| 중앙재난안전대책본부<br>비상3단계 | • 한파경보가 예보구역의 80% 이상에 발표되고 2일 이상 지속될 것으로 예상되는 경우 |

### ■ 분야별 한파대책

한파는 동상, 저체온증, 독감 등과 같은 호흡기 감염증 등과 같은 건강문제도 일으킬 수 있으며, 재산피해로는 수도관·계량기 동파, 농작물 냉해·수산물 동사 등이 가장 큰 부분을 차지한다.

한파는 폭염과 마찬가지로 노인, 노숙인, 쪽방촌 주민과 같은 취약계층에 훨씬 가혹하다. 따라서 정부는 한파에서도 생활지원사, 방문간호사, 사회복지사, 자원봉사자 등이 활동하며, 이들의 건강과 안부를 확인하는 '재난도우미제'를 운영하고 있다. 특히, 독거 등 취약노인들의 일상생활을 지원하는 생활지원사를 통해 돌봄 서비스를 실시하고 있으며, 경로당에 난방비용 등도 지원하고 있다.

노숙인과 쪽방 주민의 경우에도 폭염과 마찬가지로 공무원과의 접촉을 기피하는 경우를 고려하여 민간에서 운영하는 노숙인과 쪽방촌에 대한 종합지원센터, 상담소, 일시보호시설 등에게 행정적, 재정적 지원을 통해 우회적으로 지원하는 정책을 시행하고 있다. 이러한 노숙인종합지원센터 등을 중심으로 노숙인 및 쪽방촌에 대한 야간순회, 밀착상담 등의 활동을 시행하고 있다. 또한, 이러한 취약계층을 포함한 일반 국민들에 대해서는 각 지방자치단체에서 마을회관 등을 난방설비를 갖춘 시설을 활용한 실내형 '한파 쉼터' 등을 운영하고 있다.

한파로 인한 피해유형으로 가장 빈번한 것이 수도 계량기 및 상수관이 동파되는 것이다. 수도 계량기 또는 상수관이 동파하게 되면 물을 사용할 수 없을 뿐만 아니라 피해건수가 많아지면 수리에도 시간이 걸려 생활불편이 커진다. 따라서 평소에 수도 계량기함이나 노출된 상수관을 헌옷이나 보온재를 사용하여 감싸놓아야 한다. 최근에는 계량기 검침 과정에서 이러한 보온조치가 훼손되는 것을 방지하기 위해 계량기 검침없이 전년 동기 요금 또는 최근 수개월 간의 평균 요금을 부과하는 '인정검침' 제도가 도입되어 운영되고 있다.

한파로 인해 양식생물이 집단으로 폐사하는 경우가 발생하는데, 이에 대비하여 해양수산부(국립수산과학원)에서는 '저수온 특보' 제도를 운영하고 있다. '저수온 특보'는 주로 12~2월에 발령되며, 그 발령기준은 다음과 같다.

표 1.38 저수온 특보 발령기준

| 구 분 | 기 준 |
|---|---|
| 저수온 관심 | 수온 4℃ 도달이 예상되기 7~10일 전의 해역 |
| 저수온 주의보 | 수온 4℃ 도달될 것으로 예측되는 해역<br>수온이 전일 대비 3℃ 또는 평년 대비 2℃ 이상 하강하는 해역 |
| 고수온 경보 | 수온 4℃ 이하가 3일 이상 지속 또는 지속될 것으로 예상되는 해역<br>수온이 전일 대비 5℃ 또는 평년 대비 3℃ 이상 하강하는 해역 |

겨울철 저수온기 이전에는 사전 출하하여 사육 밀도를 낮추고 보온 시설 및 장비 등을 점검 · 보완한다. 저수온기 직전에는 영양제 등 높은 양질의 사료를 공급하여 양식생물의 면역력을 향상시키고 저수온 특보 발령시에는 사료 섭취율과 소화율이 급격하게 떨어지므로 사료 공급을 줄이거나 중단한다. 육상 수조식 양식장에는 사전에 비상 발전시설 등을 점검하고 해상 가두리 양식장은 저수온기에는 양식생물을 보온시설이 갖추어진 월동장으로 이동시켜 안전하게 관리한다. 필요한 경우에는 양식생물을 해상으로 방류하기도 한다.

철도 등의 경우 기온이 떨어지면 레일이나 전선이 수축하여 끊어져서 열차가 탈선하거나 단전되는 상황이 발생할 수 있다. 따라서 사전에 장력을 조정하는 조치가 필요하다. 또한, 한파가 발생하면 전력수요 급증에 따른 과부하로 인한 정전 등의 사고가 발생할 수 있다. 전력수요의 조정 등을 통해 '블랙아웃(black-out)'과 같은 대규모 정전으로 확산되는 것을 막아야 한다.

## 2.11 가뭄

### (1) 재난 발생 및 특성

#### ■ 가뭄의 정의

가뭄은 어느 지역에서 일정기간 이상 평균 이하의 강수로 인해 물부족이 장기화되는 현상으로 정의할 수 있다. 하지만 정량적 측면에서 어느 정도 비가 내리지 않아야 가뭄이냐는 물음에 대한 답으로서의 가뭄의 정의는 매주 복잡하다.

예를 들어, 연중 비가 내린다는 인도 아삼지방과 거의 비가 내리지 않는 사하라 사막에 대해 강수량에 기반한 가뭄의 정의가 같을 수는 없다. 또한, 인구밀도가 높아물 수요가 많은 지역과 그렇지 않은 지역이 다르고, 빗물 이용시설이 잘 갖춰진 곳과 그렇지 않은 곳이 다르다. 즉, 정량적 가뭄의 정의는 지역별로 다르고, 가뭄 자체가 강수량 부족이라는 기상현상과 물 수요 증가라는 인간활동 간의 상호작용으로 인한 결과이므로 단언적으로 정의하기 힘든 것이다.

### ■ 가뭄의 분류

월하이트와 그랜츠(Wilhite와 Grantz, 1985)는 이러한 다양한 가뭄의 성격을 고려하여 다음과 같이 가뭄을 기상학적, 농업적, 수문학적, 사회경제학적 측면의 4가지로 분류하였다. 그리고 그동안 많은 학자들은 이러한 다양한 가뭄현상을 가장 정량적으로 표현할 수 있는 각종 가뭄지수(drought index)를 개발하여 발표하여 왔다.

- 기상학적 가뭄(meteorological droughts): 일정기간 평균보다 적은 강수로 인해 건조상태가 지속되는 것으로, 일반적으로 정상보다 낮은 건조상태와 그 지속기간에 기초하여 정의한다. 다만, 앞서 설명한 것처럼 지역별로 차이가 크므로 다른 지역과 직접적으로 비교해서는 안 된다.
  이를 정량화하기 위한 지표로는 강수량에 기반한 표준가뭄지수(Standardized Precipitation Index; SPI), 강수평년비(Percent of Normal Precipitation; PN)가 있으며, 그 밖에 파머가뭄심도지수(Palmer Drought Severity Index; PDSI) 등이 있다.

---

✎ **표준강수지수(Standardized Precipitation Index; SP)**

표준강수지수는 Mckee, Doesken & Kleist(1993)가 개발한 가뭄지수로 특정기간 동안 내린 강수량만을 이용하여 가뭄 심도를 산정한다. 다양한 시간 단위에 따른 강수량의 과잉 혹은 부족을 나타내기 때문에 해당 시간 단위에 따른 장단기적 가뭄 현상을 유연하게 나타낼 수 있다. 세계기상기구(WMO)에 의해 기상학적 가뭄 감시를 위한 대표적인 가뭄지수로 권고된 바 있다.

일반적으로 시간 단위로서 1, 2, 3, 4, 5, 6, 9, 12, 18, 24개월을 잡고 있으며, 이 기간의 과거 및 최근의 누적 강수량에 대한 통계적 분석을 통해 확률분포를 추정하여 최근 누적 강수량에 적합한 가뭄지수를 산정한다. 우리 기상청에서는 이 중에서 최근 6개월간의 누적 강수량을 기반으로 하는 가뭄지수를 기상학적 가뭄기수로 활용한다.

이러한 표준강수지수 값에 따라 약한, 보통, 심한, 극심한의 4단계의 기상학적 가뭄으로 분류하고 있다.

표 1.39 기상학적 가뭄 분류

| 분류 | 기준 |
|---|---|
| 정상 | $-1.00 <$ SPI |
| 약한 가뭄(관심) | $-1.5 <$ SPI $\leq -1.0$ (평년대비 누적강수량 약 55~65%) |
| 보통 가뭄(주의) | $-2.0 <$ SPI $\leq -1.5$ (평년대비 누적강수량 약 45~55%) |
| 심한 가뭄(경계) | SPI $\leq -2.0$ (평년대비 누적강수량 약 55% 이하) |
| 극심한 가뭄(심각) | SPI $\leq -2.0$ (평년대비 누적강수량 약 55% 이하)가 20일 이상 지속 |

• **농업적 가뭄**(agricultural droughts): 농작물 생육에 필요한 수분의 부족현상을 말하며, 일반적으로 강수 부족, 실제 및 잠재 증발산량의 차이, 토양수분 부족, 지하수 및 저수량 부족 등과 같은 기상·수문학적 가뭄의 특성을 농업적 영향과 연결시킨다.

일반적으로 기상학적 가뭄 후에 발생한다. 이를 정량화하기 위한 지표로 토양수분지수(Soil Moisture Index; SMI), 토양수분부족지수(Soil Moisture Deficit Index; SMDI), 작물수분지수(Crop Moisture Index; CMI) 등이 있다.

• **수문학적 가뭄**(hydrological droughts): 하천, 저수지, 댐, 지하수 등 지표수 및 지하수가 줄어들어 수자원 공급이 부족한 현상을 말한다. 강수 부족이 직접적인 원인이지만 비효율적 수문시스템, 과도한 개발로 인한 불투수층 감소 등 인간활동도 주요 요인이다. 일반적으로 기상학적 가뭄 → 농업적 가뭄보다 지체되어 나타난다. 이를 정량화하기 위한 지표로 지표수공급지수(Surface Water Supply Index; SWSI), 가용수자원지수(Available Water Resources Index; AWSI), 관개용저수지 용수공급지수(Irrigation Reservoir Water Supply Index; IRWSI) 등이 있다.

• **사회경제학적 가뭄**(socioeconomic droughts): 상기 언급한 기상학적, 농업적, 수문학적 가뭄으로 인해 결과적으로 물 관련 경제물품의 공급이 수요를 따라가지 못해 사회경제적으로 발생하는 혼란상태를 말한다. 수력발전량 부족으로 인해 전기공급이 차질을 빚고 이로 인해 석유가격 급등, 제품생산 차질 등이 발생할 수 있으며, 농산물 가격 급등 등으로 인한 식량안보의 문제가 발생할 수 있다.

아직 이를 정량적으로 표현하는 신뢰성 있는 지수는 개발되지 않았다.

■ **가뭄의 영향**

가뭄이 발생하면 농업, 생활, 공업용수 등 각종 용수부족으로 인해 일상생활뿐만 아니라 각종 산업활동에 지장을 초래하게 된다. 특히, 농작물 시듦 등으로 인한 농작물 피해가 전국적으로 확대되면 농작물 가격이 급등하여 경제문제가 발생하며, 세계적으로는 식량안보와 같은 국가위기를 초래할 수도 있다.

우리나라의 경우, 그동안 저수지 등 수리시설을 많이 확충하여 최근 가뭄피해의 발생은 매우 줄어들고 있으나, 아직까지 일부지역에서는 매년 상습적으로 가뭄피해가 발생하고 있으며, 서해안 간척지에서는 내부에 위치한 담수호의 염분농도가 상승하여 농작물 생육에 지장을 받는 사례가 빈번하게 발생하고 있다.

## (2) 재난대응 및 대책

■ **예 · 경보체계: 가뭄 예경보 및 재난위기경보**

앞서 설명한 학문적 분류 및 지표와는 별도로 정부는 그간 행정안전부, 농림축산식품부, 환경부, 국토교통부 등은 기관별 목적과 업무 특성에 따라 독립적으로 생산 및 제공하고 있는 가뭄관련 정보를 통합하여 단일의 가뭄 예경보 체계를 구축하였으며, 이를 재난위기경보로서도 활용하고 있다.

이는 우선 '기상학적' 가뭄정보를 전제로 하여, '농업용수'와 '생활용수' 가뭄정보를 그리고 이를 공급할 수 있는 '댐용수' 가뭄정보를 활용하여 '관심, 주의, 경계, 심각'의 4단계로 지역별로 가뭄 예경보를 실시하고 있다.

표 1.40 가뭄 예경보 및 재난위기관리 기준

| 구분 | 기 준 |
|---|---|
| 관심 | ○ 전국적으로 다음 기준에 해당되고 가뭄이 우려될 경우<br>• 기상현상: 최근 6개월 누적강수량이 평년의 약 65%(표준강수지수 -1.0) 이하, 지역별 특성 반영 가능<br>• 농업용수<br>　－ 논: 영농기 저수지 저수율이 평년의 70% 이하<br>　－ 밭: 영농기 토양 유효수분율 60% 이하<br>• 생활·공업용수: 여유량(배분량－계약량) 감축 공급 |
| 주의 | ○ 전국적으로 다음 기준에 해당되어 국지적 가뭄이 발생될 경우<br>• 기상현상: 최근 6개월 누적강수량이 평년의 약 55%(표준강수지수 -1.5) 이하, 지역별 특성 반영 가능<br>• 농업용수<br>　－ 논: 영농기 저수지 저수율이 평년의 60% 이하, 비영농기 저수지 저수율이 다가오는 영농기 모내기 용수공급에 물 부족이 예상되는 경우<br>　－ 밭: 영농기 토양 유효수분율 45% 이하<br>• 생활·공업용수: 하천 유지용수가 부족하거나 공급 제한할 경우<br>○ 영농기 등 계절적 물 수요가 많은 시기에 용수 부족이 예상되는 경우 |
| 경계 | ○ 전국적으로 다음 기준에 해당되어 국지적 가뭄 피해가 발생되고 확산될 우려가 있는 경우<br>• 기상현상: 최근 6개월 누적강수량이 평년의 약 45%(표준강수지수 -2.0) 이하, 지역별 특성 반영 가능<br>• 농업용수<br>　－ 논: 영농기 저수지 저수율이 평년의 50% 이하<br>　－ 밭: 영농기 토양 유효수분율 30% 이하<br>• 생활·공업용수: 공급을 추가로 제한할 경우 |
| 심각 | ○ 전국적으로 다음 기준에 해당되어 전국적 가뭄이 발생되거나 대규모 피해가 우려되는 경우<br>• 기상현상: 최근 6개월 누적강수량이 평년의 약 45%(표준강수지수 -2.0) 이하가 20일 이상 지속, 지역별 특성 반영 가능<br>• 농업용수<br>　－ 논: 영농기 저수지 저수율이 평년의 40% 이하<br>　－ 밭: 영농기 토양 유효수분율 15% 이하<br>• 생활·공업용수: 추가로 제한할 경우 |

■ 중앙재난안전대책본부 비상단계

가뭄은 우리나라에서 매년 대규모 피해를 일으키는 주요 재난 중 하나이며 이를 대응하기 위해서는 범정부적 대응조치가 필요하다. 이를 위해 가뭄에 대해서는 「중앙재난안전대책본부 구성 및 운영 등에 관한 규정」에 따라 중앙재난안전대책본부의 비상단계를 가동할 수 있는 기준이 가뭄특보의 발표여부, 예상 또는 발생한 피해의 심각성으로 규정되어 있다. 가뭄에 대한 재난관리 주관기관인 행정안전부는 이러한 가동기준에 따라 중앙재난안전대책본부를 비상단계별로 가동하여 운영하게 된다.

표 1.41 가뭄에 대한 중앙재난안전대책본부 비상단계

| 비상단계 | 판단기준 |
|---|---|
| 중앙재난안전대책본부 비상1단계 | • 행정안전부 등 관계 중앙행정기관이 합동으로 발표하는 가뭄 예·경보를 통해 생활·공업용수 또는 농업용수 분야 중 어느 하나에 대한 가뭄의 심각단계가 3개 이상의 시·도에 발표된 경우 |
| 중앙재난안전대책본부 비상2단계 | • 행정안전부 등 관계 중앙행정기관이 합동으로 발표하는 가뭄 예·경보를 통해 생활·공업용수와 농업용수 분야 모두에 대한 가뭄의 심각단계가 3개 이상의 시·도에 발표된 경우<br>• 가뭄으로 인해 국지적으로 극심한 피해가 발생하거나 발생할 가능성이 있는 경우 |
| 중앙재난안전대책본부 비상3단계 | • 가뭄의 심각단계가 지속되어 전국적으로 대규모 피해가 발생하거나 발생할 가능성이 있는 경우 |

✍ **현대판 Rainmaker(인공강우)**

Rainmaker란 가뭄이 들었을 때, 기우제를 올리는 인디언 주술사를 지칭하는 말이다. 일설에 의하면 그들의 기우제 성공률은 100%라고 하는데, 이는 비가 올 때까지 기우제를 올리기 때문이라는 우스갯소리가 있다. 하지만 요즘은 과학이 실제 인공강우를 만들어 내며, 그 역할을 대신하고 있다.

구름은 아주 작은 물입자로 되어 있고 이 물입자가 모여서 빗방울이 만들어진다. 그런데 빗방울은 지름 2mm의 작은 것일지라도 최소한 이러한 물입자 100만 개 이상이 모여야 겨우 가능하며, 이를 위해서는 주변습도가 400% 이상으로 높아야 한다.

하지만 만약 구름에 이러한 물입자를 뭉치게 하는 구름씨가 있으면 낮은 주변습도에도 빗방울을 만들 수 있다. 이러한 구름씨, 즉 응결핵 또는 빙정핵은 구름의 종류와 상태에 따라 다르지만, 요오드화는 드라이아이스 등이 많이 사용된다. 일반적으로 하늘 위에 살포할 때는 항공기나 로켓을 사용하기도 한다. 실제 미국, 중국 등에서는 이러한 기술이 가뭄 해소뿐만 아니라 날씨 조절, 대기 정화 등에 사용되고 있다.

하지만 실효성에 대해서는 아직 많은 논란이 있다. 인공강우도 적절한 양의 구름이 있어야만 가능하고 사막 또는 심한 가뭄지역에는 효과가 낮다. 더욱이, 억지로 비를 만들면 다른 지역에 의도치 않은 가뭄이나 홍수가 나타날 수도 있다. 또한, 구름씨로 살포하는 화학물질의 부작용에 대한 우려도 있다.


## 2.12 황사

### (1) 재난발생 및 특성

#### ■ 황사의 정의: 황사와 미세먼지

황사와 미세먼지를 혼동하는 사람들이 많다. 하지만 황사와 미세먼지는 발생원인, 영향범위 등에서 차이가 있다. 황사는 사막 등 건조지역에서 불어오는 흙먼지로 자연현상일 뿐이다. 한편, 미세먼지는 자동차 또는 공장에서 배출되는 매연이 화학적 반응을 거쳐 만들어진 화학적 생성물이다.

황사는 미세먼지에 비해서는 입자의 굵기가 굵어서 사람들의 건강에 미치는 영향이 비교적 적다. 또한, 자연에서 이동된 물질이기 때문에 비교적 건강에 유해한 정도가 덜할 뿐만 아니라 물질 내에 포함된 알칼리성 물질은 토양의 산성화를 막는데, 긍정적 영향을 미치기도 한다.

다만, 미세한 입자라는 측면에서 그리고 최근 중국의 산업화로 인한 오염물질이 황사의 이동과정에서 섞인다는 점에서 서로 간의 구분이 모호해지기도 한다. 여기서는 일단 자연현상으로 인한 재난으로서 황사를 다루고 미세먼지는 다음 장의 인적 행위로 인한 재난에서 다루기로 한다.

■ 황사의 발생과정

황사는 몽고 고비사막, 중국 내몽골 고원, 황하강 중류 등의 건조지역에서 불어 오는 흙먼지이다. 일반적으로 봄철에 이들 지역에 저기압이 통과하면 흙먼지가 강한 바람과 함께 공중으로 떠올라 바람을 타고 우리나라에 떨어지게 되는 것이다. 황사 는 과거 역사기록에도 자주 언급되는 오래전부터 발생해온 자연현상이다. 그림 1.8 에 나타난 바와 같이 관련분석에 따르면 우리나라에 오는 황사의 80%가 몽고 고비 사막과 중국 내몽골 고원에서 발원한다는 것을 알 수 있다.

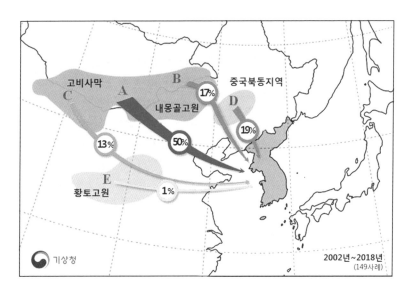

그림 1.8 우리나라에 영향을 주는 황사의 발원지와 이동경로

* 출처: 대규모 황사발생시 위기대응 실무매뉴얼(환경부, 2019)

■ 황사의 특성 및 영향

흙먼지의 특성상 입자크기도 다양한데, 우리나라에서 발견되는 입자크기는 1~10㎛(1㎛는 1/1,000mm) 정도로 매우 작은 편이다. 그 자체로는 흙먼지이기 때문에 비교적 오염물질도 덜 함유되어 있고 알칼리성으로 토양의 산성화를 예방하는 긍정 적 효과가 있다는 주장도 있다. 하지만 최근에는 중국, 몽골의 산업화로 인해 발생한 많은 오염물질이 황사와 함께 이동하여 심각한 건강문제를 일으키고 있다.

따라서 황사로 인한 피해는 흙먼지에 의한 직접적 피해와 황사에 포함된 오염물질에 의한 간접적인 피해로 나뉜다. 흙먼지는 농작물 등의 숨구멍을 막거나 투광률을 저하시켜 생육에 장애를 일으킨다. 또한, 반도체 등 정밀기계의 불량품 발생률을 증가시키고 항공기 엔진고장, 대기의 혼탁으로 인하 가시도 저하로 항공기, 여객선 등의 운행을 중단시킨다. 하지만 최근 문제가 되고 있는 것은 오히려 황사에 함유된 오염물질에 의한 간접피해이다. 미세먼지 농도의 급격한 증가로 인해 호흡기질환, 안질환 등 건강문제를 일으킬 수 있으며, 특히 관련 기저 질환자의 병세를 악화시킬 수 있다.

## (2) 재난대응 및 대책

대규모 황사 발생시 재난관리 주관기관은 환경부이다. 환경부는 관계법령인 「대기환경법」 등에 따라 황사로 인한 재난을 관장하며, 이를 위해 「대규모 황사발생시 위기대응 실무매뉴얼」 등을 운용하고 있다.

■ 예 · 경보체계: 황사특보 및 재난위기경보

황사는 발원지의 겨울철 강수량과 발원지를 통과하는 저기압의 영향을 받는다. 기상청에서 표 1.42에 표기된 바와 같이 이로 인한 미세먼지 농도를 기준으로 황사특보를 발표하고 있다. 하지만 특이한 부분은 다른 기상특보와 다르게 황사특보는 경보만 존재한다. 2017년 이전까지는 주의보도 존재하였으나 PM10의 미세먼지와 구분하기 어렵다는 이유로 황사주의보는 미세먼지 경보로 대체되었다.

그리고 같은 이유로 당초 기상청에서 옅은 황사, 짙은 황사, 매우 짙은 황사로 강도를 분류하여 예보하던 황사예보도 좋음, 보통, 나쁨, 매우 나쁨의 미세먼지 예보와 통합되었다. 다만, 이때 발생원인을 부가적으로 표시하여 자연적 황사로 인한 것인지, 아니면 인위적 미세먼지로 인한 것인지를 나타내고 있다. 이와 관련해서는 3.3절의 미세먼지에서 다시 세부적으로 다루기로 한다.

표 1.42 황사특보 발표기준

| 구 분 | 기 준 |
|---|---|
| 황사주의보 | 없음(2017년부터 미세먼지 경보로 대체) |
| 황사경보 | 황사로 인해 1시간 평균 미세먼지(PM10) 농도 $800\mu g/m^3$ 이상이 2시간 이상 지속될 것으로 예상될 때 |

기상청에서는 흙먼지를 추적하여 황사 발생현황 등을 모니터링 및 예측경로를 분석하고 있으며, 환경부 산하의 한국환경공단은 대기측정망을 운영하여 황사 등 미세먼지를 관측하고 에어코리아(http://www.airkorea.go.kr)라고 하는 대국민 알림시스템의 운영을 지원한다. 기상청에서 황사에 초점을 맞추고 업무를 추진하고 있는 반면에, 환경부 국립환경과학원에서는 추가적으로 미세먼지를 모니터링하고 예측경로를 분석할 뿐만 아니라 유해물질 성분분석 등의 업무를 실시하고 있다.

황사특보 등에 따라 재난위기경보가 발령되며, 중앙정부 및 범정부적 대응이 필요한 중앙사고수습본부 및 중앙재난안전대책본부의 가동기준도 이에 연계된다.

### 표 1.43 황사에 대한 재난위기경보 발령기준

| 종 류 | 판단기준 |
|---|---|
| 관 심 (Blue) | ▪ 우리나라에 영향을 끼칠 가능성이 있는 황사 발생<br>▪ 황사로 인한 미세먼지 "매우 나쁨(일평균 PM10 150μg/m³ 초과)" 예보시<br>(17:00 기준 익일 예보, 국립환경과학원) |
| 주 의 (Yellow) | ▪ 황사로 인한 미세먼지 경보*가 발령되고, 황사에 의한 대규모 재난이 발생할 가능성이 나타날 때<br>* PM10 시간당 평균농도가 300μg/m³ 이상 2시간 지속 |
| 경 계 (Orange) | ▪ 황사특보(경보)*가 발령되고, 황사에 의한 대규모 재난이 발생할 가능성이 농후할 때<br>* PM10 시간당 평균농도가 800μg/m³ 이상 2시간 지속될 것으로 예상될 때 |
| 심 각 (Red) | ▪ 황사특보(경보)가 발령되고, 대규모 재난이 발생할 가능성이 확실할 때<br>▪ 황사로 인한 재난사태 선포기준* 도달 예상시<br>* 미세먼지(PM10) 1시간 평균농도가 2,400μg/m³ 이상이 24시간 지속 후 24시간 지속 예상 시<br>미세먼지(PM10) 1시간 평균농도가 1,600μg/m³ 이상이 24시간 지속 후 48시간 지속 예상 시 |

### ▪ 황사발생시 행동요령

황사가 중국, 몽골 등 해외에서 유입된다는 점에서 유입 자체를 예방하는 방법은 아직 개발되지 않았다. 다만, 일부 시민단체 등을 위주로 해서 중국, 몽골 등의 사막에 나무를 심어서 황사 발생을 줄이려는 노력을 하고 있지만, 그 효과는 매우 제한적이다. 따라서 황사가 발생하면 피해를 줄이기 위한 것으로는 외출이나 환기를 자제하거나 밖에서 마스크를 쓰는 등의 방법에 국한되고 있다.

## 2.13 조류: 녹조와 적조

녹조와 적조는 둘 다 가정하수나 공장폐수에 많은 질소나 인과 같은 영양염류가 대량 유입되어 부영양화되고, 이로 인해 식물성 플랑크톤인 조류가 크게 늘어나 물빛이 변하는 현상이다. 다만, 조류 종류 그리고 발생 위치가 다를 뿐이다.

### 2.13.1 녹조

### (1) 재난발생 및 특성

#### ■ 녹조의 발생

녹조는 하천이나 호수에 조류 중에서 녹색을 띠는 녹조류와 남조류가 과도하게 증식하여 물빛이 녹색으로 변하는 현상이다. 일반적으로 여름에 유속이 느린 하천이나 정체되어 있는 호수와 같은 담수에서 녹조가 나타나지만, 예외적으로 팔당호의 경안천 등에서는 담수임에도 불구하고 봄에 갈색을 띠는 규조류가 많아지면서 물빛이 황갈색으로 변하는 적조가 나타나기도 한다.

#### ■ 녹조의 영향 및 피해

녹조로 인한 피해의 첫 번째 원인은 물속의 용존산소 부족이다. 일반적으로 물의 표면에 녹조가 덮이면 수중으로 공급되는 산소의 양이 줄어들고 햇빛이 차단되면서 물속의 식물이 광합성을 하지 못하게 된다. 이렇게 물속의 식물이 광합성을 하지 못하면 호흡할 때 산소를 더 많이 소비하게 되는데, 이러한 이유들이 복합적으로 작용하여 물속의 산소가 부족해져 결국은 물속의 식물과 동물이 폐사하게 되고, 폐사한 사체가 부패할 때 더 많은 산소가 소비되면서 악순환이 반복된다.

녹조로 인한 피해의 두 번째 원인은 마이크로시스티스(Microcystis) 등 일부 남조류가 생산하는 직접적인 냄새 및 독소물질이다. 이로 인해 악취가 발생하고 미관의 문제가 발생할 뿐만 아니라 물고기가 대량 폐사할 수도 있다. 또한, 이러한 유해 남조류를 섭취할 경우에 직접적으로 간세포나 신경계에 이상을 주는 등 동물에도 피해를 일으킬 수가 있다. 이뿐만 아니라 남성의 정자수를 감소시키고 여성 난소에도 악영향을 미친다는 연구결과도 있다. 우리나라의 경우에는 아직 피해사례가 보고되지는 않았으나 미국, 호주 등의 경우에는 녹조로 인해 가축이나 야생 동물이 폐사하는 피해가 보고되어 왔다.

녹조로 인해 취수된 물속에 악취가 생기게 되면 악취를 제거하기 위한 정수처리 비용이 증가하게 된다. 다행히 정수처리를 통해 물속의 냄새와 독소가 99% 이상 제거되기 때문에 수돗물은 안전한 것으로 알려져 있다. 하지만 녹조로 인해 물이 탁해지고 냄새가 생기면 수영, 낚시 등 수상 여가활동을 즐기기 어렵다. 최근 내수면 여가활동 인구의 증가수를 고려할 때, 이러한 부분도 녹조로 인한 피해의 세 번째 유형이라고 할 수 있다.

일부에서는 유해 남조류에 의한 농작물이나 내수면 양식장 피해를 우려하기도 하지만 실제 피해가 발생한 사례는 알려지지 않고 있다. 이는 농업용수의 이송과 저류 과정에서 독성물질이 분해되고 농작물에 흡수되기도 어려울 뿐만 아니라 내수면 양식업을 위한 입지는 수질개선을 위해 엄격하게 제한되고 있기 때문이다. 우리나라도 2022년 일부 환경단체에서 낙동강 인근 농산물에서 남조류 녹성물질이 검출되었다는 주장을 제기함에 따라 식품의약품안전처에서 쌀, 무, 배추 등에 대한 마이크로시스틴 잔류실태를 조사한 바 있다. 당시 우려와는 달리 잔류물질이 검출되지 않았다. 오히려, 일부에서는 녹조가 발생한 물속에 포함된 질소와 인은 비료의 주성분으로 녹조가 발생한 물을 농업용수로 사용하는 경우 비료의 사용량을 줄이는 효과가 있다는 주장하기도 한다.

## (2) 재난대응 및 대책

녹조발생시 재난관리 주관기관은 환경부이다. 환경부는 관계법령인 「물환경보존법」 등에 따라 녹조로 인한 재난을 관장하며, 이를 위해 「조류 대발생(녹조) 위기관리 표준매뉴얼」 등을 운용하고 있다.

### ■ 예 · 경보체계: 조류경보 및 재난위기경보

녹조에 대해서는 환경부장관(국립환경과학원장) 또는 시 · 도지사가 녹조발생 현황을 정기적으로 측정하여 호수 등 상수원 구간과 하천 등 친수활동 구간으로 나누어 남조류 세포수[23]를 기준으로 상수원 구간에 대해서는 관심, 경계, 조류 대발생의 3단계로, 친수활동 구간에 대해서는 조류 대발생 없이 관심과 경계의 2단계로 다음과

---

23) 남조류 세포수는 마이크로시스티스(Microcystis), 아나베나(Anabaena), 아파니조메논(Aphanizomenon) 및 오실라토리아(Oscillatoria) 속(屬) 세포수의 합을 말한다.

같이 각각 조류경보를 발표하고 있다.

**표 1.44 녹조에 대한 조류경보 발표기준**

① 호수 등 상수원 구간

| 경보단계 | 발령·해제 기준 |
|---|---|
| 관 심 | 2회 연속 채취 시 남조류 세포수가 1,000세포/mL 이상 10,000세포/mL 미만인 경우 |
| 경 계 | 2회 연속 채취 시 남조류 세포수가 10,000세포/mL 이상 1,000,000세포/mL 미만인 경우 |
| 조류 대발생 | 2회 연속 채취 시 남조류 세포수가 1,000,000 세포/mL 이상인 경우 |

② 하천 등 친수활동 구간

| 경보단계 | 발령·해제 기준 |
|---|---|
| 관 심 | 2회 연속 채취 시 남조류 세포수가 20,000 세포/mL 이상 100,000 세포/mL 미만인 경우 |
| 경 계 | 2회 연속 채취 시 남조류 세포수가 100,000 세포/mL 이상인 경우 |

녹조에 대한 '재난위기경보'의 경우, 이러한 조류경보제와 연계해서 운영된다. 예를 들어, 조류경보가 '관심' 단계인 경우 재난위기경보도 '관심'이 되며, '경계'이면 '주의', '조류대발생'이면 '경계'가 된다. 이후, '조류대발생'이 지속되어 조류로 인해 취정수 장애 등으로 급수중단이 우려될 경우에는 재난위기경보가 '심각'이 된다. 이 외에 각 단계별로 남조류 세포수와 병행하여 빈발시기 도래 등 위기경보 평가결과를 추가로 반영하여 판단한다. 심각도 등에 따라 중앙정부 및 범정부적 대처가 필요한 경우 중앙사고수습본부, 중앙재난안전대책본부 등이 가동된다.

**표 1.45 조류에 대한 재난위기경보**

| 구 분 | 판단기준 |
|---|---|
| 관 심 | 조류경보 '관심'이 발령될 때 |
| 주 의 | 조류경보 '경계'가 발령될 때 |
| 경 계 | 조류경보 '조류 대발생'이 발령될 때 |
| 심 각 | 조류경보 '조류 대발생'이 지속되어 조류로 인한 취정수 장애 등으로 급수중단이 우려될 때 |

### ■ 녹조발생시 행동요령

우리나라의 경우에도 만약의 경우에 대비하여 상수원에서 발생한 녹조 제거를 위해 황토살포, 표면폭기 등 각종 대책을 시행하고 있다. 하지만 녹조 자체를 완전히 제거하는 것은 사실상 어려우므로 가급적 회피하도록 해야 한다. 즉, 녹조가 발생한 곳에서는 가급적 낚시, 수영 등 친수활동을 하지 말아야 하며, 어패류를 어획, 섭취하는 행위도 중단해야 한다.

## 2.13.2 적조

### (1) 재난발생 및 특성

### ■ 적조의 발생

적조는 바다에 조류 중에서 갈색을 띠는 규조류와 편모조류가 과도하게 증식하여 물빛이 붉게 변하는 현상이다. 특히, 장마 후 맑은 날에 적조가 발생하기 쉬운데, 이는 육지에서 장마로 질소 및 인과 같은 영양염류가 대량으로 공급되고 맑은 날씨로 증식 조건이 강화되기 때문이다. 일반적으로 8~10월 중에 많이 발생한다.

### ■ 적조의 영향 및 피해

적조에 의해 피해를 입는 바닷물은 생활용수나 농업용수로 사용하지 않기 때문에 용수로서의 가치가 높지 않다. 하지만 바닷물을 활용한 여러 생산 및 여가시설 등의 운영 및 활용에 피해가 발생한다. 우선 최대 피해를 입는 대상은 해수면 양식장이다. 적조로 인해 피해를 입는 양식 수산물의 가치는 매우 크다. 이외에도 녹조와 마찬가지로 물 색깔이 탁해지고 악취가 생기면서 수영, 낚시 등 수상 여가활동을 즐기기 적합하지 않은 상태가 되기도 한다.

녹조와 마찬가지로 적조가 덮이면 물의 용존산소가 부족하게 되어 물고기가 폐사되거나 조류의 점액물질에 물고기의 아가미가 폐쇄되어 질식사될 수 있다. 특히, 우려스러운 것은 코클로디니움(Cochlodinium)과 같은 편모조류에 유독물질이 많아 직접적으로 어패류를 폐사시킬 뿐만 아니라 이렇게 유독화된 어폐류를 인간이 먹게 되었을 때 식중독 등의 피해를 일으킬 수 있다는 점이다. 이러한 현상은 조개류에서 뚜렷하게 나타나는데, 이는 일부 조개류는 적조를 먹이로 먹고 체내에 유독 물질을 농축한 후에 이를 섭취하는 사람에게 건강상 치명적 피해를 준다.

## (2) 재난대응 및 대책

적조에 대한 재난관리 주관기관은 해양수산부이다. 해양수산부는 관계법령인 「농어업재해대책법」, 「수산업법」 등에 따라 풍수해로 인한 재난을 관장하며, 이를 위해 「적조 위기관리 표준매뉴얼」 등을 운용하고 있다.

### ■ 예·경보체계: 적조특보 및 재난위기경보

적조에 대해서는 해양수산부장관(국립수산과학원장)은 적조발생 현황을 정기적으로 측정하여 각 조류 종류별 적조생물 발생의 규모 및 밀도에 따라 적조 예비주의보, 주의보, 경보의 3단계로 다음과 같이 적조특보[24)]를 발표하고 있다. 이외에도 적조 생물, 해황 및 해역의 특성에 따라 피해가 우려될 경우 이러한 적조 규모 및 밀도에 관계없이 적조특보를 발령할 수 있다.

**표 1.46 적조특보 발표기준[25)]**

| 종 류 | 규 모 | 적조생물 밀도(개체/$ml$) |
|---|---|---|
| 적조 예비주의보 | 적조생물의 출현밀도가 증가하여, 적조발생이 예상될 때 | • 편모조류: 종의 세포크기와 독성도에 따라 결정<br>　－ Cochlodinium polykrikoides: 10 이상<br>　－ Gyrodinium sp.: 200 이상<br>　－ Karenia mikimotoi: 500 이상<br>　－ Chattonella spp.: 1,000 이상<br>　－ 기타 편모조류: 10,000 이상<br>• 규조류: 20,000 이상<br>• 혼합형: 편모조류가 50% 이상 때 20,000 이상 |
| 적조 주의보 | 반경 2~5km(12~79km²) 수역에 걸쳐 발생하고 어업피해가 우려될 때 | • 편모조류: 종의 세포크기와 독성도에 따라 결정<br>　－ Cochlodinium polykrikoides: 100 이상<br>　－ Gyrodinium sp.: 500 이상<br>　－ Karenia mikimotoi: 1,000 이상<br>　－ Chattonella spp.: 2,500 이상<br>　－ 기타 편모조류: 30,000 이상<br>• 규조류: 50,000 이상<br>• 혼합형: 편모조류가 50% 이상 때 40,000 이상 |

---

24) 엄격하게 구분하면 적조가 실제 발생한 것은 아니고, 예상 또는 우려되는 경우에는 '적조예보'를 발령하고, 적조가 실제 발생하여 진행정보의 전파 및 어업 피해방지에 관한 조치가 필요할 때는 '적조특보'를 발령한다.
25) 「적조 예찰·예보 및 피해방지에 관한 요령(해양수산부 훈령)」

| 종 류 | 규 모 | 적조생물 밀도(개체/$ml$) |
|---|---|---|
| 적조<br>경보 | 반경 5㎞(79㎢) 이상<br>수역에 걸쳐 발생하여<br>상당한 어업피해가 예<br>상될 때 | • 편모조류: 종의 세포크기와 독성도에 따라 결정<br>　－ Cochlodinium polykrikoides: 1,000 이상<br>　－ Gyrodinium sp.: 2,000 이상<br>　－ Karenia mikimotoi: 3,000 이상<br>　－ Chattonella spp.: 5,000 이상<br>　－ 기타 편모조류: 50,000 이상<br>• 규조류: 100,000 이상<br>• 혼합형: 편모조류가 50% 이상 때 80,000 이상 |

　적조에 대한 '재난위기경보'의 경우도, 이러한 적조특보제와 연계해서 운영된다. 예를 들어, 적조특보가 '적조예비주의보' 단계인 경우 재난위기경보도 '주의'가 되며, '적조주의보'이면 '경계', '적조경보'이면 '심각'이 된다. 이외에도 발생면적과도 연계되는데, 국지적 발생시 '주의', 광역적으로 확산되어 양식어류가 부분폐사시 '경계', 이후, 고밀도 적조가 광역적으로 확산하여 양식어류가 대량 폐사한 경우에는 재난위기경보가 '심각'이 된다. 심각도 등에 따라 중앙정부 및 범정부적 대처가 필요한 경우 중앙사고수습본부, 중앙재난안전대책본부 등이 가동된다.

표 1.47 적조에 대한 재난위기경보

| 구 분 | 판단기준 |
|---|---|
| 관 심 | • 유해성 적조의 출현 가능성이 있을 때 |
| 주 의 | • 적조특보 '적조예비주의보'가 발령될 때<br>• 유해성 적조가 국지적(반경 2km 이하)으로 발생한 때 |
| 경 계 | • 적조특보 '적조주의보'가 발령될 때<br>• 유해성 적조가 광역적으로 확산(반경 2~5km)되어 양식어류의 부분 폐사<br>　가 발생한 때 |
| 심 각 | • 적조특보 '적조경보'가 발령될 때<br>• 유해성 적조가 광역적으로 확산(반경 5km 이상)되어 양식어류의 대량 폐<br>　사가 발생한 때 |

* 이외에 각 단계별로 남조류 세포수와 병행하여 빈발시기 도래 등 위기경보 평가결과를 추가롤<br>　반영하여 판단함

## ■ 적조발생시 행동요령

일반적으로 양식장 등에서 적조로 인한 대규모 피해가 발생하므로 적조 퇴치를 위한 적극적 대처가 필요한데, 그 방법은 녹조와 유사하게 황토 살포, 전해수법 등을 사용하고 있다. 이외에 양식생물에 대해 적조가 예상되면 사전에 출하하여 사육 밀도를 우선 낮추는 것이 필요하다. 적조가 발생하면 사료 섭취율과 소화율이 급격하게 떨어지므로 사료 공급을 줄이거나 중단한다. 액화산소나 산소공급 시설 등을 활용하여 용존 산소량을 높이는 조치를 시행하고 필요한 경우에는 양식생물을 양식장 밖으로 긴급하게 방류하기도 한다.

📖 **엘니뇨와 라니냐**

태평양은 우리나라가 위치한 동태평양, 북남미 대륙에 접한 서태평양 그리고 가운데에 중앙태평양이 있다. 서태평양에 있는 나라로서 적도 부근에는 페루가 있는데, 페루의 연안에는 평상시에 바닷속에서 물고기의 식량원이 되는 영양분을 가득 담고 있는 차가운 해수가 수면으로 솟아오르며 물고기가 많이 잡혀 황금어장으로 소문나 있다.

이를 해양학적으로 살펴보면 일반적으로 적도 부근에는 동에서 서로 부는 편동풍, 즉 무역풍이 불고 있다. 이러한 편동풍 영향으로 표층의 해수는 동쪽에서 서쪽으로 밀려나게 되고 동태평양에 위치한 페루 해안가에는 표층의 해수가 빠져나간 자리를 깊은 바닷속의 해수가 솟아올라 채우게 되는 것이다.

또한, 이러한 해수면 상승으로 인해, 따뜻한 해수와 바람이 모여드는 서태평양 부근 상공에는 상승기류가 형성되어 구름이 발달하기 좋은 여건이 마련되어 온난 습윤한 기후가 나타나게 된다. 반대로 차가운 해수가 솟아오르는 동태평양 부근에는 한랭 습윤한 기후가 나타나게 되었다.

**그림 1.9 평상시 해수와 기류의 흐름**

\* 출처: 기상청(2021)

△ 엘니뇨의 발생과 영향

특정 기간이 되면 이러한 차가운 해수가 솟아오르지 않아 따뜻해지며 물고기가 잘 잡히지 않는다고 한다. 주로 이러한 현상은 크리스마스를 전후하여 발생하였는데, 페루의 어민들은 예전부터 물고기가 잡히지 않는 이 기간 동안 오히려 물고기를 잡으러 가지 않고 축제를 열었다고 한다. 그리고 스페인어로 '아기 예수' 또는 '남자 아이'를 뜻하는 '엘니뇨(El-nino)'로 부르게 되었다고 한다. 우리나라 기상청에서는 '엘니뇨'를 적도 부근 동태평양의 바닷물 온도가 평소보다 0.5℃ 높은 상태로 5개월 이상 지속되는 현상으로 정의하고 있다.

어떤 이유에서건 적도 부근에서 동에서 서로 부는 편동풍, 즉 무역풍의 세기가 약해지게 되면 서태평양으로 이동하던 따뜻한 해수의 이동이 느려지게 된다. 이에 따라 기류의 상승으로 구름대가 만들어지는 지역이 동~중앙태평양 부근으로 형성된다.

이러한 엘니뇨 시기에는 평소 비가 많이 오던 서태평양 지역은 건조해져 호주와 필리핀, 인도네시아 등과 같은 서태평양 지역에는 가뭄이, 동태평양은 온난 다습해지기 때문에 페루와 칠레 등에는 홍수와 같이 기상이변이 나타나게 된다.

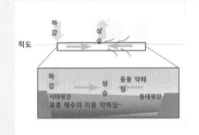 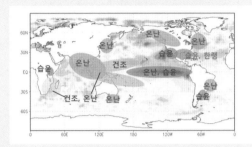

그림 1.10 엘니뇨 발생시 해수와 기류의 흐름(왼쪽)과 기상변화(오른쪽)

* 출처: 기상청(2021)

△ 라니냐의 발생과 영향

엘니뇨와는 반대로 특정 기간 동안에는 페루 연안으로 차가운 해수가 더 강하게 솟아오르는 경우도 있는데, 이러한 현상을 엘니뇨와 반대말인 '여자 아이'를 뜻하는 스페인어 '라니냐(La-nina)'로 부르게 되었다고 한다. 우리나라 기상청에서는 '라니냐'를 적도 부근 동태평양의 바닷물 온도가 평소보다 0.5℃ 낮은 상태로 5개월 이상 지속되는 현상으로 정의하고 있다.

엘니뇨 현상과는 반대로 어떤 이유에서든 평상시에 적도 부근에서 동에서 서로 불고 있는 편동풍, 즉 무역풍의 세기가 오히려 강해지게 되게 되는 경우가 있다. 이렇게 되면 동풍에 실려 이동하는 표층해수의 양이 많아지게 되면 페루 연안 부근에서는 차가운 해수가 더 강하게 솟아오른다.

이로 인해 서태평양에는 상승기류가 더욱 강화되어 호주와 필리핀, 인도네시아 등과 같은 지역에서는 장마와 같이 지속적으로 강수현상이 나타나는 반면, 동태평양 부근에는 날씨가 보다 한랭 건조해지면서 북미 북부에는 강추위, 중남부에는 심한 가뭄 등이 나타날 확률이 높아지게 된다.

 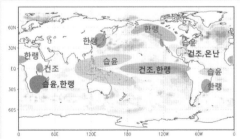

그림 1.11 라니냐 발생시 해수와 기류의 흐름(왼쪽)과 기상변화(오른쪽)

* 출처: 기상청(2021)

△ 우리나라에 미치는 영향

일반적으로 우리나라의 경우 엘니뇨가 발생하면 고온다습한 북태평양 고기압이 약해지는 특성이 있다. 이로 인해 일반적으로 다른 해에 비해 여름철이 시원해지고 강수량도 줄어든 반면에 겨울철에는 기온이 상승하고 강수량도 증가한다고 알려져 있다.

라니냐로 인한 영향은 반대이다. 여름철 기온이 올라가고 강수량도 많아지며 폭염과 홍수가 빈번해질 수 있는 반면에, 겨울철에는 기온이 낮아지고 강수량도 줄어들면서 봄·가을철 가뭄과 겨울철에 한파가 올 가능성이 높아진다고 한다.

엘니뇨와 라니냐는 태풍의 빈도와 강도에도 영향을 미친다. 하지만 엄격하게 말하면 우리나라에 대해 엘니뇨와 라니냐가 미치는 정도와 영향에 대해서는 충분하게 연구되어 있지 않다. 특히, 엘니뇨에 비해 라니냐에 대한 연구는 더 초기단계이다. 또한, 기상현상은 엘니뇨와 라니냐 영향뿐만 아니라 수없이 많은 다른 요소들의 영향을 받기 때문에 특정한 영향을 단언하기도 어렵다.

다만, 엘니뇨와 라니냐가 발생하면 이상기온뿐만 아니라 강한 홍수 또는 가뭄과 같은 극단적인 기상현상이 일어난다는 점에 대해서는 과학계에서 공통적으로 인식되는 점이다. 이렇게 엘니뇨와 라니냐는 적도 태평양상에서 나타나는 수온변화이지만 이 영향은 적도에 국한되지 않고 전 세계적으로 영향을 미친다.

* 출처: 기상청 (2021). 이해하기 쉬운 날씨: 엘니뇨와 라니냐. 기상청 블로그. 수집 2021.7.9.

✍ 날씨예보를 읽는 방법

자연재난을 관리하기 위해서는 먼저 해당 자연재난을 일으키는 기상특성을 이해해야 한다. 그리고 이러한 기상특성을 이해하기 위한 첫 번째 발걸음은 날씨예보를 이해하는 것이다. 기상청에서 제공하는 날씨예보(Weather Forecast)는 크게 기상예보, 기상특보, 기상정보, 기상속보로 구분된다(기상청, 2014).

■ 기상예보
기상관측 결과를 기초로 국민들에게 발표하는 전반적인 기상상황을 예측하여 발표하는 것으로 발표주기에 따라 초단기예보, 단기예보, 주간예보, 중기예보, 장기예보가 있다. 여기서 단기예보는 정식 통보문 외에 동네별로 세분화하여 발표하는 동네예보도 포함하고 있다.

표 1.48 기상예보의 종류

| 예보종류 | | 예보기간 | 발표시기 |
|---|---|---|---|
| 초단기예보 | | 발표시점부터 6시간 이내의 기간 | 매 10분마다 |
| 단기예보 | | 발표시점부터 3일 이내 기간 | 동네예보 형태: 하루 8차례 (02/05/08/11/14/17/20/23시)<br>정식 통보문: 하루 3차례 (05/11/17시) |
| 중기예보 | | 발표시점부터 11일까지의 기간(단기예보 3일 포함) | 하루 2차례(06/18시) |
| 장기예보 | 1개월 | 1개월간의 날씨, 기온, 강수량 등 기상전망 | 매월 3차례(3/13/23일) |
| | 3개월 | 3개월간의 날씨, 기온, 강수량 등 기상전망 | 매월 1차례(23일) |
| | 6개월 | 여름 · 가을철(6~11월)의 기상전망 | 매년 5월 23일 |
| | | 겨울 · 봄철(12~5월)의 기상전망 | 매년 11월 23일 |

또한, 태풍이 발생할 때부터 소멸할 때까지 중심위치, 진로, 강도, 강풍반경 등을 예측하여 정보를 제공하는 것으로 하루 4차례(04/10/16/22시) 발표하는 태풍정보가 있으며, 기후의 장기적 변화추이 등을 전망하는 기후전망이 있다.

이 밖에 기상청에서는 기상예보를 이해하기 쉽도록 설명하는 정보를 추가하여 "날씨해설"을 발표하며, 기상현상으로 인하여 발생한 재해가 특정한 시기 또는 지역에서 국민의 생명 · 신체 · 재산 및 생활에 미치는 영향이 예상되는 경우 영향예보를 발표하기도 한다.

■ 기상특보

기상현상으로 재해가 발생할 것으로 예상될 때, 주의를 불러일으키거나 경고하기 위해 발표하는 것으로 호우, 대설 등 11종에 대하여 단계별로 주의보와 경보로 발표한다. 기상특보를 발표할 것으로 예상될 때, 이를 사전에 알리기 위하여 예비특보를 발표할 수 있다. 예비특보에는 예상되는 특보의 종류, 구역, 시점 등의 정보를 포함한다. 예비특보의 경우에는 주의보 및 경보의 구분이 없으면 발효시각도 숫자가 아닌 구간으로 표현한다. 예를 들어, 호우특보가 "호우주의보 / 7월 4일 07시 발효"라고 표현된다면 "호우 예비특보 / 7월 4일 오전 발효"라고 표현된다.

■ 기상정보와 기상속보

기상예보와 기상특보 이외에도 갑작스러운 기상변화가 예상되거나 보다 상세하게 날씨변화 등을 알리는 것으로 매일 2회 이상 기상상황, 특보상황 등을 제공하기 위해 기상정보를 발표하며, 그 외에도 기상상황이 급변하여 긴급하게 알리는 것으로 기상상황에 따라 필요시 발표하는 기상속보가 있다.

*출처: 기상청(2021). 예보업무규정.

　기상청 등에서 날씨예보를 할 때 쓰이는 시간, 빈도, 강도, 장소 등에 대한 표현은 일상적으로 쓰이는 평이한 표현이지만 한편으로는 정량적 범위에 대해 명확하지 않아 혼돈을 일으키는 경우가 있다. 하지만 이러한 모호한 표현에 대해 기상청에서는 일반인들이 인지하지 않고 있는 정량적 범위를 별도로 구분하고 있다.

■ 시간(시제) 표현

　날씨예보에서 사용하는 시간표현은 일상생활의 시간과 좀 다를 수 있다. 하루 24시간을 새벽·오전·오후·밤으로 구분하고 있으나, 사람들의 활동시간인 06~21시는 다시 아침·낮·저녁으로 다시 구분한다.

| 시간 | 00 | | 03 | | 06 | | 09 | | 12 | | 15 | | 18 | | 21 | | 24 |
|---|---|---|---|---|---|---|---|---|---|---|---|---|---|---|---|---|---|
| 시간 범주 | | 새벽 (00~06시) | | | | 오전 (06~12시) | | | | 오후 (12~18시) | | | | 밤 (18~24시) | | | |
| | | | | | | 아침 (06~09시) | | 낮 (09~18시) | | | | | 저녁 (18~21시) | | | |

　또한, 이를 세분화하여 늦은 오전(오전 늦게)은 09~12시, 이른 오후(오후 늦게)는 12~15시, 늦은 오후(오후 늦게)는 15~18시, 늦은 밤(밤 늦게)은 21~24시로 표현하기도 한다.

　또한, 같은 표현이라도 용어에 따라 달라지기도 하는데, 기온예보를 할 경우 쓰는 아침 최저기온, 낮 최고기온, 밤 최저기온에서 아침은 03~09시, 낮은 09~18시, 밤은 18~09시를 표현한다. 그리고 자정 무렵 등과 같이 시제 간 경계를 표현하는 무렵은 일반적으로 1시간 전후 시간을 의미한다.

■ 빈도 표현

비나 눈이 얼마나 자주 오는지에 대해서는 한때 또는 가끔 등의 표현이 사용된다.

| 표현 용어 | 설 명 |
|---|---|
| 한때 | 예보대상 구간 내에서 연속하여 일시적으로 한 번 나타남(전체 중 50% 미만) |
| 가끔 | 예보대상 구간 내에서 띄엄띄엄 여러 번 나타남(전체 중 50% 이하) |

■ 하늘상태 표현

하늘에 구름이 낀 상태는 맑음, 구름 많음, 흐림으로 표현된다.

| 표현 용어 | 구름량(운량) |
|---|---|
| 맑음 | 구름이 0~5할의 상태 |
| 구름많음 | 구름이 6~8할의 상태 |
| 흐림 | 구름이 9~10할의 상태 |

■ 바람(풍속) 표현

바람의 세기는 약간 강한 바람, 강한 바람, 매우 강한 바람으로 표현된다.

| 표현 용어 | 바람 강도 |
|---|---|
| 약간 강한 바람 | 바람의 세기가 4~9m/s 미만 |
| 강한 바람 | 바람의 세기가 9~14m/s 미만 |
| 매우 강한 바람 | 바람의 세기가 특보 수준(14m/s 또는 순간풍속 21m/s)에 도달될 것으로 예상되거나 그 이상일 경우 |

■ 파고 표현

파도는 높은 물결, 매우 높은 물결로 표현된다.

| 표현 용어 | 파고 | 비 고 |
|---|---|---|
| 높은 물결 | 물결의 높이가 2~3m 미만 | * 풍랑특보 기준 |
| 매우 높은 물결 | 물결의 높이가 특보 수준에 도달될 것으로 예상되거나 그 이상일 경우 | − 주의보: 유의파고 3m 이상<br>− 경  보: 유의파고 5m 이상 |

■ 강수 표현

강수에 대한 정성적 표현으로는 시간당 강수량에 따라 약한, 보통, 강한, 매우 강한 비로 표현된다.

| 표현 용어 | 약한 비 | (보통) 비 | 강한 비 | 매우 강한 비 |
|---|---|---|---|---|
| 시간당 강수량 | 1~3mm 미만 | 3~15mm 미만 | 15~30mm 미만 | 30mm 이상 |

■ 지형특성에 따른 장소표현

지형은 크게 산간, 내륙, 해안으로 구분되며 지역의 범위는 일부, 대부분으로 표현된다.

| 표현 용어 | 설 명 | 비 고 |
|---|---|---|
| 산지<br>(또는 산간) | 해발고도 600m 이상 또는 들이 적고 산이 많은 지역<br>(산간과 산악, 고산의 의미를 포함) | − |
| 중산간 | 해발고도 200~600m의 고지대 | 제주지역 限 |
| 해안 | 바다를 접하고 있는 지역(행정구역) | − |
| 내륙 | 바다에서 멀리 떨어진 지역(해안을 제외한 육지 행정구역) | − |
| 일부 | 해당 예보 구역 전체의 50% 미만 | − |
| 대부분 | 해당 예보 구역 전체에 거의 가까운 정도 | − |

■ 바다영역에 따른 장소표현

바다에 대해서는 연안바다, 앞바다, 먼바다의 표현이 있다.

| 표현 용어 | 장소 범위 |
|---|---|
| 연안바다 | 2해리(3.7km) 안쪽(남해남동부 · 섬지역은 1해리, 우도 · 가파도는 0.5해리 안쪽) |
| 앞바다 | 12해리(22km)까지 |
| 먼바다 | 12~200해리(370km)까지 |

* 출처: 기상청(2021). 예보업무규정

# 3. 지질재난

지질재난의 위해(geological hazards)는 지반 또는 지각의 활동과 관련된 것으로 지진, 지진해일, 화산 등이 있다.

## 3.1 지진

### (1) 재난발생 및 특성

#### ■ 발생원리: 탄성반발설과 판구조론

소시지의 양 끝에 힘을 주었다가 놓으면 다시 소시지는 원래 상태로 돌아간다. 이렇게 어떤 물체에 힘을 주었을 때 변형이 생겼다가 다시 힘을 놓으면 처음상태로 돌아가는 성질을 '탄성'이라고 한다. 하지만 소시지의 양 끝에 계속 힘을 가하면 결국 부러지는데, 이때 부러진 양쪽 소시지는 처음상태로 돌아가기 위해 반발을 일으키면서 진동하게 된다. 바로 이것이 '탄성반발설(elastic rebound theory)'이라고 불리는 지진의 발생원리이다. 지층에는 오랜 기간에 걸쳐 대륙의 이동, 해저의 확장 등으로 큰 힘이 작용하는데, 처음에는 지층이 단순히 휘어지는 정도였다가 점점 그 힘이 축적되면 결국 지층이 끊어지게 된다. 이때 원래상태로 돌아가려는 탄성반발로 땅이 흔들리고 갈라지는 지진이 발생한다. 이외에도 지진은 화산폭발, 지반함몰 등으로도 발생하지만 상대적으로 발생빈도도 낮고 발생하더라도 규모가 낮은 편이다.

그런데 지진은 모든 지역에서 고르게 발생하기보다는 띠 모양으로 특정지대에 집중되는 경향이 있다. 이는 '판구조론(plate tectonics)'으로 설명된다. 지구의 표면은 평균 두께 약 100km의 암석권인 여러 개의 '판(plate)'으로 나누어져 있다. 이러한 판들은 연약권 위에서 떠다니며 움직이는데, 어떤 판들은 서로의 경계에서 충돌하거나 벌어지게 된다. 이때 판의 경계에서는 서로 탄성반발이 생기거나 갈라지면서 지진, 화산 등 지각활동이 활발히 일어난다.

판의 경계를 서로 잇게 되면 결국 띠 모양이 되는데, 바로 이렇게 지진이 자주 발생하는 띠 모양의 특정지대를 '지진대'라고 한다. 대표적으로는 전 세계에서 지진활동이 가장 활발한 아메리카 대륙의 서해안부터 일본열도, 뉴질랜드 등으로 이어지는 일명 불의 고리라 불리는 '환태평양 지진대'가 있다. 하지만 모든 지진이 판의 경계에서 발생하는 것은 아니다. 우리나라와 같이 판의 내부에 위치한 곳에서도 드물기는 하지만 지진이 발생한다.

## ■ 지진의 규모와 진도

지진 자체의 위험을 측정하는 개념으로 일반 사람들이 혼동하는 지진의 규모와 진도가 있다. 이 개념의 가장 큰 차이는 지진파 에너지를 어디서 측정하느냐이다. 먼저, 지진의 크기는 지진이 발생한 곳에서 지진파 에너지로 측정할 수 있다. 이렇게 지진의 크기는 <u>지진파 에너지의 절대적 크기</u>를 나타내는 것으로 '<u>규모</u>(magnitude; M)'로 표시한다. 규모는 일반적으로 규모 5.3과 같이 소수점 1자리까지 표시하며, 규모가 1.0 증가할 때마다 지진파 에너지는 32배 증가한다. 규모는 측정하는 방법에 따라 여러 종류가 있는데, 우리나라를 포함하여 많은 나라에서는 리히터 규모(Richter Scale)를 사용한다.

한편 같은 규모의 지진이라도 지진이 발생한 진앙으로부터 거리가 멀거나 기반암과 같이 단단한 토양층에서는 진동의 세기가 낮아진다. 일반적으로 이 진동의 세기가 피해의 규모와 관계되는데, 이렇게 지진에 대해 <u>어떤 특정지점에서의 진동의 세기</u>를 나타내는 척도로 '<u>진도</u>(intensity; I)'를 사용한다. 즉, 규모가 지진 고유의 특성을 나타낸다면 진도는 인간에 대한 영향을 나타낸다고 할 수 있다.

진도는 일반적으로 진도 IV와 같이 로마 숫자로 표시하는데, 우리나라에서는 미국 등 여러 나라가 사용하는 12계급으로 구성된 '수정 메르칼리 진도계급(Modified Mercalli Index Scale; MMI Scale)'을 사용하고 있다. 하지만 일본에서는 표 1.49와 같이 별도로 일본 기상청에서 자체적으로 개발한 10계급으로 구성된 진도계급을 사용하고 있다.

## 표 1.49 수정메르칼리(MM) 및 일본기상청(JMA) 진도계급의 비교

| MM 진도 | 내 용 | JMA 진도 |
|---|---|---|
| I | 사람들은 느낄 수 없지만 지진계에 기록된다. | 0 (무감) |
| II | 소수의 사람들, 특히 건물의 윗층에 있는 소수의 사람들에 의해서만 느낀다. 매달린 물체가 약하게 흔들린다. | I (미진) |
| III | 실내에서 현저하게 느끼게 되는데, 특히 건물의 윗층에 있는 사람에게 더욱 그렇다. 그러나 많은 사람들이 지진이라고 인식하지 못한다. 정지하고 있는 차는 약간 흔들린다. 트럭이 지나가는 것과 같은 진동이 있고, 지속시간이 산출된다. | I (미진) |
| IV | 낮에는 실내에 서 있는 많은 사람들이 느낄 수 있으나, 실외에서는 거의 느낄 수 없다. 밤에는 일부 사람들이 잠을 깬다. 그릇, 창문, 문 등이 소리를 내며, 벽이 갈라지는 소리를 낸다. 대형 트럭이 벽을 들이받는 느낌을 준다. 정지하고 있는 자동차가 뚜렷하게 움직인다. | II (경진) |
| V | 거의 모든 사람들이 지진동을 느낀다. 많은 사람들이 잠에서 깬다. 그릇, 창문 등이 깨어지기도 하며, 어떤 곳에서는 회반죽에 금이 간다. 불안정한 물체는 넘어진다. 나무, 전신주 등 높은 물체가 심하게 흔들린다. 추시계가 멈추기도 한다. | III (약진) |
| VI | 모든 사람들이 느낀다. 많은 사람들이 놀라서 밖으로 뛰어나간다. 무거운 가구가 움직이기도 한다. 벽의 석회가 떨어지기도 하며, 피해를 입는 굴뚝도 일부 있다. | IV (중진) |
| VII | 모든 사람들이 밖으로 뛰어나온다. 설계 및 건축이 잘된 건물에서는 피해가 무시할 수 있는 정도이지만, 보통 건축물에서는 약간의 피해가 발생한다. 설계 및 건축이 잘못된 부실건축물에서는 상당한 피해가 발생한다. 굴뚝이 무너지며 운전 중인 사람들도 지진동을 느낄 수 있다. | V 약 (강진) |
| VIII | 특별히 설계된 구조물에는 약간의 피해가 있고, 일반 건축물에서는 부분적인 붕괴와 더불어 상당한 피해가 일어나, 부실 건축물에서는 아주 심한 피해를 입는다. 창틀에서 창문이 떨어져 나간다. 굴뚝, 공장 물품더미, 기둥, 기념비, 벽들이 무너진다. 무거운 가구가 넘어진다. 모래와 진흙이 약간 분출된다. 우물물의 변화가 있다. 차량운행 하기가 어렵다. | V 강 (강진) |
| IX | 특별히 잘 설계된 구조물에도 상당한 피해가 간다. 잘 설계된 구조물의 골조가 기울어진다. 구조물의 부분적 붕괴와 함께 큰 피해를 입는다. 건축물이 기초에서 벗어난다. 지표면에 선명한 금자국이 생긴다. 지하 송수관도 파괴된다. | VI 약 (열진) |
| X | 잘 지어진 목조 구조물이 부서지기도 하며, 대부분의 석조 건물과 그 구조물이 기초와 함께 무너진다. 지표면이 심하게 갈라진다. 기차 선로가 휘어진다. 강둑이나 경사면에서 산사태가 발생하며, 모래와 진흙이 이동한다. 물이 튀며, 둑을 넘어 흘러내린다. | VI 강 (열진) |
| XI | 남아 있는 석조 구조물은 거의 없다. 다리가 부서지고 지표면에 심한 균열이 생긴다. 지하 송수관이 완전히 파괴된다. 지표면이 침하하며, 연약 지반에서는 땅이 꺼지고 지면이 어긋난다. 기차선로가 심하게 휘어진다. | VII (격진) |
| XII | 전면적인 피해 발생. 지표면에 파동이 보인다. 시야와 수평면이 뒤틀린다. 물체가 공중으로 튀어 나간다. | VII (격진) |

\* 출처: 기상청(2016)

이렇게 로마자로 진도를 표현하는 방식은 어떤 지점에서의 진동의 세기를 정성적인 영향으로 표현하는 방식으로 시설물의 내진설계와 같이 정량적인 수치가 필요한 경우에는 적절하지 않다. 내진설계에서는 해당 시설물이 위치한 지역의 잠재적인 진동의 세기를 최대지반가속도(Peak Ground Acceleration; PGA)로 표현한다. 최대지반가속도는 m/s2, cm/s2('gal'이라고 하기도 함) 등과 같은 일반적인 가속도 단위 외에도 중력가속도를 나타내는 g(gravity)로도 표현되는데, 1g＝9.8m/s2＝980cm/s2(gal)이다. 예를 들어, 우리나라 원자력 발전소의 경우, 최대지반가속도가 0.2g까지 견딜 수 있도록 설계되어 있다.

✎ "원자력 발전소는 지진에 대해 규모 얼마까지 견딜 수 있나요?"라는 질문이 우문 (愚問)인 이유 및 현답(賢答)의 방식

"원자력 발전소는 지진에 대해 규모 얼마까지 견딜 수 있나요?"

재난관리 종사자들은 이런 질문을 많이 받는다. 하지만 이런 식의 질문은 질문 자체가 잘못된 것으로 답할 수 없는 질문이다. 왜냐하면, 지진의 규모는 시설물의 위치와는 무관하게 지진 자체의 절대적 크기를 나타내는 반면에, 시설물의 내진성능은 해당 지역에서 받을 수 있는 진동의 세기, 즉 최대지반가속도를 반영하고 있기 때문이다.

예를 들어, 규모 9.0의 강한 지진이 일어났다고 하더라도 시설물이 멀리 위치하고 있다면 영향이 미미할 수 있다. 반면에 규모가 상대적으로 낮더라도 시설물이 지진이 발생한 위치에서 가깝다면 영향이 상대적으로 클 수 있다.

다만, 일반적인 사람들에게 0.2g 등으로 표시되는 최대지반가속도는 체감되는 수치가 되지 않기 때문에 재난관리 종사자들은 이러한 우문(愚問)에 대한 현답(賢答)을 찾기 위해 노력해 왔다. 그러한 방법으로 특정 규모의 지진이 해당 시설물의 바로 아래 지하 10~15km에서 발생하였다는 전제하에 시설물이 견딜 수 있는 최대지진가속도를 지진의 규모로 환산해서 나타내고 있다.

이때 다음과 같이 1956년에 개발된 지진의 규모와 지진 가속도 간의 관계를 나타내는 쿠텐베르그－리히터 관계식을 활용하는데 다음과 같다.

$$M(규모) = 1 + MMI(수정 메르켈리 진도) \times 2/3$$
$$MMI = 3 \times \log A(최대지반가속도, cm/s2) + 1.5$$

이 관계식을 이용하면 최대지반가속도 0.2g로 설계된 국내 원자력 발전소는 바로 아래 10~15km에 지진이 발생한다는 전제하에 규모 6.5의 지진까지 견뎌낼 수가 있다.

■ 진원과 진앙: 천발지진, 중발지진 그리고 심발지진

지진이 발생하였을 때, 지진이 발생한 땅속 지점, 즉 지반의 파괴가 시작되는 지점을 진원이라고 한다. 이에 반해 진앙은 진원의 바로 위에 위치한 지표면 지점, 즉 진원이 지표면과 수직으로 만나는 지점을 진앙이라고 한다. 일반적으로 진앙은 진원에서 가장 가까운 지표면에 위치한 지점이기 때문에 가장 피해가 크다.

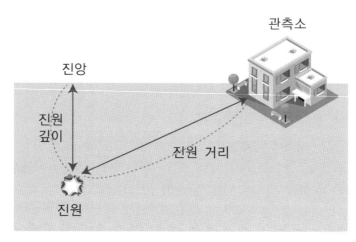

그림 1.12 진원과 진앙

지진이 얼마나 깊은 곳에서 발생하였는지는 이러한 진원과 진앙의 거리를 의미하는 '진원 깊이'로 구할 수 있다. 지진은 진원 깊이에 따라 천발지진, 중발지진, 심발지진으로 구분할 수 있다. 학자마다 정확한 기준깊이는 다르지만 일반적으로 천발지진은 깊이 70km 미만, 중발지진은 깊이 70~300km, 심발지진은 깊이 300km 이상에서 발생하는 지진을 말한다. 일반적으로 지표면 가까운 곳에서 발생하는 천발지진이 가장 큰 피해를 입힌다(지식백과, 2021).


■ 전진, 본진 그리고 여진

지진은 발생시기에 따라 전진과 본진 그리고 여진으로 구분된다. 먼저, 어떤 진원 근처 또는 동일 단층에서 일정기간 발생하는 지진 중에서 가장 규모가 큰 지진을 '본진(mainshock)'이라고 한다. 그리고 이러한 본진보다 이전에 발생하는 지진을 '전진(foreshock)'이라고 하며, 이후에 발생하는 지진을 '여진(aftershock)'이라고 한다.

하지만 여기에서 전진과 여진은 사실 본진에 대한 상대적인 개념이다. 먼저, 본진이 정해지지 않으면 전진을 지정할 수 없다. 이뿐만 아니라 어떤 경우에는 본진이라 간주된 지진 이후에 더 큰 규모의 지진이 발생하여 기존의 본진이 전진이 되기도 한다.

이러한 맥락에서 여진도 상대적인 개념이 되는 것이다. 여진은 본진이 발생하며 미끄러진 단층의 일부가 다시 재조정을 하는 과정이라고 이해된다. 따라서 여진은 시간이 지날수록 감소한다. 특히, 땅 속 깊은 곳에서 발생하는 '심발지진'보다는 땅 속 옅은 곳에서 발생한 '천발지진'에서 더 많은 여진이 발생한다.

■ 지진으로 인한 피해유형

지진은 기본적으로 지진파라는 진동으로 인해 지반이 흔들리는 현상이기 때문에 대표적인 '직접피해'로는 지표가 흔들리거나 갈라지고 침하되면서 건물, 도로, 교량 등 각종 시설물이 붕괴되고 유실되고 이에 따른 인명피해가 발생할 수 있다. 또 다른 직접피해 유형으로 '액상화'라는 현상이 있는데, 지하수 등으로 물에 포화된 상태의 응집력이 느슨한 모래 지반에 지반이 진동하면 고체상태의 지반이 액체처럼 되어서 대규모 산사태가 일어나거나 갑자기 거대한 시설물이 지면으로 내려앉거나 기울어지게 된다.

이러한 1차 피해는 2차 피해로 이어질 수 있는데, 화재가 발생하고 수도, 전기, 가스 등의 공급이 중단되어 사회기반시설이 마비될 수 있다. 2차 피해를 '연계피해'라고도 하는데, 2011년 동일본 대지진(규모 9.0) 발생시에는 후쿠시마 원자력 발전소에서 유출된 방사능으로 인한 인명피해와 환경오염과 같은 피해도 있다. 이러한 직접피해 및 연계피해 이후에도 경기침체 등의 간접피해가 나타날 수도 있다.

✍ 지진의 주파수 관련: 지진발생시 낮은 건물과 높은 건물 중 어떤 것이 더 잘 파괴될까?

　일반적으로 사람들은 지진이 발생하면 높은 건물일수록 취약할 것으로 생각한다. 물론 높은 건물일수록 대피가 어려워 많은 인명피해가 발생할 수 있다. 하지만 건물 자체의 파손 정도만 본다면 높은 건물만이 항상 지진에 취약한 것이 아니다.

　지진으로 인한 진동은 지진이 발생한 지반의 특성에 따라 고유한 주파수가 있는데, 일반적으로 단단한 암석층 기반의 딱딱한 지반에서 발생할 경우(2016년 경주 지진)에는 높은 주파수(고주파) 지진이, 퇴적층 기반의 부드러운 지반에서 발생할 경우(2017년 포항 지진)에는 낮은 주파수(저주파) 지진이 발생한다.

　건물에도 자기만의 주파수가 있는데, 낮은 건물은 높은 주파수(고주파)를, 높은 건물은 낮은 주파수(저주파)를 가진다. 이때 지진의 주파수와 건물의 주파수가 일치하면 공명현상에 의해서 흔들림이 증폭되면서 건물의 피해가 커진다. 따라서 같은 조건이라면 고주파 지진이 발생하면 낮은 건물이 파손될 가능성이 높으며, 저주파 지진이 발생하면 높은 건물이 파손될 가능성이 높아진다.

## 표 1.50 규모 기준 역대 최대 지진발생 현황

| 순위 | 규모 | 발생일 | 발생지역 | 인명피해 |
|---|---|---|---|---|
| 1 | 9.5 | 1960.05.22 | 칠레 발디비아 | 약 1,655명 사망·실종(지진+해일) |
| 2 | 9.2 | 1964.03.27 | 미국 알래스카 | 약 128명 사망·실종(지진+해일) |
| 3 | 9.1 | 2004.12.26 | 인도네시아 수마트라 | 약 227,900명 사망·실종(지진+해일) |
| 4 | 9.0 | 2011.03.11 | 일본 미야기현 센다이 | 약 28,080명 사망·실종(지진+해일) |
| 5 | 9.0 | 1952.11.04 | 소련 캄차카 반도 | 인명피해 없음(지진+해일) |
| 6 | 8.8 | 2010.02.27 | 칠레 콘셉시온 | 약 577명 사망·실종(지진+해일) |
| 7 | 8.8 | 1906.01.31 | 에콰도르, 콜롬비아 국경지역 | 약 1,500명 사망·실종(지진+해일) |
| 8 | 8.7 | 1965.02.04 | 미국 알래스카 | 인명피해 없음(지진+해일) |
| 9 | 8.6 | 2005.03.28 | 인도네시아 수마트라 | 약 1,313명 사망·실종(지진) |
| 10 | 8.6 | 2005.03.28 | 티베트 아쌈 | 약 780명 사망·실종(지진) |

* 출처: 호주 Geographic사·미국 지질조사국(USGS) 홈페이지(2017), 국민안전처(2017) 업무 참고자료 등 보완정리

## ▪ 우리나라에서 발생한 지진

우리나라는 판 내부에 위치하고 있어서 일반적으로 비교적 지진에 안전하다고 생각된다. 하지만 기상청(2012) 등에 따르면 역사 기록상 한반도에도 서기 2~1904년까지 약 2,161회에 달하는 유감지진 기록이 있으며, 이 중 인명피해가 발생하거나 성첩이 무너지는 등 주요피해를 발생시킬 정도인 진도 Ⅷ~Ⅸ의 지진은 15회로 전체 지진의 약 1%를 차지한다.

이 중 가장 대표적인 피해기록은 서기 779년 통일신라 혜공왕 때로, 경주에서 발생한 지진으로 "가옥이 무너지고 1백여 명의 백성이 사망했다"는 기록이 있다. 이때 발생한 지진에 대해서는 규모 6.7까지 추정되고 있는데, 역사 기록상 최대규모의 지진이라고 할 수 있으며, 흔히 우리나라에서 향후 발생가능할 지진의 최대 규모로 인용되고 있다(기상청, 2012; 국민안전처, 2017). 또한, 1643년 조선 인조 때에는 "울산에서 땅이 갈라지고 물이 솟구쳐 나왔으며 바다 가운데 큰 파도가 육지로 1, 2보 나왔다가 되돌아가는 것 같았다"는 등의 지진해일을 유추하는 등의 기록도 있다.

이후 1905년 조선총독부에서 인천에 최초의 지진계를 설치하면서 지진관측이 시작되었다. 일제강점기에는 부산, 경성, 대구 등 6개 지점에 지진계를 설치하여 지진을 관측하였는데, 아쉽게도 한국 전쟁 당시 세부자료는 소실되고 현재는 분석결과만이 '조선기상 30년보' 등 통계연보에 남아 있을 뿐이다. 이러한 제한된 지진관측기록조차도 1945년 광복 이후에는 중단되다가 1963년 미국 지질조사국(USGS)에서 세계지진관측망 사업의 일환으로 현재 기상청의 역할을 하는 '국립중앙관상대'에 지진계 1대를 설치하면서 지진관측이 재개되었다. 우리 기상청이 자체적으로 지진관측을 시작한 것은 1978년에 발생한 홍성지진(규모 5.0) 이후 아날로그 지진관측망을 구축하면서부터이다. 이후 1997년 경주지진(규모 4.2)을 계기로 디지털 지진관측망 구축을 추진하고 있다.

이렇게 우리나라에서 현대화된 장비를 가지고 지진관측을 수행한 것은 1978년 이후 30여 년에 불과하다. 1978년 이후 지진발생 통계(규모 2.0 이상)를 보면 그림 1.13에서 보이는 바와 같이 아날로그 지진관측 시기인 1978~1998년에는 연평균 19.1회, 디지털 지진관측 시기인 1999~2019년에는 연평균 70.7회의 지진관측 기록을 보였다. 이를 두고 최근 지진발생이 증가하고 있다는 주장도 있으나 규모 3.0 이상 지진의 지진관측은 거의 일정한 추이를 보이는 것을 볼 때, 단순히 관측지진의 횟수가 증가한 것은 지진관측과 분석기술의 발달로 더욱 정밀한 감지가 이루어졌기 때문이라는 해석이다(국민안전처, 2017).

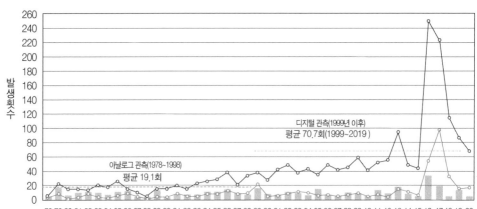

**그림 1.13 국내지진 발생추이**(1978~2019년)

* 출처: 기상청 홈페이지(2020)

이러한 계기지진 자료를 분석해 볼 때 과거 30여 년간 우리나라에는 표 1.51과 같이 그동안 총 10건에 걸쳐 규모 5.0 이상의 지진이 발생(내륙 6건, 해역 4건)하였으며, 이 중 최대 규모의 지진은 2016년 9월 12일에 발생한 규모 5.8의 경주지진이며, 최대 피해가 발생한 지진은 2017년 11월 15일에 발생한 규모 5.4의 포항지진이다.

**표 1.51 한반도 규모 5.0 이상의 계기지진 목록**

| 순위 | 규모 | 발생일 | 발생시각 | 발생지역 | 비고 |
|---|---|---|---|---|---|
| 1 | 5.8 | 2016.09.12 | 20:32:54 | 경북 경주시 인근 | 경주 지진 |
| 2 | 5.4 | 2017.11.15 | 14:29:31 | 경북 포항시 인근 | 포항 지진 |
| 3 | 5.3 | 1980.01.08 | 08:44:13 | 북한 평북 삭주 인근 | |
| 4 | 5.2 | 2004.05.29 | 19:14:24 | 경북 울진군 인근 해역 | 울진앞바다 지진 |
| 4 | 5.2 | 1978.09.16 | 02:07:05 | 경북 상주시 속리산 인근 | 속리산 지진 |
| 6 | 5.1 | 2016.09.12 | 19:44:32 | 경북 경주시 인근 | 경주 지진의 전진 |
| 6 | 5.1 | 2014.04.01 | 04:48:35 | 충남 태안군 서격렬비도 인근 해역 | |
| 8 | 5.0 | 1978.10.07 | 20:33:03 | 충남 홍성군 인근 | 홍성 지진 |
| 8 | 5.0 | 2003.03.30 | 20:10:52 | 인천 백령도 인근 해역 | |
| 8 | 5.0 | 2016.07.05 | 18:19:52 | 울산 동구 인근 해역 | 울산해역 지진 |

※ 이외에 쌍계사 지진(1936.07.04)은 지진관측 이전에 발생한 지진으로 지진규모를 5.1로 추정하고 있음

* 출처: 행정안전부, 기상청 홈페이지(2018)

## 표 1.52 국내에서 발생한 지진의 피해 또는 영향사례

| 지진명 | 규모 | 피해내역 |
|---|---|---|
| 쌍계사 지진<br>(1936.07.04.) | 5.1 | • 인명피해: 사망 없음, 부상 4<br>• 시설피해: 건물파손 113동(전파 3, 반파 10 등)<br>※ 쌍계사 건물 등 문화재 파손 |
| 속리산 지진<br>(1978.09.16.) | 5.2 | • 인명피해: 사망/부상 없음<br>• 시설피해: 없음<br>※ 우리나라 전역에서 진동감지 |
| 홍성 지진<br>(1978.10.07.) | 5.0 | • 인명피해: 사망 없음, 부상 2<br>• 시설피해: 건물파손 100여 동, 건물균열 1,000여 동(3억 1백만 원)<br>※ 홍주성곽 붕괴, 일시정전, 전화불통 등 |
| 영월 지진<br>(1996.12.13.) | 4.5 | • 인명피해: 사망/부상 없음<br>• 시설피해: 건물균열 10여 동<br>※ 우리나라 전역에서 진동감지 |
| 울진앞바다 지진<br>(2004.05.29.) | 5.2 | • 인명피해: 사망/부상 없음<br>• 시설피해: 없음<br>※ 울진지역 진도Ⅴ로 건물 심하게 진동 |
| 후쿠오카 지진<br>(2005.03.20.) | 7.0 | • 인명피해: 사망/부상 없음<br>• 시설피해: 없음<br>※ 부산에서 엘리베이터 가동중지, 부산항 하역작업 30분간 중지 |
| 오대산 지진<br>(2007.01.20.) | 4.8 | • 인명피해: 사망/부상 없음<br>• 시설피해: 일부 노후 조적조 건물의 벽체균열 발생 |
| 울산해역 지진<br>(2016.07.05.) | 5.0 | • 인명피해: 사망/부상 없음<br>• 시설피해: 없음<br>※ 최대 진도 Ⅳ(울산, 부산, 포항)로 전국 대부분의 지역에서 진동감지 |
| 경주 지진<br>(2016.09.12.) | 5.8 | • 인명피해: 사망 없음, 부상 23<br>• 시설피해: 건물 5,664동(전파 8, 반파 46, 소파 5,610) 등 9,368개소<br>(110억 원→사유 43억 · 공공 67억 / 이재민 54세대 111명)<br>※ 최대진도 Ⅵ(경주, 대구)로 전국 대부분의 지역에서 진동감지 |
| 포항 지진<br>(2017.11.15.) | 5.4 | • 인명피해: 사망 1, 부상 134<br>• 시설피해: 건물 55,181동(전파 671, 반파 285, 소파 54,225) 등 57,039<br>개소 (551억 원→사유 294억 · 공공 257억 / 이재민 785세대 1,945명)<br>※ 최대진도 Ⅵ(포항)로 전국 대부분의 지역에서 진동감지 / 정전 1,057<br>세대, 화재 5건, 땅밀림 · 액상화 현상 등 발생 |

* 출처: 행정안전부, 기상청 홈페이지(2018)

## ✍ 국내 최대 규모의 지진: 2016.9.12. 경주지진(일명 9.12 지진)

- **발생개요:** 2016년 9월 12일 20시 32분경 경북 경주시 남남서쪽 8.7km, 지하 15km 지역에서 규모 5.8의 본진(mainshock)이 발생하였으며, 본진 발생 이전인 같은 날 19시 44분경 규모 5.1의 전진(foreshock)이 있었으며, 이후 규모 4.5(7일 후인 9월 19일 20시 33분)를 포함한 수백 차례의 여진(aftershock)이 발생하였다.

  역사기록(AD 64~932)에 의하면 한반도 동남권에서 발생한 지진은 일반적으로 경주 일대에 집중되었으며(75회), 이후 9.12 지진이 발생하기 이전까지 계기지진으로는 21회의 관측이 있었고 이 중 최대 규모는 1997년에 발생한 규모 4.2의 지진이었다.

- **피해상황:** 인명피해로 부상 23명, 이재민 54세대 111명, 재산피해로 110억(공공 67억, 사유 43억) 발생하여 2017년에 발생한 포항지진에 이어 역대 2번째로 많은 인명 및 재산피해가 발생하였다. 발생 깊이가 그간 발생했던 지진보다 상대적으로 깊었으며, 지속시간은 상대적으로 짧아(5~7초) 다행히 지진규모에 비해 피해정도는 상대적으로 적었다는 평가이다.

- **이후조치:** 실제 지진상황에 대응하면서 홈페이지 접속장애, 핸드폰 통신장애 등 그간 정부의 지진대책에 대한 많은 문제점이 확인되었고, 이후 정부는 기존 지진방재 정책을 원점에서 재점검하고 실질적 대응체계를 구축하기 위해 '지진방재 종합대책'을 수립하여 추진하고 있다.

## ✍ 국내 최대 피해의 지진 + 최초의 촉발 지진: 2017.11.15. 포항지진

- **발생개요:** 2017년 11월 15일 14시 29분경 경북 포항시 북구 북쪽 7.5km, 지하 7km 지역에서 규모 5.4의 본진(mainshock) 발생하였다. 이는 계기지진 관측 이래 2016년 경주지진에 이어 두 번째로 큰 지진이었으며, 경주지진에 비해 상대적으로 얕은 곳에서 일어났다.

  본진 발생 이전인 같은 날 02시 22분경 규모 2.6의 전진(foreshock)이 있었으며, 이후 규모 4.6(3개월 후인 2018년 2월 11일 05시 03분)을 포함한 6백여 차례의 여진(aftershock)이 발생하였다. 특히, 포항지진은 일반적인 자연지진과는 달리 인근에 지열발전소를 건설하는 과정에서 지하 깊숙이 주입한 물이 단층대를 자극해 발생한 '촉발지진'임이 밝혀졌다.

- **피해상황:** 인명피해로 사망 1명, 부상 134명, 이재민 785세대 1,945명, 재산피해로 551억(공공 67억, 사유 43억)이 발생하여 비록 국내 최대 규모의 지진인 경주지진에 비해 지진 자체의 규모는 작았지만 지진이 얕은 곳에서 발생하여 인명 및 재산 등 피

해 규모는 역대 최대였다.

건물피해만 전파 671동, 반파 285동, 소파 54,225동의 총 55,181동에 달했으며 특히, 학교시설의 취약성이 확인되었을 뿐만 아니라 그동안 우리나라에서 발견되지 않았던 액상화 현상과 땅밀림 피해도 발생하였다.

• 이후조치: 2016년 경주지진 이후에 그간 정부에서 많은 지진대책을 추진하여 왔으나, 지속적인 여진이 발생하는 상황에서 다수의 이재민에 대한 주거불안이 문제로 제기되었다. 또한, 지열발전소 건설이 일으킨 '촉발지진'이라는 것이 밝혀지면서 피해자 등에 대한 피해구제 등을 위한「포항지진의 진상조사 및 피해구제 등을 위한 특별법」이 2019년 12월 31일 제정되었다.

**표 1.53 경주지진과 포항지진의 특성 비교**

| | 경주지진 | 포항지진 |
|---|---|---|
| 규    모 | 5.8 | 5.4 |
| 최대진도 | VI(경북) | VI(경북) |
| 진    앙 | 경주 남남서 8.7km | 포항 북구 북쪽 7.5km |
| 깊    이 | 15km | 7km |
| 여    진 | 180회 | 100회 |
| 지 진 파 | 고주파(5~10Hz) | 저주파(0.1~5Hz) |
| 단층운동 | 주향이동단층(수평이동) | 역단층성 주향이동단층<br>(수직+수평이동) |

✎ 북한 핵실험으로 인한 지진

우리나라와 인접한 북한에서는 과거 6차례 북실험을 강행한 바 있다. 그렇다면, 북한의 핵실험 여부는 어떻게 확인할 수 있을까? 핵실험으로 폭발이 발생하면 인공지진이 발생한다(2006.10.09 규모 3.9, 2009.05.25 규모 4.5, 2013.02.12 규모 4.9, 2016.01.06 규모 4.8, 2016.09.09 규모 5.0, 2017.09.03 규모 5.7). 즉, 우리나라에서는 지진파 관측을 통해 핵실험 여부를 실시간으로 확인하게 된다.

자연지진이나 인공지진은 모두 땅이 흔들리며 나타나는 점은 같지만 몇 가지 뚜렷한 차이가 있다. 기상청에서는 이러한 특성을 확인하여 인공지진과 자연지진을 구분한다.

지진이 발생하면 P파와 S파가 생기는데, P파가 먼저 도달하고 이후 S파가 도착한다. 그림 1.14에서 보이는 바와 같이 자연지진은 P파의 진폭이 확인된 이후에 이보다 오히려 크거나 비슷한 진폭의 S파가 도달한다. 하지만 인공지진은 먼저, 확연하게 큰 P파 진폭이 일단 관측되면, 이후 S파 진폭은 거의 확인되지 않는 단순한 파형이 나타난다.

아울러, 자연지진에 비해 인공지진은 에너지 방출시간이 매우 짧다. 이로 인해 에너지 방출시간이 긴 자연지진의 파형은 상대적으로 복잡한 형태이다. 다만, 인공지진의 파형은 지진파의 파형은 P파 이후에 매우 단순하다. 또한, 자연지진은 단층이 뒤틀리면서 생기므로 진원의 방향성이 뚜렷하나 인공지진은 폭발의 압력으로 사방으로 퍼지므로 방향성이 적다는 것도 다른 점이다.

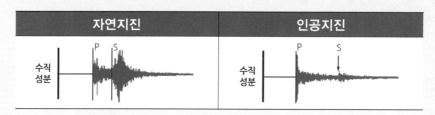

그림 1.14 자연지진과 인공지진의 파형비교(기상청, 2023)

또한, 폭발로 인한 인공지진에 대해서는 공중에서 상대적으로 큰 음파가 관측되지만 자연지진은 일반적으로 음파가 거의 관측되지 않는다. 이러한 이유로 우리나라의 경우, 북한과의 접경지역에 다수의 공중음파 관측소를 운영하고 있다.

\* 출처: 기상청 (2023) 등 문서자료

## (2) 재난대응 및 대책

지진에 대한 재난관리 주관기관은 행정안전부이다. 행정안전부는 관계법령인 「지진·화산재해대책법」, 「지진·지진해일·화산의 관측 및 경보에 관한 법률」 등에 따라 지진으로 인한 재난을 관장하며, 이를 위해 「지진 위기관리 표준매뉴얼」 등을 운용하고 있다.

### ■ 예경·보체계: 지진조기경보, 지진속보, 지진정보, 중앙재난안전대책본부 비상단계

그동안 지진에 대한 많은 연구가 수행되어 왔지만 아직까지 지진발생을 예측하기는 어렵다. 또한, 이론적으로는 지진에서 발생하는 P파와 S파의 도달시간 차이를 통해서 피해를 일으키는 S파의 도달을 사전에 조기경보할 수 있다고 하지만, 이러한 기술은 아직 실용화되지 않았다. 따라서 예·경보체계는 일단 지진이 발생한 후에 발생정보를 얼마나 신속하게, 얼마나 정확하게 전달하느냐에 따라 지진조기경보, 지진속보, 지진정보로 구분된다.

- **지진조기경보**: 국내에서 발생한 규모 5.0 이상의 지진에 대해서는 사람이 관여하지 않고 자동으로 분석된 추정된 정보를 국민들에게 최대한 빠르게 전달한다 (5~30초 내). 발생시각, 추정위치, 추정규모, 예상진도의 내용을 포함하고 있다.

- **지진속보**: 국내에서 발생한 지역 규모 3.5 이상, 해역 규모 4.0 이상의 지진에 대해서도 사람이 관여하지 않고 자동으로 분석된 추정된 정보를 관계기관에 최대한 빠르게 전달한다(1분 내). 발생시각, 추정위치, 추정규모, 예상진도의 내용을 포함하고 있다.

- **지진정보**: 국내에서 발생한 지역 규모 2.0 이상의 지진에 대해서는 사람들에 의해 수동으로 분석된 정확한 정보를 가능한 빠르게 국민들에게 전달한다(5분 내). 발생시각, 발생위치, 지진규모, 계기진도 외에도 발생깊이 등의 내용을 포함하고 있다.

---

### ✎ 사실과 거짓: 지진발생을 예측할 수 있다는 지진운

대형 지진이 발생할 때마다 언론에 자주 회자되는 것 중 하나가 지진운이다. 지진이 발생하기 전에 전조로서 하늘에 독특한 형태의 구름이 만들어지는데 이를 통해 지진의 발생을 예측할 수 있다는 것이다.

지진의 전조로서의 지진운은 과연 사실일까? 지진운에 대해서는 사실 전문가들마다 시각이 다르다. 지진운은 이론적으로 설명이 되는 과학적 현상이라는 주장부터 지진운은 관측에 일관성이 없어 지진과 연관된 현상이라고 단정지을 수 없다는 주장까지 다양하다.

먼저 지진운에 대한 이론적 배경에는 지진이 발생하는 단층대의 전하의 정렬현상이다. 평소 단층대에는 양전하와 음전하가 같이 섞여 있다. 하지만 이러한 단층대에 힘이 누적되면 어느 한 면에는 양전하, 다른 면에는 음전하가 정렬되게 되고 이에 따라 구름을 비롯한 대기 중의 전하도 정렬되는 현상이 일어난다는 것이다. 그리고 이렇게 단층대에 힘이 누적되어 전하의 정렬이 일어나는 직후에 단층대의 변동이 발생하며 지진이 일어난다는 것이다.

하지만 이러한 이론적인 설명에도 불구하고 과학계에서는 지진운의 신뢰성에 의문을 제기하고 있는 실정이다. 지진이 발생할 때마다 지진운이 관측되는 것도 아니고 지진이 발생하지 않아도 지진운과 비슷한 구름이 관측되는 경우가 빈번하기 때문이다. 즉, 아직까지 현재의 과학기술로 지진 발생을 예측하기는 어렵다.

* 출처: 오원석 (2021년 12월 14일). 제주 지진 전조? 20분전 뜬 지진운에 발칵 … 전문가 의견은. 중앙일보 http//www.joongang.co.kr/article/25032243#home

지진이 발생하면 신속하게 범정부적 대응조치가 필요하다. 이를 위해 지진에 대해서는「중앙재난안전대책본부 구성 및 운영 등에 관한 규정」에 따라 중앙재난안전대책본부의 비상단계를 가동할 수 있는 기준이 지진규모, 예상 또는 발생한 피해의 심각성으로 규정되어 있다. 지진에 대한 재난관리 주관기관인 행정안전부는 이러한 가동기준에 따라 중앙재난안전대책본부를 비상단계별로 가동하여 운영하게 된다. 지진에 대한 관심, 경계, 주의, 심각단계의 재난위기경보는 이러한 중앙재난안전대책본부 비상단계와 연계되어 발표된다.

표 1.54 지진에 대한 중앙재난안전대책본부 비상단계

| 비상단계 | 판단기준 |
| --- | --- |
| 중앙재난안전대책본부 비상1단계 | • 우리나라 내륙에서 규모 4.0~4.9의 지진이 발생한 경우<br>• 국내외에서 발생한 지진으로 우리나라에서 최대 진도 Ⅴ 이상이 발생한 경우[26] |
| 중앙재난안전대책본부 비상2단계 | • 우리나라 내륙에서 규모 5.0 이상의 지진이 발생한 경우<br>• 국내외에서 발생한 지진으로 우리나라에서 최대 진도 Ⅵ 이상이 발생한 경우 |
| 중앙재난안전대책본부 비상3단계 | • 우리나라 내륙에서 규모 5.0 이상의 지진이 발생하여 대규모 피해가 발생하거나 발생할 가능성이 있는 경우<br>• 국내외에서 발생한 지진으로 우리나라에서 최대 진도 Ⅵ 이상이 발생하여 대규모 피해가 발생할 가능성이 있거나 발생한 경우 |

---

26) 과거에는 지진의 규모만을 기준으로 해역에서 발생하는 지진에 대해서는 지역에서 발생한 지진의 규모에 0.5를 더한 값을 기준으로 삼았다. 하지만 해역에서 발생하는 지진의 경우에는 육지와의 거리에 따라 영향의 정도가 크고 관측기술의 발달로 인해 기상청에서 추정 또는 계기진도를 신속하게 계산해냄에 따라 최근에는 해역에서 발생한 지진의 경우에는 육지에서 느껴지는 지진의 진도를 기준으로 삼고 있다.

## ■ 지진에 강한 시설물 짓기: 내진, 면진 및 제진

일반적으로 지진이 발생할 경우에 건물 등 시설물이 지진에 견딜 수 있도록 설계를 한다. 이렇게 어떤 시설물이 지진에 견딜 수 있도록 하는 방법을 일반적으로 내진설계라고 하는데, 세부적으로 내진, 면진, 제진, 이렇게 세 가지로 구분된다.

- 내진(耐震): 지진으로 건물에 균열이 발생하거나 붕괴되지 않도록 건물 자체를 튼튼하게 짓는 방법이다. 굵은 철근을 넣고 벽·바닥을 두껍게 하는 방법부터, 건물 기둥들을 연결하여 좌우로 흔들리는 진동을 막는 방법, 건물 벽면에 'X'자 모양의 보강재를 반복적으로 설치해 하중을 분산시키는 방법 등이 있다.
- 면진(免震): 흔들리는 지면 위에서 스케이트 보드를 타면 지면만 움직일 뿐 사람에게 전달되는 진동은 거의 없는 것처럼 건물과 지반 사이에 고무 패드 같은 유연한 장치를 삽입해서 실제 지진이 발생할 때 건물과 지반의 움직임을 분리시켜 건물에 전달되는 진동을 완화하는 방법이다. 건설 비용이 많이 들어 연약 지반 등 특수상황에서만 주로 사용한다.
- 제진(制震): 건물 고층부에 '추' 모양의 장치를 매달면 진동의 반대 방향으로 움직이게 되는데, 이렇게 건물에 들어오는 진동에 대해 반대 방향으로 힘을 줘서 진동 자체를 상쇄시키는 방법이다. 최근에는 아예 컴퓨터 등으로 진동을 분석해서 능동적으로 제어하는 방법 등이 사용되고 있다.

신축 시설물의 경우에는 이렇게 내진설계를 하여, 지진에 견딜 수 있는 강도를 갖추게 하지만 기존 시설물의 상당수는 내진설계가 되어 있지 않다. 이 경우에는 내진보강을 할 수 있는 공법이 개발되어 있는데, 내진설계가 시설물 인허가의 요건이기 때문에 의무사항인 반면에 내진보강은 선택사항이기 때문에 건축주들로부터 외면받고 있다. 정부에서는 내진보강의 활성화를 위하여 각종 세제혜택 등을 부여하여 독려하고 있으나 아직까지 시행은 제한적이다.

## ■ 지진발생시 행동요령

지진이 발생하여 진동이 느껴지면 가장 먼저 해야 할 일은 튼튼한 탁자 아래로 들어가 떨어지는 물건으로부터 몸을 보호하는 것이다. 이후 진동이 멈추면 전기와 가스 등을 차단하고 문을 모두 열어 나갈 수 있는 출구를 확보해야 한다. 이는 화재나 폭발 등을 예방하고 건물이 뒤틀려 문이 고장나는 것을 대비하는 조치이다(행정안전부, 2021).

그리고 추가로 지진이 발생할 수 있으므로 완전히 진동이 멈추는 것을 확인하고 신속하게 운동장이나 공원 등 넓은 공간으로 대피해야 한다. 이때 엘리베이터가 아닌 계단을 이용해야 하며, 건물 밖에서 떨어지는 물체 등에 대비하여 가방 등으로 머리를 보호하고 건물과 거리를 두고 주위를 살피며 대비해야 한다(행정안전부, 2021).

만약 엘리베이터에 있으면 모든 층의 버튼을 눌러 가장 먼저 열리는 층에서 내린 후에 계단을 이용해야 한다. 운전을 하고 있을 때는 비상등을 켜고 서서히 속도를 줄여 도로 오른쪽에 차를 세우고 키를 꽂아 두고 대피하여야 한다. 산이나 바다에 있을 때는 산사태나 지진해일에 대비하여 안전한 곳으로 대피하여야 한다(행정안전부, 2021).

## 3.2 지진해일

### (1) 재난발생 및 특성

#### ■ 지진해일의 발생

해저에서 지진이 발생하게 되면, 바다 밑바닥이 솟아오르거나 가라앉으면서 바닷물도 갑자기 상승 또는 하강하게 된다. 이러한 충격이 해수에 전달되면서 해수는 파장이 긴 장파 형태의 해일을 발생시키게 되는데, 이를 지진해일이라고 한다. 상대적으로 발생 가능성은 낮지만 화산폭발 또는 산사태 등으로 발생하기도 한다. 많은 사람들에게 '쓰나미(Tsunami)'라는 일본식 명칭으로 더 알려져 있는데, 해안(津, 진)을 뜻하는 일본어 '쓰(tsu)'와 파도(波; 파)의 '나미(nami)'가 합쳐진 '해안의 파도'를 의미한다.

하지만 모든 해저지진이 지진해일을 일으키는 것은 아니다. 지진해일이 발생하기 위해서는 최소 3가지의 조건[27]들이 필요하다고 이상적으로 언급되고 있다. 첫째, 발생한 지진이 충분한 에너지를 가져야 한다. 작은 지진은 주변으로 전파할 수 있는 파동을 일으킬 수 없는데, 이상적으로 지진 규모가 7.0 이상은 되어야 하는 것으로 보고 있다. 둘째, 지진 에너지를 전달하기 위해서는 근처에 충분한 해수가 있어야 한다. 지진해일도 풍랑이나 너울처럼 일종의 파동인데 수심이 깊어야만 전파속도가 빠른 충분한 에너지를 전파할 수 있다. 이상적으로 수심 1.0km 이상이어야 하는 것으로 보고 있다. 마지막으로 발생한 지진이 해수를 상하로 전달하는 진동을 일으켜야 한다. 지진을 일으키는 단층은 상하 수직으로 이동하는 정단층 또는 역단층과 좌우

---

27) 학자에 따라 수치 등에는 차이가 있다.

수평으로 이동으로 주향이동단층으로 구분되는데, 수평으로 이동하는 주향이동단층은 지진해일을 일으키기 위한 파동을 만들어낼 수 없다.

하지만 각 조건들은 독립적인 것이라기보다는 서로 상관관계가 있다. 예를 들어 지진 규모가 이보다 큰 경우에는 수심이 더 낮더라도 지진해일이 발생할 수 있다. 반대로 수심이 이보다 더 깊으면 지진 규모가 더 작더라도 지진해일이 발생할 수 있다. 따라서 우리나라의 경우에는 수심이 낮은 서해보다는 수심이 깊은 동해에서 비록 낮은 규모의 지진이 발생하더라도 지진해일이 발생할 가능성이 높다. 기상청 분석에 따르면 수심이 깊은 동해안은 규모 6.6 이상의 지진이 발생하면 0.5m 높이의 지진해일이 발생할 것으로 예측되나, 수심이 낮은 서해안은 그보다 큰 규모 7.2 이상의 지진이 발생해야 0.5m 높이의 지진해일이 발생할 수 있다.

하지만 동해를 포함하여 한반도 주변 해역은 지진해일을 일으킬 만한 지진의 발생 가능성이 비교적 낮은 것으로 평가되며, 아직 직접적으로 우리나라 주변해역에서 지진해일이 발생하여 영향 또는 피해를 미친 사례는 기록된 바 없다. 오히려 동쪽 끝인 일본열도 서쪽 해역은 대규모 지진발생 가능성이 높은 지역으로 표 1.55와 같이 실제 이곳에서 발생한 지진해일이 우리나라 동해안에 전파되어 발생한 사례가 보고된 바 있다. 일반적으로 태평양에서 발생한 지진해일은 일본열도가 방파제 역할을 하여 우리나라로 전달되지 않는다.

표 1.55 실제 우리나라에 피해를 입힌 지진해일

| | | 동해 중부지진(1983.5.26) | 북해도 남서외해지진(1993.7.12) |
|---|---|---|---|
| 발생지진 | 진원시 | 1983.5.26 11:59 | 1993.7.12 22:17 |
| | 규 모 | 7.7 | 7.8 |
| | 진 앙 | 일본 혼슈 아키다현 서쪽 근해 | 일본 홋카이도 오쿠시리섬 북서쪽 근해 |
| 지진해일 | 제1파 도착시각 | − 울릉도: 13시 17분<br>− 묵  호: 13시 35분<br>− 속  초: 13시 43분<br>− 포  항: 13시 52분 | − 울릉도: 23시 47분<br>− 속  초: 00시 00분<br>− 동  해: 00시 09분<br>− 포  항: 01시 18분 |
| | 최대파고(cm) | − 울릉도: 126cm<br>− 묵  호: 200cm 이상<br>− 속  초: 156cm<br>− 포  항:  62cm | − 울릉도: 119cm<br>− 묵  호: 203cm<br>− 속  초: 276cm<br>− 포  항:  92cm |
| | 평균주기(분) | 8∼12분 | 8∼10분 |
| | 지속시간(시) | 3∼5시간 | 2∼4시간 |
| | 피해사항 | − 인명피해: 시망 1, 실종 2,<br>  부상 2<br>− 재산피해: 3억 7천만 원<br>  (선박 81척, 시설 100여 건 등) | − 인명피해: 없음*<br>− 재산피해: 3억 9천만 원<br>  (선박 35척, 어망·어구 3,000여 통 등) |

* 기상청의 지진해일 특보발표 등으로 인명피해 등이 최소화될 수 있었음

* 출처: 기상청 홈페이지(2017)

■ 지진해일의 특성

  지진해일은 수심이 깊은 먼바다에서는 해수면으로부터 수 cm 이하이며, 비행기 속도와 유사한 시속 800km 이상을 이동한다. 따라서 먼바다에서는 지진해일 위를 지나는 배조차 느끼지 못하는 경우가 많으며 심지어는 물속에서 작업하는 잠수부조차 피해를 입지 않는다. 하지만 육지로 오면서 수심이 얕아지면 파도가 급격하게 높아지면서 속도는 50km 내외로 느려진다. 이는 파장의 전달속도는 해수의 깊이에 따라 빨라지는데, 육지로 다가올수록 앞쪽은 진행이 느려지고 뒤쪽은 빨라지면서 그 사이에서 파장 에너지가 응축되고 높은 파고로 바뀌기 때문이다.

  이렇게 속도가 느려지고 파고가 높아진 지진해일은 매우 파괴적일 뿐만 아니라

특히, 앞바다와 해안선의 모양 등에 따라 더 증폭되기도 한다. 항만이나 항구, 갯벌이 깔때기 모양을 하고 있으면 파괴력은 증폭되며, 같은 맥락에서 암초 사이에 인접한 마을에는 더 큰 피해가 발생한다.[28]

대개 이러한 지진해일이 해안에 접근하면 상승된 수면으로 인해 처음에는 썰물처럼 물이 빠지는 것으로 시작된다. 이는 가장 낮은 조류일 때보다도 훨씬 더 넓게 해안이 드러난다. 하지만 이렇게 바닷물이 빠져나간 후에는 수차례에 걸쳐 해일파가 내습하기도 한다. 이때 첫 번째 파보다 이후 나타나는 파의 크기가 더 큰 경우도 있으므로 첫 번째 파가 지나간 후에 안심하다고 생각하면 안 된다. 이러한 과정에서 일부 사례에서는 썰물처럼 빠진 해안가에 물고기 등을 잡으려다 이후 밀려든 해일에 희생되는 사례가 발생하기도 한다.

지진해일에 의한 피해는 해안지역이 침수 또는 범람하는 등의 직접적인 피해뿐만 아니라 직접 피해에 따른 2차 또는 연계피해로서 유해화학물질 등이 유출되고, 사회기반시설이 마비되면서 관련 서비스 제공이 중단되게 된다.

표 1.55에서 보이는 것처럼 그간 발생사례 및 분석결과에 따르면 우리나라의 경우 일본 서해안 해역에서 대형 지진이 발생하면 1~2시간 후에 동해안에 지진해일이 도달할 가능성이 있고 파고는 3~4m 정도일 것으로 보인다.


## (2) 재난대응 및 대책

지진해일에 대한 재난관리주관기관은 행정안전부이며, 관계법령인 「지진·화산재해대책법」, 「지진·지진해일·화산의 관측 및 경보에 관한 법률」 등에 따라 지진해일로 인한 재난을 관장하며, 이를 위해 「지진해일 위기관리 표준매뉴얼」 등을 운용하고 있다.


### ■ 지진해일특보 및 재난위기경보

지진해일이 발생하여 영향을 미치는 지역에 대해서는 주의보와 경보 형태의 지진해일특보가 기상청에 의해 발표된다. 이외에 지진해일특보 기준에는 미치지 못하나 우리나라에 영향이 예상되는 경우 또는 지진해일특보 발표 이후 주요지점에 대한 예측 및 실측정보 등 추가정보를 알릴 필요가 있을 경우에는 지진해일정보가 발

---

28) 지진해일이 해안에 도달해서 부딪치면 직전보다 더 높아지게 된다. 이렇게 해안에 도달할 때 해수면 높이와 최대 파도 높이와의 수직거리를 차오름(run-up)이라고 한다.

표된다. 또한, 재난관리주관기관인 행정안전부에서는 지진해일특보에 기반하여 국가적 대응경보로 재난위기경보를 발령하게 된다.

표 1.56 지진해일특보 발표기준

| 구 분 | 기 준 |
|---|---|
| 지진해일주의보 | 한반도 주변해역(21N~45N, 110E~145E) 등에서 규모 6.0 이상의 해저 지진이 발생하여 우리나라 해안가에 해일파고 0.5~1.0m 미만의 지진해일 내습이 예상될 때 |
| 지진해일경보 | 한반도 주변해역(21N~45N, 110E~145E) 등에서 규모 6.0 이상의 해저 지진이 발생하여 우리나라 해안가에 해일파고 1.0m 이상의 지진해일 내습이 예상될 때 |

지진해일이 발생하면 신속하게 범정부적 대응조치가 필요하다. 이를 위해 지진에 대해서는 「중앙재난안전대책본부 구성 및 운영 등에 관한 규정」에 따라 중앙재난안전대책본부의 비상단계를 가동할 수 있는 기준이 지진해일특보, 예상 또는 발생한 피해의 심각성으로 규정되어 있다. 지진해일에 대한 재난관리 주관기관인 행정안전부는 이러한 가동기준에 따라 중앙재난안전대책본부를 비상단계별로 가동하여 운영하게 된다. 지진해일에 대한 관심, 경계, 주의, 심각단계의 재난위기경보는 이러한 중앙재난안전대책본부 비상단계와 연계되어 발표된다.

표 1.57 지진해일에 대한 중앙재난안전대책본부 비상단계

| 비상단계 | 판단기준 |
|---|---|
| 중앙재난안전대책본부 비상1단계 | • 지진해일주의보가 발표된 경우 |
| 중앙재난안전대책본부 비상2단계 | • 지진해일주의보가 발표되고, 인명피해가 발생할 가능성이 있거나 발생한 경우<br>• 지진해일경보가 발표된 경우 |
| 중앙재난안전대책본부 비상3단계 | • 지진해일경보가 발표되고 대규모 피해가 발생할 가능성이 있거나 발생한 경우 |

■ 지진해일 발생시 대피요령

지진해일은 매우 많은 양의 바닷물이 한꺼번에 몰려 들어오기 때문에, 튼튼한 방벽이 설치되어 있지 않은 이상 지진해일 자체를 막아내기는 어렵다. 이뿐만 아니

라 접근속도가 사람의 달리기 속도보다 훨씬 빠르다. 따라서 지진발생으로 인한 진동을 느끼거나 지질해일 특보를 발표하면 고지대로 신속하게 이동해야 한다. 정부에서는 동해안 등 지진해일 발생위험이 있는 지역에 대해 지진해일 대피장소, 대피경로 등을 미리 지정하고 게시판을 통해 안내하고 있다.

많은 경우 혼동하고 있는 사례 중 하나로서 선박에 있을 때의 행동요령이다. 일반적으로 수심이 깊은 곳에 있으면 선박에 있는 것이 더 안전하다. 따라서 먼바다에 있을 때는 항구로 돌아와서는 안 된다. 또한, 정박하고 있을 때에도 지진해일 도착시간에 여유가 있다면 신속하게 출항하는 것이 좋다. 하지만 지진해일이 곧 도착한다면 배를 부두에 둔 채 신속하게 높은 곳으로 이동해야 한다.

## 3.3 화산폭발

### (1) 재난발생 및 특성

#### ■ 화산폭발의 발생

지하 깊은 곳에서 생성된 마그마가 지각의 틈을 통하여 지표 밖으로 분출하는 현상을 화산 분화라고 한다. 그런데 지하 깊은 곳의 마그마에는 원래 강한 압력이 작용하여 다양한 휘발성 가스가 용해되어 있다. 이러한 마그마가 지표 밖으로 분출하면서 압력이 낮아지면 그 안에 녹아 있던 휘발성 가스들이 빠져나오면서 폭발하게 된다. 바로 이것이 재난을 일으키는 화산폭발이다.

#### ■ 화산폭발의 피해

화산폭발은 화산 지진을 일으켜서 지진 재해를 일으킬 수도 있지만, 일반적으로는 화산폭발시 발생하는 가스, 용암, 암편 등 분출물로 인한 피해가 주를 이룬다. 화산 가스는 일반적으로 수증기가 주성분이지만, 이산화탄소($CO_2$) · 일산화탄소($CO$) · 이산화황($SO_2$) · 황화수소($H_2S$) 등도 포함되어 있어서 그 자체가 맹독성 또는 질식성을 가지기도 한다.

다음으로 마그마에서 지표로 분출된 후 화산가스가 빠져나온 상태의 물질을 용암이라고 한다. 용암은 액체상태로 흐르게 되는데, 이러한 용암류는 일반적으로 흐름속도가 낮아 인명피해보다는 시설물, 농작물 등의 손상으로 이어진다.

또한, 화산이 폭발할 때 용암은 액체상태뿐만 아니라 크고 작은 파편으로 분출되며, 이와 함께 당초 화산의 기반을 이루던 암편(岩片)도 함께 분출된다. 이를 화산쇄설물이라고 한다. 화산쇄설물은 일반적으로 입자크기에 따라 분류하는데, 그중 지름 32mm 이상인 것을 화산괴(火山塊), 지름 4~32mm인 것을 화산력(火山礫), 4mm 이하인 것들은 화산재(火山灰), 특히 이 중 0.25mm 이하인 미세한 가루를 화산진(火山塵)이라 한다. 이러한 화산쇄설물은 화산의 사면을 따라 흘러내리는 경우가 있는데, 이를 화산쇄설류라고 한다. 화산쇄설류는 일반적으로 용암류보다 매우 빨라 많은 시설물, 농작물 등의 피해뿐만 아니라 직접적으로 많은 인명피해를 일으키기도 한다.

특히, 화산재는 화산가스 폭발로 인해 하늘 높이 솟았다가 떨어지기도 하는데, 이러한 화산재로 인해 농작물 피해, 지표수 오염 등이 발생하고 시설물 붕괴까지 발생하기도 한다. 또한, 대기 중에 떠다니는 화산재는 호흡기 장애와 눈 따가움 등을 일으키기도 하고 높은 대기에 부유하고 있는 화산재는 비행기 엔진을 손상시켜 항공교통에 장애[29])를 초래하기도 한다. 드물기는 하지만 화산재가 성층권까지 올라가면 기후이변을 일으키기도 한다.

마지막으로, 2차적 재해로 화산재 등이 빗물과 함께 흐르거나 하천에 흘러 들어가면 점성이 낮아지면서 빠른 속도로 흘러내리는 화산이류(泥流)가 발생할 수 있다. 그 밖에 화산폭발은 화산성 홍수, 산사태, 눈사태, 해일 등을 야기하기도 한다.

### ■ 화산폭발지수

화산폭발 크기를 상대적으로 정량화하기 위해 <u>화산폭발지수</u>(Volcanic Explosivity Index; VEI)가 이용된다. 이는 1982년 미국 지질연구소(United States Geological Survey)의 크리스토퍼 뉴홀(Chris Newhall)과 하와이 대학(University of Hawaii)의 스테판 셀프(Stephen Self)가 제안하였다. 역사상 가장 규모가 컸던 화산폭발에 '8'을 부여하고, 분출량 및 화산재 분출높이 등에 따라 'gentle'부터 'mega-colossal'까지 8단계로 구분하고 있다. 참고로 VEI 8에 해당하는 화산폭발에는 약 26,500년 전 뉴질랜드의 Taupo 화산폭발이 있었으며, 최근 1만 년 이내에는 발생사례가 없다.

---

29) 국제민간항공기구(International Civil Aviation Organisation; ICAO)에서 전 세계 9개의 기상청 등을 화산재예보센터(Volcanic Ash Advisory Center; VAAC)로 지정하여 운영 중이다. 우리나라는 일본 기상청이 관할하는 도쿄 VAAC 지역에 위치하고 있다.

표 1.58 화산폭발지수별 대표사례

| VEI | 분출량* | 관측특징 | 화산재 분출높이(km) | 발생 빈도 | 최근 1만년내 발생건수 | 대표사례 |
|---|---|---|---|---|---|---|
| 0 | < 0.00001km³ | 비폭발적 (non-explosive) | < 0.1 | 항상 | many | Mauna Loa (미국 하와이, 2004년) |
| 1 | > 0.00001km³ | 소규모 (gentle) | 0.1~1 | 매일 | many | Nyiragongo (콩고, 2002년) |
| 2 | > 0.001km³ | 중간규모 (explosive) | 1~5 | 주 1회 | 3,477 | Mount Usu (일본 홋카이도, 2000~2001년) |
| 3 | > 0.01km³ | 대규모 (severe) | 3~15 | 년 1회 | 868 | Mount Etna (이탈리아, 2002~2003년) |
| 4 | > 0.1km³ | 매우 대규모 (cataclysmic) | 10~25 | ≥10년 | 421 | Mount Okmok (미국 알래스카, 2008년) |
| 5 | > 1km³ | 초대규모 (paroxysmal) | > 25 | ≥50년 | 166 | Mount Vesuvius** (이탈리아, 1979년) |
| 6 | > 10km³ | 파국적 (colossal) | > 25 | ≥100년 | 51 | 백두산*** (대한민국, 969±20년) |
| 7 | > 100km³ | 매우 파국적 (super-colossal) | > 25 | ≥1,000년 | 5 | Mount Tambora (인도네시아, 1815년) |
| 8 | > 1,000㎦ | 초파국적 (mega-colossal) | > 25 | ≥10,000년 | 0 | Taupo (뉴질랜드, 26,500년 전) |

\* VEI 단계별로 화산쇄설물의 양은 10배 차이(단, VEI 1 → 2는 100배 차이)다.

\*\* 폼베이 멸망의 원인이었다고 추정되고 있다.

## (2) 재난대응 및 대책

화산에 대한 재난관리주관기관은 행정안전부이며, 관계법령인 「지진·화산재해대책법」, 「지진·지진해일·화산의 관측 및 경보에 관한 법률」 등에 따라 화산으로 인한 재난을 관장하며, 이를 위해 「화산 위기관리 표준매뉴얼」 등을 운용하고 있다.

### ■ 화산재특보 및 중앙재난안전대책본부 비상단계

화산 분화로 국내에 영향 가능성이 예상되거나 국내 영향이 없더라도 사회적 관심이 집중될 것으로 예상되는 경우, 기상청에서는 화산정보를 발표하고 표 1.59와 같이 화산재로 피해가 예상되는 경우에는 주의보와 경보 형태의 화산재특보를 발표한다.

표 1.59 화산재특보 발표기준

| 구 분 | 기 준 |
|---|---|
| 화산재주의보 | 우리나라에 화산재로 인한 피해가 예상되는 경우 |
| 화산재경보 | 우리나라에 화산재로 인한 심각한 피해가 예상되는 경우 |

### ✍ 화산 분화 경계 레벨(일본 기상청)

우리나라에는 화산재에 대한 특보기준만 있지만, 일본 기상청에서는 일본 내 모든 화산에 대해 분화 경계 레벨을 부여하여 그 위험성을 알리고 있다. 이러한 화산 분화 경계 레벨은 총 5개의 레벨로 구성되어 있는데, 다음과 같이 분화에 따른 출입통제 또는 주민대피 등의 판단기준으로 활용된다.

• 레벨 1(활화산에 대한 주의환기): [거주자] 평상시의 생활, [입산자] 필요한 경우에 한해 상황에 따라 사람들의 분화구 주변으로 출입 통제 등 실시
• 레벨 2(분화구 출입 규제): [거주자] 평상시의 생활, [입산자] 원칙적으로 모든 사람들의 분화구 주변으로의 출입 통제 등 실시
• 레벨 3(입산 규제): [거주자] 평상시의 생활, 필요한 경우 상황에 따라 고령자 등 사회적 약자의 대피준비, [입산자] 등산금지 및 입산규제 등 위험지역에 대한 출입통제 등
• 레벨 4(고령자 등 대피): [거주자] 경계지역의 고령자 등 사회적 약자 대피 실시, 그 밖의 주민들은 대피 준비
• 레벨 5(주민 대피): [거주자] 위험지역의 주민 대피 실시

화산이 폭발하면 신속하게 범정부적 대응조치가 필요하다. 이를 위해 화산재에 대해서는 「중앙재난안전대책본부 구성 및 운영 등에 관한 규정」에 따라 중앙재난안전대책본부의 비상단계를 가동할 수 있는 기준이 화산재특보, 예상 또는 발생한 피해의 심각성으로 규정되어 있다. 화산폭발에 대한 재난관리 주관기관인 행정안전부는 이러한 가동기준에 따라 중앙재난안전대책본부를 비상단계별로 가동하여 운영하게 된다. 화산에 대한 관심, 경계, 주의, 심각단계의 재난위기경보는 이러한 중앙재난안전대책본부 비상단계와 연계되어 발표된다.

표 1.60 화산재에 대한 중앙재난안전대책본부 비상단계

| 비상단계 | 판단기준 |
|---|---|
| 중앙재난안전대책본부<br>비상1단계 | • 화산재주의보가 발표된 경우 |
| 중앙재난안전대책본부<br>비상2단계 | • 화산재경보가 발표되고, 화산분출물로 인한 대규모 피해발생 가능성이 높은 경우 |
| 중앙재난안전대책본부<br>비상3단계 | • 화산재경보가 발표되고, 화산분출물로 인한 대규모 피해발생 가능성이 확실한 경우 |

■ 화산재경보센터

화산재 발생에 가장 민감한 분야는 항공분야이다. 화산재로 인해 항공기에 피해가 발생하면 수많은 인명과 재산 피해로 이어질 수 있기 때문이다. 이러한 맥락에서 전 세계를 9개 권역30)으로 나누어 화산재경보센터(Volcanic Ash Alert Center; VAAC)가 권역별로 국제민간비행기구(International Civil Aviation Organization; ICAO)에 의해 설립되어 운영 중이다.

이러한 화산재경보센터는 화산재 발생정보뿐만 아니라 1시간 간격으로 화산재 확산정보를 제공하여 항공기 운항에 참고토록 하고 있다. 우리나라를 포함한 일본, 북한, 중국, 타이완, 필리핀 등 동북아 권역에 대해서는 도쿄 화산재정보센터(도쿄 VAAC)가 담당하고 있다.

---

30) 9개의 화산재경보센터가 위치하고 있는 곳은 영국(런던), 프랑스(툴루즈), 미국(워싱턴, 앵커리지), 캐나다(몬트리올), 호주(다윈), 뉴질랜드(웰링턴), 일본(도쿄), 아르헨티나(부에노스 아이레스)이다.

## ■ 화산폭발의 예측

이러한 화산폭발에 대한 발생예측은 지진활동(seismicity), 가스분출(gas emissions), 지형변경(ground deformation), 온도관찰(thermal monitoring) 등 여러 시도를 하고는 있지만 아직까지는 실질적으로 예측하기 어렵다는 평가다. 다만, 발생 후 화산재의 영향 등 재해영향에 대해서는 각종 시뮬레이션 기법 등이 개발되어 있다.

---

### ✍ 백두산 화산폭발

중국·일본·북한 등 국제공동조사팀의 조사에 따르면 고려시대인 969년경에 백두산에 화산폭발이 있었다. 이때 83~117㎦에 달하는 화산재 등의 분출이 있었던 것으로 추정되는데, 실제 백두산 정상 등에서 용암이 잘게 부서져 만들어진 60~80m 두께의 부석층이 발생되고, 편서풍의 영향으로 일본 동북부로 이동한 것으로 추정된 화산재가 일본 동북부에 최고 10cm 두께로 쌓여 있는 것으로 조사되었다.

일부에서는 발해멸망의 원인을 백두산 화산폭발과 연계하여 주장하고 있다. 이는 폼페이 멸망의 원인이었던 서기 79년 이탈리아 베수비오산(Mount Vesuvius) 화산폭발의 화산폭발지수가 5인 데 반해 백두산 화산폭발은 이보다 큰 화산폭발지수 6이라는 사실이 주장을 뒷받침하고 있다.

최근 2000년대 초중반 백두산 인근에 한 달 최대 250회까지 빗발쳤던 지진 등을 전조현상으로 의심하며, 또 다시 백두산 화산폭발이 있을 수 있다는 가능성이 제기되었다. 만일 이러한 가설이 현실화될 경우 20억 톤에 달하는 천지호의 담수로 인한 대규모 홍수, 수십 미터 상공까지 분출될 화산재로 인한 대규모 피해 등이 예측되고 있다. 우리나라의 경우, 백두산을 비롯하여 한라산과 울릉도가 휴화산으로 분류되고 있다.

*출처: 소방방재청 (2011). 백두산 화산폭발대책

---

## ■ 화산폭발시 행동요령

화산재는 돌 또는 유리가루로서 크기는 가늘지만 표면은 거칠면서 날카롭다. 따라서 이러한 화산재가 자동차, 비행기를 비롯하여 각종 전자제품 또는 정밀기계 내부에 들어가면 고장을 일으킬 수 있고, 사람이 들이마시면 호흡기 질환을 일으키고 눈에 들어가면 시력 저하나 실명을 일으킬 수 있다. 또한, 겨울철 내리는 눈에 비해 밀도가 3배 이상이면서도 녹지 않기 때문에 건물 등에 쌓이는 것을 그대로 두면 쉽게 붕괴할 수 있다.

따라서 화산재 낙하가 예상되면 창문을 닫고 문틈을 막고 에어컨, 온풍기 등의 가동을 중단해야 한다. 또한, 배수구에 화산재가 흘려 들어가 막히지 않도록 배수관을 지붕에서 분리하는 것이 필요하다.

화산재가 낙하하면 가능한 실내에서 머물도록 하며, 실외에서는 마스크나 손수건으로 코와 입을 막아야 한다. 각막 손상위험이 있으므로 콘택트렌즈 사용을 삼가야 하고 채소 등 식재료는 철저하게 씻어 먹도록 해야 한다.

가급적 자동차, 항공기 등의 운행을 삼가야 하고, 불가피하게 자동차를 운행할 때 와이퍼 작동시 유리에 흠집이 가기 쉬우므로 세정제를 충분히 사용하고 엔진오일과 오일필터, 에어필터를 자주 교환해야 한다.


# 4. 우주재난

최근 재난을 일으키는 대상으로 우리가 살고 있는 지구를 넘어 우주에 대한 논의가 활발하다. 대표적으로는 태양흑점의 폭발 등에 의한 우주전파 재난, 우주물체의 충돌·추락, GPS 전파교란 등이 있다. 그중에서 우주물체의 경우 소행성과 같은 자연 우주물체가 있는 반면에 인공위성과 같은 인공 우주물체도 있으며, GPS 전파교란의 경우도 태양흑점의 폭발과 같은 자연적인 원인도 있지만 북한의 의도적 교란과 같은 인적원인에 의한 것도 있다. 이 절에서는 이 중에서 자연재난이 주된 유형인 우주전파 재난에 대해 설명하고 이외에 우주물체의 충돌·추락, GPS 전파교란의 경우에는 4.3절의 자연 및 인공재난의 유형으로 발생하는 재난에서 다루기로 한다.


## 4.1 우주전파 재난[31]

### (1) 재난발생 및 특성

#### ■ 태양활동에 의한 우주전파 환경변화의 영향

태양표면 주변에는 거대한 자기장이 형성되어 있는데, 이 중에서 빛과 열이 방출되지 못해 주변보다 온도가 낮아 어둡게 보이는 곳이 있다. 이를 태양흑점이라고 한다. 이러한 태양흑점은 약 11년을 주기로 그 수의 증가와 감소가 반복되는데, 태양흑점이 폭발하면 누적되어 있는 X선, 고에너지입자, 코로나 물질 등이 우주로 방

---

31) '미래창조과학부 (2016). 「우주전파 재난」 위기관리 표준매뉴얼'을 기반으로 정리되었다.

출되어 일부는 지구에 도달하게 된다. 태양활동이 증가할 때를 극대기, 감소할 때를 극소기라 한다. 이렇게 지구에 도달한 방출물질은 지구의 자기장, 전리층 등을 교란하게 된다. 이렇게 태양흑점 폭발을 비롯하여 태양입자 유입 등 다양한 태양활동은 우주전파 환경의 변화를 일으켜 표 1.61과 같이 위성, 항공, 항법, 전력, 방송, 통신 등에 장애를 일으킬 수 있다.

표 1.61 태양흑점폭발 예상피해 유형 및 대응방안 예시

| 관련분야 | 예상피해 유형 | 대응방안 예시 |
|---|---|---|
| 위 성 | • 위성통신 장애, 위성궤도 영향, 위성 오작동, 태양전지판 훼손 | • 위성궤도 모니터링 · 조정<br>• 태양전지판 운용각도 조정 |
| 항 공 | • 단파통신 장애, 위성통신 장애, 방사능 노출 | • 항공기 운항고도 조정<br>• 북극항로 우회운항 |
| 항 법 | • GPS 신호수신 장애, GPS 위치 오차 증가, 위치 보정정보 정확도 저하 | • 위치 보정정보 오류가능성 공지<br>• 위치 보정정보 서비스 품질 감시 |
| 전 력 | • 전력시설 열화, 변압기 소손 | • 유도전류 발생 규모 감시<br>• 변압기 부하 관리 |
| 방 송 | • 단파방송 장애, 위성방송 장애 | • 방송 서비스 품질 감시<br>• 방송장애에 관한 안내방송 실시 |

* 출처: 미래창조과학부(2016). 우주전파재난 위기관리 표준매뉴얼

■ 우주전파 재난의 정의

이렇게 "지구 대기권 밖에 존재하는 전자파 에너지의 변화로 발생하는 전파와 관련된 재난"을 우주전파 재난이라고 한다(「전파법」 제51조). 일반적으로는 태양흑점 폭발, 태양입자 유입, 지구자기장 교란 등 태양활동과 우주공간에서 지자기, 전리층 등 전자파 에너지의 변화로 발생하는 재난을 총칭한다고 할 수 있다. 미국, 영국 등 우주개발 선진국가에서는 태양흑점을 비롯한 지자기, 전리층 등의 변화를 '우주 날씨(Space Weather)'라 하여 일기 예보처럼 집중 관리하고 있다. 특히, 영국의 경우에서는 우주전파 재난을 국가비상위험기준(National Risk Register of Civil Emergencies)에서 발생 위험순위는 전염병과 같은 수준으로, 피해 위험순위는 홍수나 화산 이상의 기준으로 관리하고 있다.

■ 주요 발생사례

구체적으로 살펴보면, 위성 태양전지판 훼손, 북극항로 항공기 방사능 노출, GPS 위치오차 증가, 전력망 변압기 소손, 단파통신 및 단파방송 장애 등이 있다. 실제, 2003년에는 스웨덴에 정전사태가 발생하여 50분간 5만 가구가 피해를 입었으며, 같은 해에 남아프리카공화국에서는 변압기 15기가 소손되고 2014년에는 미국에서 GPS 기반 특히 공항광역감시체계가 30시간 동안 운영되지 않은 사례 등이 있다.

표 1.62 우주전파재난 주요 피해사례

| 시 기 | 내 용 |
|---|---|
| 1859년 9월 | • [유럽 · 북미] 전신시스템 오류 발생<br>• [프랑스] 전신방송국 서비스 중단 |
| 1940년 3월 | • [미국] 뉴 잉글랜드 등 5개주 전력시스템 장애 발생<br>• [캐나다] 퀘백 전력시스템 장애 발생 |
| 1958년 2월 | • [미국] Bell 전화회사의 대서양 횡단케이블에 음성통신 장애 발생 |
| 1972년 8월 | • [캐나다] British Columbia 수력발전소 변압기 기능 마비<br>• [미국] 베트남 북부 하이퐁의 미 해군 기뢰 수십 개 폭발 |
| 1989년 3월 | • [캐나다] 퀘백 송전시설에 2만MW 전력손실로 6백만 주민이 9시간 동안 정전사태 경험(약 3억 달러 피해추정)<br>• [미국] 뉴저지 Public Service Company 변압기 손상(약 12백만 달러 피해추정) |
| 1994년 1월 | • [캐나다] 인공위성 Anik E1/E2, Intelsat K의 자세제어 회로 장애 발생 |
| 1997년 1월 | • [미국] AT&T사 통신, 방송위성 Telstar 401호의 기능 상실(예정수명 12년이었으나 3년만 운용, 약 2억 달러 피해추정) |
| 2000년 7월 | • [한국] 인공위성 무궁화 3호 64시간 동안 적외선 센서 잡음 발생, 무궁화 1호 궤도 조정<br>• [미국] 인공위성 GOES, ACE, WIND 장애 발생<br>• [일본] 인공위성 ASCA, Akebono 장애 발생 |
| 2001년 3월 | • [한국] 인공위성 무궁화 1호 통신중계기 gain 변동, 무궁화 2호 방향 자세 에러에 따른 추력기 사용 |
| 2003년 10월 | • [한국] 인공위성 무궁화 위성 태양 전지판 성능 감소<br>• [남아프리카] 변압기 15기 손실 발생<br>• [스웨덴] Malmo 지역 50분간 정전 발생 |
| 2005년 9월 | • [한국] 인공위성 무궁화 2호 90분간 정지로 인한 궤도 상실<br>• [일본] 인공위성 MTSAT 1R 6시간 정지 |
| 2008년 9월 | • [한국] 인공위성 무궁화 5호 위성의 통신 서비스 중단 |
| 2010년 4월 | • [미국] 인공위성 Galaxy 15 위성 약 9개월간 통제 불능 |

| 2014~2015년 | • [한국] 북미 출발 국제선 2014년(17편), 2015년(20편) 북극항로 우회운항 실시 |
|---|---|
| 2017년 9월 | • [한국] 북미 출발 국제선 98편 북극항로 우회운항 실시<br>• [미국] GPS 위성 장애, 항공기 HF 통신 두절 및 북극항로 우회운항, Hurricane Watch Net 단파 장애, 전력망 전력 불안정 발생<br>• [일본] GNSS 오차 증가, 과학위성(2기) 관측 장애, 항공기 HF 통신 두절 |

＊출처: 과학기술정보통신부(2021)

### (2) 재난대응 및 대책

우주전파 재난에 대한 재난관리 주관기관은 과학기술정보통신부이다. 과학기술정보통신부는 관계법령인「전파법」등에 따라 우주전파로 인한 재난을 관장하며, 이를 위해「우주전파 재난 위기관리 표준매뉴얼」등을 운용하고 있다.

### ■ 예 · 경보체계: 우주전파환경 예보 및 경보

아직까지 우리나라에서는 우주전파 재난의 발생빈도가 낮아 관심과 인식이 저조하지만 정보통신 기기의 확산 및 사물 인터넷 시대의 도래에 따라 실효성 있는 대비와 대응이 필요하다. 우리정부에서도 그 일환으로 2011년부터 제주에 우주전파환경 전담기관으로 국립전파연구원 산하의 '우주전파센터'를 설립하여 태양활동을 미리 예측하여 알려주는 예보 서비스와 태양흑점 폭발상황을 즉시 전파하는 경보 서비스를 제공하고 있다.

국립전파연구원 우주전파센터에서는 일기예보처럼 우주전파환경을 태양흑점폭발(X선 세기 → R형), 태양입자유입(양성자수 → S형), 지자기교란(교란정보 → G형)의 3개 유형으로 구분하여 그 발생 가능성과 그 영향을 예측하여 알려주는 '우주전파환경 예보'를 정기적 또는 수시로 실시하고 있다.[32] 또한, 이를 실시간으로 관측하여 국제기준에 따라 1~5단계로 구분한 3개 유형에 대한 우주전파환경 경보를 발령하고 있다(「전파법」61조). 각 단계별로 각 유형별로 전력선 밀도 등의 기준값에 따라 구분되며 이를 정성적으로 표현하면 표 1.63과 같다.

---

32) 우주전파환경 예보는 일일예보, 3일예보, 27일예보 등으로 실시되고 있다.

표 1.63 우주전파환경 경보

| 단계 | 예상피해 |
|---|---|
| 1 | 단파통신, 항법시스템, 인공위성에 미미한 영향 예상 |
| 2 | 단파통신, 항법시스템, 인공위성에 약한 영향 예상 |
| 3 | 단파통신과 항법시스템의 신호감쇄현상 및 인공위성 시스템 훼손 가능성 |
| 4 | 단파통신과 항법시스템의 두절 및 인공위성 시스템 훼손 가능성이 높음 |
| 5 | 단파통신과 항법시스템의 두절 및 인공위성 시스템 훼손 가능성이 매우 높음 |

\* 출처: 과학기술정보통신부(2016). 우주전파재난 위기관리 표준매뉴얼

우리나라의 경우, 최근 10년간 우주전파환경 경보가 발령된 상황을 살펴보면 표 1.64와 같다. 이를 보면 2012~2015년까지가 극대기라고 할 수 있으며, 2022년부터 다시 극대기가 도래하고 있음을 알 수 있다.

표 1.64 우주전파환경 경보 발령현황(2012~2022)

| 단계 | 2012년 | 2013년 | 2014년 | 2015년 | 2016년 | 2017년 | 2018년 | 2019년 | 2020년 | 2021년 | 2022년 |
|---|---|---|---|---|---|---|---|---|---|---|---|
| 1 | 259 | 170 | 249 | 223 | 75 | 118 | 20 | 18 | 12 | 54 | 241 |
| 2 | 31 | 15 | 30 | 33 | 17 | 22 | 6 | 3 | 1 | 3 | 26 |
| 3 | 9 | 14 | 15 | 8 | 3 | 6 | 1 | 1 | − | 4 | 8 |
| 4 | − | − | − | 2 | − | 2 | − | − | − | − | − |
| 5 | − | − | − | − | − | − | − | − | − | − | − |
| 합계 | 299 | 199 | 294 | 266 | 95 | 148 | 27 | 22 | 13 | 61 | 275 |

\* 출처: 과학기술정통부(2023). 우주전파재난 위기관리 표준매뉴얼

특히, 정부는 우주전파환경 경보 4단계 이상에 대해서는 우주전파재난으로 분류하고 있는데, 이때는 「우주전파재난 위기관리 표준매뉴얼」에 따라 과학기술정보통신부에서 국민들에게 별도로 관심, 주의, 경계, 심각의 4단계 '재난위기경보(또는 우주전파재난 경보)'를 발령한다. 정부에서는 재난위기경보 단계에 따라 대응체계를 달리하며, 특히 과학기술정통부에서는 경계단계에서 차관을 본부장으로 하는 '우주전파재난대응본부'를 가동하고 심각단계에서는 장관을 본부장으로 '중앙사고수습본부'를 가동한다.

표 1.65 우주전파 재난에 대한 재난위기경보

| 구분 | 기 준 |
|------|------|
| 관심 | ① 우주전파환경 변화로 인해 전리층, 지구자기장 등이 교란되어 위성·항공·항법·전력·방송통신 분야에 일시적인 장애 발생 시<br>② 우주전파환경 경보 4단계 상황이 발생한 경우<br>③ 기타 이에 준하는 상황으로서 우주전파재난 상황판단회의에서 "관심" 위기경보 발령이 필요하다고 판단할 때 |
| 주의 | ① 우주전파환경 변화로 인해 위성·항공·항법·전력·방송통신 분야에 12시간 이상 장애가 지속될 시<br>② 최근 24시간 동안 우주전파환경 경보 4단계 상황이 2회 이상 발생한 경우<br>③ 우주전파환경 경보 4단계 상황이 48시간 이상 지속되거나 5단계 상황이 발생되는 경우<br>④ 기타 이에 준하는 상황으로서 상황판단회의에서 "주의" 위기경보 발령이 필요하다고 판단할 때 |
| 경계 | ① 우주전파환경 변화로 인해 위성·항공·항법·전력·방송통신 분야에 피해 발생 시<br>② 최근 24시간 동안 우주전파환경 5단계 상황이 2회 이상 발생한 경우<br>③ 우주전파환경 경보 4단계 상황이 7일 이상 지속되거나 5단계 상황이 48시간 이상 지속되는 경우<br>④ 기타 이에 준하는 상황으로서 상황판단회의에서 "경계" 위기경보 발령이 필요하다고 판단할 때 |
| 심각 | ① 우주전파환경 변화로 인해 위성·항공·항법·전력·방송통신 분야에 피해가 나타나고 피해범위가 2개 시·도 이상으로 확대될 때<br>② 최근 24시간 동안 우주전파환경 5단계 상황이 3회 이상 발생한 경우<br>③ 우주전파환경 경보 4단계 상황이 10일 이상 지속되거나 5단계 상황이 7일 이상 지속되는 경우<br>④ 기타 이에 준하는 상황으로서 상황판단회의에서 "심각" 위기경보 발령이 필요하다고 판단할 때 |

■ 국민행동 요령

　우주전파 재난의 발생이 우려될 경우에 정부에서는 이러한 사실을 재난문자방송 등을 통하여 알리게 된다. 국민들은 GPS를 활용한 장비의 오작동 가능성이 있으므로 사용에 주의하여야 하며, 가급적 항공기, 선박 등의 이용에도 주의하여야 한다. 또한, 정전이 발생할 수 있으므로 대비하여야 한다.

# [참고자료]

국가위기관리지침 (2013). 대통령훈령 제318호.

국가태풍센터 (2011). **태풍백서.** 기상청 국가태풍센터.

국민안전처 (2016). 「**대형 화산폭발 재난**」 **위기관리 표준매뉴얼.**

국민안전처 (2016). 「**지진 재난**」 **위기관리 표준매뉴얼.**

국민안전처 (2016). 「**풍수해 재난**」 **위기관리 표준매뉴얼.**

국민안전처 (2016). **2015 국민안전처 통계연보.**

국민안전처 (2016). **2015년 재해연보.**

국민안전처 (2017). **9.12 지진백서: 9.12 지진과 그 후 180일 간의 기록.**

기상청 (2011). **손에 잡히는 예보기술:** 겨울방재기간 대비 특집, 대설 판단 가이던스. 기상청 예보국.

기상청 (2012). **한반도 역사지진 기록(2년~1904년).**

기상청 (2014). **기상청과 친해지기.**

기상청 (2021). **생활 속 기상 이야기.** 기상청 블로그. 수집 2021년 7월 9일.

미래창조과학부 (2016). 「**우주전파 재난**」 **위기관리 표준매뉴얼.**

소방방재청 (2013). **재난상황관리정보 제01호(대설).** 소방방재청 재난상황실.

소방방재청 (2013). **재난상황관리정보 제02호(접경지역 재난대응체계).** 소방방재청 재난상황실.

소방방재청 (2014). **재난상황관리정보 제04호(한파).** 소방방재청 재난상황실.

소방방재청 (2014). **재난상황관리정보 제05호(해파).** 소방방재청 재난상황실.

소방방재청 (2014). **재난상황관리정보 제06호(바람).** 소방방재청 재난상황실.

소방방재청 (2014). **재난상황관리정보 제07호(조석).** 소방방재청 재난상황실.

소방방재청 (2014). **재난상황관리정보 제08호(해일).** 소방방재청 재난상황실.

소방방재청 (2014). **재난상황관리정보 제09호(낙뢰).** 소방방재청 재난상황실.

소방방재청 (2014). **재난상황관리정보 제10호(호우).** 소방방재청 재난상황실.

소방방재청 (2014). **재난상황관리정보 제11호(태풍).** 소방방재청 재난상황실.

서금영 (2017년 7월 18일). 서금영의 재미있는 과학. 조선일보 http://newsteacher.chosun.com/site/data/html_dir/2017/07/18/2017071800059.html

행정안전부 (2019). **재해연보.** 행정안전부.

환경부 (2021). **접경지역 재난사고 대응매뉴얼.** 환경부.

National Drought Mitigation Center. (2017). *Drought Basics.* Retrieved from http://drought.unl.edu

Wilhite, D. A., & Glantz, M. H. (1985). Understanding: the drought phenomenon: the role of definitions. *Water international*, 10(3), 111−120.

# CHAPTER 02

# 인적작용에 의해 발생하는 재난: 인위재난(또는 사회재난)

## 1. 개설

　「재난 및 안전관리 기본법」에 규정된 인위재난의 법적 용어인 사회재난은 크게 i) 전통적으로 인위재난으로 인식되어온 사고성 재난, 즉 화재·붕괴·폭발·교통사고·화생방사고·환경오염사고 등으로 인하여 발생하는 국가 또는 지방자치단체 차원의 대처가 필요한 규모 이상의 피해, ii) 에너지·통신·교통·금융·의료·수도 등 국가핵심기반의 마비, iii) 「감염병의 예방 및 관리에 관한 법률」에 따른 인체감염병 또는 「가축전염병 예방법」에 따른 가축전염병의 확산 그리고 iv) 최근에 신종재난으로 추가된 미세먼지 등으로 인한 피해 등으로 구분하고 있다.

## 2. 사고성 재난

### 2.1 화재

　화재는 "사람의 의도와 무관 또는 고의에 의해 발생하는 연소현상으로 소화시설 등을 사용하여 소화할 필요가 있거나 화학적인 폭발현상"을 말한다. 일반적으로 화재가 발생하기 위해서는 i) 나무, 종이 등 불에 탈 수 있는 물질인 연료(가연물), ii) 불붙게 할 수 있는 열(점화원) 그리고 iii) 산소가 반드시 필요한데, 이를 연소의 3요소라고 한다. 이 중에서 어느 하나를 제거하거나 줄이게 되면 화재를 예방하거나 소화할 수 있다.

　우리나라 연간 화재발생은 1950년대부터 1980년대 중반까지는 1만 건 내에서 완만한 증가추세를 보이다가 1987년 1만 건을 돌파한 후 1994년 2만 건, 1998년 3만 건, 2007년 4만 건을 돌파하고 최근에는 5만 건 내외로 급격한 증가추세를 보여 왔다. 이러한 배경에는 급속한 산업화에 따른 소방대상물의 급증, 성장논리에 가려진 안전의식, 에너지 사용량 증가 등 생활환경 변화, 상대적으로 부족한 소방력 등을 들 수 있다(소방방재청, 2013).

　　최근 10년간(2007~2015년) 화재는 연평균 39,373건이 발생하여 인명피해 2,016명 (사망 343명, 부상 1,875명), 재산피해 3,112억 원을 기록하였다. 발화요인을 분석해 보면 부주의에 의한 발화가 47.6%로 대부분을 차지하며, 그 외에 전기적(23.2%) → 기계적(8.9%) 등의 순이다. 또한, 발생장소는 공장·상가 등 비주거지에서 35.9% 발생하며, 그 외에 주거지(25.0%) → 이동차량(12.6%) 등의 순이다. 일반적으로 화재의 발생건수는 대기가 건조한 3~4월에 높은 반면에, 인명피해(사망)는 이 시기뿐만 아니라 실내에서 화기 사용이 잦은 12~1월에도 많이 발생한다.

표 2.1 최근 10년간 발생원인별 화재현황(2007~2015)

| | 전기적 | 기계적 | 가스누출 | 화학적 | 교통사고 | 부주의 | 기타실화 | 자연적 | 방화 | 방화의심 | 미상 | 합계 |
|---|---|---|---|---|---|---|---|---|---|---|---|---|
| 건수 (건) | 10,353 | 3,958 | 195 | 312 | 580 | 21,307 | 938 | 291 | 553 | 1,846 | 4,258 | 44,591 |
| 비율 (%) | 23.2 | 8.9 | 0.4 | 0.7 | 1.3 | 47.8 | 2.1 | 0.7 | 1.2 | 4.1 | 9.5 | 100.0 |

* 출처: 국민안전처 통계연보(2015)

표 2.2 최근 10년간 발생장소별 화재현황(2007~2015)

| | 주거 | 비주거 | 자동차, 철도차량 | 위험물·가스 제조소 등 | 선박, 항공기 등 | 임야 | 기타 | 합계 |
|---|---|---|---|---|---|---|---|---|
| 건수 (건) | 11,152 | 16,023 | 5,628 | 34 | 112 | 3,203 | 8,438 | 44,591 |
| 비율 (%) | 25.0 | 35.9 | 12.6 | 0.1 | 0.3 | 7.2 | 18.9 | 100.0 |

* 출처: 국민안전처 통계연보(2015)

## (2) 재난대응 및 대책

　　화재에 대한 재난관리 주관기관은 소방청이다. 소방청은 관계법령인 「소방기본법」 등에 따라 화재로 인한 재난을 관장하며, 이를 위해 「다중밀집시설 대형화재 위기관리 표준매뉴얼」 등을 운용하고 있다.

■ 예 · 경보체계: 화재경보설비, 화재진압 및 구조구급 대응단계

일반적으로 화재는 특정한 장소에 매우 명시적으로 발생한다. 지역이나 국가단위의 예 · 경보 체계보다는 특정한 장소에 대한 경보시설이 갖추어져 있으며, 재난위기경보도 특정 화재피해의 심각성, 위험성 등을 고려하여 발령하게 되어 있다.

화재가 발생하였을 경우, 발생사실과 장소를 건물 내의 사람들에게 신속하게 알리고, 소방 관계자에게 신속한 인명대피 및 화재진압에 필요한 정보를 제공하기 위하여 건축 및 소방 관계법령은 '경보설비'를 의무적으로 구축하도록 규정하고 있다.

경보설비는 일단 화재의 발생사실을 열 또는 연기를 통해 감지할 수 있는 장치인 '감지기', 사람이 직접 알릴 수 있도록 사람들이 자주 이용하는 곳에 설치하는 '발신기', 이러한 정보를 통합하여 관리하기 위해 소방관계인이 쉽게 접근 및 관리가 용이한 장소에 설치한 '수신기' 그리고 이러한 수신된 내용을 경보하는 '경보기'로 구성된다.

최근에는 이러한 경보설비가 자동화되고 있는 추세인데, '자동화재탐지설비'는 이러한 감지기, 발신기, 수신기 등이 연계되어 자동으로 화재를 탐지하여 알려준다. 또한, 이렇게 탐지된 화재의 발생사실은 자동으로 해당 건물 내의 사람들에게 비상방송을 통해 '비상방송설비'[1]를 통해 알려주거나 소방관서에 자동으로 '자동화재속보설비'를 통해 통보하게 된다.

어떤 화재사고의 심각성에 대해서는 어느 정도의 수준으로 대응할 것인지를 나타내는 소방관서의 화재진압 및 구조구급 대응단계 그리고 긴급구조통제단 가동단계를 통해 간접적으로 나타나기도 한다. 표 2.3에서와 같이 화재진압 및 구조구급 대응단계는 현장지휘관의 판단에 따라 1~3단계로 발령될 수 있으며, 이에 따라 각각 시 · 군 · 구, 시 · 도 또는 중앙 긴급구조통제단이 가동된다. 이때 대응단계는 다수기관 통합대응 필요성, 다수기능별 대응 필요성 들을 고려하여 현장지휘관이 판단하여 발령하도록 되어 있으며 절대적인 발령 기준이 존재하는 것은 아니다.

아울러 표 2.4에서와 같이 대형 화재나 재난 · 사고 등 긴급상황으로 특정지역의 부족한 소방력을 다른 지역에서 지원하기 위하여 소방청장은 시 · 도별로 당번 소방력의 일정 비율을 강제적으로 동원할 수 있는 1~3단계의 동원령을 발령하기도 한다.

---

1) 비상방송설비를 통한 경보방송은 발화층과 그 직상층에만 이루어지는 것을 원칙으로 한다. 예외적으로 1층에서 발화하거나 지하층에서 발화하는 경우에는 지하층에도 추가로 경보방송이 이루어진다. 이는 일부에서는 제한적인 경보방송으로 인한 사람들의 알권리를 침해한다는 비판도 있지만, 화재의 영향이 미치는 공간에 대해 최소한으로 방송을 실시함으로써 불필요한 사람들까지 한꺼번에 대피하면서 생기는 '그림자 대피(shadow evacuation)'로 인한 혼란을 방지하기 위한 조치로 이해된다.

이외에 정부는 화재 발생의 가능성, 심각도, 파급성 등에 따라 관심, 주의, 경계, 심각단계의 재난위기경보도 발령되며, 중앙정부 차원 또는 범정부적 대처가 필요한 경우 중앙사고수습본부, 중앙재난안전대책본부 등이 가동된다.

표 2.3 소방관서 화재진압 및 구조구급 대응단계

| 대응단계 | 대응1단계 | 대응 2단계 | 대응 3단계 |
|---|---|---|---|
| 재난규모 | 1개 시·군·구에서 재난이 발생한 상황에서 119안전센터 단위의 대응이 어려운 상황 | 2개 이상의 시·군·구에 걸쳐 재난이 발생하였거나 1개 시·군·구에서 재난이 발생하였으나 해당 지역의 시·군·구 긴급구조통제단의 대응능력을 초과한 상황 | 2개 이상의 시·도에 걸쳐 재난이 발생하였거나 1개 시·군·구 또는 시·도에서 재난이 발생하였으나 해당 지역의 시·도 긴급구조통제단의 대응능력을 초과한 상황 |
| 출동규모 (지휘관) | 관할 소방서 전 소방력 출동 → 관할 소방서 긴급구조 지휘대(장)이 현장지휘 | 2개 소방서 이상 소방력 출동 → 관할 소방서 긴급구조 지휘대(장) 또는 소방서장이 현장지휘 | 2개 시·도 본부 이상 소방력 출동 → 관할 소방서장 또는 소방본부장이 현장지휘 |
| 화재규모 | 인명피해 우려 화재 등 (공장, 상가 등) | 대형피해 우려 화재 등 (다중이용시설, 고층건축물 등) | 대형화재로 중앙 및 인접 시도 소방력이 필요한 화재 등 |
| 긴급구조 통제단 운영 | 시·군·구 긴급구조통제단이 필요에 따라 부분 또는 전면적으로 운영될 수 있음 | 시·군·구 긴급구조통제단을 전면 운영하되, 시·도 긴급구조통제단은 필요에 따라 부분 또는 전면적으로 운영될 수 있음 | 시·도 긴급구조통제단을 전면 운영하되, 중앙긴급구조통제단은 필요에 따라 부분 또는 전면적으로 운영될 수 있음 |

\* 서울·경기는 다른 지역에 비해 소방력의 규모가 크기 때문에, 소방력 배치 및 지역적 특성에 맞게 대응단계를 자체적으로 규정·운영하고 있다. i) 서울특별시: 대응 1단계 → 1개 소방서 전 소방력 대응, 대응 2단계 → 2~5개 소방서 전 소방력 대응, 대응 3단계 → 6개 이상의 소방서 전 소방력 대응, ii) 경기도: 대응 1단계 → 4개 이하 소방서 전 소방력 대응, 대응 2단계 → 5~9개 소방서 전 소방력 대응, 대응 3단계 → 10개 이상의 소방서 전 소방력 대응

표 2.4 동원령 단계별 소방력 동원 기준

| | 동원령 1호 | 동원령 2호 | 동원령 3호 |
|---|---|---|---|
| 시·도 | 8개 시·도 미만 (전 시·도의 50% 미만) | 8~13개 시·도 (전 시·도의 50~80%) | 14개 시·도 이상 (전 시·도의 80% 이상) |
| 장비 | 100대 미만 | 100~200대 | 200대 이상 |
| 인원 | 250명 미만 | 250~500명 | 500명 이상 |

표 2.5 다중밀집시설 화재에 대한 재난위기경보

| 구 분 | 판단 기준 |
|---|---|
| 관 심<br>(BLUE) | • 기상청의 이상기상 예보 또는 특보 발령 → 화재경보 발령으로 화<br>  재 특별경계활동 강화<br>• 사회적으로 피해가 큰 대형화재가 빈발<br>• 취약시기 다중밀집시설의 화재발생 개연성 증가<br>• 사회불만자 등에 의한 다중밀집시설 방화·테러 우려 증가 |
| 주 의<br>(Yellow) | • 다중밀집시설 초기화재 발생 신고<br>• 불특정 다수인이 건물 내부에 있으며, 인명·재산피해 예측 불가<br>  → 소방서 현장지휘대의 초기현장 대응<br>• 초기 화재진압 및 인명구조활동 전개 |
| 경 계<br>(Orange) | • 다중밀집시설 초기 화재가 대형화재로 연소 확대<br>• 건물 내부에 대피하지 못한 요구조자 다수 발생<br>  – 다수인명피해 우려 상황전개 시<br>  → 1개 소방서로 대응 불가하여 광역 응원출동 요청 / 지역긴급구<br>    조통제단의 가동 |
| 심 각<br>(Red) | • 다중밀집시설 화재의 급격한 연소 확대 등 피해 확산<br>• 건물 내부에 다수사상자 발생 및 대규모 인명 및 재산피해 우려 시<br>  → 중앙긴급구조통제단의 가동 |

* 출처: 소방청(2021). 다중밀집시설 대형화재 위기관리 표준매뉴얼

■ 기타 피난구조 등 소방체계

가연성 물질이 많은 실내환경의 특성상 일단 화재가 발생하면 매우 빠르게 전개된다. 따라서 이렇게 빠르게 전개되는 화재의 확산을 구조적으로 방지하는 방법과 소방대가 도착하기 이전에 초기 진압을 효과적으로 실시하기 위한 제도를 소방 및 건축 관련 법령에서 규정하고 있다.

첫째, 화재의 확산을 구조적으로 방지하기 위한 방법으로 '방화구획'이 있다. 방화구획은 화재가 건축물 전체에 번지지 않게 하기 위하여 내화구조의 방화문 등을 설치토록 하여서 화재를 해당 구획만으로 차단하는 역할을 한다. 그리고 시설 내부에 있는 연기로 인한 인명피해 발생을 줄이기 위해 '제연 또는 배연설비'를 설치토록 하고 많은 사람이 이용하는 건물 내부에 있는 커튼·카펫 등과 같이 불에 잘 타는 물질에 대해서는 불꽃이 발생해도 전파를 지연 또는 차단할 수 있도록 '방염처리'토록 하고 있다.

둘째, 소방대가 도착하기 이전에 초기 진압이 효과적으로 이루어지도록 하기 위해 소방 및 건축 관련 법령에서는 '소화설비'의 설치를 규정하고 있다. 우리가 일상생활에서 흔히 볼 수 있는 기본적인 ABC소화기부터 항공기 격납고, 유류 저장소 등에 대한 전문화된 이산화탄소·할로겐화물 설비 등이 이 범주에 포함된다. 이러한 소화설비 중 추가적인 논의가 필요한 것으로서 '스프링클러'와 '옥내소화전'이 있다.

'스프링클러'의 헤드는 화재가 발생하여 건물 내부의 온도가 상승하면 개방되고 이때 연결된 배관을 통해 소화수가 방사됨으로써 자동적으로 화재를 진압하게 된다.[2] 이에 반해 '옥내소화전'은 건축물의 사용자 또는 관계자가 초기 화재진압을 위해 직접 사용할 수 있는 수동설비로서, 건물 내에 설치된 옥내소화전에서 호스릴을 꺼내서 소화수를 방사하면서 화재를 진압하게 된다. 다만, 스프링클러나 옥내소화전의 경우 한정된 용량의 저수조에서 소화수를 공급받기 때문에 일반적으로 지속시간은 20분 남짓밖에 되지 않는다.

이러한 노력에도 불구하고 화재가 직접 진화가 어려우면 신속하게 대피하게 하고, 소방관서의 보다 체계적인 진화가 필요하다. 따라서 건물에는 피난을 위한 사다리, 구조대, 완강기 등과 같은 피난기구를 갖추도록 할 뿐만 아니라 피난을 위한 유도등, 유도표지 등을 갖추도록 하고 있다.

소방차가 화재현장에 도착하여 화재 진압활동을 하더라도 소방차가 실어 나를 수 있는 소화용수의 용량에는 한계가 있다. 따라서 소방차는 부족한 소화용수를 공용으로 공급받기 위해 수도배관과 연결되어 있는 곳에서는 옥외소화전[3] 또는 수도배관이 없는 곳에서는 자체 소화저수조 등과 같은 '소화용수설비'에 의존하게 된다. 이러한 옥외소화전은 공용으로 이용하는 목적이라는 측면에서 앞서 언급한 것처럼 아파트 등에서 거주자 또는 관리인이 초기 화재진화를 하기 위한 목적으로 설치하는 옥내소화전과 다르다.

또한, 최근에는 고층건물이 많아져 직접 소화호스를 들고 건물 내에 진입하기가

---

2) 스프링클러가 초기에 화재를 진압하는 자동화된 가장 효과적 소화설비 중 하나임에도 불구하고 우리나라 고층 아파트 모두에 스프링클러 탑재가 의무화된 것은 2017년 이후이다. 그 이전인 1992년에는 16층 이상의 아파트에 대해 16층 이상에 대해서만 의무화되었으며, 2004년 이후에는 11층 이상의 아파트의 모든 층, 2017에는 6층 이상 아파트의 모든 층으로 확대되었다.

3) 모든 옥외소화전이 소방관이 공용으로 사용하는 소화용수설비로서의 소화전은 아니다. 일부 옥외소화전의 경우, 앞서 설명한 옥내소화전과 같이 시설물 사용자 또는 관리자가 일차적인 화재진압을 위해 사용하기 위한 목적으로 설치되기도 한다. 따라서 엄격하게는 옥내소화전과 옥외소화전으로 구분하는 것이 적절하지 않을 수 있으나, 여기서는 이해도를 높이기 위해 옥내소화전은 시설물 거주자 등을 위한 것으로 옥외소화전은 소방관의 진압활동을 지원하기 위한 것으로 표현되었다.

어려운 경우가 많다. 따라서 건물 내에 미리 배관을 설치해 화재가 발생할 경우에 건물밖에 설치된 송수관에서 소방차 등을 통해 소화수를 주입하고 층별로 설치된 방수구에서 소화수를 받아서 소방활동을 하는 '연결송수관 설비' 또는 건물 내부에서 자체적으로 소화용수를 뿌릴 수 있는 '연결살수 설비' 등도 보급되고 있다. 또한, 이외에도 소방활동을 지원하기 위한 설비로서 전기를 사용하는 화재진압 장비 사용을 위한 비상콘센트 설비 그리고 폐쇄된 건물 내 작전공간에서 원활한 무선통신을 위한 무선통신 보조설비 등이 있다.

## 2.2 방사성 물질의 누출

### (1) 재난발생 및 특성

#### ■ 방사선, 방사능 그리고 방사성 물질

모든 물질의 원자핵은 양성자와 중성자로 이루어져 있다. 하지만 모든 물질의 원자핵이 동일한 양성자와 중성자로 되어 있는 것은 아니며, 이러한 양성자와 중성자의 비율에 따라 그 물질의 원자핵 안정도가 결정된다. 만약 어떤 물질의 원자핵이 불안정한 상태이면 스스로 양성자와 중성자의 비율을 변화시켜 안정된 상태로 찾아가려 한다. 불안정한 원자핵은 알파, 베타 등 입자파나 감마선, 엑스선 등 전자파를 내놓으면서 안정한 원자핵에 맞는 양성자와 중성자의 비율로 찾아가게 된다.

이렇게 불안정한 원자핵이 안정된 원자핵으로 변화되어 가는 과정에서 내놓는 입자파나 전자파를 방사선(radiation)이라고 한다. 하지만 어떤 물질은 지금 당장은 방사선을 방출하고 있지는 않지만 불안정한 원자핵이 스스로 붕괴하면서 방사선을 밖으로 내놓을 수 있는 성질 또는 능력을 가지고 있는데, 이러한 방사선을 방출하는 성질 또는 능력을 방사능(radioactivity)이라고 한다. 그리고 이렇게 방사능을 가진 물질을 방사성 물질(radioactive material)이라고 한다. 이런 측면에서 방사성 물질은 방사능을 소지하고 있지만, 방사선이 방출되고 있느냐는 그 물질이 놓여진 환경 또는 상태에 좌우된다.

#### ■ 누출된 방사성 물질의 위험

원자력 발전소 등에서 방사성 물질의 누출사고가 발생하는 경우는 주요 핵심부품 결함과 같은 내부요인과 화재, 폭발, 지진 등과 같은 외부요인에 의해 격납고 등의 시설물이 파손된 경우이다. 방사성 물질이 누출되게 되면 우선 업무 종사자와 인근 지역주민이 방사선에 피폭되고 주변지역의 가축, 식수 등이 오염되는 사고가 발생한다.

　방사선이 인체장기에 작용하면 신체조직을 구성하는 분자들을 이온화시켜 세포 자체를 죽이거나 DNA를 변형시킨다. 이로 인해 신체장기의 기능이상이 발생하며 암발생의 가능성이 높아진다. 또한, DNA 변형은 유전적 손상을 가진 생식세포를 만들어내게 되고 이는 결국 기형을 지닌 자손을 태어나게 하는 불행의 대물림을 초래한다. 또한, 주변 농산물·음용수 등도 오염시켜 이를 섭취한 사람들에게 방사선 피폭과 같은 증상의 피해를 초래하게 된다.

---

### ✍ 방사선 관련 측정단위

　방사선의 세기와 관련된 측정단위는 일반인에게 익숙하지 않다. 크게 방사성 물질이 방출하는 방사선의 세기를 나타내는 단위와 방출된 방사선의 흡수를 나타내는 단위로 나누어진다.

- 베크렐(Bq): 방사성 물질이 방출하는 방사선의 세기가 얼마인지를 나타내는 단위이다. 방사성 물질이 방출하는 방사선의 세기를 나타내는 단위이지 인체에 미치는 영향을 표시하지는 않는다.
- 그레이(Gy)와 시버트(Sv): 인체에 대한 방사선의 흡수와 관련된 단위로서 그레이(Gy)와 시버트(Sv)가 있다. 그레이(Gy)가 단순히 방사선이 인체에 얼마나 흡수되었는지를 나타내는 단위라면, 시버트(Sv)는 흡수된 방사선이 인체에 얼마나 영향을 미치는지를 나타내는 단위이다.

　여기서 베크렐(Bq)은 그 차이가 분명하게 설명되는 데 반해, 그레이(Gy)와 시버트(Sv)는 다소 혼동을 준다. 이를 명확히 하기 위해 우리가 섭취하는 식품에 비유하자면 똑같은 육류 200g을 섭취하여도 쇠고기는 200kcal, 돼지고기는 400kcal의 열량을 낼 수 있다. 이러한 경우와 같이 인체가 섭취한 육류의 양을 표시하는 g이 그레이(Gy)를, 인체 내 영향인 열량의 생산을 표시하는 kcal가 시버트(Sv)를 나타낸다고 비유할 수 있다.

　따라서 일반적으로 방사선 관련 뉴스에서는 우리의 인체에 미치는 방사선의 영향에 초점을 맞춰서 "일반인이 자연상태에서 1년간 쬐는 방사선량의 상한선은 1밀리시버트(mSv)이다" 등으로 시버트(Sv) 단위가 많이 사용된다. 이뿐만 아니라 방사성 물질의 누출사고가 발생하는 경우에 주민대피 등의 판단기준으로도 시버트(Sv) 단위가 쓰인다.

* 출처: 원자력안전위원회 (2021). 방사선 위기대응 매뉴얼

## (2) 재난대응 및 대책

방사성 물질의 누출에 대한 재난관리주관기관은 원자력안전위원회이다. 원자력안전위원회는 「원자력시설 등의 방호 및 방사능 방재 대책법」 등 관계법령에 따라 「원전 안전분야(방사능 누출) 위기관리 표준매뉴얼」 등을 운용 중이다.

### ■ 예 · 경보체계: 방사선 비상, 방사능 재난, 재난위기경보

이렇게 원자력 발전소에서 발생하는 방사선 누출사고와 관련하여서는 크게 '방사선 비상'과 '방사능 재난' 상황으로 구분된다. 먼저, '방사선 비상'이란 방사성 물질 또는 방사선이 누출되거나 누출될 우려가 있어 긴급한 대응조치가 필요한 상황에서 원자력사업자가 발령하는 조치이다. 표 2.6과 같이 국제원자력기구(International Atomic Energy Agency; IAEA)에서 전 세계적으로 규정하고 있는 표준에 따른 것으로 사고의 정도와 상황에 따라 백색비상 → 청색비상 → 적색비상의 3단계로 나뉜다.

### 표 2.6 방사선비상 종류 및 방사능재난

| 종 류 | | 정 의 |
|---|---|---|
| 방 사 선 비 상 | 백색비상 | • 방사선 영향이 <u>원자력시설 건물 내에 국한</u>될 것으로 예상되는 비상상태 (Facility Emergency)<br>－ 방사성물질의 밀봉상태의 손상 또는 원자력시설의 안전상태 유지를 위한 전원공급기능 손상이 발생하거나 발생할 우려가 있는 등의 사고 |
| | 청색비상 | • 방사선 영향이 <u>원자력시설 부지 내에 국한</u>될 것으로 예상되는 비상상태 (Site Area Emergency)<br>－ 백색비상에서 안전상태로의 복구기능의 저하로 원자력시설의 주요 안전기능에 손상이 발생하거나 발생할 우려가 있는 사고 |
| | 적색비상 | • 방사선 영향이 <u>원자력시설 부지 밖</u>으로 미칠 것으로 예상되는 비상상태 (General Emergency)<br>－ 노심의 손상 또는 용융 등으로 원자력시설의 최후방벽에 손상이 발생하거나 발생할 우려가 있는 사고 |
| 방사능 재난 | | • 방사선 비상이 국민의 생명과 재산 및 환경에 피해를 줄 수 있는 상황으로 확대되어 국가적 차원의 대처가 필요한 상황 |

또한, 이러한 방사선 비상이 국민의 생명과 재산 및 환경에 피해를 줄 수 있는 상황으로 확대되어 국가적 차원의 대처가 필요한 상황에서는 원자력안전위원회에서 '방사능 재난'을 선포하게 된다. 일반적으로 방사능 재난은 방사선 비상보다 더 심각

한 재난 상황으로 인식되지만 방사능 재난이 방사선 비상의 최고단계인 적색비상보다 상위단계라는 의미는 아니다. 방사능 재난은 방사선 비상과는 별개의 개념으로 선포되며 방사선 비상의 적색단계뿐만 아니라 청색단계에서도 선포될 수 있다.

국가적 대응태세인 재난위기경보는 표 2.7과 같이 방사선 비상 이전에는 관심, 주의단계를 적용하여, 이후 방사선 비상 이후에는 단계적으로 경계, 심각단계를 적용하여 대응하게 된다. 이와 연계하여 재난의 심각도, 파급성 등에 따라 중앙정부 또는 범정부적 대처가 필요한 경우 중앙사고수습본부, 중앙재난안전대책본부 등이 가동된다.

표 2.7 재난위기경보 기준

| 구분 | 방사선 비상단계 | 기 준 |
|---|---|---|
| 관심 | – | 기기 고장·결함 등으로 인한 운전요건을 벗어난 비정상적 상태 |
| 주의 | – | 방사선 비상으로 확대 가능성이 있는 계통의 경보발생 |
| 경계 | 백색비상 | 사고확대 가능성이 없는 안전계통에 심각한 기능 상실 |
| 심각 | 청색비상 | 사고확대 가능성이 있는 안전계통에 심각한 기능 상실 |
| | 적색비상 | |

### ■ 국제원자력 사건등급

이외에도 국제원자력기구(IAEA)에서는 원자력시설 사고에 대해 표 2.8과 같이 0~7등급으로 분류되는 통일된 평가척도를 제시하고 있는데, 이를 '국제원자력사건등급(International Nuclear Event Scale; INES)'이라고 한다. 이때 0~3등급은 고장으로 분류되고 4~7등급은 사고로 분류된다. 이 사건등급은 앞에서 설명한 비상단계와 연계될 수 있는데, 2등급 수준이 백색비상에 해당하며, 3등급은 청색비상, 4~7등급은 적색비상에 해당한다. 1등급은 단순고장으로 비상단계에는 해당되지 않는다.

우리나라에서 발생한 최고등급의 사고는 1등급으로 2000년 한울 6호기의 원자로 냉각재 펌프가 정지되어 원자로가 자동정지한 사고였다. 한편 우리나라의 경우 그동안 총 7회의 백색비상(2021년 기준)이 선포된 바 있는데, 이는 백색비상 단계에 도달해서라기보다는 선제적인 조치로서 사고단계도 2등급으로 분류되지 않았다.

표 2.8 국제 원자력 사건등급

| 분류 | 등급 | 분류 기준 | 발생 사례 |
|---|---|---|---|
| 사고 | 7 | 한 국가 이외의 광범위한 지역으로 방사능 피해를 주는 대량의 방사성물질 방출사고 | 일본 후쿠시마 원전 폭발사고(2011년)<br>− 인근해역에서 발생한 지진해일(지진규모 9.0)로 비상발전기 침수 등 외부전원 공급실패 → 핵연료 노심용융, 1~4호기 수소폭발, 원자로용기 노출 등 발생<br>− 피해규모 미확정<br><br>舊소련 체르노빌 원전 폭발사고(1986년)<br>− 근무자가 안전수칙을 지키지 않고 가동중 지된 터빈을 시험하다 원자로 폭발<br>− 방사선물질 10여 일간 유출, 사망자 300여명, 주변 30km 주민 13만여 명 이주 |
| | 6 | 방사선 비상계획의 전면적인 시행이 요구되는 정도의 방사능 피해를 주는 다량의 방사성물질 방출사고 | |
| | 5 | 방사선 비상계획의 부분적인 시행이 요구되는 정도의 방사선 피해를 주는 제한된 양의 방사성물질 방출사고<br>−(예시) 원자로 노심의 심한 손상 | 미국 TMI 원전 노심용융 사고(1979년)<br>− 정상운전 중 2차 측 급수상실로 1차 측 냉각재 온도·압력이 상승하고 이후 냉각재 상실로 핵연료 노심 용융 발생<br>− 인근 주민 경미한 방사선 피폭, 제염작업 등 복구에 12억 달러 지출, 원전 영구 폐쇄 |
| | 4 | 연간 허용제한치 정도로 일반인이 피폭받을 수 있는 비교적 소량의 방사성물질 방출사고로서 음식물의 섭취제한이 요구되는 사고<br>−(예시) 원자로 노심의 일부손상 또는 종사자의 치사량 피폭사고 | 일본 JCO사* 임계사고(1999년)<br>− 핵연료 가공공장에서 고속증식로 공급 우라늄 변환작업 중 임계사고 발생<br>− 현장작업자 3명 중대한 방사선 피폭, 49명 경미한 방사선 피폭 |

| 분류 | 등급 | 분류 기준 | 발생 사례 |
|---|---|---|---|
| 고장 | 3 | 사고를 일으키거나 확대시킬 가능성이 있는 안전계통의 심각한 기능 상실<br>-(예시) 발전소 내의 중대한 방사능 오염확산 또는 종사자의 급성 방사선 장애·사건, 사고로 확대가능한 안전계통의 심각한 기능 상실 | 스페인 반데로스 원전 화재사고(1989년)<br>- 터빈발전기의 기계적 결함으로 관련계통의 수소가 윤활유와 함께 누설되면서 화재발생 → 6시간 동안 지속<br>- 방사능물질 누출 없음 |
| 고장 | 2 | 사고를 일으키거나 확대시킬 가능성은 없지만 안전 계통의 재평가가 요구되는 고장<br>-(예시) 연간 제한치 이상의 종사자 과피폭 또는 오염확산 사건, 사고로 확대 가능성이 없는 안전계통의 중요 고장 | 프랑스 시보원전 냉각재 누설사고(1998년)<br>- 50% 시운전 시험완료 후 냉각단계에서 배관 등에 균열이 발생하여 냉각재 누설<br>- 방사능물질 누출 없음 |
| 고장 | 1 | 기기 고장, 종사자의 실수, 절차의 결함으로 인하여 운전 요건을 벗어난 비정상적인 상태<br>-(예시) 원전의 안전에 영향을 미치지 않는 비정상 상태 | 한울 6호기 원자로 정지(2000년)<br>- 원자로 냉각재 펌프 2대 정지로 인한 원자로 자동정지<br>그 밖의 경미한 고장 |
| 고장 | 0 | 정상운전의 일부로 간주되며 안전성에 영향이 없는 고장 | |

* 국제원자력기구에서 규정한 accident를 사고로, incident를 고장으로 번역하였으며, event(사건) = accident (사고) + incident(고장)임

* 출처: 원자력안전위원회 & 산업통상자원부(2016)

■ 방사능 재난 비상조직

방사능 재난에 대한 비상조직은 일반적인 재난조직과는 일부 상이한 모습을 보인다. 먼저, 일반 재난상황에서의 중앙재난안전대책본부는 방사능 재난의 경우, 원자력안전위원회 위원장이 본부장이 되는 중앙방사능방재대책본부가 대신한다. 이 경우, 범정부 차원의 통합 대응이 필요하다고 인정되는 등의 경우에는 국무총리가 본부장의 권한을 행사할 수 있다. 중앙방사능방재대책본부장은 중앙행정기관의 차관 등이 참석을 통해 중앙행정기관의 관련업무를 총괄하면서 현장방사능방재지휘센터장과 방사능방호기술지원본부장 및 방사선비상의료지원본부장 등을 지휘한다.

현장에는 원자력안전위원회 사무처장이 센터장인 현장방사능방재지휘센터가

가동되어 현장 대응활동을 총괄 지휘한다. 이때 부센터장은 원자력안전위원회와 행정안전부의 국장급 공무원이 각각 맡는다. 현장방사능방재지휘센터에는 그 소속으로 연합정보센터, 합동방사선감시센터, 합동방사선비상진료센터 등을 두는데, 특히 연합정보센터는 정보허브의 역할을 하며 방사능 사고에 대한 정확하고 일관된 정보를 제공하며 보도자료 제공, 기자회견 등 언론대응을 총괄하게 된다.

현장방사능방재지휘센터장은 관계기관 파견관으로 구성된 자문기구인 합동방재대책협의회를 주관하며 주민대피, 음식물 섭취제한, 갑상샘 방호약품 배포 등과 같은 긴급 주민보호조치의 결정을 하고, 방사능재난 등이 발생한 지역의 식료품과 음료품, 농·축·수산물의 반출 또는 소비 통제 등의 결정도 하게 된다. 또한, 시·군·구 방사능방재대책본부장을 지휘하고, 중앙행정기관·지방자치단체 등에서 파견된 방재요원에 대한 임무부여의 권한도 가진다.

행정안전부에는 이러한 현장방사능방재지휘센터를 통해 결정된 주민대피 등 주민보호 조치의 효율적인 시행을 위하여 주민보호지원본부가 운영된다. 본부장은 중앙방사능방재대책본부장이 원자력안전위원장인 경우에는 행정안전부 실장급 공무원이 맡으며, 중앙방사능방재대책본부장이 국무총리가 된 경우에는 행정안전부 차관급 공무원이 맡게 된다.

시·도와 시·군·구에도 각각 지방자치단체장이 본부장인 지역방사능방재대책본부가 가동된다. 지역방사능방재대책본부의 가장 중요한 역할은 현장방사능방재지휘센터장의 총괄지휘를 받아 현장에서의 주민보호 조치의 이행이라고 할 수 있다. 원자력사업자의 경우에도 원자력시설비상대책본부를 가동하여 사고확대 방지 등의 조치를 취하면서 다른 비상기구에 사고 및 복구상황에 대한 보고 등을 수행한다.

전문기관으로는 원자력안전기술원장이 본부장인 방사능방호기술지원본부와 한국원자력의학원장이 본부장인 방사선비상의료지원본부가 있다. 방사능방호기술지원본부는 방사능재난의 수습에 필요한 기술적 사항을 지원하는 역할을 하게 되며, 방사선비상의료지원본부는 방사능재난으로 인하여 발생한 방사선 상해자 또는 상해우려자에 대한 의료상의 조치를 취하게 된다. 방사능재난으로 인한 비상진료를 위해 평상시에도 전국 일원에 방사선비상진료기관이 지정되어 있다(2021년 기준 31개소).

표 2.9 비상조직별 구성 및 기능

| 구 분 | 기 능 | 구 성 | 가동<br>시기 |
|---|---|---|---|
| 중앙방사능<br>방재대책본부 | • 중앙재난안전대책본부에 상응하는 재난대응 총괄 기구 | • 본부장: 국무총리 또는 원자력안전위원장<br>• 구 성: 행정안전부, 국방부 등 18개 관계부처 차관급, 원자력안전기술원장, 원자력의학원장 | 청색<br>비상 |
| 현장방사능<br>방재지휘센터 | • 현장사고수습 총괄기구<br>• 시·군·구 방사능방재대책본부, 원자력사업자 비상대책본부 등 지휘<br>• 대피·소개, 방호약품 배포 등 주민보호조치 결정 | • 센터장: 원자력안전위원회 사무처장<br>• 구 성: 관계부관 파견관 약 200명<br>※ 가동준비 단계에서는 지역사무소가 기능을 대행 | 청색<br>비상 |
| 주민보호<br>지원본부 | • 대피·소개, 방호약품 배포 등 주민보호조치 이행 지원 | • 본부장: 행정안전부 차관급 또는 재난협력실장<br>• 구 성: 관계기관 파견관 약 60명 | 청색<br>비상 |
| 지역<br>방사능방재<br>대책본부 | • 대피·소개, 방호약품 배포 등 주민보호조치 이행<br>• 긴급구조, 교통통제 등 | • 본부장: 시·도지사, 시·군·구청장<br>• 구 성: 관계기관 파견관 약 60명 | 백색<br>비상 |
| 원자력사업자<br>비상대책본부 | • 사고의 확산방지 및 수습<br>• 제염활동, 피해복구 등 | • 본부장: 원자력사업자 대표<br>• 구 성: 원자력사업자 직원 약 180~200명 | 청색<br>비상 |
| 방사능방호<br>기술지원본부 | • 방사능재난 수습에 필요한 기술적 사항 지원<br>　– 방사선 측정 및 영향평가 등 | • 본부장: 원자력안전기술원장<br>• 구 성: 원자력안전기술원 직원 약 20명 | 청색<br>비상 |
| 방사선비상<br>의료지원본부 | • 방사선 피폭자에 대한 제염·치료 등 의료조치 | • 본부장: 원자력의학원장<br>• 구 성: 원자력의학원 직원 약 20명 | 청색<br>비상 |

## ■ 방사선비상계획구역: 예방적보호조치구역+긴급보호조치계획구역

원자력시설에서 방사능의 누출사고가 발생하면 실내 보호형 또는 실외 소개형 (이동형) 대피와 같이 주민보호대책이 긴급하게 시행되어야 하는데, 이를 위해 원자력시설 인근에는 사전에 설정한 구역을 '방사선비상계획구역(Emergency Planning Zone; EPZ)'이라고 한다.

방사선비상계획구역은 좀 더 세분화되는데, 원자력 발전소 주변에 반경 3~5km 구역에 방사선비상이 발생할 경우에 사전에 주민을 소개 대피시키는 등 예방적으로 주민보호조치를 실시하기 위해 정하는 '예방적보호조치구역(Precautionary Action Zone; PAZ)'이 있다. 이외에, 원자력 발전소 주변에 반경 20~30km 주변에 방사능영향평가 또는 환경감시결과를 기반으로 주민에 대해 긴급보호조치를 위해 정하는 '긴급보호조치계획구역(Urgent Protective Action Planning Zone; UPZ)'으로 구분된다. 즉, 일반적인 어감과는 다르게 '긴급보호조치계획구역'이 '예방적보호조치구역'에 비해 좀 더 광범위한 방사선비상계획구역이다.

### 표 2.10 방사선비상계획구역(EPZ)의 종류

| 종 류 | 정 의 | 기 준 |
|---|---|---|
| 예방적보호조치구역 (Precautionary Action Zone; PAZ) | 방사선비상이 발생할 경우 사전에 주민을 소개 대피시키는 등 예방적으로 주민보호조치를 실시하기 위해 정하는 구역 | 원자력 발전소 주변에 반경 3~5km[4] |
| 긴급보호조치계획구역 (Urgent Protective Action Planning Zone; UPZ) | 방사선비상이 발생할 경우 방사능영향평가 또는 환경감시 결과를 기반으로 주민에 대한 긴급보호조치를 위해 정하는 구역 | 원자력 발전소 주변에 반경 20~30km |

## ■ 비상단계별 주요 대응조치

먼저, 방사선 비상단계 중 백색비상에서는 해당지역에 시·도 및 시·군·구 방사능방재대책본부가 설치·운영되며, 현장방사선지휘센터가 설치·운영되기 전까지 원자력안전위원회 내에 연합정보센터가 우선 설치·운영된다. 이 밖에 기관별로 정규비상 조직을 축소한 형태, 즉 조직의 장이 차선임자이며, 인원구성이 상대적으로 적은 예비 비상조직을 운영하게 된다. 백색단계에서는 방사성 물질의 누출 가능성이 없으므로 주민대피 조치는 필요 없으며, 경보망 등을 통한 주민 상황통보도 없다. 다

---

4) 구역을 나누는 기준이 3~5km 또는 20~30km로 일정한 반경이 아니라 범위로 표현된 것은 행정구역의 단위로 구역을 지정하기 위한 목적이다.

만, 국민들의 알권리 차원에서 언론 등을 통해 발령사실을 공개하고 있다.

이후 청색비상이 선포되면 이러한 예비 비상조직이 정규 비상조직으로 전환되며, 주민보호조치 준비를 하게 된다. 아직 방사선 영향이 부지 내에 한정되어 있는 상황이기는 하지만, 필요에 따라 예방적보호조치구역(원전 중심 반경 3~5km)에서의 어린이, 노약자 등 안전취약계층에 대해 우선 실외 소개식 대피를 실시하기도 한다.

이후, 적색비상이 선포되면 방사능 영향이 원자력 발전소 부지 밖으로 미칠 것으로 예상되는 상황이기 때문에 예방적보호조치구역(원전 중심 반경 3~5km)의 주민들을 즉시 사전에 지정된 구호소로 실외 소개식 대피가 실시되고 갑상선 방호약품도 지급된다. 갑상선 방호약품은 지자체 판단에 따라 사전에 배포될 수 있으나, 복용은 원자력안전위원회의 별도 지시에 따라 이루어지므로 임의로 복용해서는 안 된다.

방사능 재난이 선포되면 방사선영향평가 및 환경감시결과에 따라 추가적인 주민보호조치가 이루어진다. 이 경우에는 바람의 방향 등을 고려하여 긴급보호조치구역(원전 중심 반경 20~30km) 내 영향이 있거나 우려되는 주민들에 대한 실내 보호형 대피, 실외 소개형 대피 등 적절한 주민보호조치가 결정되게 된다. 실내 보호형 대피의 경우 외부공기가 집으로 들어오지 않게 모든 창문을 닫고 환풍기, 에어컨은 꺼야 한다. 필요에 따라 이러한 긴급보호조치구역(20~30km) 내 주민보호조치는 적색비상 단계에서 실시될 수도 있다.

표 2.11 방사선 비상단계별 대응조치

| 구분 | 대응조치 | | |
| --- | --- | --- | --- |
| | 백색비상 | 청색비상 | 적색비상 |
| 원자력사업자 | 1. 방사선비상에 관해 원자력안전위원회 등에 상황 보고<br>2. 방사능비상에 관한 정보의 공개<br>3. 방사선사고 확대방지를 위한 응급조치 및 응급조치요원 등의 방사선피폭을 저감하기 위하여 필요한 방사선 방호조치<br>4. 비상대책실 등 비상대응시설의 운영<br>5. 원자력시설 건물 내에서 방사능비상으로부터 방사능에 오염되거나 방사선에 피폭된 자와 원자력사업자의 종업원 중 방사능에 오염되거나 방사선에 피폭된 자에 대한 응급조치 | 1. 백색비상란 제1호 내지 제4호에 규정되어 있는 대응조치<br>2. 원자력사업자 비상대책본부의 설치·운영<br>3. 지역방사능방재대책본부 등에 방재요원의 파견, 기술적 사항의 자문, 방사선측정장비 등의 대여 등 지원<br>4. 원자력시설 부지 내에서 방사능비상으로부터 방사능에 오염되거나 방사선에 피폭된 자와 원자력사업자의 종업원 중 방사능에 오염되거나 방사선에 피폭된 자에 대한 응급조치 | 청색비상란 제1호에서 제4호까지에서 정한 대응조치 |
| 원자력안전위원회 | 1. 원자력사업자로부터 보고받은 방사선비상 상황을 관련기관에 통보<br>2. 연합정보센터의 설치·운영 | 1. 백색비상란 제1호의 대응조치<br>2. 방사선비상의 사고 정도와 그 상황이 방사능재난의 선포기준에 해당하여 방사능재난 발생을 선포한 경우<br>　가. 방사능재난 선포를 관련기관에 통보<br>　나. 국무총리를 거쳐 대통령에게 방사능재난 상황의 개요 등을 보고<br>　다. 시·도지사 및 시장·군수·구청장으로 하여금 방사선영향을 받을 우려가 있는 지역 안의 주민에게 방사능재난의 발생상황을 알리게 하고 필요한 대응토록 조치<br>3. 중앙방사능방재대책본부의 설치·운영<br>4. 현장방사능방재지휘센터의 설치 및 센터장의 지명 | 청색비상란 제1호부터 제4호까지에서 정한 대응조치 |

| 구분 | 대응조치 | | |
|---|---|---|---|
| | 백색비상 | 청색비상 | 적색비상 |
| 중앙방사능<br>방재대책본부 | | 1. 중앙방사능방재대책본부의 설치<br>2. 현장방사능방재지휘센터의 장에<br>대한 지휘<br>3. 방사능방호기술지원본부, 방사선<br>비상의료지원본부 및 주민보호지<br>원본부의 장에 대한 지휘 | 청색비상란<br>제1호부터<br>제3호까지에<br>서 정한 대응<br>조치 |
| 행정안전부 | | 주민보호대책본부의 설치 · 운영 | 청색비상란<br>에 따른 대응<br>조치 |
| 현장방사능<br>방재지휘센터 | | 1. 현장방사능방재지휘센터의 운영<br>2. 센터내에 연합정보센터, 합동방사<br>선감시센터 및 합동방사선비상진<br>료센터의 설치 · 운영<br>3. 방사능재난 등의 수습을 위한 권<br>한의 행사<br>　가. 시 · 군 · 구 방사능방재대책본<br>　　부의 장에 대한 지휘<br>　나. 중앙행정기관, 지방자치단체 및<br>　　지정기관에서 파견된 관계관<br>　　에 대한 임무 부여<br>　다. 대피, 소개(疏開), 음식물 섭<br>　　취 제한, 갑상샘 방호 약품<br>　　배포 · 복용지시 등 긴급 주민<br>　　보호 조치의 결정<br>　라. 방사능재난 등이 발생한 지역의<br>　　식료품과 음료품, 농 · 축 · 수<br>　　산물의 반출 또는 소비 통제<br>　　등의 결정<br>　마. 대피명령, 위험구역의 설정,<br>　　강제대피조치 등의 결정<br>　바. 긴급구조 현장에서 활동을 위<br>　　한 회전익항공기의 운항 결정<br>　　및 긴급구조통제단의 방사선<br>　　방호조치 | 청색비상란<br>제1호 내지<br>제3호에 규정<br>되어 있는<br>대응조치 |

| 구분 | 대응조치 | | |
|---|---|---|---|
| | 백색비상 | 청색비상 | 적색비상 |
| 시·도 및 시·군·구 | 지역방사능방재대책본부의 설치·운영 | 1. 백색비상란 제1호에 규정되어 있는 대응조치<br>2. 방사선비상의 사고 정도와 그 상황이 방사능재난의 선포기준에 해당하여 방사능재난 발생을 선포한 경우에 현장방사능방재지휘센터장이 제3호의 다부터 마목까지의 사항을 결정한 경우 이의 시행 | 청색비상란 제1호 및 제2호에 규정되어 있는 대응조치 |

■ **주민보호조치 시행방법: 실외 소개형 대피방법**

원자력안전위원회에서 주민들에 대해 실외 소개형 대피를 지시하게 되면 상대적으로 다른 재난상황과는 달리 대피범위와 이동거리가 크다. 따라서 대상주민들은 지방자치단체 방사능방재요원의 안내에 따라 우선 마을 주변의 '집결지'에 집결한 다음에 준비된 교통편을 이용하여 사전에 지정된 구호소로 이동하게 된다.

이때 집결지는 통상 마을회관, 기차역, 초등학교, 면사무소 등 마을 주민 누구나 알고 있고 버스 등 교통수단이 정차할 수 있는 곳으로 지방자치단체에서 안내하게 된다. 구호소는 주민들이 방사능 영향(방사능 구름)을 피해 2~7일 정도 생활할 수 설비가 갖추어진 학교, 강당 등으로 지정하고 있다.

청색 또는 적색비상 단계이상에서 주민대피가 결정되면, 주민들에게 관련사항을 신속하게 알리는 것은 매우 중요하다. 일단 예방적보호조치구역(3~5km)에 거주하는 주민들에게는 원자력사업자가 사업자경보망을 통해 직접 대상주민에게 대피상황을 방송으로 알리게 되어 있다. 이 밖에서도 긴급보호조치계획구역(20~30km)을 포함한 전체 방사선비상계획구역에 거주하는 주민에게는 기초자치단체에서 민방위경보망, 가두방송, 직접방문, 이·통장을 통한 전달 등 가용한 방법을 통해 안내하게 된다. 또한, 원자력안전위원회 등에서는 재난문자방송 송출도 병행하게 된다.

## 2.3 유해화학물질 사고

### (1) 재난발생 및 특성

■ **유해화학물질의 정의와 분류**

유해화학물질은 그 단어 자체로는 우리에게 익숙할 수 있으나 명확한 정의는 결코 쉽지 않다. 이는 유해화학물질을 관장하는 기관과 법령이 다양한 데다 상호간에 서로 중복되거나 사각지대로 존재하기도 하기 때문이다. 세부적으로 보면 유해화학물질은 「화학물질관리법」에 따라 환경부가 관장하는 사고대비물질·유독물질·허가물질·제한물질·금지물질, 「고압가스안전관리법」에 따라 산업통상자원부가 관장하는 독성가스, 「산업안전보건법」에 따라 고용노동부가 관장하는 유해·위험물질, 「위험물안전관리법」에 따라 소방청이 관장하는 위험물 등을 포괄하는 명칭이다. 하지만 유해화학물질의 상당수가 이러한 다양한 분류체계에서 중복으로 지정되거나 한편으로는 누락되어 사각지대로 존재하기도 한다.

---

✍ **유해성(有害成, Hazard)과 위험성(危險性, Risk)**

우리는 흔히 어떤 화학물질에 대해 '유해하다' 또는 '위해하다'라는 표현을 자주 쓰는데, 혼동하는 경우가 많지만 분명하게 다른 표현이다. 관계법규에 따르면 '위해성'이란 화학물질의 독성 등 사람의 건강이나 환경에 영향을 미치는 화학물질 고유의 성질로 정의하고 있으며, '위험성'은 이러한 유해성이 있는 화학물질에 노출됨으로써 사람의 건강이나 환경에 피해를 줄 수 있는 정도로서 장해가 발생할 가능성과 건강에 영향을 주는 정도의 조합으로 정의하고 있다.

예를 들어, 벤젠은 발암성이라는 고유의 성질(유해성)을 가지고 있는데, 벤젠의 발암성이 사람이나 환경에 어느 정도 피해를 줄 수 있는지(위험성)는 따로 평가를 해야 알수 있다. 이때 위해성은 유해성 크기에 노출량을 감안하여 평가하게 되는데, 유해성이 큰 경우에는 조금의 노출량으로도 사람에게 위해를 주지만, 유해성이 적은 경우에는 노출량이 많아야 위해를 주게 된다.

■ 위해성(Risk) = 유해성(Hazard) × 노출량(Exposure)

---

■ **유해화학물질 사고유형**

일반적으로 사고유형은 크게 누출 → 화재 → 폭발 순으로 발생하며, 최근에는 서로 복합화되는 추세이다. 발생장소를 보면 저장용기에서 가장 많은 사고가 발생하며, 다음으로 운송차량 → 배관부분 등의 순으로 발생하고 있다. 또한, 사고원인인 인적사고 중 대부분(67%)이 운전자의 부주의로 발생하고 있다. 최근통계(2003~2015년)를 살펴보면 연평균 사망자 3.4명, 부상자 42.2명이 발생하고 있다. 국내외에서 발생한 주요 유해화학물질 사고사례를 보면 표 2.12 및 표 2.13과 같다.

표 2.12 주요 화학물질 사고(국내)

| 사고사례 | 주요 내용 | 비 고 |
|---|---|---|
| ㈜고려아연<br>황산<br>누출사고 | • 일시: 2016.6.28<br>• 장소: 울산 울주군 고려아연㈜ 온산제련소<br>• 원인: 황산제조시설 보수준비 작업을 위해 시설내부 잔류황산<br>  (70%) 배수작업 중 황산유출 | 인명피해: 6명<br>− 사망: 2명<br>− 부상: 4명 |
| ㈜여수해양<br>조선소<br>암모니아<br>누출사고 | • 일시: 2014.7.31<br>• 장소: 전남 여수시 돌산읍 ㈜여수해양조선소<br>• 원인: 조선소 내 도크 위에서 참치 원양어선 선박 수리 작업 중 참<br>  치 냉동용으로 사용하는 암모니아 용기 파손되어 가스 누출 | 인명피해: 20명<br>− 사망: 1명<br>− 부상: 19명 |
| 두루케미칼<br>유증기<br>폭발사고 | • 일시: 2014.4.18<br>• 장소: 경기 안산시 단원구 초지동 652−9<br>• 원인: 우레탄수지 생산동 반응기 혼합과정에서 발생한 유증기에 의<br>  한 폭발 추정 | 인명피해: 3명<br>− 사망: 1명<br>− 부상: 2명 |
| 빙그레<br>암모니아<br>누출사고 | • 일시: 2014.2.13<br>• 장소: 경기 남양주시 빙그레 도농2공장<br>• 원인: 건물 내 원인 불명 폭발에 따른 구조물 붕괴로 암모니아 이송<br>  배관이 파손되어 암모니아 누출 | 인명피해: 4명<br>− 사망: 1명<br>− 부상: 3명 |
| 삼성전자㈜<br>불산<br>누출사고 | • 일시: 2013.1.27<br>• 상소: 경기 화성시 삼성전자㈜<br>• 원인: 반도체 생산 공정 라인 불산가스 밸브 교체작업 중 불산가스<br>  누출로 인한 인명피해 발생 | 인명피해: 5명<br>− 사망: 1명<br>− 부상: 4명 |
| ㈜휴브<br>글로벌<br>불산<br>누출사고 | • 일시: 2012.9.27<br>• 장소: 경남 구미시 구미4공단 내 ㈜휴브글로벌<br>• 원인: 불화수소가스 적재 탱크로리(20톤)에서 공장 저장탱크로 옮<br>  기던 중 약8톤 누출, 기체상태로 확산 | 인명피해: 23명<br>− 사망: 5명<br>− 부상: 18명 |
| ㈜코오롱유화<br>폭발사고 | • 일시: 2008.3.1<br>• 장소: 경북 김천시 ㈜코오롱유화<br>• 원인: 페놀수지 제조공정 폭발사고로 화재 진화과정에서 살수된 소<br>  방용수로 인해 페놀이 인근 하천으로 유입 | 인명피해: 16명<br>− 사망: 2명<br>− 부상: 14명 |
| 호남석유<br>화학<br>폭발사고 | • 일시: 2003.10.3<br>• 장소: 전남 여수시 ㈜호남석유화학<br>• 원인: 폴리에틸렌 공정 HP반응기 라인 청소 작업 중 배관으로 통해<br>  헥산(추정) 누출 및 폭발 | 인명피해: 7명<br>− 사망: 1명<br>− 부상: 6명 |
| 호성케맥스<br>화학반응<br>폭발사고 | • 일시: 2000.8.24<br>• 장소: 전남 여수시 호성케맥스㈜ MEK−PO 공정<br>• 원인: MEK−PO와 황산 혼합공정 내 중화작업 제외로 인한 화학반<br>  응으로 폭발 | 인명피해: 25명<br>− 사망: 6명<br>− 부상: 19명 |
| 화인케미칼<br>포스겐가스<br>누출사고 | • 일시: 1994.9.8<br>• 장소: 전남 여수시 여천공단 내 ㈜한국화인케미칼<br>• 원인: TDI 제조공정 중 압력 과다로 인한 배관 파열로 염산, TDI,<br>  포스겐가스 누출 | 인명피해: 57명<br>− 사망: 3명<br>− 오염: 54명 |

* 출처: 유해화학물질 유출사고 위기관리표준매뉴얼(2019)

## 표 2.13 주요 화학물질 사고(국외)

| 사고사례 | 주요 내용 | 비 고 |
|---|---|---|
| 미국 텍사스 비료시설 폭발사고 | • 일시: 2013.4.30<br>• 장소: 미국 텍사스 비료공장 폭발사고<br>• 원인: 질산나트륨(245톤), 암모니아(50톤) 저장탱크 누출에 의한 폭발 | 인명피해: 214명<br>－ 사망: 14명<br>－ 부상: 200명 |
| 미국 미주리 염화수소 누출사고 | • 일시: 2002.8.14<br>• 장소: 미국 미주리 DPC Enterprise<br>• 원인: 염화수소 이송 호스 저급부품 사용하여 이송과정 중 호스 파열로 48,000파운드 누출 | 인명피해<br>－ 부상 66명 |
| 미국 텍사스 유독물질 폭발사고 | • 일시: 1989.10.23<br>• 장소: 미국 텍사스 필립스 석유화학공장<br>• 원인: 폴리에틸렌 공장의 반응기 연쇄 폭발 | 인명피해: 153명<br>－ 사망: 23명<br>－ 부상: 130명 |
| 스위스 바젤 유독물질 누출사고 | • 일시: 1986.11.1<br>• 장소: 스위스 바젤<br>• 원인: 화학 및 의약품 제조회사인 산도스사 내 화학 물질 저장소 화재로 화학물질(90여 종) 1,300톤 누출 | 재산피해<br>－ 400억 달러 |
| 인도 보팔 MIC누출 사고 | • 일시: 1984.12.2<br>• 장소: 인도 중부 보팔시<br>• 원인: 농약 제조 원료인 메틸이소시아네이트(Methylisocya－nate) 누출 | 인명피해: 202,800명<br>－ 사망: 2,800명<br>－ 부상: 20만 명 |
| 멕시코 멕시코시티 LPG 누출사고 | • 일시: 1984.11.19<br>• 장소: 멕시코 멕시코시티<br>• 원인: LPG 누출로 BLEVE(Boiling Liquid Expanding Vapor Explosion) 현상으로 화재발생 | 인명피해: 3,150명<br>－ 사망: 650명<br>－ 부상: 2,500명 |
| 이탈리아 세베소 유독물질 유출사고 | • 일시: 1976.7.19<br>• 장소: 이탈리아 북부 밀라노 세베소<br>• 원인: TCP(트리클로로페놀) 반응용기 과열 및 고압으로 인해 밸브의 표면이 파열되어 유독물 TCBD(Tetra Chloro Benzo Dioxine) 누출 | 사고지역 임산부 유산율 34% |
| 영국 Flixborough 폭발사고 | • 일시: 1974.6.1<br>• 장소: 영국 Flixborough<br>• 원인: 반응기 수리 중 사이클로헥산 배관이 내압을 견디지 못하고 파열되어 누출 및 폭발 | 인명피해<br>－ 사망 28명 |

\* 출처: 유해화학물질 유출사고 위기관리표준매뉴얼(2016)

### (2) 재난대응 및 대책

유해화학물질에 대한 주된 근거법령은 환경부가 관장하는「화학물질관리법」이다. 하지만 유해화학물질의 분류 또는 종류에 따라 소관부처에 다르기 때문에 이외에도 관계법령으로 산업통상자원부가 관장하는「고압가스안전관리법」, 고용노동부가 관장하는「산업안전보건법」, 소방청이 관장하는「위험물안전관리법」등이 소관별로 적용된다. 과거에는 이러한 유해화학물질의 다양한 분류체계에서 어떤 유해화학물질이 소관부처별로 중복 지정되거나 누락되어 있어서 실제 사고가 발생하면 소관기관이 명확하지 않아 해당 물질에 대한 특성 또는 대응 정보가 신속하게 파악되지 않거나 신속하게 대응하는 데 어려움이 발생하기도 하였다.

이러한 문제를 해소하고자 2013년부터 환경부가 모든 유해화학물질 사고에 대한 재난관리 주관기관으로 지정되어 있으며, 다양한 기관별 유해화학물질을 통합관리하는 시스템 등을 구축하여 산하의 화학물질안전원, 유역 · 지방환경청 등을 통해 통합적으로 관리하고 사고시 대응하고 있다. 특히, 화학물질안전원은 24시간 가동되는 화학안전 종합상황실을 운영하고 유해화학물질에 대한 정보를 통합하여 관리하면서 각종 사고발생시 해당 화학물질에 대한 특성정보에 기초하여 화재진압 · 방제작업 방법 등 사고대응요령, 방제약품 판매업체 등 물자정보, 기상상황 등을 고려한 화학물질의 영향지역 예측정보 등을 24시간 제공하고 있다.

또한, 이러한 다양한 관계기관 간 효과적 위기관리를 위해 재난관리주관기관인 환경부에서는「유해화학물질 유출사고 위기관리 표준매뉴얼」등을 운용하고 있다.

#### ■ 예 · 경보체계: 재난위기경보

유해화학물질 누출시 개별적인 위험성에 대해서는 아래에서 설명되는 바와 같이 미국 국가화재보호협회(National Fire Protection Association; NFPA) 등이 정한 위험성 표기방법 등에 따라서 나타내고 있다. 또한, 이러한 위험성에 따른 영향정도에 대해서는 노출된 농도, 시간에 따라 다르기 때문에 별도의 노출기준 등이 마련되고 있다.

이 밖에 위해화학물질 누출시 국가적 대응태세와 관련된 재난위기경보의 발령기준으로 정량적 수치값은 없으나, 피해정도와 영향에 따라 대응해야 하는 기관을 발령기준으로 제시하고 있다. 또한, 이러한 발령기준에 근거하여 심각도, 파급성 등에 따라 중앙정부 차원 또는 범정부적 대처가 필요한 경우 중앙사고수습본부, 중앙재난안전대책본부 등이 가동된다.

표 2.14 재난위기경보 기준

| 구분 | 기　준 |
|---|---|
| 관심 | 위기징후는 나타나고 있으나 위기발전 가능성이 적은 상태 |
| 주의 | 피해정도와 영향이 경미하여 지방자치단체 차원의 대응이 필요한 사고 등 |
| 경계 | 피해정도와 영향이 커서 중앙정부 차원의 대처가 필요한 사고 등 |
| 심각 | 피해정도와 영향이 매우 커서 범정부적 대처가 필요한 사고 등 |

■ 위해화학물질에 대한 위험성 표기방법[5]

　　화학물질에 대한 제조, 저장, 사용시 물질의 위험성 정도를 알아야 비상상황 발생시 어떤 장비와 물질을 사용하여 어떻게 처리해야 할지 대책을 취할 수 있다. 이와 관련하여 미국 국가화재보호협회(National Fire Protection Association; NFPA)에서는 각종 화학물질에 대해 건강위험성(health hazard), 화재위험성(flammability hazard), 반응위험성(instability hazard)에 대한 정도를 각각 0~4등급으로 세분화[6]하고 특수위험성(special hazard)에 대해서는 W(물 반응성), OX(산화성), COR(부식성) 등과 같이 기호로 나타내고 있다. 이때 건강위험성이란 노출된 사람들의 건강에 미치는 영향정도를, 화재위험성은 주변 온도에 따른 발화 또는 인화의 위험정도를, 반응위험성은 충격·열에 의한 폭발, 화학반응 등 위험정도를 나타낸다.

그림 2.1. NFPA 코드

---

5) 실무적으로는 유해화학물질 유출시 화학물질 자체가 가지는 위험특성 외에도 상온에서 존재하는 상태, 즉 액체인지 기체인지가 매우 중요하다. 만약, 유출된 유해화학물질이 상온에서 액체로 존재한다면 직접적으로 접촉하지만 않으면 주변에 미치는 영향은 제한적일 뿐만 아니라 유출된 액체도 집수정 등에 모아서 폐기하면 된다. 하지만 상온에서 기체라면 주변에 가스로 퍼져서 가장 빈번하게 사용하는 물을 분무하는 방법만으로는 완전히 통제하기는 어렵다. 따라서 유해화학물질 유출시 끓는점, 즉 기화점을 신속하게 파악하여 상온에서의 물질의 상태를 파악하는 것이 매우 중요하다. 이를 통해 만약 상온에서 기체상태라면 가급적 신속하게 주변 사람들을 대피시키는 것이 필요하다.

6) 0(위험하지 않음), 1(다소 위험), 2(위험), 3(매우 위험), 4(치명적 위험)를 나타낸다.

■ **사고발생시 조치사항: 유해화학물질 노출기준**

유출된 유해화학물질 노출될 경우에는 건강과 생명에 영향을 주게 되는데, 이는 화학물질별로 노출된 농도, 시간에 따라 다르다. 따라서 화학물질별로 건강과 생명에 영향을 주는 기준을 미리 알고 있어야 할 필요가 있는데, 전 세계적으로는 ERPG(Emergency Response Planning Guidelines), AEGL (Acute Exposure Guideline Level), TEEL(Temporary Emergency Exposure Limits)의 기준을 사용하고 있다. 각 기준에 대해서는 일반적으로 3단계로 구분되는데, ERPG-1, ERPG-2, ERPG-3 등과 같이 표기된다. 이때 기준별로 세부 내용은 다르지만 기준을 나누는 의미는 다음과 같다.

- 1단계: 기준시간 이상 노출시 일시적으로 불쾌감을 주거나 건강에 악영향을 미칠 수 있는 수준 → 불쾌감
- 2단계: 기준시간 이상 노출시 당장 생명에 지장은 없으나 장기적으로 건강에 악영향을 미칠 수 있는 수준 → 장애
- 3단계: 기준시간 이상 노출시 당장 생명에 위협이 되는 건강상 악영향이 발생할 수 있는 수준 → 사망

이때 각 기준별로 가장 큰 차이점은 노출이 되는 기준시간인데, 예를 들어 ERPG와 TEEL은 1시간 이상을 기준으로, AEGL은 10분, 30분, 1시간, 4시간, 8시간 기준이 별도로 있다. 예를 들어, 불화수소(hydrogen fluoride)의 경우 다음과 같다. 이 경우, TEEL 기준은 ERPG의 기준과 유사하다.

따라서 동일한 화학물질에 대해 별도의 기준이 존재할 수도 있는데, 미국 에너지부(DOE)에서는 PAC(Protective Action Criteria)라고 하는 통합 기준을 제시하고 있다. PAC의 경우에는 3단계의 PAC-1, PAC-2, PAC-3와 같이 표기되는데, 통합 기준 작성시 첫 번째 고려할 값은 AEGL이며, 이 값이 없을 경우에는 ERPG 그리고 이것조차 없을 때는 TEEL값을 적용하도록 하고 있다. 이러한 차이를 별도로 정리하면 표 2.15와 같다.

표 2.15 다양한 유해화학물질 노출기준

| 구 분 | ERPG | AEGL | TEEL |
|---|---|---|---|
| 개발기관 | 미국 위생학회(AIHA) | 미국 환경보호청(EPA) | 미국 에너지부(DOE) |
| 단계 | ERPG-1, ERPG-2, ERPG-3 | AEGL-1, AEGL-2, AEGL-3 | TEEL-1, TEEL-2, TEEL-3 |
| 노출 기준시간 | 1시간 | 10분, 30분, 1시간, 4시간, 8시간 | 1시간 |
| 적용 물질수 | 145 | 131 | 3,387 |

표 2.16 ERPG와 AEGL 기준값 예시(불화수소, ppm)

| | 1시간 | | | 10분 | 30분 | 1시간 | 4시간 | 8시간 |
|---|---|---|---|---|---|---|---|---|
| ERPG-1 | 2 | | AEGL-1 | 1 | 1 | 1 | 1 | 1 |
| ERPG-2 | 20 | | AEGL-2 | 95 | 34 | 24 | 12 | 12 |
| ERPG-3 | 50 | | AEGL-3 | 170 | 62 | 44 | 22 | 22 |

■ 사고발생시 조치사항: 초기이격거리지역과 방호활동거리지역

유출사고가 발생하면 유해화학물질의 확산지역을 예측하는 것이 중요하다. 이를 위해서 화학물질안전원에서는 화학물질사고대응정보시스템(Chemical Accident Response Information System; CARIS)을 통해 예상되는 화학물질의 농도를 기반으로 하여 건강에 부정적 영향을 줄 것으로 예상되는 지역의 범위를 제공한다. 이에 따르면 사고지역은 초기이격거리와 방호활동거리 지역으로 구분된다.

이때 초기이격거리 지역이란 유해화학물질의 유출 초기에 유출된 지점을 둘러싼 근접 지역으로 신속하게 사람을 대피시키지 않으면 생명의 위협을 받을 정도로 유해 화학물질의 농도가 높은 지역을 말한다. 방호활동거리 지역은 유해화학물질이 유출된 이후 시간이 지나 확산되면서 생성된 지역으로 바람의 방향 또는 세기 등에 따라 주로 결정되며, 일정시간 노출되었을 경우에 사람들의 생명 또는 건강에 영향을 줄 수 있는 지역으로 사고지점으로부터 바람이 불어 가는 지역에 위치한다. 방호활동거리 지역은 유해화학물질의 위험농도에 따라 다시 위험지역, 준위험지역, 완충(또는 경계) 지역으로 세분되는데, 앞서 설명한 3가지 기준 중 ERPG 기준값을 기반하여 산정된다.

표 2.17 화학사고 피해영향 범위분류

| 종류 | 정 의 | |
|---|---|---|
| 초기이격<br>거리<br>지역 | • 유해화학물질의 유출 초기에 유출된 지점을 둘러싼 근접 지역으로 신속하게 사람을 대피시키지 않으면 생명의 위협을 받을 정도로 유해화학물질의 농도가 높은 지역 | |
| 방호활동<br>거리<br>지역 | • 유해화학물질이 유출된 이후 시간이 지나 확산되면서 생성된 지역으로 일정시간 노출되었을 경우에 사람들의 생명 또는 건강에 영향을 줄 수 있는 지역 | 〈 세부분류 〉<br>① 위험지역(ERPG-3 또는 Hot 지역): 1시간 이상 노출 시 당장 생명에 위협이 되는 건강상 악영향이 발생할 수 있음<br>② 준위험지역(ERPG-2 또는 Warm 지역): 1시간 이상 노출시 당장 생명에 지장은 없으나 장기적으로 건강에 악영향을 줄 수 있음<br>③ 완충지역(ERPG-1 또는 Cold 지역): 1시간 이상 노출 시 일시적으로 불쾌감을 주거나 건강에 악영향을 줄 수 있음 |

■ **사고발생시 조치사항: 주민대피**

특히, 환경부에서는 사고대비물질(97종) 중 확산, 화재(연소), 독성, 사고 등의 발생 가능성을 평가하여 주민대피가 필요한 화학물질 16종을 별도로 주민대피 대비물질[7]로 선정하고 있다. 따라서 이러한 화학물질의 유출사고가 발생한 경우에는 신속하게 주민대피를 실시하여야 한다.

앞서 「제14장. 재난대피」에서 설명한 바와 같이 일반적으로 주민대피는 가장 가까운 건물로의 실내 보호형 대피와 영향권역 밖으로의 실외 이동형 대피로 나누어진다. 유해화학물질 유출사고가 발생하면 그 영향범위를 정확하게 예측하기 어려워 실외에 있을 경우에는 화학물질에 노출될 수가 있다. 따라서 정확하게 영향범위가 예측되기 전까지 우선적으로 가장 가까운 건물로의 실내대피를 실시하여야 한다. 이때 실내에서는 외부의 공기가 들어오지 않도록 창문을 닫고 문틈을 막은 다음, 에어컨이나 난방기, 환풍기 등의 가동을 중지하여야 한다. 인근 차량운전자에게는 유해화학물질 누출지점 등의 정보를 재난문자방송 등을 통해 긴급하게 알려서 해당지역에 접근하지 못하도록 해야 한다. 이 경우에도 사고지역 인근을 지나는 차량운전

---

7) 주민대피 대비물질: i) [1그룹 5종] 플루오르화수소(불산), 염소, 암모니아, 포름알데히드, 염화수소(염산), ii) [2그룹 5종] 트리클로로붕소, 산화에틸렌, 황화수소, 포스겐, 트리메틸아민, iii) [3그룹 6종] 불소, 이산화염소, 헥사플루오로-1,3-부타디엔, 시안화수소, 메틸아민, 삼염화실란.

자의 경우에도 창문을 닫고 에어컨 등의 가동을 중단하며 외부 공기가 차량 내부로 들어오는 것을 방지해야 한다.

이후 화학물질의 영향범위가 예측되고 화학물질의 잔류시간이 길어질 것으로 예상되면 영향권역 밖의 안전한 곳으로 신속하게 이동 대피하여야 한다. 화학물질이 유출된 상황에서의 이동시에는 가급적 바람에 의해 이동하는 화학물질에 대한 노출을 최소화하기 위해 우의나 비닐로 직접 피부가 노출되지 않도록 하고 수건 등을 이용하여 코, 입을 감싸고 최대한 멀리 대피하여야 한다. 일반적으로 유해화학물질은 대부분 공기보다 무겁기 때문에 가능한 높은 곳으로 대피하는 것이 좋지만 화학물질에 따라 특성이 다르기 때문에 관계기관에서 제공하는 정보에 따라 움직이는 것이 안전하다.

유해화학물질의 유출지점이 바람이 불어 가는 방향에 위치하여 바람에 유해화학물질이 포함되지 않은 경우에는 바람을 안고 이동해야 하며, 바람이 불어오는 방향에 위치하여 유해화학물질이 날아오는 경우에는 바람이 불어오는 방향과 직각방향으로 신속하게 이동하여야 한다. 안전한 곳으로 대피한 후에는 온몸을 깨끗이 씻고 노출된 의류 등은 밀봉하여 버리는 것이 좋다.

## 2.4 제조업, 건설업 등 산업현장 사고(산업재해)

### (1) 재난발생 및 특성

#### ■ 산업재해의 정의

「산업안전보건법」 제2조에 따라 산업재해는 "노무를 제공하는 사람이 업무에 관계되는 건설물·설비·원재료·가스·증기·분진 등에 의하거나 작업 또는 그 밖의 업무로 인하여 사망 또는 부상하거나 질병에 걸리는 것"을 말한다.

제조공장, 건설현장 등과 같은 산업현장에서 발생하는 사고는 일반적으로 그 피해가 해당 사업장에 국한되므로 재난이라기보다는 일상적 사고로 분류된다. 하지만 우리나라는 급속한 산업화 과정에서 이윤추구를 목적으로 하는 산업현장에서 안전은 이윤에 비해 뒷전으로 생각되어 왔으며, 이로 인해 산업재해가 빈발하면서 국민적 관심도가 증가하고 있다. 이에 따라 정부에서는 산업재해에 대해서도 「사업장 대규모 인적사고 위기대응 표준매뉴얼」 등을 제정하여 재난에 준하여 관리하고 있다.

「산업안전보건법」에서는 산업재해 중 사망 등 재해 정도가 심하거나 다수의 재해자가 발생한 경우로서 중대재해를 별도로 정의하여 특별히 관리하고 있다. 같은

법 제2조 제2항에 따라 중대재해는 산업재해 중 i) 사망자가 1명 이상 발생하거나, ii) 3개월 이상의 요양이 필요한 부상자가 동시에 2명 이상 발생 또는 iii) 부상자 또는 직업성 질병자가 동시에 10명 이상 발생한 경우로 정의하고 있다.

이러한 「산업안전보건법」상 중대재해와 별도로 「사업장 대규모 인적사고 위기대응 표준매뉴얼」에서는 해당 표준매뉴얼이 적용되는 대규모 인적사고를 사업장에서 i) 사망자가 10인 이상 또는 ii) 사상자가 30인 이상, iii) 그 외에 인명피해 규모가 이 기준 미만이더라도 상황의 전개속도, 파급효과 등을 고려할 때 국가 또는 지방자치단체 차원의 대처가 필요한 경우로 정의하여 재난에 준해 관리하도록 하고 있다.

■ **산업재해의 유형**

이러한 산업재해의 대표적인 사고유형은 추락, 끼임 등이 50%가량으로 대부분을 차지하고 있다. 하지만 대규모 인명피해는 i) 기계장치 오작동 등에 따른 폭발사고, ii) 건설공사 현장 등 붕괴사고, iii) 폐쇄공간에서의 산소결핍에 의한 질식사고, iv) 화학적 인자에 노출된 중독사고[8] 등에서 발생한다.

우리나라의 경우, 2020년 기준으로 연간 882명의 산업재해로 인한 사망사고가 발생하였으며, 이 중 절반 이상인 52%가 건설분야에서 발생하였다. 주목할 만한 것은 주간단위로 봤을 때, 근무자수 대비 사망자수를 나타내는 일일 사고발생 위험률의 경우 일요일이 건설업에는 64.9%, 제조업에서는 18.4%(2020년 기준) 등을 차지하며 가장 높게 나타난다. 이는 공휴일의 경우, 안전관리자 등의 부재에 따른 관리 · 감독이 취약할 수 있다는 데서 그 이유를 찾을 수가 있다.

### (2) 재난대응 및 대책

산업현장 사고는 주로 사업장 내부의 사고를 지칭하는 것으로 재난관리 주관기관은 고용노동부다. 고용노동부는 관계법령인 「산업안전보건법」을 중심으로 「산업재해보상보험법」, 「중대재해 처벌 등에 관한 법률(약칭, 중대재해법)」 등에 따라 산업현장 사고를 관장하며, 이를 위해 「사업장 대규모 인적사고 위기관리 표준매뉴얼」 등을 운용하고 있다.

---

8) 이는 산업현장 사업장 내에서의 사고를 한정하는 것으로 사업장 밖으로 유출되는 사고는 「유해화학물질 유출사고 위기관리 표준매뉴얼」 등에서 규정하고 있다.

■ 예 · 경보체계: 재난위기경보

산업재해 사고나 지역에 대한 위험의 심각성, 발전성 등에 대한 지엽적인 위험 경보체계는 없으며, 국가적 대응체계인 재난위기경보의 발령기준도 원칙적 발령기준인 재난위험의 가능성이 낮을 때, 존재할 때, 농후할 때 등으로 정성적이다. 이러한 발령기준과 더불어 심각도, 파급성 등에 따라 중앙정부 차원 또는 범정부적 대처가 필요한 경우 중앙사고수습본부, 중앙재난안전대책본부 등이 가동된다.

표 2.18 재난위기경보 기준

| 구 분 | 기 준 |
|---|---|
| 관 심 | 위기징후는 나타나고 있으나 대규모 인적사고 발생 가능성이 낮을 때 |
| 주 의 | 대규모 인적사고로 발전할 가능성이 존재할 때 |
| 경 계 | 대규모 인적사고로 발전할 가능성이 농후할 때 |
| 심 각 | 대규모 인적사고가 발생하여 국가가 관리해야 할 재난상황일 때 |

■ 사고발생시 조치사항

사업장에서 중대재해 등이 발생한 경우에 사업주는 지체없이(통상 24시간 이내) 고용노동관서에 보고하여야 한다. 그리고 지방노동관서에 소속된 근로감독관은 사고현장에 한국산업안전보건공단 전문가와 출동하여 사고조사를 실시하게 된다.

근로감독관은 사고조사 결과에 따라 「산업안전보건법」 등의 위반사항을 확인할 뿐만 아니라 겸직하게 되어 있는 특별사법경찰관의 자격으로 사법적인 수사까지 하게 된다. 이러한 근로감독관의 수사는 「산업안전보건법」 등에 대한 위반사항 여부를 중점적으로 다루게 되며, 관할 경찰서에 의한 「형법」상 업무상과실치사상죄 여부 등에 대한 수사 결과와 더불어 사업주 등은 사법적 심판을 받게 된다.

근로감독관은 이외에도 해당 산업재해가 관련된 2차 사고로 확산될 우려가 있는 경우에는 유해 및 위험요인이 완전히 해소되고 향후의 작업안전이 확보될 때까지 해당 사업장 전체 또는 부분 공정에 대해 작업중지 명령을 내릴 수가 있다. 작업중지 명령의 해제여부는 현장노동자 의견수렴, 외부전문가가 참여하는 심의위원회 등을 통해 결정된다. 이외에도 필요한 경우에는 특별감독[9]을 실시할 수 있으며, 종합적인 개선조치를 할 필요가 있다고 인정되는 사업장에 대해서는 사업주로 하여금 안전보건진단을 실시하고 개선계획 수립을 명령할 수 있다.

---

9) 「근로감독관의 집무규정」에 따라 고용노동관서의 사업장 감독을 의미한다.

■ **사상자의 치료와 보상**

산업재해로 인한 사상자 등 치료와 보상에 대해서는 우선적으로 「산업재해보상보험법」에 따라 조치가 이루어진다. 실무적인 조치는 근로복지공단에 따라 이루어지게 된다. 일반적으로 사업자는 이외에도 위로금의 형식으로 추가적인 보상 또는 지원을 하게 되는데, 실무적으로 근로감독관에 의해 내려진 공사중지 명령의 해제여부를 결정할 때에도 이러한 피해자와의 합의여부가 실질적으로 감안된다.

---

✍ **중대재해 처벌 등에 관한 법률(약칭, 중대재해처벌법)**

중대재해처벌법은 2021년 1월 26일에 제정된 법률로서 안전조치 미흡 등으로 인한 산업재해와 그로 인한 인명피해가 지속적으로 발생함에 따라 중대재해 발생시 사용자(사업주와 경영책임자)에 대한 형사처벌을 강화하는 것이 핵심이다. 제정 당시에 기존 산업안전보건법과의 중복성에 대한 문제와 안전사고에 대해 사회구조적 예방대책을 만들기보다는 사용자(기업주와 경영책임자)에 대한 과도한 처벌에만 집중하고 있다는 문제가 제기되었다. 기존 산업안전보건법과의 관계를 통해 살펴보면 다음과 같다.

① 중대재해처벌법상 중대재해는 근로자, 즉 노무를 제공하는 사람들에 대해 표 2.19와 같이 「산업안전보건법」의 중대재해보다 더 엄격하게 규정한 중대산업재해와 노무를 제공하지 않는 사람들(사용자 등)일지라도 특정 원료·제조물, 공중이용시설, 공중교통수단의 설계·제조·설치·관리상 결함을 원인으로 하여 발생하는 중대재해로서 표 2.19에서 규정한 중대산업재해 이상의 피해를 야기한 중대시민재해로 구분된다.

표 2.19 중대재해의 정의

| 산업안전보건법 | 중대재해처벌법 |
|---|---|
| • 노무를 제공하는 사람들을 대상으로 한 「산업안전보건법」상 산업재해로<br> - 사망자 1명 이상<br> - 3개월 이상의 요양이 필요한 부상자가 동시에 2명 이상 발생<br> - 부상자 또는 직업성 질병자가 동시에 10명 이상 발생 | • 중대산업재해: 「산업안전보건법」상 중대재해를 보다 엄격하게 적용한 산업재해로<br> - 사망자 1명 이상<br> - 동일 사고로 6개월 이상 치료가 필요한 부상자 2명 이상<br> - 동일 요인으로 직업성 질병자 1년 내 3명 이상 |

• 중대시민재해: 중대산업재해가 아닌, 즉 노무를 제공하지 않는 사람들에게 발생한 재해로
  − 사망자 1명 이상
  − 동일한 사고로 2개월 이상 치료가 필요한 부상자 10명 이상
  − 동일한 원인으로 3개월 이상 치료가 필요한 질병자 10명 이상

② 기존 「산업안전보건법」이 산업재해에 대한 안전 및 보건 확보에 대한 의무를 주로 법인에 있는 것으로 보고 위반시 법인 또는 안전책임관리자를 처벌대상으로 보았다면 중대재해처벌법은 사업주와 경영책임자에게 대한 처벌을 강화하고 있다.

이때 사업주는 자신의 사업을 영위하거나 다른 사람의 노무를 제공받아 사업을 하는 자를 말하다. 특히, 경영책임자를 "사업을 대표하고 사업을 총괄하는 권한과 책임이 있는 사람 또는 이에 준하여 안전보건에 관한 업무를 담당하는 사람"이라고 규정하여 향후 중대재해 발생시 대표이사에 대하여 형사책임을 물을 가능성이 높아졌다.

사업주와 경영책임자는 안전 및 보건 확보의무를 다하지 않아 사고가 발생한 경우 사고의 경중에 따라 사망시 1년 이상의 징역 또는 10억 원 이하의 벌금형(병과 가능)이나 부상·질병시 7년 이하의 징역 또는 1억 원 이하의 벌금형에 처할 수 있도록 하고 있다. 또한 양벌규정으로 이러한 처벌 이외에 법인에 대해서도 사망시 50억 원, 부상·질병시 10억 원 이하의 벌금을 선고할 수 있도록 규정하고 있다.

③ 중대재해처벌법에서는 완벽하지는 않지만 기존 법률에 비해 한층 무거운 징벌적 손해배상책임을 인정하고 있다. 동법 제15조에서는 중대재해로 손해를 입은 사람에 대하여 그 액수의 5배를 넘지 않는 범위에서 배상책임을 지도록 규정하고 있는데, 바꿔 말하면 실제 발생한 피해의 다섯 배까지 손해배상 책임을 질 수 있다는 것이다.

## 2.5 정전

### (1) 재난발생 및 특성

#### ■ 전력에 대한 이해

우리 사회의 거의 모든 물체는 '전하의 흐름'이라고 하는 '전기'를 에너지원으로 동작한다. 따라서 이러한 전기는 우리 몸의 혈액과 같은 존재이다. 혈액의 순환이 정지된다면 우리 몸의 모든 기능이 마비되는 것처럼 전기의 공급이 정지된다면 우리 사회의 모든 기능은 정지된다. 전기라는 표현은 이렇게 '전하의 흐름'이라는 현상을 나타내는 말이다. 따라서 전기로 인한 에너지를 좀더 정확하게 개량화하기 위한 표현이 필요한데, 일반적으로 시간당 전기 에너지를 일컫는 '전력'이라는 표현이 쓰인다.

전력에 대해 이해하기 위해서는 전력이 가지는 특성을 이해해야 한다. 전력은 흐르는 물과 같다. 비록 배터리를 통해 잉여 전력을 저장하여 사용할 수는 있지만, 아직까지 이러한 저장수단은 경제적이지 못하다. 따라서 전력은 필요한 만큼 생산하여 동시에 사용하여야 하는 게 가장 바람직하다.[10] 이러한 이유로 전력은 공급과 수요가 일치하도록 수급상황을 실시간으로 촘촘하게 관리해야 한다.

#### ■ 전력의 수급관리

전력은 생산되어 이용되기까지는 크게 발전→송전→배전→판매의 4단계를 거치게 된다. 이 경우 발전은 한국수력원자력을 비롯하여 5개의 공공발전회사(남동, 중부, 서부, 남부, 동서) 그리고 295개의 민간발전회사(2021년 기준; 포스코, GS파워 등) 등이 경쟁하는 구조이다. 이외에도 소규모로 태양광, 풍력 등 재생에너지가 생산되어 공급되고 있다. 이렇게 생산된 전력에 대한 송전→배전→판매는 한국전력공사에서 독점하고 있다.

앞서 설명한 전력의 수요와 공급이 실시간 일치해야 한다는 특성으로 인해 우리나라에서는 전력거래소가 전력의 실시간 수급관리를 담당하고 있다. 전력거래소는 날마다 다음날의 전력수요를 예측하여 개별 발전회사들과 입찰을 통해 다음날 생산할 전력량을 계약한다. 그리고 당일에는 실제 전력 사용량을 실시간으로 모니터링하며, 계약된 전력량 내에서 실제 발전해야 할 양을 실시간으로 지시하게 된다. 이러한 조치는 남아서 버리는 전력량을 최소화하기 위한 조치다.

하지만 발전방식에 따라 발전지시를 받은 후 실제 전력을 생산하기까지 필요한

---

10) 이러한 전력을 특성을 '비저장성'과 '동시성'이라고 한다.

준비시간이 다르다. 즉, 수력 및 양수발전과 같이 단시간에 생산가능한 발전방식이 있는가 하면 원자력발전과 같이 생산준비에 수일 등 장시간이 걸리는 발전방식도 있다. 이를 감안하여 준비시간이 긴 발전방식에서부터 발전지시(급전지시)가 내려진다. 이는 앞서 설명한 바와 같이 생산량과 소비량을 맞추기 위해서 단시간에 생산가능한 발전방식은 최후의 수단으로 활용하기 위한 목적이다. 따라서 일반적으로 원자력→석탄→천연가스 등의 순으로 발전지시가 내려지며, 수력 및 양수발전의 경우에는 긴급한 경우에 활용된다.

### ■ 전력예비력: 공급예비력과 운영예비력

전력수급이 원활하지 않을 때, 즉 전력공급이 전력수요보다 부족할 때는 정전이 발생한다. 전력수급 상황은 전력수요가 늘어서 추가적으로 전력을 공급해야 하는 경우에 활용할 수 있는 추가적인 발전여력인 '전력예비력'으로 판단한다. 다시 말해서 전력예비력은 안정적인 전력공급을 위해 확보해야 할 발전설비의 발전력 여유분, 즉 최대 전력공급 가능량에서 실제 최대 전력수요량을 뺀 값이다.

전력예비력은 크게 공급예비력과 운영예비력으로 나뉜다. 공급예비력은 현재 운영가능한 발전시설로부터 추가로 확보가 가능한 발전력 여유분을 말한다. 즉, 예비 발전기 중 정비, 고장 등으로 정지된 것을 제외한 발전기 용량이다. 하지만 전력수요가 증가하여 당장 전력공급이 필요한 경우에 전력공급에 오랜 시간이 걸리는 발전기 용량에 대한 고려는 무의미하다. 따라서 운영예비력은 이 중에서도 30분 이내에 확보가 가능한 상태의 발전기 용량, 즉 발전력 여유분을 말한다.[11] 차후 설명할 전력수습에 대한 위기경보는 운영예비력을 기준으로 한다.

### ■ 정전에 대한 이해

정전은 크게 전력공급이 전력수요보다 부족할 때와 전력설비 자체에 고장이 생길 때 발생한다고 할 수 있다. 전자의 경우에는 전력거래소에서 전력수요를 잘못 예측하거나 예기치 않게 전력수요 급증할 때 또는 발전설비 고장 등으로 인해 운영예비력이 부족할 때 발생한다. 또한, 지진·태풍·호우 등 각종 재난으로 송전선로 등 전력설비 자체가 파손될 때에도 전력공급량이 충분하다고 해도 이를 가정이나 기업

---

11) 이러한 이유로 공급예비력은 운영예비력에 비해 일반적으로 큰 값을 나타내지만, 시운전하는 발전기의 경우에는 공급예비력으로는 잡지 않고 운영예비력으로만 잡는다. 따라서 이러한 경우에는 운영예비력이 공급예비력보다 더 큰 값을 나타낼 수 있다.

등에 배전할 수가 없을 때 발생한다. 배전시설의 파손에 대표적인 사례로는 강풍에 의한 전선 접촉·전주 파손, 지반침하로 인한 지중선로 손상 등이 있다. 전력시설의 파손이 전력공급의 능력과 연계된다는 점을 고려할 때, 후자의 발생이 전자의 원인이 되기도 한다.

일반적으로 정전하면 어떤 지역의 일부에 대한 전력공급이 수분 또는 수시간 끊기는 국지적 소규모 정전을 생각하기 쉽지만, 2003년 미국과 캐나다의 동부 전역이 3일간 정전된 것과 같은 광역적 대규모 정전도 발생한다.

광역적 대규모 정전, 즉 대정전을 가리켜 '블랙아웃(black-out)'이라는 표현을 쓰기도 한다. 이러한 광역적 대규모 정전인 블랙아웃도 처음에는 일반적인 국지적 소규모 사고에서 시작된다. 하지만 이후 사고가 발생한 지역에서 사고의 여파로 인해 '전력이 부족한 상황'이 발생하게 되고 전력거래소 등에서 전력부족으로 영향을 받은 전력망에 대해 신속하게 차단 등의 조치가 취해지지 않을 때, 도미노가 순차적으로 넘어지는 것처럼 주변의 발전시설, 송전시설 등을 포함한 인접한 전력망까지 연쇄적으로 마비시키며 광역적 대규모의 블랙아웃이 발생하는 것이다. 이런 측면에서 블랙아웃은 초기의 시작이 어떤 원인에 의한 것이든지 관리의 문제로 인한 인재의 성격이 강하다.

## 🖋 블랙아웃 발생 메커니즘의 이해

블랙아웃 발생 메커니즘을 이해하기 위해서는 전력을 공급하는 전력망을 이해해야 한다. 전력망은 간단하게 살펴보면 전력을 생산하는 발전소와 전력을 송전하는 송전선으로 구성되어 있다. 우리가 쓰는 전력은 일반적인 건전지와는 다르게 '교류'를 쓰는데 교류는 일정한 주파수를 가지고 있어서 그 움직임이 파도와 같다. 또한, 전력에는 상수도망을 따라 이동하는 물에 압력이 있는 것처럼 전압이 있다. 우리나라의 경우 220V 전압에 60Hz 주파수를 가지고 있다.

하지만 이 전압과 주파수는 사실 항상 일정한 값이 유지되는 것은 아니다. 전력공급이 충분하면 이 전압과 주파수가 일정수준으로 유지되지만 전력공급이 줄어들면 전압과 주파수가 감소한다. 우리가 쓰는 전자제품에는 '최저 작동' 전압과 주파수가 있어서 전력공급이 줄어들어 이 이하가 되면 전자제품을 쓸 수 없게 되고 실질적으로 전력은 공급되더라도 정전과 같은 상태가 된다.

발전소와 송전선에 대한 이해도 필요하다. 전력을 생산하는 발전소는 아이러니하게도 전력이 공급되어야 가동될 수 있다. 이는 전력 생산을 하기 위해 연료를 반응, 연소, 제어 등을 하기 위해서는 전력이 필요한 설비를 돌려야 하기 때문이다. 즉, 발전소에 전력공급이 중단되면 발전소도 정지된다. 그리고 정지된 발전소를 다시 가동하기 위해서는 전력이 공급되더라도 오랜 준비시간이 필요하다.

송전선에는 항상 최대로 운반할 수 있는 전류값이 있다. 전류란 상수도망에서 흘러보내는 물의 양과 같은 개념으로 더 많은 물을 흘려보내도록 하면 관이 터지는 것처럼 송전선도 인근 송전선에 이상이 생겨서 전력이 한꺼번에 집중되면 고장나고 만다. 반대로 송전선 내에도 전력을 송전하기 위해 필요한 각종 장비가 필요한데, 이들을 작동하기 위해서도 전력공급이 필요하다. 따라서 전력공급이 차단되면 송전선에도 고장이 올 수가 있다. 그리고 한번 고장난 송전선을 수리하기에도 오랜 작업시간이 필요하다.

그렇다면 블랙아웃은 어떻게 일어나는 것일까?

만약, 어떤 지역에서 전력수요가 전력공급보다 많아지면 해당 전력망에 흐르는 전력의 전압과 주파수가 떨어진다. 또한, 떨어진 전압과 주파수는 해당 전력망 내 송전선의 송전능력을 떨어뜨리면서, 전력수송은 다른 전력망의 송전선으로 몰리게 된다. 하지만 전력수송이 몰리면, 해당 송전선은 과부하로 인해 고장이 발생하게 되면서 결국 해당지역에 정전이 일어난다. 이는 송전선이 다른 이유로 끊기게 된 경우에도 발생하는 현상이다.

송전선을 통한 전력공급에 문제가 발생하면 해당 전력망 내 발전소의 가동도 중지된다. 발전소 가동은 전력공급을 더욱 감소시켜 문제를 더 심각하게 만든다. 발전소가 어떤 이유로 고장난 경우에도 비슷한 상황이 발생한다. 발전소의 고장으로 전력공급이 줄어들면 전압과 주파수가 떨어지고 이는 송전선에도 문제를 일으킬 수 있다. 이뿐만 아니라 어떤 이유로든지 떨어진 전압과 주파수는 전력망을 관리하는 시스템마저 정지시켜 버리기도 한다. 이렇게 되면 전력망 전체가 마비된다.

하지만 블랙아웃이 무서운 이유는 그대로 방치하면 한 지역에서 그치지 않고 정전 범위가 점점 더 확대된다는 것이다. 전력망은 서로 연결돼 있기 때문이다. 따라서 한 지역의 정전이 그대로 방치되면 도미노 칩이 무너지는 것처럼 인접으로 확대되어 국가전체가 정전되는 광범위한 블랙아웃이 발생할 수 있는 것이다.

또한, 블랙아웃이 일단 발생하면 앞서 설명한 바와 같이 발전기, 송전선을 수리하는 데는 오랜 시간이 걸릴 뿐만 아니라 전력공급이 이루어지지 않은 상황에서는 그 작업은 더 더디게 이루어진다. 예를 들어, 전력공급이 없는 상태에서는 발전소를 다시 가동할 수가 없다. 광범위한 지역에 블랙아웃이 발생하면 이를 복구하는 데는 더 오랜 시간이 필요하게 된다.

따라서 전력공급이 전력수요를 따라가지 못한 경우에 있어서는 자율적 또는 강제적으로 전력수요를 감축시키거나 일단 정전이 발생하면 신속하게 정전지역을 다른 전력망에서 차단시키는 조치를 하여야 최악의 블랙아웃으로 가는 것을 막을 수 있다.

* 출처: 사상 최악의 대정전 사건: 2003년 미국 동부 정전사태 (2021). 과학동아 네이버 포스트.
검색 2021년 7월 2일자

2011년에는 이상기후로 인해 8월 무더위가 한풀 꺾인 이후인 9월 중순 다시 전국적으로 더위가 기승을 부리기 시작했다. 특히, 9월 15일에 기상청에서는 9월 중순의 온도로서는 이례적으로 33℃까지의 기온상승을 예고하였다.

전력수요를 예측하는 전력거래소는 이러한 늦더위 예상에도 불구하고 통상수준의 전력공급량을 유지하게 된다. 특히, 당시 전력거래소는 예비전력량의 개념 중 단기간에 전력공급을 할 수 있는 개념인 운영예비력을 정확히 측정하고 관리하지 못한 상황이었다.

그해 9월 15일 아침 태양이 뜬 후, 시간이 지나면서 기온이 상승하자 전력수요도 급증하기 시작했다. 전력거래소는 당시 잘못된 예비전력량 표시를 믿고 안이하게 대응하다가 뒤늦게 14시 25분 전력공급이 급증하는 전력수요를 따라가지 못하자 한전을 통해 미리 약정한 전력 사용자가 전력사용을 줄이면 보상금을 지급하는 긴급 '자율정전'과 미리 약정한 전력 사용자에게 전력공급을 직접 제어하는 '직접부하제어'를 시행한다.

하지만 긴급 '자율정전'에 참여하는 비율은 약정한 전력사용자의 35%에 불과하고 직접부하제어도 전력수요를 충분히 줄이지 못했다. 이에 전력거래소는 예비전력량이 심각한 상황에 이르게 되자, 15시 11분부터 16시 11분까지 사전 예고없이 전국 전역에 걸쳐 905개 선로의 656만 가구에 30분씩 '지역별 순환정전'을 단행하게 되었다. 지역별 순환정전은 전국적으로 전력공급을 제한하는 것으로서 이런 조치를 단행하는 것은 사상 처음이었다.

비록 지역별 순환정전이 16시 47분에서 19시 56분 사이에 단계적으로 해제되었으나 사전예고 없이 지역별 순환정전이 강행되자 시민들은 엘리베이터에 갇히고 교통신호등마저 불이 들어오지 않아 국가적으로 큰 혼란이 초래되었다.[12]

당시 정부에서는 이례적으로 정전피해에 대한 보상을 실시하게 되었는데, 당시, 국민들은 총 9,094건 628억 원의 피해보상 요구를 하였으며, 실제 전기위원회 심의를 통해 지급된 보상액은 6,870건 75억 원에 불과했다(박완주, 2012).

당시에 이렇게 큰 피해가 발생한 원인으로는 기습폭염 등으로 인한 전력수요와 공급능력에 대한 예측실패가 주된 원인이었다. 당일 최대 전력수요를 6,400만kW로 예상하였으나 실제 전력수요는 6,278만kW로 예상보다 328만kW 많았다. 공급능력에 대한 판단도 문제가 있었는데, 당초 공급능력은 7,071만kW로 판단하였으나 예열부족으로 준비되지 않아 불가능한 설비가 202만kW 그리고 발전소마다 가동능력을 100%로 잡아 과대 예측된 117만kW 등 319만kW가 과다 계상돼 실제 공급능력은 6,752만kW에 불과하였다. 따라서 당시 예비운용력은 24만kW에 불과하였던 것이다.

이외에 지식경제부, 전력거래소 등 유관기관 간 전력수급 상황정보 공유 및 보고 지연, 전력위기에 대한 대국민 절전홍보 및 정전계획에 대한 대국민 사전통보 등에 문제점이 지적되었다.

이후 우리 정부에서는 정력수급 예측 프로그램 개선, 전력예비력 산정기준 재정립, 위기시 절전 국민행동 수칙 마련, 전력수요 관리 지원제도 확충, 위기상황 보고·전파 체계 개선 등 전력수급 관련 각종 제도 등을 개선하였으나 아직 매년 여름과 겨울이면 여전히 전력수급에 긴장하고 있다.

하지만 당시 정전상황은 뒤에서 설명할 2003년 미국, 캐나다 동부의 블랙아웃 상황으로 전개되기 전에 지역별 순환정전을 실시한 매우 다행스러운 상황이었다. 비록 전력거래소 등의 조치에는 여러 가지 미흡한 사항이 많았음에도 불구하고 지역별 순환정전을 실시하지 않았다면 2003년의 미국, 캐나다 동부와 같은 장기간의 국가적 블랙아웃 상황으로 악화될 수도 있었을 것이다.

* 출처: 국무총리실(2011). 정전대책 발표. 국무총리실. 2011년 9월 26일자 등

---

12) 지역별 순환정전은 3단계 우선순위로 운영된다. 1순위는 일반주택, 저층아파트, 서비스업, 소규모 상업용 상가에 대해 예고없이 부하조정을 단행한다. 2순위는 고층아파트, 상업지구, 경공업 공단 등으로 1~2시간 예고 후에 부하조정에 들어간다. 3순위는 핵심 산업시설 등 중요시설로 하루 전에 예고하고 부하조정에 나서야 한다. 다만, 행정관서, 중요 군부대, 통신·언론기관, 금융기관, 종합변원, 중요 연구기관 등은 순환정전의 예고하고 부하조정에 나서야 한다.

✍ 재난사례: 2003년 8월 3일간의 블랙아웃(미국과 캐나다)

미국 현지시각으로 2003년 8월 14일 오후 4시 11분, 미국의 뉴욕, 뉴저지 등 북동부 8개 주와 캐나다 온타리오, 퀘백 등 남동부 지역에 대규모 정전이 발생하였다. 당시 정전규모는 전력공급량 기준으로 6,180만kW에 달하였고, 이는 한국 최대 전력수요의 1.3배에 달하는 엄청난 규모였다. 이러한 대규모 정전상황은 3일간 지속되면서 해당 지역은 그야말로 전기없는 공황상태를 겪어야 했다.

이러한 대규모 정전은 미국 오하이오 인근 고압 송전선로가 나무에 접촉하면서 누전이 발생하면서 시작되었다. 이후 누전으로 인한 송전선로의 고장은 인근 발전소의 고장을 야기시켰고 이때까지는 단순한 지엽적 정전으로 보였다. 하지만 이후 전력수요가 주변 발전소로 몰리면서 이를 감당하지 못한 발전소들이 연쇄적으로 가동을 멈추기 시작해 결국 미국 북동부와 캐나다 남동부에 대규모 정전으로 커졌다. 즉, 초기의 일부 지역에 국한된 정전이었지만 이 지역의 전력망을 재빨리 차단하지 못하면서 결국 대규모 정전사고, 즉 블랙아웃(black-out)이 발생한 것이다.

블랙아웃(black-out)이라고 하는 대규모 정전의 무서운 점은 한 지역의 전력망에서 전기가 부족해도 신속하게 조치를 취하지 않으면 주변에 영향을 미쳐 멀쩡한 지역의 전력망까지 차례로 망가지면서 국가적인 정전 사태까지 악화될 수 있다는 것이다.

정전이 발생한 3일간 통근열차가 운행을 중단하는 등 대중교통에 차질이 발생하고 택시 기사들이 정상요금의 16배를 요구하고 휘발유 공급이 줄면서 휘발유 가격이 급등(24% 이상)하기도 하였다. 또한, 촛불을 사용하면서 화재가 급증하고 엘리베이터에 갇히는 사고 등으로 소방관 출동횟수가 5천 차례 이상이었다.

이외에도 대부분 상점이 약탈을 막기 위해 가게 문을 닫아 생필품을 구하는 것이 쉽지 않았고 항공운항이 중단되고 병원은 비상발전기를 돌려야 했으며, 전화 통화량이 폭주하면서 휴대폰이 먹통이 되기 일쑤였다. 자동차 회사들과 반도체 업체들은 공장 문을 닫아야 했으며 하수처리도 쉽지 않아 상수도 오염 가능성으로 수돗물을 제대로 이용할 수 없어 식수 부족사태가 발생하기도 했다.

이 사태로 인해 미국은 최대 100억 달러까지 피해를 본 것으로 추산되었으며, 캐나다의 경우 해당 월의 국내 총생산이 0.7% 감소하였다.

* 출처: 사상 최악의 대정전 사건: 2003년 미국 동부 정전사태 (2021). 과학동아 네이버 포스트.
  검색 2021년 7월 2일자

## (2) 재난대응 및 대책

전력 관련 재난에 대한 재난관리주관기관은 산업통상자원부이다. 산업통상자원부는 관련법령인 「전기사업법」, 「에너지 이용 합리화법」 등에 따라 정전과 관련된 재난을 관장하며, 이를 위해 「전력분야 위기관리 표준매뉴얼」 등을 운용하고 있다.

### ■ 전력수급 위기경보와 전력시설 위기경보

이러한 피해유형과 관련하여 정부에서는 전력공급이 전력수요를 초과하여 발생한, 즉 운영예비력 부족상황에 대해서는 '전력수급 위기경보'를, 지진, 태풍, 호우 등 각종 재난에 따른 발전·송전시설 등 전력설비의 자체 파손에 대해서는 '전력시설 위기경보'를 발령한다. 그리고 이 두 가지 위기경보를 합쳐서 전력에 대한 '재난위기경보'라고 한다. 전력에 대한 재난위기경보는 산업통상자원부에서 발령을 원칙으로 하지만, 이 중에서 전력수급 위기경보는 시급성을 고려하여 전력거래소 이사장[13]이 직접 발령한다. 이러한 재난위기경보 발령기준과 더불어 재난의 심각도, 파급성 등에 따라 중앙정부 차원 또는 범정부적 대처가 필요한 경우 중앙사고수습본부, 중앙재난안전대책본부 등이 가동된다.

### 표 2.20 재난위기경보 발령기준

| 구 분 | 전력수급 위기경보 | 전력시설 위기경보 |
|---|---|---|
| 관 심 | 운영예비력 450~350만 kW | • 자연재난 유형별 예비특보가 발령되고 전력설비 피해 가능성이 있을 때<br>• 지진 4.0 이상 발생하고 전력시설 피해 가능성이 있을 때 |
| 주 의 | 운영예비력 350~250만 kW | • 자연재난 유형별 주의보가 발령되고 전력설비 피해 가능성이 있을 때<br>• 지진 5.0 이상 발생하고 전력시설 피해 가능성이 있을 때 |
| 경 계 | 운영예비력 250~150만 kW | • 자연재난 유형별 경보가 발령되고 대규모 재난의 발생 가능성이 농후<br>• 지진 5.5 이상 발생하고 전력시설 피해 가능성이 농후할 때 |
| 심 각 | 운영예비력 150만 kW 이하 | • 자연재난 유형별 경보가 발령되고 대규모 재난이 발생할 때<br>• 지진 6.0 이상 발생하고 전력시설 피해 가능성이 농후할 때 |

---

13) 전력수급 경보에 대해서는 그 시급성을 고려하여 다른 경보체계와는 다르게 발령권자 부재시 차상위 발령권자를 명시하고 있다. 전력거래소 이사장이 부재시에는 전력거래소 중앙전력관제센터장이 전력수급 경보를 발령하게 된다.

전력거래소는 전력 수급상황에 따른 수급경보 발령뿐만 아니라 필요한 경우에 전력 순환단전 시행의 검토·지시 등을 실시한다. 또한, 한국전력공사는 전력거래소 요청에 따른 순환단전 시행시 순환단전 시행에 대한 속보방송을 요청한 이후 실제 순환단전을 시행하고 이후에는 정전복구 계획을 시행한다.

전기안전공사는 정전이 발생한 시설물 등에 대한 비상발전기 가동을 지원하고 정전 이후 복구 전에 안전점검도 실시한다. 이외에도 전기안전 취약시설물 등에 대한 안전점검, 누전으로 인한 화재발생 등 전기사고 원인조사 등의 업무도 담당한다.

■ 위기경보 단계별 조치사항

전력수급 위기경보가 발령되면 전력의 수급측면에서 발전소의 추가가동을 통해 전력공급을 늘리거나 국민들의 전력수요를 줄이는 조치를 신속하게 시행하여야 한다. 하지만 원자력, 화력(석탄, 천연가스 등) 발전소들은 가동에서부터 전력 생산까지 비교적 장시간이 걸린다. 따라서 짧은 시간에 추가전력을 생산하는 수단은 수력이나 양수발전으로 제한되는데, 이러한 발전시설의 발전용량은 상대적으로 매우 작은 편이다.

전력수급 위기경보 상황에서는 일반적으로 긴급하게 전력수요를 조정하는 '긴급절전'과 '순환정전' 조치를 중점적으로 고려한다. 우선, 관심단계에서는 국민들에게 전기절약 긴급홍보 등을 실시하고 계약전력이 일정수준(10kW) 이상 고객에게는 직접 절전안내를 핸드폰 문자 등을 통해 실시하고 있다. 겨울철 오전 10~12시, 여름철 오후 2~5시 사이가 전기사용 피크시간으로 전기사용의 자제를 홍보하게 된다.

이러한 홍보조치에도 불구하고 전력수급이 악화되어 주의단계에 접어들면 한국전력공사는 '긴급절전' 조치를 시행한다. 긴급절전 제도는 기존의 긴급 '자율정전'과 '직접부하조정' 제도의 시행력을 높이기 위해 통합된 제도로서 기존 제도에 비해 참여하는 사용자에 대한 지원금을 상향하되, 대신 이행하지 못한 경우에는 위약금을 부과하는 방안으로 조정되었다.

예를 들어, 긴급절전에 참여하고자 하는 사용자는 한국전력공사와 약정을 체결하고 평소에는 기본급 형태로 전기 사용료를 지원받다가 전력수습 비상시에는 한국전력의 요청에 따라 긴급절전에 참여하고 절전된 전력에 대해서는 추가로 정산금을 지원받는다. 하지만 이러한 지원금을 받았음에도 긴급절전에 참여하지 않으면 기본급의 2배 이상에 해당하는 위약금뿐만 아니라 그동안 받았던 정산금도 반납하여야 한다. 주의단계에서 공공기관의 경우에는 자율단전을 시행한다.

경계단계에 들어서면 공공기관은 의무단전을 시행한다. 그리고 전력사용량이 많은 산업체 등과 더불어 시설 내 비상발전기를 가동하게 된다. 또한, 한국전력공사에서는 국민들에게 지역별로 순환정전이 이루질 수 있다는 순환정전 시행예정을 안내하게 된다.

이러한 조치에도 불구하고 전력수급 상황이 호전되지 않아 심각단계에 들어서면 전력거래소는 한전으로 하여금 지역별 순환단전을 실시하게 된다. 지역별 순환단전은 전국에 걸쳐 사전에 정해진 지역에 따라 단계적으로 단전을 실시하는 것이다. 이때 주택, 기업, 상가 등에 따라 전력차단으로 인한 영향을 고려하여 1~3순위의 우선순위가 별도로 정해져 운영되고 있다. 정부에서는 이를 위해서 국민들에게 재난문자방송 등을 활용하여 대국민 긴급홍보를 실시하게 된다. 전국적으로 민방위 사이렌을 활용한 재난방송의 실시도 병행한다.

전력시설이 파손되어 '전력시설 위기경보' 상황이거나 '전력수습 위기경보' 상황으로 징전이 발생한 경우에 정부는 긴급 복구계획을 시행한다. 한전에서는 이를 위해 평상시 '광역정전 복구계획'을 마련하여 대비하고 있다. '광역정전 복구구계획'은 어떤 지역에서 대규모 정전발생시 각 지역본부, 사업소 등의 인력, 장비의 20% 이상의 범위에서 정전에 영향을 받는 지역으로 긴급지원하는 등의 내용을 포함하고 있다.

표 2.21 위기경보 단계별 국민들께 보내는 TV 자막방송 문안

| 비상단계 | 문 안 |
|---|---|
| 관심<br>(4.500MW<br>미만) | • 예비전력이 4,500MW 미만으로 떨어져 ○○시부로 "관심" 단계가 발령되었습니다.<br>• 기온상승으로 전기사용량이 급증하고 있습니다.<br> 실내온도를 28℃ 이상 유지하여 주시고, 조명등은 20% 소등하여 주십시오. 공공기관은 냉방기를 50% 가동 중지하여 주시기 바랍니다.<br> 이상 한국전력공사에서 알려드렸습니다. |
| 주의<br>(3,500MW<br>미만) | • 예비전력이 3,500MW 미만으로 떨어져 ○○시부로 "주의" 단계가 발령되었습니다.<br>• 전기사용량 급증으로 전력부족이 우려됩니다.<br> 조명등은 50% 소등, 냉방기는 50% 가동 중지하여 주시고,<br> 공기관은 조명등 50% 소등 및 냉방기 가동을 중지하여 주시기 바랍니다.<br>• 긴급절전 약정고객은 시행확정 시 즉시 이행하여 주십시오.<br> 이상 한국전력공사에서 알려드렸습니다. |
| 경계<br>(2,500MW<br>미만) | 전력수급 비상 "경계단계" 발령, 금일 ○○시부터 전국적 순환단전 시행 예정<br>• 예비전력이 2,500MW 미만으로 떨어져 ○○시부로 "경계"단계가 발령되었습니다.<br>• 전기공급 중단우려로 조명등 완전소등, 냉방기 가동중지하여 주시기 바랍니다.<br>• 긴급절전 약정고객은 시행확정 시 즉시 이행하여 주십시오.<br> 이상 한국전력공사에서 알려드렸습니다. |
| 심각<br>(1,500MW<br>미만) | 전력수급비상 "심각단계" 발령, 금일 ○○시부터 전국적 순환단전 시행 예정(또는 시행 중)<br>• 예비전력이 1,500MW 미만으로 떨어져 ○○시부로 "심각"단계가 발령되었습니다.<br>• 전력부족으로 금일 ○○시부터 전국적으로 순환단전을 시행 예정(중)입니다.<br>• 정전에 대비하여 주시고, 전산, 소방, 안전관련 설비 등 필수설비를 제외하고 전력사용을 중지하여 주시기 바랍니다.<br> 이상 한국전력공사에서 알려드렸습니다. |

* 출처: 행정안전부(2021)

표 2.22 위기경보 경계·심각 단계에서 대상지역 주민에게 보내는 재난문자방송 문안

| 비상단계 | 문 안 |
|---|---|
| 경계<br>(2,500MW<br>미만) | [한국전력공사] 오늘 ○○시부터 전력 부족에 따라 순환단전 예정이니 전원 플러그 뽑기 등 전기 사용을 자제하고 TV 등에서 정전 대비 방법을 확인 바랍니다. |
| 심각<br>(1,500MW<br>미만) | [한국전력공사] 전력 부족으로 오늘 ○○시부터 순환단전하니 전기기기 및 엘리베이터 이용 자제, 비상 조명기구 재점검, TV 등에서 정전 대비 방법을 확인 바랍니다. |

* 출처: 행정안전부(2021)

■ 전력수용 피크타임 조치사항

일반적으로 겨울과 여름철, 특히 1월과 8월에는 다른 시기에 비해 전력사용량이 급증한다. 이에 대해 정부에서는 '의무적 수요감축제'를 운영하고 있는데, 일정수준 이상의 전력을 사용하는 사업체에서는 계절에 따라 전력수요량이 급증하는 시기에 의무적으로 전기사용량을 감축해야 한다.

또한, 여름철 일과 중에 오후 2~3시와 같이 전력사용이 급증하는 시기에 대비해서는 자발적 수요감축 제도로서 '선택형 최대피크 요금제'를 도입하고 있다. 이는 평상시 요금을 할인받는 대신 일과 중 피크시간대에 3~5배의 높은 할증요금을 부과하는 방식이다.

## ✍ 전기소비를 줄여 돈을 버는 방법: 수요반응자원 거래시장제(일명, 'DR')

지속적인 전력소비 증가에 대응하기 위해서는 지속적으로 발전소를 건설해야 하지만 발전소 건설부지가 고갈되고 원전 안전성 우려 등으로 추가적인 발전소 건설이 현실적으로 어려운 실정이다. 설령 추가적인 발전소를 건설한다고 해도 발전을 위해 드는 비용은 지속적으로 상승하고 있다. 수요반응자원 거래시장제도는 이렇게 전력공급을 늘리는 것이 현실적으로 어려운 상황에서 거꾸로 전력수요를 줄일 수 있는 인센티브를 제공하여 전력수급의 불안정성 문제를 해결하는 방법이다.

일반적으로 초기에는 발전단가가 낮은 발전소(원자력 등)부터 가동하다가 이후 전력수요가 증가하게 되면 발전단가가 높은 것(천연가스 등)을 가동하게 된다. 그런데 한국전력이 전기사용자에게 전기를 판매하는 단가는 항상 동일하기 때문에 발전단가가 높은 발전기를 가동하는 경우에는 오히려 판매단가보다 발전단가가 더 높아져서 한국전력 입장에서는 전기를 많이 판매할수록 손해를 보게 된다. 이 경우에 만약 한국전력 입장에서는 일정한 추가비용을 지불하더라도 전력수요를 줄일 수 있다면 그만큼의 손해를 줄일 수 있을 것이다.

이러한 맥락에서 전력수요가 많아 수급비상 예상시 또는 미세먼저 심화시 등에 전기소비자에게 사용절감을 유인할 수 있는 인센티브를 줘서 전기사용자의 전력수요를 줄이도록 하는 수용측면에서의 전력 거래시장을 운영하는 것을 '수요반응(Demand Response; DR)자원 거래시장', 일명 'DR 제도'라 한다.

DR 제도상에서 '수요관리사업자'는 전기사용자를 모집하여 전력거래소와 수요감축량과 인센티브에 대해서 입찰하게 되는데, 전력거래소는 이러한 입찰사항을 발전회사에서 입찰한 발전단가 등과 비교하여 필요하다고 판단되면 '수요관리사업자'와 수요감축에 대한 계약을 하게 된다. 이후, 해당시간대에 '수요관리사업자'는 전력거래소의 지시에 따라 모집된 전기사용자의 소비량을 감축하게 되고, 이후 전력거래소는 감축량에 따른 인센티브 개념인 실적급을 정산받게 된다. 그리고 모집된 전기사용자는 수요관리사업자로부터 이 정산금으로부터 실적급을 배분받게 된다. 대신 수요관리사업자가 이러한 감축계약을 위반할 경우에는 정산금을 환수당할 뿐만 아니라 사안에 따라 위약금까지 부과받게 된다.

이러한 DR 제도는 사전 약정에 따라 강제성을 가지는 '신뢰성 DR' 제도와 자발적으로 참여하는 '자발적 DR' 제도와 로 구분된다. '신뢰성 DR' 제도의 경우에 전기사용자가 수요관리사업자를 통해 한국전력과 약정을 체결하게 된다. 이때 사용자는 평상시 기본급을 받게 될 뿐만 아니라 소비량 감축시에는 실적급을 받게 된다. 하지만 만약 이행하지 않으면 실적급을 받지 못할 뿐만 아니라 약정된 실적급의 2배 정도의 금액을 높은 위약금을 내야 한다.

이에 반해, '자발적 DR' 제도는 전기사용자가 자발적으로 수요관리사업자를 통해 입찰에 참여하는 경우로서, 필요한 경우에 발전단가가 높은 발전기를 대체하기 위한

'경제성 DR', 수급대책기간 중 전력수요 피크시간대에 발전단가가 높은 발전기를 대체하기 위한 '피크수요 DR', 미세먼지 비상저감조치 발령시 화력발전소 가동을 대체하기 위한 '미세먼지 DR' 등이 있다. 만약, 약정을 이행하지 못할 때, 내야 하는 위약금은 약정된 실적급의 1배로서 '신뢰성 DR'보다는 낮다.

이외에도 자발적 DR과 같은 개념으로 가정, 점포 등 소규모 건기사용자를 대상으로 하는 국민 DR 또는 에너지 쉼표 사업이 있으며, 공급전력의 계통주파수가 낮을 경우에 자동적으로 전기공급을 차단하는 Fast DR이 있다. 이 두 경우 모두 약정 미이행시 제재는 없다.

이러한 DR 제도는 수요감축이 목표이지만 이와는 반대로 수요확대 측면의 플러스 DR 제도가 있다. 전력은 부족해도 문제지만 남아도 전력계통도 문제를 일으키게 되는데, 최근 제주도의 경우 풍력발전소 등 재생에너지 공급이 증가하여 공급이 수요를 추가하는 경우가 발생하고 있다. 플러스 DR은 피크시간대에 전력수요를 절감하는 일반적인 DR과는 달리 잉여전력이 발생할 것으로 예상되는 시간에 전기차 충전비용을 할인하는 등 전력을 사용하도록 인센티브를 제공하는 제도이다.

전기사용자는 전기수요사업자를 통해 일정한 시간대에 전력을 사용하기로 전력거래소에 하루 전에 입찰을 하게 되어 낙찰받게 되면 사용한 전기에 대한 요금에 대해 인센티브를 받게 된다. 이를 통해서 해당시간대에 전기수요를 늘려서 전기공급과의 간극을 메우는 것이다. 이 경우에도 약정 미이행시 제재는 없다.

### 표 2.23 수요반응자원 거래시장제 종류

| 구분 | | 작동방식 |
|---|---|---|
| 신뢰성 DR | | 전기수요사업자가 참여를 원하는 전기사용자를 모집하여 수급비상 예상시 전력거래소 요청에 따라 의무적 수요감축하겠다는 약정을 사전에 맺고, 실행시 보상받는 방식<br>→ 평상시 기본급, 감축시 실적급 수령(약정 미이행시 거래제한 + 높은 위약금) |
| 자발적 DR | 경제성 DR | 전기수요사업자가 참여를 원하는 전기사용자를 모집하여 하루 전 전력시장에 입찰하여 자발적 수요감축 참여 / 전력거래소는 발전기를 통한 공급자원과 가격비교를 통해 낙찰여부 결정하고 수급비상 예상시 수요감축 요청하고 보상받음<br>→ 감축시 실적급 수령(약정 미이행시 입찰제한 + 낮은 위약금) |
| | 피크수요 DR | 전기수요사업자가 참여를 원하는 전기사용자를 모집하여 하루 전 전력시장에 입찰하여 자발적 수요감축 참여 / 전력거래소는 전력수요 피크시간대 수요감축 요청하고 보상받음<br>→ 감축시 실적급 수령(약정 미이행시 입찰제한 + 낮은 위약금) |

| | | |
|---|---|---|
| 미세먼지 DR | 전기수요사업자가 참여를 원하는 전기사용자를 모집하여 하루 전 전력시장에 입찰하여 자발적 수요감축 참여 / 전력거래소는 미세먼지 발생시 수요감축 요청하고 보상받음<br>→ 감축시 실적급 수령(약정 미이행시 입찰제한 + 낮은 위약금) | |
| 국민 DR (에너지 쉼표) | 전기수요사업자가 참여를 원하는 소규모 전기사용자(가정, 점포 등)를 모집하여 사전에 자발적 수요감축 참여 / 전력거래소는 수급비상 예상시 또는 미세먼지 심화시 수요감축 요청하고 보상받음<br>→ 감축시 실적급 수령(약정 미이행시 제재 없음) | |
| Fast DR | 전기수요사업자가 참여를 원하는 전기사용자를 모집하여 자발적 수요감축 참여 / 공급전력의 계통주파수가 특정주파수 이하로 하락시 전기사용자가 자동으로 수요감축하고 보상받음<br>→ 감축시 실적급 수령(약정 미이행시 제재 없음) | |
| 플러스 DR | 전기수요사업자가 참여를 원하는 제주지역 전기사용자를 모집하여 하루 전 전력시장에 자발적 수요증대 참여 / 전력거래소와 약정을 통해 전기사용자는 특정시간대 전력수요를 늘려 보상받음<br>→ 증대시 실적급 수령(약정 미이행시 제재 없음) | |

* 출처: 산업자원부(2021). 전력거래소(2021) 등 제공자료

## 2.6 해상 선박사고

### (1) 재난발생 및 특성

#### ■ 해상 선박사고의 이해

해상 선박사고로 인한 피해는 여객선, 유조선 등 해상에서 운항 또는 정박 중인 선박이 충돌, 접촉, 좌초, 침몰, 화재, 폭발 등으로 발생한다. 피해의 유형은 해당 선박에 인명 및 재산상 직접 피해가 발생하거나 이로 인한 장애물로 인해 다른 선박의 안전운항에 지장을 초래하게 되는 간접피해가 있다. 간접피해로는 선박의 입·출항, 선·하역 등 항만운영이 마비되고 국내외 해상에서의 여객 및 화물수송에 차질이 발생할 수도 있다.

---

#### ✍ 육상마일과 해상마일

해상 선박사고 등을 다루다 보면 해상마일을 뜻하는 해리라는 표현이 자주 등장한다. 일반적으로 km 단위를 사용하는 우리나라에서 영미권에서 주로 사용하는 마일은 익숙하지 않은 표현이다. 특히, 마일에는 육상마일과 해상마일이 있어서 더 혼돈스럽다.

일반적으로 육상마일은 마일로 통칭하고 해상마일은 해리로 통칭한다. 먼저, 육상마일(land or statute mile)인 마일은 로마시대 병사들의 1,000걸음에서 유래되었다고 한다. mi 또는 mile로 표현하고 환산하면 1.607km이다.

이에 반해 해상마일(nautical mile)은 지구의 둘레를 260등분하고 이걸 다시 60등분한 거리이다. 다시 말해, 자오선의 위도 1분의 평균거리다. nmile로 표시하고 환산하면 1.882km이다. 항공 및 항해에서 거리 단위로 배의 속도 등을 나타내는 노트(kn 또는 knot)는 1시간에 움직인 몇 해리를 움직였는지를 의미하는 $1kn = 1nmil/h = 1.882km/h$ 를 말한다.

---

#### ■ 주요 선박사고 사례

최근 10년간(2010~2019년) 발생현황을 살펴보면 총 16건이 발생하여 사망 397명, 실종 77명, 부상 206명이 발생한 바 있다. 다만, 이러한 통계는 2014년 발생한 세월호 참사로 인해 발생한 사망 295명, 실종 9명, 부상 157명이 포함된 숫자이다. 통계에서 이를 제외하면 지난 10년간 사망 102명, 실종 68명, 부상 49명이 발생한 셈이다.

특히, 최근 5년간(2016~2020) 어선사고 통계에 따르면 사고건수는 겨울(31.2%) → 여름(25.7%) → 봄(21.7%) → 가을(21.3%)이고, 인명피해는 겨울(32.1%) → 가을(28.7%) →

봄(24.0%) → 여름(15.1%) 순으로 성어기를 맞은 동절기에 다른 계절에 비해 많이 발생하고 이로 인한 인명피해도 집중된다. 이때 여름철은 다른 계절에 비해 상대적으로 사고건수는 높지만 인명피해는 낮은데, 이는 여름철에는 수온이 높아 상대적으로 오래 생존할 수 있기 때문이다.

표 2.24 주요 해양 선박사고 사례

| 사고일 | 사고명 | 선종 | 인명피해 |
|---|---|---|---|
| 2021.2.19 | 포항, 어선 거룡호 침수 · 전복사고 | 연근해어선 | 사망 1명, 실종 4명 |
| 2021.1.23 | 거제, 어선 127대양호 침몰사고 | 연근해어선 | 사망 1명, 실종 2명 |
| 2020.12.29 | 제주, 어선 32명민호 전복사고 | 연근해어선 | 사망 6명, 실종 1명 |
| 2020.3.4 | 서귀포, 어선 307해양호 화재 · 침몰사고 | 연근해어선 | 부상 2명, 실종 6명 |
| 2019.11.19 | 제주, 어선 대성호 화재사고 | 연근해어선 | 사망 1명, 실종 11명 |
| 2018.3.6 | 통영, 어선 11제일호 전복사고 | 연근해어선 | 사망 4명, 실종 4명 |
| 2018.2.28 | 완도, 어선 근룡호 전복사고 | 연근해어선 | 사망 2명, 실종 5명 |
| 2017.12.3 | 영흥도, 낚시어선 선창1호 충돌 · 전복사고 | 낚시어선 | 사망 15명 |
| 2015.9.5 | 추자도, 낚시어선 돌고래호 전복사고 | 낚시어선 | 사망 15명, 실종 3명 |
| 2014.12.1 | 베링해, 원양어선 제501오룡호 침몰사고 | 원양어선 | 사망 27명, 실종 26명 |
| 2014.4.16 | 진도, 여객선 세월호 침몰사고 | 내항여객선 | 사망 299명, 실종 5명 |

## (2) 재난대응 및 대책

해상 선박사고에 대한 재난관리 주관기관은 해양수산부이다. 해양수산부는 관계법령인 「해상안전법」, 「수상에서의 수색구조에 등에 관한 법률」, 「구조본부 구성 및 운영 등에 관한 규정」 등에 따라 해상 선박사고에 대한 재난을 관장하며, 이를 위해 「해양 선박사고 위기관리 표준매뉴얼」 등을 운용한다.

### ■ 예 · 경보체계: 구조세력 대응단계와 재난위기경보

해양 선박사고에서 기상특보와 같이 위해(hazard)인 사고자체의 심각성 여부를 판단하는 경보제도는 없다. 다만, 발생할 사고에 대해 어느 정도의 수준으로 대응할 것인지를 나타내는 각급 구조본부 가동단계는 해당 사고에 대한 심각성 여부를 알려 준다.

육상재난에서 소방청이 운영하는 중앙긴급구조통제단장, 시·도 긴급구조통제단장, 시·군·구 긴급구조통제단장의 권한과 역할을 「수상에서의 수색·구조 등에 관한 법률」에 따른 중앙구조본부장(해양경찰청장), 광역구조본부장(지방해양경찰청장), 지역구조본부장(해양경찰서장)이 수행하는 것으로 본다. 소방분야와 달리 해상재난에서는 대응기준으로 대응 1, 2, 3단계 등이 따로 운영되지 않으며, 각급 구조본부 운영 자체가 소방 대응단계와 같은 개념으로 1:1로 매칭되어 운영되고 있다.

또한, 재난위기경보의 경우에도 이러한 구조세력의 대응단계 및 구조본부 가동단계와 연계되겠지만 정량적인 연계산식은 「해양 선박사고 위기관리 표준매뉴얼」 등에 규정되어 있지 않다. 다만, 관심단계는 위기징후 감시를 통한 통계적 시기도래, 주의단계는 재난으로 발전할 수 있는 경향이 나타날 때 등으로 주관적인 판단기준을 제시하고 있다. 이러한 발령기준과 더불어 심각도, 파급성 등에 따라 중앙정부 차원 또는 범정부적 대처가 필요한 경우 중앙사고수습본부, 중앙재난안전대책본부 등이 가동된다.

표 2.25 해양 선박사고 재난위기경보 기준

| 구 분 | 기 준 |
| --- | --- |
| 관 심 | • 위기징후 감시를 통해 통계적 시기도래 등 |
| 주 의 | • 선박사고가 재난으로 발전할 수 있는 경향이 나타날 때 등 |
| 경 계 | • 선박사고가 재난으로 발전할 가능성이 농후할 때 등 |
| 심 각 | • 선박사고로 재난이 발생하였거나 발생할 가능성이 확실할 때 등 |

■ 재난발생시 관계기관 간 역할

해양수산부가 재난관리 주관기관이 되어 재난발생시 중앙사고수습본부를 운영하게 되며, 사고지역의 지방해양수산청에서는 지역사고수습본부를 운영한다. 하지만 해양에서의 수난구호에 관한 사항은 해양경찰청에서 중앙구조본부를 운영하며 총괄·조정한다. 또한, 지방해양경찰청과 해양경찰서는 각각 광역구조본부와 지역구조본부를 운영한다. 국립해양조사원은 사고발생시 조석, 조류(유향, 유속), 수온 등 해수 관련 각종 관측 및 예측정보를 제공하고 해양사고 발생 후 2차 사고의 예방을 위한 긴급 항행경보 발령한다.

　이외에 유관기관으로서 수산업협동조합중앙회 어선안전조업본부, 해양수산부 어업관리단의 역할도 중요하다. 해양수산부는 어선의 안전한 조업과 항행을 위한 사업수행을 해야 하는 임무가 있다. 이는 관계법령에 따라 수산업협동조합중앙회의 어선안전조업본부에 위탁하여 운영되는데, 2021년 기준으로 지역별로 21개의 어선안전조업국이 운영되고 있다. 지역별 어산안전조업국은 평상시에 조업어선의 위치파악 및 사고예방 등을 위한 각종 무선설비 시스템을 운영한다. 이를 통해 안전한 조업을 위해 조업정보를 제공하고 북한수역 피랍방지 등 조업지도를 실시한다.

　또한, 해양수산부는 소속기관으로 권역별로 어업관리단(동해, 서해, 남해)을 운영하며, 어선의 월선·피랍 및 사고 방지 등을 위한 안전조업 지도, 불법 어업행위, 선박개조 등 수산관련 법령의 위반행위 등을 지도·단속 등을 실시하고 있다. 어업관리단은 이러한 업무를 위해 직접 어업지도선(2021년 기준 40척)을 운영하며 어업관리를 실시하고 있다. 어업지도선은 실제 해상사고 발생시 수색, 구조 등 실제지원도 하게 된다.


■ 해상사고 발생시 생존 가능시간

　해상사고가 발생하면 신속하게 인명구조가 이루어져야 한다. 이는 사람들이 물에 빠지면 차가운 해수온도로 인해 저체온증으로 생명에 위협을 받기 때문이다. 우리나라에서는 국제해사기구(International Maritime Organization; IMO)에서 발행하는「국제 항공 및 해상 수색구조 매뉴얼」에 따른 해수온도에 따른 최대 생존시간을 참고하여 수색구조 활동을 벌이게 된다. 하지만 이러한 생존시간은 바다에 빠진 사람들이 일반적인 상황을 가정하여 산정한 것으로 보호복을 입었거나 표류물에 피신한 경우 등의 특수한 상황에 따라 생존 가능시간이 달라질 수 있다.

표 2.26 익수자의 해수온도에 따른 최대 생존시간

| 해수온도(℃) | 5 | 10 | 15 | 20 |
|---|---|---|---|---|
| 생존시간(시간) | 9 | 15 | 25 | 41 |

* 출처: 국제 항공 및 해상 수색구조 매뉴얼(IAMSAR Manual: IMO, 2019)

　이러한 최대 생존시간을 고려하여 수색방식도 변화하게 된다. 사고발생 이후에는 집중수색을 하게 되지만, 3일 이후에는 일상적인 경비활동과 병행하는 병행수색으로 전환하게 된다. 하지만 이 경우에도 해수온도가 20℃ 이상으로 높으면 집중수색의 투입자원을 감소하면서 단계적으로 병행수색으로 전환하게 된다.

### ■ 사고발생시 주요 통신 및 위치확인 장비

바다는 매우 광범위하기 때문에 육지에서 사고와 다르게 선박 사고가 발생하면 선박의 위치를 파악하기 힘들 뿐만 아니라 선박과의 통신도 어렵다. 이를 위해 선박에는 관계법령에 따라 위치를 표시하기거나 통신할 수 있는 장비를 탑재토록 하고 있다.

통신장비로는 연안해역에서는 초단파대 무선설비(VHF), 중단파대 무선설비(SSB) 뿐만 아니라 핸드폰도 주요 통신수단으로 활용된다. 이외에 전해역에서 통용되는 위성 통신장비(INMARSAT)도 활용된다.

위치표시 장비로는 연안해역에서 선박의 자동 입출항 신고를 위해 사용되는 V－Pass에 조난경보 기능을 포함한 위치표시 기능이 있으며, 그 밖에 여객선 등의 경우에는 AIS가 의무적으로 장착하게 되어 있다.

표 2.27 항해통신 및 위치표시 장비

| 구분 | 종  류 | 최  대 통달거리 | 설치대상 |
|---|---|---|---|
| 항해 통신 장비 | 휴대폰 | 15해리 | 대부분 선박 |
| | 초단파대(VHF) | 60해리 | 2톤 이상 선박 |
| | 중단판대(MF/HF; SSB) | 150해리 | 근해어업(동남아 등) 선박 |
| | 위성통신(INMARSAT) | 전해역 | 국제여객선, 300톤 이상 화물선 등 |
| 위치 표시 장비 | V－Pass | 30해리 | 출입항 신고선박 |
| | AIS | 50해리 | 여객선, 50톤이상 선박(10톤 이상 어선) 등 |

기상특보가 발표되면 어선 등에 대해 입출항을 통제하고 이미 해상에서 조업 또는 운항 중인 선박에 대해서 대피명령을 내리게 되는데, 이러한 항해통신 및 위치표시 장비는 비상상황에서 매우 중요한 수단이다.

### ■ 해수유동예측시스템[14]

실종자 등을 포함한 각종 표류물의 이동궤적을 추적하기 위해서는 국립해양조

---

14) 해수유동예측시스템의 하부시스템으로 표류예측시스템 등이 운영되고 있다.

사원에서 개발한 해수유동예측시스템을 활용하고 있다. 이는 해류, 조류, 바람 등의 정보를 분석하여 표류의 흐름을 예측하는 것을 기반으로 하고 있지만, 육지와 인접하거나 복잡한 섬지역 등 연안해역은 조류의 불규칙한 이동 및 예측모델 정확도[15]의 한계로 인해 예측이 어렵다.

## 2.7 해양오염 사고

### (1) 재난발생 및 특성

#### ■ 해양오염 사고의 정의

일반적으로 유조선이 충돌·좌초·침몰되거나 해양시설 파손 등으로 기름이나 위험·유해물질(Hazardous and Noxious Substance; HNS)이 다량으로 유출되면 인근 양식장뿐만 아니라 자연 생태계에도 돌이킬 수 없는 피해를 야기하게 된다. 따라서 이러한 기름 및 위험·위해물질이 유출되면 신속하게 방제작업을 실시하여야 한다.

#### ■ 기름 및 위험·위해물질의 특성

기름은 크게 지속성과 비지속성 기름으로 구분된다. 지속성 기름은 원유, 중유(벙커 A/B/C유), 폐유, 윤활유 등으로 이 중에서 중유는 대형 선박에서 원료로 주로 사용된다. 이러한 지속성 기름은 자연적으로는 처리되지 않기 때문에 먼저 오일펜스를 사용하여 확산되는 것을 막은 후에 회수기, 흡착포 등을 사용하여 신속하게 회수하거나 처리제를 사용하여 화학적으로 분산해줘야 한다. 특히, 해안가까지 확산되어 갯바위, 백사장 등에 흡착된 경우에는 해양 생태계에 미치는 악영향이 장기간 지속된다. 따라서 가능한 확산되기 전에 회수 또는 처리하여야 한다.

이에 반해 소형 선박에서 원료로 주로 사용하는 휘발유, 경유 등의 경우는 그 지속시간이 12시간 이내로 짧아서 특별한 조치를 취하지 않고 방치하거나 선박 스크류를 이용하여 분산 또는 증발을 촉진시키는 방법을 사용한다. 하지만 이러한 비지속성 기름도 많은 양이 유출된 경우에는 주변 해양생태계에 악영향을 미치게 된다.

아울러 위험·위해물질은 소량이 유출된 경우라도 짧은 시간 내에 해양에 확산

---

15) 해수유동예측시스템은 공간을 일정 간격의 격자로 나누고 분석을 한다. 이때 분석 장비의 용량 등을 고려하여 격자의 간격을 촘촘하게 할 수 없다. 이러한 이유로 인해 섬이 많고 해안선이 복잡한 우리나라의 경우에는 예측 정확도가 한계를 나타내고 있다.

되어 버리기 때문에 회수 또는 처리하기가 쉽지 않아 해양생태계에 악영향을 줄 수 있다. 따라서 위험·위해물질의 경우에는 바다에 유출되지 않도록 더욱 주의를 기울여야 한다.

「대규모 해양오염 사고 위기관리 표준매뉴얼」에 따르면 지속성 기름이 100kl 또는 비지속성 기름이 300kl 이상 유출되거나 유출될 우려가 있는 사고, 위험·유해물질이 일정량(X류 10kl, Y/Z류 25kl 이상)이 유출되어 인근 양식장 등에 막대한 영향이 있을 것 같은 경우에 대규모 사고, 즉 재난성 사고로 간주하여 비상조치를 취하게 된다.

■ 주요 사고사례

그동안 발생한 기름유출 사고 중 주요사고를 정리하면 표 2.28과 같다.

표 2.28 주요 국내 기름유출 사고

| 일자 | 장소 | 오염원 | 유출유 | 유출량($kl$) | 원인 |
|---|---|---|---|---|---|
| 2014.2.15 | 부산 남외항 5묘박지 | 캡틴 반젤리스 엘호 (화물선, 88,420톤, 리베리아) | 벙커C | 237 | 충돌 |
| 2014.1.31 | 여수 낙포각 원유2부두 | 여수 우이산호 (유조선, 164,169톤) | 원유 | 484 | 충돌 |
| | | | 납사 | 284 | |
| | | | 유성혼합물 | 131 | |
| 2007.12.25 | 여수 백도 북서방 8마일 | 이스턴브라이트호 (케미칼선, 1,323톤, 한국) | 질산 | 1,466 | 침몰 |
| | | | 벙커C 등 | 87 | |
| 2007.12.7 | 만리포 북서방 6.5마일 | 허베이 스피리트호 (유조선, 146,848톤, 홍콩) | 원유 | 12,547 | 충돌 |
| 2004.5.26 | 경남 남해군 대도 남방 1마일 | 모닝 익스프레스 (유조선, 56,285톤, 파나마) | 나프타 | 1,200 | 충돌 |
| 1997.4.3 | 통영 한산 등가도 | 제3오성호 (유조선, 786톤, 한국) | 벙커C | 1,699 | 침몰 |

| | | | | | |
|---|---|---|---|---|---|
| 1995.12.22 | 울산 M-27 묘박지 | 다니타호 (유조선, 43,733톤, 파나마) | 등유 | 4,971 | 충돌 |
| 1995.11.17 | 여수 호남정유 | 호남싸파이어호 (유조선, 142,488톤, 한국) | 원유 | 1,402 | 충돌 |
| 1995.9.21 | 부산 북형제도 | 제1유일호 (유조선, 1,592톤, 한국) | 벙커C | 2,392 | 충돌 침몰 |
| 1995.7.23 | 여수 소리도 | 씨프린스호 (유조선, 144,587톤, 싸이프러스) | 벙커C | 879.9 | 좌초 |
| | | | 원유 | 4,155 | |

* 출처: 해양수산부(2021). 대규모 해양오염 사고 위기관리 표준매뉴얼

### (2) 대책 및 조치사항

해양오염 사고에 대한 재난관리 주관기관은 해양수산부다. 해양수산부는 관계 법령인 「해양환경관리법」, 「국가긴급방제계획」, 「방제대책본부 운영규칙」 등에 따라 해양오염에 대한 재난을 관장하고 이에 따라 「대규모 해양오염 사고 위기관리 표준매뉴얼」 등을 운용한다.

또한, 해양오염 사고의 경우에는 재난관리 과정에서 국제협력과 피해배상이 중요하다. 국제협력과 관련하여 「기름오염 대비·대응 및 협력에 관한 국제협약(OPRC 협약)」, 「HNS 오염사고에 대한 대비·대응 및 협력에 관한 의정서(OPRC-HNS 협약)」가 체결되어 있으며, 피해배상과 관련해서는 「유류오염 손해배상보장법」, 「선박소유자 등의 책임제한 절차에 관한 법률」 등이 있다.

■ 예·경보 체계: 구조세력 대응단계와 재난위기경보

해양오염 사고에서는 기상특보와 같이 위해(hazard)인 사고자체의 심각성 여부를 판단하는 경보제도는 없다. 다만, 발생한 사고에 대해 어느 정도의 수준으로 대응할 것인지를 나타내는 방제대책본부 가동단계는 해당 사고에 대한 심각성 여부를 알려 준다.

표 2.29 방제대책본부 가동기준

| 구 분 | 본부장 | 기 준 |
|--------|--------|-------|
| 중앙방제<br>대책본부 | 해양<br>경찰청장 | • 지속성 기름 500kl 이상이 유출되거나 유출될 우려가 있는<br>　경우<br>• 국가적 또는 국제적 차원의 대응이 요구되는 경우 |
| 광역방제<br>대책본부 | 지방해양<br>경찰청장 | • 지속성 기름 50kl(비지속성 기름 또는 위험·유해물질은 300kl) 이상<br>　이 유출되거나 유출될 우려가 있는 경우<br>• 다른 해양경찰성 관할해역에 영향을 미치거나 지방해양경찰<br>　청 차원의 대응 요구 |
| 지역방제<br>대책본부 | 해양<br>경찰서장 | • 지속성 기름 10kl(비지속성 기름 또는 위험·유해물질은 100kl) 이상<br>　이 유출되거나 유출될 우려가 있는 경우<br>• 해양경찰서 차원의 대응이 요구 |

\* 출처: 해양경찰청(2020). 방제대책본부 운영규칙. 해양경찰청 훈령

　　또한, 재난위기경보의 경우에도 이러한 방제대책본부의 가동단계와 연계되겠지만, 정량적인 연계산식은 「해양 선박사고 위기관리 표준매뉴얼」 등에 규정되어 있지 않다. 다만, 관심·주의·경계단계는 재난가능성 예측·출현·농후와 같이 주관적인 판단기준을 제시하고 있으나, 심각단계는 유류의 유출량, 해안가 오염길이 등과 같은 객관적인 기준을 제시하고 있다. 이러한 발령기준과 더불어 재난의 심각도, 파급성 등에 따라 중앙정부 차원 또는 범정부적 대처가 필요한 경우 중앙사고수습본부, 중앙재난안전대책본부 등이 가동된다.

표 2.30 해양오염 사고 재난위기경보 기준

| 구 분 | 기 준 |
|--------|-------|
| 관 심 | • 대형유조선 충돌, 침몰, 좌초사고 및 해양시설 파손(→재난가능성 예측) |
| 주 의 | • 기름 및 위험·유해물질 유출사고 발생(→재난가능성 출현) |
| 경 계 | • 유출된 기름 및 위험·유해물질이 어장, 양식장 및 연안지역까지 확산<br>　우려(→재난가능성 농후) |
| 심 각 | • 대규모 해양오염 발생(지속성 기름 100kl, 비지속성 기름 300kl 이상 유출 등)<br>　및 유출된 기름/위험·유해물질로 해안가 100km 이상 오염발생 가능성<br>　이 있다고 판단될 때 |

## ■ 재난발생시 관계기관 간 역할

해양오염 사고의 경우의 경우에도 해양 선박사고와 유사하다. 해양수산부가 재난관리 주관기관이 되어 재난발생시 중앙사고수습본부를 운영하게 되며, 사고지역의 지방해양수산청에서는 지역사고수습본부를 운영한다. 또한, 해양 환경오염의 긴급방제에 관한 사항은 해양경찰청에서 중앙방제대책본부를 운영하며 총괄·조정한다. 또한, 지방해양경찰청과 해양경찰서는 각각 광역방제대책본부와 지역방제대책본부를 운영한다. 이외에 관할 지방자치단체는 지역재난안전대책본부를 가동하게 되는데, 일반적으로 해상에서의 방제는 해양경찰청이 중심이 되어 총괄·조정하게 되고, 해안가의 방제는 관할 지방자치단체에서 총괄·조정하게 된다. 관계법령으로 「해양환경관리법」 등이 있다.

해양 환경오염 발생시 긴급방제에 관한 사항은 해양경찰청에서 총괄·조정하지만 유관기관으로서 해양환경공단의 역할은 매우 중요하다. 해양환경공단은 「해양환경관리법」에 따라 해양환경의 보전·관리·개선을 위한 사업, 해양오염방제 사업, 해양환경·해양오염 관련 기술개발 및 교육훈련을 위한 사업 등을 행하게 하기 위하여 설립된 기관인데, 특히 해양오염방제와 관련해서는 각종 방제선과 장비·자재 등을 갖추고 일선 해경관서와 함께 신속하게 대응하게 된다. 또 다른 유관기관으로 국립수산과학원은 기름, 화학물질 등 유출에 따른 어장, 양식장 등 해양환경오염 여부 및 가능성 등을 조사하고 정보를 공유하게 된다.


## ■ 방제조치 및 방제자원의 비축 의무

해양오염 사고가 발생한 경우에 방제조치의 책임은 원칙적으로 이러한 오염물질 배출의 원인 행위자, 즉 오염물질이 적재된 선박의 선장 또는 해양시설의 관리자 등에게 있다.

따라서 「해양환경관리법」 항만을 관리하는 기관(항만관리청) 및 선박·해양 시설의 소유자로 하여금 표 2.32와 같은 오염물질의 방제 및 방지에 사용되는 오일펜스, 유흡착제 등과 같은 자재 및 약제를 보관시설 또는 해당 선박 및 해양 시설에 비치·보관토록 하고 있다. 이러한 자재 및 약제의 비축기준은 항만의 위험도에 따라 해양환경관리법 시행규칙」 제33조에서 별도로 지정하고 있다.

해양경찰청장은 이러한 방제의무자가 자발적으로 방제조치를 행하지 아니하는 때에는 시한을 정하여 방제조치를 하도록 명령할 수 있다. 또한, 해양경찰청장은 이러한 방제의무자가 방제조치명령에 따르지 아니하는 경우에는 직접 방제조치를 하고, 방제조치에 소요된 비용을 방제의무자가 부담하게 할 수 있다.

표 2.31 보관시설의 자재·약제 비치기준

| 설치 항만 / 자재 비치기준 | 해양유류오염확산차단장치 (m) | 유흡착재 (kg) |
|---|---|---|
| 최고위험도 항만<br>(광양, 대산, 울산) | 1,000 | 2,000 |
| 고위험도 항만<br>(부산, 인천, 군산) | 800 | 1,000 |
| 중위험도 항만<br>(평택·당진, 포항, 태안, 목포, 고현, 마산, 옥포, 제주, 동해·묵호, 옥계, 보령, 삼천포, 호산, 장항, 여수, 진해, 완도, 통영, 서귀포, 속초, 장승포, 삼척, 하동) | 500 | 500 |
| 저위험도 항만<br>(경인, 서울, 급유선 입출항 연안항 및 국가어항) | 200 | 200 |

(비고) 최고위험도 항만 및 고위험도 항만에서는 해양유류오염확산차단장치 B형과 C형을 혼합하여 비치하여야 한다.

■ 유출유 확산예측 시스템

해양오염 발생 초기 유출량 정보와 실시간 해양환경 정보를 활용해 기름의 이동경로를 예측하고 시스템에 등록된 어장 등 민감정보를 파악해 유류오염 피해를 최소화하기 위해 '유출유 확산예측 시스템(Oil Spill Prediction System)'이 운영되고 있다. '유출유 확산예측 시스템'은 당초 한국해양과학기술원 부설 선박해양플랜트연구소가 개발한 것으로서 현재 해양경찰청과 해양환경공단에서 도입하여 해양오염방제와 활용하고 있다.

## ✍ 해상사고 처리에 대한 관할권: 기국주의

우리나라 「형법」 제2조는 "대한민국 영역 내에서 죄를 범한 내국인과 외국인에게 적용한다"라고 규정하고 있으며, 여기서의 대한민국 영역이란 한반도와 그 부속도서를 뜻하는 것으로 북한도 여기에 포함되는 포괄적인 개념이다. 즉, 우리나라 형법에서는 국내에서 행해진 범죄에 대해서는 행위자의 국적을 불문하고 국내의 형법을 적용한다.

하지만 선박이나 항공기에 대해서는 원칙적으로 사고가 발생한 장소와는 무관하게 그 선박이 선적을 두고 있는 국가, 즉 '선적국'에서 관할권을 갖는다. 이를 '기국주의 (旗國主義)'라고 하는데, 이는 「UN 해양법 협약」 등에 따라 공해상의 선박이나 항공기는 국적을 가진 '선적국'의 국기를 계양할 수 있도록 되어 있기 때문이다. 즉, '선적국'이 '기국'이 되는 것이다.

우리 형법에서도 제4조에서 "대한민국 영역 외에 있는 대한민국의 선박 또는 항공기 내에서 죄를 범한 외국인에게 적용한다"고 규정하며 기국주의를 뒷받침하고 있다. 물론 이 조항에는 명시하고 있지 않지만 내국인에게도 동일한 내용이 적용된다.

하지만 모든 범죄에 대한 관할권이 기국주의가 적용되는 것은 아니다. 「UN 해양법 협약」에서는 영해에 통항하는 외국선박에 대해서 다음의 4가지 예외적인 사항에 대해서는 연안국이 관할권을 행사할 수가 있다. 즉, 다음의 예외사항에 대해서는 외국선박에 대해서도 우리 영해에서 발생한 범죄에 대해서는 우리법령에 따라 우리 정부가 처벌할 수 있는 것이다.

예외사항으로는 i) 범죄의 결과가 연안국에 영향을 미치는 경우(해양오염 사고 등), ii) 범죄가 연안국의 평화나 공공질서를 교란하는 경우, iii) 그 선박의 선장이나 기국의 외교관 또는 영사가 현지 당국에 지원을 요청한 경우, iv) 마약이나 향정신성 물질의 불법거래를 진압하기 위해 필요한 경우이다.

다만, 최근에는 세금을 줄이고 값싼 외국인 선원을 승선시키기 위해 선주가 선박을 자국에 등록하지 않고 제3국에 등록하는 경우가 많아지고 있다. 이러한 제3국의 대표적인 국가로 파나마, 라이베리아, 싱가포르, 필리핀, 바하마 등이 있는데, 이를 '편의치적국(便宜置籍國, flag of convenience country)'이라고 한다.

일반적으로 편의치적국은 등록시 내는 등록세와 매년 소액의 톤세 외에는 일제의 조세를 징수하지 않아도 되며, 고임금의 자국 선원을 이용하지 않아도 되고 값비싼 자국 수리시설을 이용하지 않아도 된다. 또한, 재무상태, 거래내용 보고 등 정부의 간섭이 없으며, 선박의 운항 및 안전기준 등에 대해서도 규제하지 않는다.

하지만 이러한 편의치적국은 해당 선박과는 진정한 관련성이 없을 뿐만 아니라 선박안전 등에 관한 행정에도 거의 관여하고 있지 않아서 실제 범죄발생시 관할권 행사를 무시하고 있어 문제가 되고 있다. 특히, 세계 주요 30개국의 선박 중 약 75%가 해외 편의치적 제도를 이용하고 있어 그 문제가 심각하다.

\* 출처: 박영길 (2016). 공해상 선박충돌사고에 대한 형사관할권: 2015년 헤밍웨이호 사건 판결을 중심으로. 서울국제법연구 등

# 3. 국가핵심기반의 마비

## (1) 재난발생 및 특성

전통적으로 인위재난이라 하면 화재, 붕괴, 폭발 등과 같은 사고성 재난으로 인식되었다. 하지만 「재난 및 안전관리기본법」에서는 이외에도 에너지·통신·교통·금융·의료·수도 등 국가기반시설의 마비로 인한 상황을 사회재난에 포함시키고 있다. 이러한 사회재난의 유형은 종사자 파업·태업, 사이버 공격 등에 대한 영향까지를 포함하고 있는 매우 포괄적인 정의이다. 최근 발생한 몇 가지 사례를 살펴보면 다음과 같다.

### ■ 화물운송 분야

빈번하게 발생하는 상황으로 컨테이너 화물자동차 등 화물운송 분야 종사자들의 집단운송 거부에 따른 수·출입 외에 시멘트 등 특정산업 화물운송이 마비된 바 있다. 집회·시위 참가자들이 공단 진출입로 봉쇄, 주요 운송도로 점거, 수출입 항만 봉쇄, 비회원 운송행위 방해 등으로 물류운송에 차질이 발생하게 되었다.

### ■ 금융전산 분야

폭설, 홍수, 낙뢰 등 전통적 자연·사회재난 외에도 금융전산 업무 담당인원의 파업·태업 등으로 금융전산 시스템 사용이 중단된 바 있다. 이외에도 예기치 않은 금융전산 프로그램 결함, 전력/통신망 장애, 컴퓨터 해킹/바이러스 등으로 인해 금융전산 시스템 장애 등으로 금융업무가 중단되면서 국민의 금융자산 관련 피해가 발생하게 되었다.

### ■ 정보통신 분야

가장 대표적으로 2016년 9월 12일 경주지진, 2017년 11월 15일 포항지진 발생 이후 유·무선 전화에 과다한 트래픽이 발생하면서 수발신이 정지되었다. 또한, 2000년 2월 여의도 지하 공동구, 2018년 KT 아현지사 지하 통신구 화재로 인해 일대 유무선 통신회선에 장애가 발생하였다. 이외에 정보통신 장비의 오류 및 고장, 컴퓨터 해킹/바이러스 등으로 인해 방송통신 시스템에 장애가 발생한 바 있다.

## (2) 대책 및 조치사항

화물운송 분야는 국토교통부, 금융전산 분야는 금융위원회, 정보통신 분야는 과학기술정보통신부 등 분야별로 주무부처가 재난관리 주관기관으로 관련 업무를 관장하고 위기관리 표준매뉴얼 등을 운용하고 있다.

일반적으로 국가적 대응태세와 관련된 재난위기경보의 발령기준이 정량적 수치값으로 정해져 있지는 않으며, 상황의 심각성·시급성, 확대 가능성, 전개 속도, 지속 기간, 파급 효과, 국내외 여론, 정부 대응역량 등 피해정도와 영향을 고려하여 발령하고 있다. 또한, 이러한 발령기준에 근거하여 심각도, 파급성 등에 따라 중앙정부 차원 또는 범정부적 대처가 필요한 경우 중앙사고수습본부, 중앙재난안전대책본부 등이 가동된다.

# 4. 질병성 재난: 감염병과 전염병

## 4.1 인체 감염병

### (1) 재난발생 및 특성

#### ■ 감염병과 전염병의 정의

세균(Bacteria), 바이러스(Virus) 등과 같은 병원성 미생물, 즉 병원체가 사람이나 동물 등의 체내에 들어와서 개체 수를 늘리고 기생하는 것을 '감염'이라고 한다. 그리고 이러한 감염에 따라 발병하는 것을 '감염병'이라고 한다. 일반적으로 사람들은 감염병과 전염병을 혼동하는 경우가 많다. '전염병'이라 하면 이렇게 감염된 상태가 다른 사람이나 동물에 옮겨져 발병하는 것을 말한다.

전염의 과정에서 다른 사람 또는 동물에 옮겨져 온 병원체는 결국 감염의 과정을 거치므로 모든 전염병은 감염병이라 할 수 있다. 하지만 녹슨 금속 등으로 상처가 났을 때 감염되는 파상풍과 같은 일부 감염병은 다른 사람에게 전염되지는 않는다. 따라서 모든 감염병을 전염병이라고는 할 수 없다. 이러한 맥락에서 전염병을 전염성 감염병이라고도 부른다.

세균(Bacteria)과 바이러스(Virus)는 같은 병원성 미생물이지만 현격한 차이가 있다. 일반적으로 세균은 상대적으로 크기가 크고 많은 개체수가 있어야만 발병이 가능하다. 이에 비해 바이러스는 상대적으로 크기가 작고 적은 개체수로도 발병이 가능하다. 증식하는 방법에도 차이가 있는데, 세균이 온도, 습도 등 적정 환경에서 스스로 양분을 섭취하며 세포분열을 통해 증식할 수 있는 반면에 바이러스는 양분을 섭취하거나 자랄 수가 없어서 반드시 숙주가 있어야만 그 세포에 들어가 복제를 통해 증식할 수가 있다.

치료방법에 있어서도 세균은 항생제를 사용하여 치료가 가능할 뿐만 아니라 많은 백신이 개발되어 있는 데 반해, 바이러스는 변이속도가 빨라 항바이러스제나 백신의 개발이 어려워 일반적으로 치료가 어렵다. 따라서 바이러스에 감염된 경우에는 회복될 때까지 신체장기의 기능을 유지하기 위한 보존적 치료를 실시하거나 면역력을 높이는 방법을 쓰고 있는 실정이다. 가장 흔한 예로 결핵은 세균에 의한 감염병이며, 독감은 바이러스에 의한 감염병이다.

### ■ 인간 감염병의 종류

「감염병의 예방 및 관리에 관한 법률」에 따르면 감염병은 표 2.32와 같이 특성별로 10종으로 분류될 수 있다. 보건복지부 장관은 각 분류에 속하는 감염병을 그 특성을 고려하여 각각 고시 또는 지정하게 된다. 다만, 제1~3급감염병에 대해서는 갑작스러운 국내 유입 또는 유행이 예견되어 긴급한 예방·관리가 필요한 경우에는 질병관리청장이 보건복지부장관과 협의하여 추가로 지정하는 감염병을 포함한다. 감염병의 등급은 유행 및 방역상황 등에 따라 조정될 수 있는데, 2019년부터 발생한 코로나19 바이러스 감염증의 경우에는 당초에는 제1급감염병인 신종감염병증후군으로 분류되어 있다가 이후 2022년 4월 25일을 기해 제2급감염병으로 하향 조정되고, 이후 2023년 8월 31일을 기해 인플루엔자와 같은 가장 낮은 제4급감염병으로 조정된 바 있다.

표 2.32 감염병의 종류(10종)

| 종 류 | 특 성 |
|---|---|
| 제1급감염병 | 생물테러감염병 또는 치명률이 높거나 집단 발생의 우려가 커서 발생 또는 유행 즉시 신고하여야 하고, 음압격리와 같은 높은 수준의 격리가 필요한 감염병<br>－에볼라바이러스병, 중증급성호흡기증후군(SARS), 중동호흡기증후군(MERS), 신종인플루엔자, 신종감염병증후군 등 |
| 제2급감염병 | 전파 가능성을 고려하여 발생 또는 유행시 24시간 이내에 신고하여야 하고 격리가 필요한 감염병<br>－결핵, 수두, 홍역, 콜레라 등 |
| 제3급감염병 | 그 발생을 계속 감시할 필요가 있어 발생 또는 유행시 24시간 이내에 신고하여야 하는 감염병으로 격리 필요없음<br>－파상풍, B형간염, 일본뇌염, 말라리아 등 |
| 제4급감염병 | 제1급감염병부터 제3급감염병까지의 감염병 외에 유행 여부를 조사하기 위하여 표본감시16) 활용이 필요한 감염병으로 격리 필요없음<br>－인플루엔자, 매독, 임질, 수족구병 등 |
| 기생충감염병 | 기생충에 감염되어 발생하는 감염병 |
| 세계보건기구<br>감시대상감염병 | 세계보건기구가 국제공중보건비상사태에 대비하기 위하여 감시대상으로 정한 감염병 |
| 생물테러감염병 | 고의 또는 테러 등을 목적으로 이용된 병원체에 의하여 발생된 감염병 |
| 성매개감염병 | 성 접촉을 통하여 전파되는 감염병 |
| 인수공통감염병 | 동물과 사람 간에 서로 전파되는 병원체에 의하여 발생되는 감염병 |
| 의료관련감염병 | 환자나 임산부 등이 의료행위를 적용받는 과정에서 발생한 감염병으로서 감시활동이 필요한 감염병 |

---

16) 제1~3종감염병은 모든 의료기관에서 감염사실을 신고해야 하지만, 제4종감염병은 표본감시 대상으로 지정된 의료기관에서만 7일 이내 신고하면 된다.

　신종 점염성 감염병이 창궐하게 되면 많이 발생하는 논란 중 하나가 명칭에 대한 것이다. 그중 대표적인 것이 질병 명칭에 동물이나 지역명이 포함될 경우에는 해당 동물이나 지역이 해당 질병을 일으킨 원흉으로 낙인되는 억울한 누명을 쓰게 되는 경우이다.

　2023년 '원숭이 두창(monkeypox)'이 발생하면서 많은 사람들이 피부 발진을 겪는 상황이 발생하였다. 원숭이 두창이라는 명칭은 1958년 덴마크의 한 실험실에서 영장류, 즉 원숭이에서 최근 발견되면서 명명되었는데, 이후 사람들은 원숭이가 이를 전염시킨다고 믿게 되었다.

　이후 일부에서는 무고한 원숭이를 사살하기도 하였고, 특히 동성 간 성관계가 감염 통로 중 하나로 지명되면서 원숭이 두창에 걸린 사람들을 동성애자 또는 원숭이가 성관계를 가진 사람으로 오해를 받기도 하였다. 이후 세계보건기구(WHO)는 명칭이 차별을 일으킬 수 있다며, 명칭을 엠폭스(mpox)로 바꿨다.

　원숭이 두창이 동물 이름으로 인해 논란을 일으켰다면 '코로나19(COVID-19)'는 지역 이름으로 인해 이슈화된 경우이다. 당시 최초 확진자가 중국 우한에서 나오면서 처음에는 '우한 또는 중국 폐렴(Wuhan or Chinese pneumonia)'으로 불렸다. 이후 중국인을 포함한 아시아인이 길거리에서 공격을 당하는 등 차별을 받게 되자 세계보건기구(WHO)는 특정 국가 혐오 방지 차원에서 명칭을 코로나19로 바꿨다.

　또한, 코로나19의 변이 바이러스 명칭에도 에피소드가 있는데, 당시 변이 바이러스를 그리스어 알파벳 순으로 알파, 베타, 감마로 나가다 '크시(Xi)' 차례에서 이를 건너뛰고 '오미크론'으로 선정했다. 이때 중국 국가주석이 이름이 시진핑(Xi Jinping)이었는데, 서로 철자가 같기 때문에 이렇게 했다면서 중국 눈치를 본다는 이야기가 나왔다.

　현대에서만 이런 것이 아니다. 이러한 문제는 전 세계에서 최대 1억 명 정도가 사망한 '스페인 독감(Spanish flu)'의 경우에도 적용된다. 스페인 독감은 제1차 세계대전 중인 1918년 미국에서 첫 확진자가 보고되고 이후 유럽 등으로 퍼졌다. 하지만 다른 참전국들은 언론을 통제한 반면 중립국인 스페인의 언론은 독감 유행을 자세히 보도하였다. 이후 스페인에서 독감 소식을 계속 듣게 되면서 '스페인 독감'으로 굳어졌다. 스페인으로서는 너무 억울한 노릇인 것이다.

　이렇게 질병 명칭은 높아진 인권 감수성으로 인해 논란의 소지가 되고 있다. 하지만 한편에서는 에볼라(아프리카 에볼라강에서 유래), 메르스(중동 호흡기 증후구, Middle East Respiratory Syndrome; MERS) 등 발생지를 딴 질환들이 여전히 통용되느니만큼 질병 경각심을 위해 명칭 사용을 너무 제한해선 안 된다는 주장도 있다.

* 출처: 고세욱 (2023년 4월 14일). 엠폭스와 원숭이 두창. 국민일보 http//v.daum.net/v/20230414041213873

## ▪ 잠복, 보균 및 면역

일반적으로 세균, 바이러스 등 병원체는 체내에 들어와 발병하기 위해서는 충분히 힘이나 수를 늘려야 한다(발육 또는 증식). 따라서 병원체가 체내에 들어와도 한동안 증상이 나타나지 않는데, 이렇게 발병하기까지의 기간을 '잠복기'라고 한다. 일반적으로 전염병은 이러한 잠복기가 끝나고 증상이 나타나기 시작되면서 병원체를 다른 사람 또는 동물에게 옮기게 된다. 일부에서는 전혀 증상을 나타내지 않고 전염시킬 수 있는 병원체를 지니고 있는 경우도 있는데, 이를 '무증상 보균자'라고 한다.

병원체가 체내에 들어와서 발육 또는 증식한다고 모두 발병하는 것은 아니다. 우리 체내에는 스스로를 보호하는 강한 방어체계를 갖추고 있는데, 이를 '면역'이라고 한다. 면역에는 어떤 병을 앓고 난 후에 자연스럽게 생기는 '자연면역'이 있고, 병원체를 약하게 만든 백신을 통해 얻는 '인공면역'이 있다.

---

### ✍ 바이러스 전파력과 치명률의 관계

일반적으로 바이러스는 전파력이 강하면 치명률이 약하고 전파력이 약하면 치명률이 강하다고 한다. 이러한 주장의 논리는 바이러스가 가지는 숙주에 대한 의존성에 있다. 바이러스는 숙주에 기생하지 않고는 스스로 생존하거나 번식할 수 없다. 따라서 숙주가 죽으면 바이러스도 결국 죽게 된다.

이러한 바이러스의 특성은 바이러스 자체의 치명률이 높아서 숙주가 죽으면 바이러스 자체도 죽게 되어 전파할 수 있는 기회를 그만큼 잃게 된다. 이러한 이유로 바이러스의 전파력과 치명률은 반비례 관계에 있다는 것이 일반적인 학설이다.

하지만 이 학설은 모든 경우에 해당되는 것은 아니다. 일부 바이러스는 치명률과 전파력 모두 높은 것들이 존재한다. 예를 들어, 바이러스가 숙주를 감염시킨 초기에 다른 대상을 전염시킬 수 있는 전파력을 가진 경우에는 전파력과 치명률이 모두 높은 바이러스가 가능해진다. 코로나19와 같은 호흡기 바이러스 경우가 그러한 대표적인 예이다.

* 출처: 생명공학정책연구센터 (2021). 코로나19 변이 바이러스 발생과 그 특성

## ■ 인간 감염병의 증가

1918년 전 세계를 휩쓸며 최소 5,000만 명을 사망[17]하게 한 스페인 독감 이후, 최근 들어 2002년 사스, 2009년 신종인플루엔자, 2015년 메르스, 2019년 코로나19 등과 같이 급격하게 신종 감염병이 창궐하거나 기존 전염병이 변이 또는 재발되고 있다. 이러한 신종 감염병이 유행하는 이유를 설명하기 위하여 여러 가지 가설이 제기되고 있다.

그중에 가장 설득력 있는 이유 중 하나로 많은 학자들은 지구온난화를 지목하고 있다. 이는 지구온난화로 기온이 상승할수록 병원균의 증식이 용이하고, 지구온난화로 인한 홍수지역의 열악한 생활환경이 감염병의 발생온상이 되고, 모기활동의 증가 등도 감염병 증가의 원인이 되기 때문이다. 일부에서는 지구온난화의 영향으로 극지방 또는 시베리아 등의 영구동토가 녹으면서 잠자고 있던 바이러스의 출현을 신종 전염병의 원인으로 지목하기도 한다.

또한, 항공교통 등으로 인한 활발한 국가 간 교류가 특정지역의 풍토병을 빠르게 전파시키는 원인이 되고 있다. 이와 관련하여 마이크로소프트 창업자이면서 최근 '빌 앤드 멀린다 게이츠 재단'을 설립하여, 활동의 일환으로 전염병 퇴치를 위한 국제사회의 공조를 강조하고 있는 빌 게이츠는 타임 기고문을 통해 "미국인들은 후진국에서 발생하는 전염병 예방에 대한 투자가 세금낭비라고 생각할지 몰라도 결국 이러한 투자가 전염병이 미국으로 확산되지 못하도록 막는다는 점을 깨달아야 한다"고 밝히면서 미국 등 강대국 정부의 소극적인 대응을 비판한 바 있다.

---

> ✍ **팬데믹, 에피데믹, 엔데믹과 국제공중보건비상사태**
>
> 세계보건기구(World Health Organization; WHO)는 감염병의 위험도에 따라 경보단계를 1~6단계로 나눈다. 1단계는 야생 동물 간에만 바이러스 전파가 이루어지는 단계, 2단계는 사람이 기르는 가축 간에 바이러스 전파가 이루어지는 단계, 3단계는 동물에서 인간으로 전염이 시작된 단계로 아직 사람 간 전염까지는 발전되지 않은 단계이다. 4단계는 사람 간 감염병 전파가 진행되는 단계지만 일부 지역에 한정되어 있는 상황으로 이른바 '에피데믹(epidemic)' 단계라고 부른다. 5단계는 국가 간 또는 대륙 간 해당 감염병의 전파가 빠르게 이루어지는 상황이며, 6단계는 감염병이 전 세계적으로 대유행하는 상황으로 이른바 '팬데믹(pandemic)' 단계라고 부른다.
>
> 1948년 WHO가 설립된 이래 최고 단계인 6단계에 해당하는 팬데믹을 선언한 것은

---

17) 이 숫자는 비슷한 시기에 발발한 제1차 세계대전(1914~1919년)의 사망자 1만여 명과 비교된다.

1968년 홍콩독감, 2009년 신종플루에 이어 2019년 코로나19로 세 번밖에 없다. 또한 4단계에 해당하는 에피데믹은 2003년 사스(SARS), 2014년 에볼라, 2015년 메르스 (MERS), 2016년 지카바이러스 유행 등이 있다.

WHO 감염병 경보단계에 속하지는 않지만 '엔데믹(endemic)'이라는 유행의 상태도 존재한다. 감염병이 전 세계로 확산하는 과정인 에피데믹, 팬데믹과는 달리 엔데믹은 특정지역에서 주로 발생하는 풍토병의 유행을 의미한다. 아프리카, 동남아시아, 남아메리카 등에서 발생하는 말라리아, 뎅기열 등의 유행이 대표적이다.

WHO는 이러한 경보단계, 팬데믹, 에피데믹, 엔데믹 등의 선언 또는 정의와는 별개로 신속한 국제적 대응이 필요한 심각한 감염병 유행이 발생하면 '국제공중보건비상사태(Public Health Emergency of International Concern; PHEIC)'를 선언한다. 국제공중보건비상사태는 2005년에 처음 도입된 제도로서 선언되면 회원국은 해당 전염병에 대해 감지 후 24시간 이내 통보해야 하며, 확대 방지를 위해 신속히 필요한 조치를 취해야 한다. 발생 지역에 대한 교역, 여행을 자제하라는 권고가 각국에 전달되고 국제적인 의료대응 체계가 꾸려진다.

2009년 신종인플루엔자의 국제적 유행시 처음 선언되었으며, 이후 2014년 폴리오 재발병, 2014년 서아프리카 에볼라, 2015년 지카 바이러스, 2018년 에볼라, 2019년 코로나19, 2022년 엠팍스 등 2023년 기준 총 7번 선언되었다.

* 출처: 신상엽 (2021). [신상엽의 감염병 팬데믹 이야기(1)]. 팬데믹, 에피데믹, 엔데믹과 국제공중보건비상사태 정의. 보건뉴스 2021.4.21. 수정. 2021.7.20. 수집. http://m.bokuennews.com/m/m_article. html?no=202808 등

## ✍ 바이러스 변이

바이러스는 돌연변이를 통해 지속적으로 변화하며 새로운 바이러스 변이가 발생한다. 세계보건기구(WHO)에서는 이러한 변이 바이러스의 전염성과 심각도 등에 따라 관심변이(Variants of Interest; VOI), 우려변이(Variants of Concern; VOC)로 구분한다. 우려변이는 관심변이에 비해 전염성과 치명률이 더 높거나 또는 방역조치 관련정책과 백신·치료제 효과가 더 떨어지는 변이 바이러스이다. 예를 들어, 2019~2022년 코로나19 바이러스가 확산할 당시에 알파형, 베타형, 감마형, 델타형, 람다형, 오미크론 등이 우려변이에 속하며, 이러한 우려변이 바이러스는 당시 전파를 주도하는 우세종이 되었다.

## (2) 재난대응 및 대책

인간에 대한 감염병에 대한 재난관리 주관기관은 보건복지부이다. 보건복지부는 관계법령인 「감염병의 예방 및 관리에 관한 법률」 등에 따라 인체 감염병에 대한 재난을 관장하며, 이를 위해 「감염병 재난 위기관리 표준매뉴얼」 등이 운용되고 있다.

2019년 코로나19 발생시 한국의 코로나19 대응체계 및 전략은 전 세계적으로 'K 방역'으로 일컬어지며 호평을 받았다. 여기에서는 이러한 코로나19 발생시 우리 사회 전반에서 시행된 대응체계 및 전략을 중심으로 인간 감염병에 대한 재난대응 및 대책을 살펴본다.

### ■ 예 · 경보체계: 재난위기경보

앞서 살펴본 바와 같이 인체 감염병에 대해서는 치명률, 전염성 등을 고려하여 1~4급 감염병 등으로 구분하여 위험성에 대한 구분을 두고 있다. 이외에 신종 감염병의 해외 발생상황, 국내 유입상황 및 지역사회 전파 등을 고려하여 관심, 주의, 경계, 심각의 재난위기경보를 발령한다. 또한, 이러한 발령수준과 더불어 심각도, 파급성 등에 따라 중앙정부 차원 또는 범정부적 대처가 필요한 경우 중앙사고수습본부, 중앙재난안전대책본부 등이 가동된다.

표 2.33 감염병에 대한 재난위기경보 단계(보건복지부, 2020)

| 종 류 | 판단기준 | 조치사항 |
|---|---|---|
| 관 심 | 해외에서의 신종 감염병의 발생 및 유행 | 감염병대책반 가동(질병관리청) |
| 주 의 | 해외로부터 신종 감염병의 국내 유입 | 중앙방역대책본부 가동(질병관리청) |
| 경 계 | 국내로 유입된 해외 신종 감염병의 제한적 전파 | 중앙사고수습본부 가동(보건복지부) |
| 심 각 | 국내 유입된 해외 신종 감염병의 전국적 전파(또는 지역사회 전파) | 중앙재난안전대책본부 가동 (행정안전부 또는 국무총리실) |

### ■ 코로나19 발생시 비상기구 운영

감염병은 특성상 특정지역에 국한되지 않아 전국에 걸쳐 동시 다발적으로 발생할 수 있다. 따라서 신속하게 정보를 공유하며 의사결정하는 체계의 구축이 필요하다. 감염병에 대한 대응은 중앙정부 차원에서는 국무총리실, 보건복지부, 질병관리청 및 행정안전부가 주축이 되며, 지방자치단체는 지역의 감염병을 총괄한다.

코로나19 발병 상황에서 국무총리는 중앙재난안전대책본부장으로서 감염병 대응상황을 총괄·조정하였고, 보건복지부장관은 감염병에 대한 재난관리주관기관장으로서 중앙재난안전대책본부 1차장과 중앙사고수습본부장의 역할을 하며 방역업무를 총괄하였다. 행정안전부장관은 중앙재난안전대책본부 2차장을 역할을 하면서 중앙-지방을 잇는 가교 역할뿐만 아니라 재난관리전담기관으로 쌓인 지식과 경험을 바탕으로 다양한 방역업무의 공백을 메우고 지원하는 역할을 수행하였다. 특히, 코로나19 대응과정에서 보건복지부 소속기관장에서 외청장으로 위상이 높아진 질병관리청장은 중앙방역대책본부장의 역할을 하면서 감염병 상황에 대한 종합관리를 담당하였다.

거의 매일 개최되는 중앙재난안전대책본부 회의에 전체 중앙부처와 지방자치단체(시·도)가 참석하여 현장의 애로사항을 청취하고 대응방안을 공유하면서 범국가적인 대응전략을 마련하는 등 중앙-지방 간 일원화된 총력 대응체계가 가동되었다. 감염병 확산 상황에서의 이러한 회의는 한국의 발달된 IT 인프라를 활용한 비대면 영상회의 시스템으로 운영되었고, 여러 기관이 참여함으로써 정보의 공유뿐만 아니라 선의의 경쟁이 유발되는 효과도 만들어졌다.


### ■ 감염병 관리체계: 3T + 알파

신종 감염병 등에 대한 관리체계의 핵심은 3T로 요약된다. 첫 번째 T는 진단검사를 뜻하는 Testing의 앞글자로 신종 감염병을 진단할 수 있는 키트, 장비, 인력 등의 인적 및 물적 자원과 더불어 검체채취 등을 위한 기반시설이 갖추어져 있어야 한다. 두 번째 T는 역학조사를 뜻하는 Tracing의 앞글자로 확진자 발생시 전염시킨 사람과 전염될 수 있는 사람을 찾아내서 격리하여야 한다. 세 번째 T가 의미하는 Treatment로서 확진자는 신속하게 격리 및 치료해야 한다.

이러한 3T 외에도 해외에서 유입되는 잠재적 감염원에 대한 관리를 위한 검역 조치, 치료제 및 백신의 개발, 사회적 거리두기와 같은 방역조치의 강화 등도 함께 시행되어야 한다.

■ **진단검사**(Testing)

신종 감염병이 대규모로 발생하면 우선 해당하는 신종 바이러스 등을 검사할 수 있는 키트, 장비, 인력 등이 없거나 부족한 경우가 발생한다. 따라서 이렇게 검사할 수 있는 인적 및 물적 자원을 확보하는 것이 최우선되어야 한다. 다행히, 한국은 우수한 생명공학 기술을 바탕으로 코로나19 유행시 전 세계적 검사키트 및 장비 시장을 선도할 수 있었다.

---

✍ **검사키트 관련용어: 위양성과 위음성, 민감도와 특이성**

• **위양성과 위음성**: 위양성이란 본래 음성이어야 할 검사결과가 잘못되어 양성으로 나온 경우를 말한다. 즉, 가짜 양성(False Positive)으로 정상인데 환자로 판단하는 것이다. 반면, 위음성이란 본래 양성이어야 할 검사결과가 잘못되어 음성으로 나온 경우를 말한다. 즉, 가짜 음성(False Negative)으로 환자를 정상으로 판단하는 것이다.

• **민감도와 특이도**: 민감도란 환자에게 검사결과가 양성으로 나올 확률이다. 이를 바꿔서 생각해 보면 민감도가 높으면 환자에게 검사결과가 음성으로 나올 확률이 낮다. 특이도는 정상에게 검사결과가 음성으로 나올 확률이다. 이를 바꿔 생각해 보면 특이도가 높으면 정상이 양성으로 나올 확률이 낮다.

⇒ 이를 종합하면 다음과 같은 관계가 성립한다.
   • 위음성률(%) = 100 − 민감도
   • 위양성률(%) = 100 − 특이도

---

다음으로 해결되어야 할 곳은 검사받을 수 있는 장소의 확보이다. 신종 감염병은 전염력이 매우 높기 때문에 일반 의료기관에서 검사받는 것은 현실적으로 어렵다. 이를 위해 지역 보건소는 지역 내 감염병 관리의 총괄기관으로 거점 '선별진료소'를 운영하면서 다른 선별진료소를 관리한다. 선별진료소는 사례판단, 검체채취, 검사진단 등 중심으로 업무를 수행토록 설계되었다. 하지만 감염병 확산시에는 일반적으로 검체채취를 위주로 운영되며, 채취된 검체에 대해서는 공공 및 민간검사기관으로 보내져서 진단되어 진다.

또한, 확진자가 급증할 경우에는 임시로 검체채취만을 할 수 있는 '임시 선별검사소'를 추가로 설치하여 운영한다. 초기에는 국민안심병원 등 민간의료기관에서 운영하는 선별진료소와 지역 보건소가 운영하는 선별진료소가 차별화된 역할[18]을 수

---

18) 코로나19 발생 초기에는 한꺼번에 많은 사람들을 검사할 수 있는 능력은 제한되는 반면에 사람들은 감염에 대한 걱정으로 인해 불필요한 사람들까지 검사를 받으려고 하였다. 이러한 사항을 고

행하였으나 이후에는 이러한 차이가 사라졌다.

다음으로 해결되어야 하는 것은 대규모 신종 감염병 의심자를 진료하거나 검사할 수 있는 의료시설의 확보이다. 코로나19와 같은 호흡기 질환 감염병의 증세는 특히, 겨울철 인플루엔자, 일반 감기 등의 증세와 구분하기 매우 어렵다. 따라서 호흡기·발열의 증세가 있는 환자의 경우, 진료를 거부당하는 사례가 발생하는가 하면 코로나19 감염자가 일반 감기로 치료를 받다가 나중에 확진되어 병원에서 접촉된 다수의 사람들이 추가적으로 확진되는 사례가 발생할 수 있다.

정부에서는 이러한 호흡기·발열 환자에 대한 안정적인 일차의료를 제공하기 위하여 감염차단시설 등을 구비한 동네 병·의원급을 '호흡기전담클리닉'으로 지정하여 지원한다. 또한, 이보다 큰 종합병원급의 국민안심병원은 호흡기·발열 환자를 위하여 병원 방문부터 입원까지 진료의 전 과정에서 다른 환자와 동선을 분리하여 운영하는 병원이다. 특히, 일부 국민안심병원의 경우에는 선별진료소가 별도로 설치되어 운영되기도 한다.

코로나19 확산시 요양병원, 정신병원, 교정시설 등에서 반복적으로 확진자가 속출할 때에는 이러한 시설 입소자 및 종사자를 코로나19 고위험군으로 분류하여 주기적으로 '선제적인 진단검사'를 실시하였다. 또한, 대규모 집회 참석자, 특정 업종 종사자 등을 중심으로 코로나19 확진자가 발생한 시기에는 관련자 전체에 대한 '진단검사 행정명령'이 내려지기도 하였다.

■ **역학조사(Tracing)**

전염성 감염병에서 확진자가 발생하면 그가 어떤 사람을 통해 전염되었는지 그리고 이후 누구와 접촉하여 전염시킬 가능성이 있는지 확인하는 역학조사가 필요하다. 맨 먼저 확진된 환자를 '지표환자(Index Case)'라고 분류하고 동선추적을 통해 접촉한 사람들을 확인하게 된다. 이러는 과정에서 맨 처음 전파한 환자가 확인되는데, 이를 지표환자와 구별하여 '근원환자(Source Case)'라 한다.[19)]

---

려하여 지역보건소 선별검사소는 검사비용은 무료로 하되, 확진자 접촉자와 유증상자 중 기준에 부합되는 사람만을 대상으로 한정하여 운영하였다. 반면에 의료기관 선별검사소는 지역보건소와 동일한 기능을 수행하되, 추가로 원하는 사람에 한해서 유료로 검사를 받을 수 있도록 하였다. 이후 코로나19 유행이 지속되고 검사할 수 있는 능력도 증가함에 따라 양 선별검사소 모두 원하는 사람에게 무료로 검사를 받을 수 있도록 하고, 특히 터미널, 기차역 등 사람들의 접근이 용이한 곳에 설치된 '임시 선별검사소'에서는 신분확인이 없어도 검사를 받을 수 있도록 익명검사 제도도 도입하였다.

동선추적을 위한 역학조사에서는 한국의 뛰어난 IT 인프라가 활용되었다. 먼저, 음식점 등을 출입할 경우에는 수기식으로 작성하는 방명록뿐만 아니라 핸드폰에서 QR 코드를 스캔할 수 있도록 하거나 '안심콜'이라는 음식점 등 장소 고유의 전화번호가 입장시 안내되어 전화를 하면 자동적으로 방문자가 기록되도록 하였다.

또한, 방문자 기록의 누락에 대비하여 신용카드 사용내역과 핸드폰 동선추적 등을 신용카드와 이동통신 회사와의 협조를 통해 전달받을 수 있는 체계를 구축하였다. 이외에도 실내외에 산재된 CCTV를 통해서 확진자의 방문사실뿐만 아니라 방역수칙 준수여부 등도 확인할 수 있게 되었다.

하지만 모든 감염병의 감염은 확진자 접촉 등 역학조사로 인한 인과관계가 밝혀진 '접촉감염 전파'로 확인되는 것은 아니다. 특정 감염병이 점차 지역사회 내에서 확산되면 확진자 접촉을 특정할 수 없는, 즉 역학조사로 인한 인과관계가 설명되지 않아 지역사회에서 불특정인으로 전파된 것으로 추정되는 '지역사회 전파'로 구분된다. 지역사회 전파 단계가 되면 더 이상의 동선추적은 어려워진다.


■ **격리**(Isolation) **및 치료**(Treatment)

감염병 확진자에 대한 조치는 크게 격리와 치료라는 두 가지 차원에서 이루어진다. 감염병이 확진된 사람은 즉시 다른 사람에게 전파하지 않도록 신속하게 격리되어야 하며, 증상이 악화되지 않도록 적절하게 치료를 받을 수 있어야 한다. 법적으로는 감염병 확진자는 관련법령에 따라 강제적으로 지정된 시설에 수용한다는 점을 감안하여 치료시설조차 법적으로는 격리시설이라고 부르고 있다.

격리시설은 증상에 따라 생활치료센터, 감염병전담병원, 중환자 전담치료병상 등으로 구분된다. 여기서 생활치료센터는 치료보다는 격리를 주목적으로 하며, 감염병전담병원 및 중환자 전담치료병상은 격리보다는 치료를 주목적으로 한다고 볼 수 있다. 입원 및 치료비는 국고에서 지원되며, 격리시설을 이탈할 경우에는 과태료 등이 부과되며, 격리시설 이탈로 인해서 감염병의 추가확산이 발생하면 정부에서는 소모된 행정비용 등에 대해 구상권을 청구할 수 있게 된다. 감염병 유행기간 중에는

---

19) 이외에는 다른 확진자들보다 많은 사람들에게 바이러스를 전파한 사람을 일컫는 '슈퍼전파자'라는 용어도 쓰인다. '장티푸스 메리'라고 불리는 미국 여성 메리 맬런이 대표적인 슈퍼전파자인데, 그녀는 원래 상류층 가정에서 일하던 요리사였다. 그러던 중 1907년 어느 날 그녀가 일하던 집에서 장티푸스 환자가 무더기로 발생했다. 이후 조사 과정에서 1900년부터 7년 동안 그녀가 이전에 일했던 곳에서 51명을 감염시켰다는 사실이 밝혀졌다. 당시 그녀의 신상은 공개됐고 마녀처럼 묘사됐는데, 그녀가 이럴 수 있었던 이유는 무증상 보균자였기 때문이었다.

의료기관 병상이 부족하게 되는데, 필요한 경우에 보건복지부장관, 질병관리청장, 시·도지사, 및 시장·군수·구청장은 의료기관 병상 또는 숙박시설 등 대체시설을 행정명령을 통해 동원하기도 한다.

병원이나 선박 등에서 집단으로 발생한 경우에는 코호트 격리(cohort isolation)를 하기도 한다. 코호트 격리는 감염 질환 등을 막기 위해 일정기간 동안 감염자가 발생한 장소를 통째로 봉쇄하는 조치를 말한다. 즉, 해당 장소에 있는 사람들을 감염 유무에 관계없이 동일집단(cohort)으로 묶어 전원 격리해 확산위험을 줄이기 위한 조치인 것이다.

---

### ✍ 감염병 확진자의 격리 및 치료를 위한 의료시설

확진자를 위해서는 무증상이거나 경증(輕症)인 경우, 즉 특별한 치료가 필요하지 않고 모니터링만 필요한 경우에는 생활치료센터[20]에 입원하게 된다. 생활치료센터는 최소한의 의료진만 파견되어 있다. 생활치료센터는 고령자, 기저질환자 등을 위해 진료 및 대응기능을 강화한 '거점 생활치료센터'를 별도로 지정하여 운영하고 그 외에 무증상 및 경증 확진자에 대해서는 '일반 생활치료센터'를 운영한다.

또한, '가정안심치료' 등으로 명명되기도 하는 본인이 주거하고 있는 공간 등에서 스스로를 관리하는 '재택치료제도'가 도입되기도 한다. 재택치료는 돌봄이 필요하고 위험도가 낮은 12세 미만 아이 또는 그 부모가 확진된 경우 등에 대해서만 제한적으로 허용되다가 이후 확진자의 급증으로 인해 격리할 수 있는 시설이 부족한 경우 등에 대비하여 생활치료센터를 대체하는 무증상 및 경증 확진자를 위한 방법으로 활용되었다.

또한, 오미크론 변이로 인해 코로나19의 전파력은 높아지는 반면, 치명률과 위중증은 줄어들게 되면서 '재택치료제도'가 확진자 치료의 기본원칙으로 자리잡게 되었다. 이를 위해 재택치료자를 관리하기 위한 '관리의료기관'과 외래진료를 위한 '외래진료센터'가 병의원 중에 지정되어 운영되었으며, 이후 고위험군 등 집중 관리군을 제외한 일반 관리군에 대해서는 동네 병의원이 이러한 역할을 하면서 코로나19의 치료가 다른 질병의 치료체계로 다시 복귀하게 되었다.

위중(危重)증 환자의 경우에는 중환자 전담치료병상에서 치료받게 한다. 코로나19 확진자가 폭증하는 시기에는 위중증 환자가 많아져 중환자 전담치료병상이 부족하게 되는 사례가 발생하였다. 이를 위해서 코로나19 치료는 다 끝났는데, 기존의 기저질환이 해결되지 않았거나 일반 중환자실로 옮겨 치료할 수 있는데도 불구하고 혹시 발생할 수 있는 감염우려로 코로나19 중환자 전담치료병상을 차지하고 있는 환자들을 위해 일반 중환자 병상을 활용하여 준(準)중환자 치료병상을 지정하기도 한다.

이외에 중환자가 아닌 중등(中等)증인 일반적 감염병 증상의 경우에는 감염병전담병원을 지정하여 치료받게 하였다. 감염병전담병원도 거점 감염병전담병원, 감염병전담 요양병원, 감염병전담 정신병원, 감염병전담 장애인병원 등이 별도로 지정되어 있다.

여기서 거점 감염병전담병원의 경우에는 코로나19의 대규모 확산에 대비하여 권역별로 설치하여 중등(中等)증뿐만 아니라 준(準)중증 및 위중증 환자에 대한 다양한 병상을 갖춰 환자상태에 따라 유연하고 효율적인 치료가 이루어지도록 한 병원으로서 감염병 환자치료에 가장 이상적인 병상운영 방식이다.

### ■ 자가격리와 능동 · 수동감시

자가격리는 확진자와 밀접접촉 등으로 인해 의심자가 된 사람이 스스로 자신의 주거공간에서 격리상태를 유지하는 것이다. 자가격리자는 배정된 공무원에게 정기적으로 증상체크를 받게 된다. 자가격리는 강제적인 것이기 때문에 외부활동을 하는 경우에는 과태료 등의 처분이 이루어진다.

해외 입국자 중 자가격리할 상소가 마련되시 않거나 가족 산의 바이러스 선파에 대한 우려 등으로 인해 다른 장소에서 자가격리를 원하는 사람들을 위하여 '임시생활시설'이 운영된다. 임시생활시설에 대한 이용료에 대해서는 다른 격리 및 치료시설의 사용료와는 다르게 모두 이용자가 부담하도록 하였다. 이는 일반적으로 자가격리하는 사람들이 자기집을 격리장소로 이용하면서 격리비용을 부담하는 것과 형평성을 맞추려는 조치로 이해된다.

확진자와 간접접촉을 하였거나 백신접종으로 인해 격리면제가 된 경우 등 감염의 전파 가능성은 극히 낮으나 만약의 가능성을 계속 관찰해야 하는 대상에는 능동 및 수동감시가 이루어진다. 능동 및 수동감시 대상자는 외부활동을 자유스럽게 할 수 있는 반면에, 마스크 착용 등 방역수칙을 철저하게 준수해야 한다. 능동감시 대상자는 자가격리를 받는 사람과 동일하게 배정된 공무원에게 정기적으로 증상유무를 통보해야 하는 반면에, 수동감시 대상자는 이러한 일상적 의무는 없으나 감염병 증상 발생시에는 신속하게 보건소에 연락하여 검사 등의 조치를 취할 주의 의무가 주어진다.

---

20) 경기도 제7호 생활치료센터 합동지원단 (2021), 「코로나바이러스감염병－19」대응 경기도 생활치료센터 운영 매뉴얼.

## ✎ 전염성 감염병 사망자의 장례

코로나19와 같은 전염성 감염병으로 인해 사망한 사람의 유가족은 매우 서글픈 현실을 맞이한다. 장례는 시신으로부터 전파를 차단하기 위해 먼저 화장을 한 이후에 장례를 치른다. 즉, 시신 대신에 유골로 장례를 치르는 방식으로 우리의 장례 의식과는 배치되어 그 유족들에게 사망으로 인한 아픔을 배가시킨다.

정부는 철저한 방역조치하에서 화장 이전에 장례를 치르는 방법을 검토하기도 했지만 오히려 장례업자의 반대에 직면하기도 하였다. 이는 장례식장에 전염병 감염성 환자의 시신이 안치되었다는 사실만으로도 한동안 다른 사람들로부터 해당시설 사용을 거부당하게 된다는 이유 때문이다.

일부 국가에서는 대규모 사망자가 발생하는 경우에 사체 밀봉에 사용되는 사체낭 또는 관조차 수급이 어려워 죽은 자에 대한 최소한의 예우를 갖추지도 못한 상태에서 이승에서 저승으로 작별을 표시하기도 하였다. 전염성 감염병 상황에서의 사망은 일반적인 죽음보다도 떠나가는 사람이나 떠나보내는 사람 모두에게 더욱 슬픈 일이다.

* 출처: 생명공학정책연구센터 (2021). 코로나19 변이 바이러스 발생과 그 특성

## ✎ 재난에 의한 또다른 죽음: 초과사망

감염병과 같은 재난상황에서 사람들은 감염병에 전염되어 사망하는 직접적인 사망만을 주목하는 경우가 많다. 하지만 재난상황에서는 이러한 직접적인 사망 외에도 감염병의 치료를 위하여 의료체계가 동원되면서 다른 일반질병을 치료받지 못해 사망하거나 우울감과 불안감으로 자살하는 등 통계적으로 잡히지 않는 사망자도 발생한다.

이렇게 직접적 원인에 따른 사망 통계와 별도로 간접적 원인에 의한 것까지 집계하는 개념으로 '초과사망'이 있다. '초과사망'은 일정 기간에 통상적으로 발생할 것으로 예상되는 수준을 넘는 사망자가 발생하는 것을 뜻한다. 따라서 재난상황에서 직접적 사망자 외에도 과거 통상적으로 발생하는 사망자를 넘어서는 사망자가 발생했다면 이는 초과사망이 된다.

이러한 초과사망의 개념은 감염병 치료를 위해서 행정명령 등을 통해 동원 또는 투입해야 하는 의료자원의 배분량 등을 결정할 때 반드시 고려해야 할 사항이다. 의료자원 등 재난상황에서 활용할 수 있는 자원은 한정되어 있으므로 해당 재난상황에 그 배분량을 집중시키면 사회의 다른 부분에서는 그 자원을 활용할 수 없으므로 결국 다른 형식의 간접적인 피해를 야기시키는 것이다. 세상의 모든 것이 그렇듯 재난상황에서의 자원배분에도 균형이 필요하다.

## ■ 입원 또는 격리된 사람에 대한 지원

질병관리청장, 시·도지사 또는 시장·군수·구청장은 감염병으로 입원하는 사람에 대하여 치료비 및 입원비 그리고 입원 또는 격리된 사람 중에서 고용주로부터 유급휴가를 받지 못한 경우에는 생활지원비를 지원할 수 있다. 유급휴가를 주는 고용주에게도 그 비용의 일부를 국비 및 지방비에서 지원한다.

## ■ 의료기관 등에 대한 손실보상

감염병 환자를 직접 치료하는 병원, 정부의 생활치료센터 협력병원 등과 같은 의료기관은 감염병 환자를 치료하기 위해 또는 다른 비감염병 환자를 진료할 수 없어서 손실이 발생한다. 또한, 감염병 환자가 발생 또는 경유하여 소독·폐쇄 조치되거나 이러한 사실이 정부에 의해 공개된 경우에도 병원운영을 하지 못해 손실이 발생한다. 보건복지부장관, 시·도지사, 시·군·구청장은 보건복지부 또는 시·도에 설치된 손실보상위원회의 심의·의결을 거쳐 이러한 손실을 보상하고 있다.

손실보상위원회는 민·관 공동 위원장 체계로 운영되는데, 보건복지부에 설치된 위원회는 보건복지부차관과 민간위원이 공동위원장이 되며, 시·도에 설치된 위원회는 부시장·부지사와 민간위원이 공동위원장이 된다.

## ■ 검역(Quarantine)

코로나19 해외유입 확진자들이 증가 추세를 보이는 것과 관련하여 국가별로 위험도에 따라 출입국 관리를 실시한다. 예를 들어, 국가를 위험국가(레벨 3 국가), 일반국가(레벨 2 국가), 안전국가(레벨 1 국가)의 3단계로 구분하고 비자발급과 방역조치(격리면제, 진단검사)에 대한 구분을 둔다. 이러한 구분에 있어서는 단지 국가별 위험도와 같은 방역적 측면만을 고려하는 것은 아니고 외교적·산업적 효과 등도 종합적으로 고려하여 결정된다.

코로나19 상황에서 레벨 3의 위험국가에 대해서는 비자발급이 제한되고 항공편 운행도 제한되었을 뿐만 아니라 예방접종자도 의무적으로 격리조치되고 빈도가 높은 의무적 진단검사가 시행되었다. 레벨 2의 일반국가에 대해서는 항공편 운행제한이 해제되고 예방접종자에 대한 격리면제의 완화시책이 적용되었으며, 레벨 1의 안전국가는 비자발급 제한도 해제되고 의무적인 진단검사 빈도도 완화되었다.

국가별 위험도에 따른 구분은 상황에 따라 방법이 달라지는데, 당초 코로나19

초기에는 방역강화·추이감시·일반·교류확대대상국가 등 4가지 유형으로 구분해 지정·관리하였다. 특히, 코로나19 초기에 방역강화 대상국가로의 지정은 자칫 해당 국가와 외교적 마찰을 일으킬 수 있는 바, 지정사실에 대한 대내외 공포를 지양하고 해당 국가 주재 우리 대사관을 통해 조치를 전달하는 등 통보 또는 공개방법에 대한 신중한 논의가 있었다.

### ■ 치료제(Medicine)와 예방접종(Vaccine)

신종 감염병의 경우 치료제와 백신을 개발하는 것은 매우 어렵고 오랜 시간이 걸리는 일이다. 치료제의 경우에는 기존에 다른 질환을 위해 개발해 놓은 약품을 '약물재창출(drug reproduction)' 과정을 거쳐 효과가 입증되어 사용되기도 한다. 약물재창출이란 이미 시판되어 사용되고 있어 안전성이 입증된 약물이나 임상실험에서 안전성은 입증되었으나 효능이 입증되지 않아 허가받지 못한 약물을 대상으로 새로운 질환에 대한 치료제로 사용하는 약물개발 전략이다. 약물재창출은 이미 안전성이 증명된 약물을 대상으로 새로운 질환에 대한 치료제를 찾는 과정이므로 안전성 실패로 인한 위험성과 이로 인한 기회비용을 줄일 수 있다.

예를 들어, 2009년 신종플루가 유행했을 때는 내성을 거듭하는 인플루엔자 치료제로 개발되어 있던 항바이러스 치료제인 타미플루가 약물 재창출 과정을 거쳐 신종플루에 대한 치료약으로 활용되었으며, 2019년 코로나19 상황에는 에볼라 바이러스 치료제이던 렘데시비르가 약물 재창출 과정을 거쳐 코로나19 바이러스 치료제로 활용되었다.

한편 백신의 경우에는 약물재창출을 통해 개발되는 경우는 매우 드물다. 왜냐하면 백신의 경우에는 기전이 다르기 때문에 해당 바이러스에 대해 특화되어 개발되어야 하기 때문이다. 하지만 신종 바이러스에 대해서는 기전에 대한 이해가 충분하지 않기 때문에 백신후보 물질을 찾아내기조차 쉽지 않다. 또한, 비록 백신 후보물질을 찾아냈다고 하더라도 적절한 용량과 접종 횟수 등을 평가하는 데도 오랜 시간이 필요하다.

새롭게 개발된 백신을 사람들에게 접종하기 위해서는 동물실험을 거쳐 3상까지 임상실험을 거쳐야 한다. 이 과정에서 백신 후보물질을 접종한 그룹과 접종하지 않은 플라시보(placebo) 그룹 간에 안전성과 유효성을 확보하기 위해서는 수천 명의 피험자가 필요한데 이러한 피험자를 찾기도 쉽지 않다(강석하, 2020).[21] 이외에도 바이

---

21) 강석하 (2020). 코로나19 백신 개발이 어려운 이유?. 의협신문 2020년 4월 12일자.

러스는 끊임없이 변이되므로 제약회사에서는 경제성 측면에서 개발에 소극적인 경우도 많다.

새롭게 개발된 백신은 아직 충분한 임상실험을 거치지 않았기 때문에 초기에는 부작용이 발생할 가능성이 상대적으로 높을 뿐만 아니라 많은 사람들이 한꺼번에 접종받기 때문에 응급한 상황에서 신속하게 적절한 처치를 받지 못할 수도 있다. 특히, 일부 사람들은 '아나필락시스(anaphylaxis, anaphylactic shock)'[22]라는 특정 물질에 대해 몸에서 과민 반응을 일으키는 것, 즉 특정 물질을 극소량만 접촉하더라도 전신에 증상이 나타나는 심각한 알레르기 반응을 가지는 경우가 있는데, 새로운 백신이 개발될 때 항상 이슈로서 논의되는 것이다. 아나필락시스는 주로 즉각적인 반응이 나타나는데, 즉시 치료하면 별다른 문제 없이 회복되지만, 진단과 치료가 지연되면 치명적일 수도 있다.

이에 따라 정부에서는 신종 바이러스 백신에 대한 국민의 우려와 적절한 처치를 지원하고자 국민에게 권고하는 '필수 또는 임시예방접종'에 대해 아나필락시스를 포함하여 예방접종 후 이상반응[23]으로 인해 실병에 걸리거나 장애인이 되거나 사망하였을 경우에는 국비에서 보상하게 되어 있다(「감염병 예방법」 제71조). 예방접종 후 이상반응 피해보상 신청건에 대한 인과성 및 보상 가능여부를 판단하기 위해 '예방접종 피해보상 전문위원회'가 설치되어 운영된다. 하지만 대부분의 경우 발열, 두통, 오한 등과 같은 일반적인 이상반응으로 국비에서 보상받은 경우는 드물었다.

코로나19와 같은 감염병이 대규모 전파된 경우에는 전체 국민에 대해 신속하게 접종을 마치는 것이 필요하다. 이를 위해 2019~2021년 코로나19 상황에서는 지방자치단체에서는 지역보건소를 통한 직접 예방접종을 실시하는 한편, 지역 의료기관과 협조를 통해 체육관 등에 백신접종센터를 설립하여 초저온에서의 보관이 필요한 백신 등에 대해 예방접종을 실시하였다. 이외에도 민간 위탁의료기관을 통한 예방접종을 실시하고 의료진이 있는 요양병원 등이나 의료부서가 있는 기업의 사업장 등에 대해서는 자체적으로 예방접종을 실시하도록 하였다.

백신의 효능은 '돌파감염(breakthrough infection)'으로 측정되기도 한다. 돌파감염이란 예방접종을 하고도 항체가 충분하게 형성되지 않았거나 면역 효과가 약해지면

---

https://www.doctorsnews.co.kr/news/articleView.html?idxno=134234

22) 결과적으로 비슷한 증상이 나타나지만 면역 반응에 의한 증거가 부족하거나 증명되지 않은 경우를 '아나필락시스양 반응(anaphylactoid reaction)'이라고 부른다.

23) "예방접종 후 이상반응"이란 예방접종 후 그 접종으로 인하여 발생할 수 있는 모든 증상 또는 질병으로서 예방접종과 시간적 관련성이 있는 것을 말한다(「전염병 예방법」 제2조 제18호).

서 감염되는 것을 말한다. 실제 코로나19의 경우에서는 기본접종을 하고 나서 3개월 이후부터 급격하게 돌파감염이 증가하는 상황을 맞이하였다.

### ■ 감염재생산지수와 집단면역 한계치

감염재생산지수(reproduction number)란 감염자 한 명이 감염 전파가능 기간에 전염시키는 평균 사람수이다. 따라서 감염재생산지수가 1보다 크면 시간이 지나면서 감염병이 확산된다는 의미이며, 1보다 작으면 감염병 유행이 줄어들고 있다는 의미이다. 즉, 시간이 지나면서 감염병은 사라질 것이다. 그리고 감염재생산지수가 지속적으로 1이 된다면 이는 감염병이 해당지역에서 풍토병처럼 자리잡는다는 것을 의미한다(유명수 등, 2021).

감염재생산지수는 기초 감염재생산지수(basic reproduction number; Ro)와 실질 감염재생산지수(effective reproduction number; Re)로 분류된다. Ro로 표현되는 기초 감염재생산지수는 어떤 감염병이 그간 면역이 전혀 없었던 집단(신종 감염병, 백신 미접종 등)에서 최초로 발병했을 때의 감염재생산지수이다. 따라서 기초 감염재생산지수는 생물학적 감염력을 의미하는 지표로서 감염병 초기 유행단계에서 주로 사용되며, 비록 각 감염병마다 주어진 고유한 수치는 아니지만 대체로 집단별로 유사한 범주의 수치를 가진다.

이에 반해 Re로 표현되는 실질 감염재생산지수는 감염병 발생의 초기 패턴을 지나 유행이 지속될 때, 개인의 위생관리 및 사회적 방역조치 등을 고려한 감염재생산지수이다. 일반적으로 감염재생산지수는 p×c×d로 표현되는데, p는 감염될 확률(probability of infection)로 치료제 사용, 마스크 사용 등을 통해 줄일 수 있다. c는 접촉률(contact)로 사회적 거리두기 등의 효과로 값을 줄일 수 있으며, d는 감염을 전파시키는 기간(duration)으로 진단 검사량을 늘려 환자의 빠른 격리를 통해 줄일 수 있다. 따라서 실질 감염재생산 지수의 산출은 해당 시점의 방역정책의 효과 및 감염전파 양상을 감시하는 데 중요지표가 된다.

실질 감염재생산지수는 다양한 종류가 있지만 일반적으로 특정 시점에서 인구집단의 평균 감염력을 나타내는 실시간 감염재생산지수(time-varying reproduction number; Rt)를 의미한다. 이를 통해 시간의 흐름 속에서 반복적으로 산출하여 감염률의 변화양상을 추적하여 관리할 수 있다. 실시간 감염재생산지수는 크게 특정시점인 시간 t에서 전파를 측정하는 순간 감염재생산지수(spontaneous reproduction number)와 특정 코호트 집단에 속한 개인의 전파를 측정하는 사례 재생산지수(case reproduction number)로 나누어지는데, 일반적으로 실시간 감염재생산지수라 하면 순간 감염재생산지수를 의미한다.

만약 예방접종 등을 통한 면역력을 가진 개체가 늘어나서, 즉 '집단면역'이 생기면 병원체는 감염이 가능한 새로운 숙주를 찾기가 어려워진다. 그리고 숙주를 찾기 어려워 재생산 지수가 줄어들어 결국 1보다 작아지면 시간이 지나면서 더 이상 새로운 감염이 발생하지 않게 되고, 결국 감염은 종식단계에 접어들게 된다.

이러한 맥락에서 이렇게 감염이 종식단계에 접어들 수 있는 전체 개체수 대비 면역력을 가진 개체수의 비를 뜻하는 '집단면역 한계치(Herd Immunity Threshold; HIT)'는 초기 감염재생산 지수인 Ro가 커질수록 커진다. 왜냐하면 초기 감염재생산 지수가 커지면 그만큼 병원체의 전파력이 커지기 때문에 집단면역 한계치도 높아져야하기 때문이다. 이는 $Rt = Ro \times (1 - 집단면역률)$인데, 이때 $Rt \leq 1$인 집단면역률의 최소값이 집단면역 한계치, 즉 $HIT = 1 - (1 \div Ro)$이 되기 때문이다.

어떤 국가 또는 지역에서의 감염병 발생 또는 영향을 나타내는 지수로는 일반적으로 확진자 수가 가장 많이 사용된다. 확진자 수는 총인구에서 몇 명이라는 식의 절대적 수치로 표현될 수도 있고, 인구 10만 명당 몇 명이라는 상대적인 수치로 표현될 수도 있다. 다른 국가 또는 지역과의 확진자 수를 비교하는 등의 분석수단으로는 상대적 수치로 표현되는 방법이 일반적으로 널리 활용된다.

하지만 어떤 감염병으로 인한 사회적 영향은 단순히 확진자 수의 증감만으로는 표현할 수 없다. 확진자 수가 많더라도 사망 등 위급한 상황까지 전개되지 않는다면 사회적 영향은 미미할 것이다. 이러한 위급한 상황까지 전개여부는 해당 국가 또는 지역의 응급의료시설 등 재난대응체계의 역량에 대한 잣대가 되기 때문이다.

따라서 감염병에 대해서는 특정기간에 발생한 확진자 수 대비 사망자 수를 나타내는 치명률이 중요한 지표가 되며, 위중증 환자수도 이러한 맥락에서 중요한 지표가 된다. 코로나19 통계를 살펴보면 나이가 많을수록 치명률이 높아 실제 사망자의 대부분은 60대 이상에서 나타났으며, 젊은 사람들의 경우에는 확증되더라도 무증상인 비율이 높았다. 이러한 사실에 기초하여 백신수급이 제한적인 상황에서 나이가 많은 노년층부터 백신접종이 이루어졌다.

이외에도 향후 감염병의 확산속도를 가늠하는 지표로서 감염재생산지수가 널리 쓰인다. 즉, 감염재생산지수가 1보다 크면 시간이 지나면서 감염병이 확산된다는 의미이며, 1보다 작으면 감염병 유행이 줄어들고 있다는 의미이다. 그리고 감염재생산지수가 지속적으로 1이 된다면 이는 감염병이 해당지역에서 풍토병처럼 자리잡는다는 것을 의미한다.

또한, 검사자 수 대비 확진자 수를 의미하는 '검사 양성률'도 감염재생산 지수와 함께 지역사회에 코로나19 바이러스가 얼마나 퍼져 있는지를 판단할 수 있는 중요한 지료로 사용된다. 이러한 다양한 감염병 지표들은 해당 감염병 바이러스의 역학적 특성 그리고 사회적 대응력 등을 복합적으로 나타낸다.

치료제 및 백신이 개발되더라도 「약사법」에 따른 사용허가를 받아 사용되기 위해서는 복잡한 절차를 거쳐야 하며 오랜 기간 검토가 필요하다. 따라서 감염병이 빠르게 확산되는 상황에서는 정식 사용허가까지 기다리기 전에 우선 사용할 수 있도록 하는 '긴급사용승인' 제도가 활용된다. 긴급사용승인은 「공중보건 위기대응 의료제품의 개발 촉진 및 긴급 공급을 위한 특별법」에 따른 조치로서 식품의약품안전처장은 공중보건 위기상황에 적절히 대처하기 위하여 필요하다고 인정하는 경우 또는 관계 중앙행정기관의 장의 요청이 있는 경우에는 민·관 위원으로 구성된 '공중보건 위기대응 의료제품 안전관리·공급위원회'의 심의를 통해 아직 사용허가가 이루어지지 않은 의약품에 대해 '긴급사용승인'을 처분할 수 있다.

　일부 의료제품의 경우에는 위기상황에서 급격한 수요급증 등으로 인해 수급문제가 발생할 수 있다. 이에 대비하여 식품의약품안전처장은 앞에서 설명한 같은 절차를 통해 해당 제품을 '공중보건 위기대응 의료제품'으로 지정할 수 있다. 정부는 이렇게 지정된 의료제품의 제조·수입·판매자 등에게 생산량, 출고량, 판매량 등 유통관리에 필요한 자료를 제출토록 하고 이에 따른 수급상황 등을 파악하게 된다. 만약 정부가 해당 제품의 공급이 현저하게 지장을 받는다고 판단되면 판매가격·판매장소 등 판매조건을 제한하거나 긴급 생산·수입명령을 내리는 등 유통개선 조치를 실시할 수 있다. 코로나19 발생시 신속항원검사를 위한 자가검사키트 등이 공중보건 위기대응 의료제품으로 지정된 바 있다.

### ■ 방역조치 강화: 사회적 거리두기

　사회적 거리두기[24]는 사람들의 집합을 제한하는 등의 일련의 행정명령의 묶음이라고 할 수 있다. 이는 감염병예방법에 그 근거를 두고 있는데, 감염병예방법 제49조에는 보건복지부장관, 질병청장, 시·도지사, 시장·군수·구청장이 할 수 있는 감염병에 예방조치의 내용을 규정하고 있다. 즉, 이는 중앙 및 지방정부가 할 수 있는 '비상 권한(emergency power)'에 대한 광범위한 규정이라고 할 수 있다.

　구체적인 조문을 살펴보면 먼저, 관할지역에 대한 교통의 전체 또는 부문을 차단할 수 있다(제1호). 둘째, 흥행·집회·제례 등 사람들의 집합을 제한 또는 금지할 수 있다(제2호). 셋째, 출입자 명부의 작성, 마스크 착용 등 방역지침 준수를 명할 수 있다(제2호의2~제4호). 넷째, 건강진단, 시체검안 또는 해부할 수 있다(제3호). 다섯째, 그 밖에 의료인 또는 그 관계인을 동원할 수 있을 뿐만 아니라 의료기관 병상·연수/숙박시설 등 시설도 동원할 수 있다. 이러한 방역지침 또는 조치를 준수하지 않았을 경우에는 과태료 등 강력한 이행제재가 부과된다(제80조 제7호 등).

　사회적 거리두기의 이행률은 방역현장 등에 대한 다양한 점검실적을 통해서 확인될 수 있다. 하지만 또 다른 지표로는 사람들의 이동량 분석을 통해서도 알 수 있는데, 최근에는 정보통신 기술의 발달에 따라 사람들의 이동량을 신용카드 사용량,

---

24) 코로나19로 인한 이동과 만남이 제한되면서 시민들의 정신적 고립과 차별·혐오 현상이 사회적 문제가 됨에 따라 세계보건기구(WHO)에서는 '사회적 거리두기'라는 표현을 '물리적 거리두기'로 바꿔 나가자고 제안하기도 하였다(WHO, 2020).

핸드폰 이동량 등을 통해서도 효율적으로 측정되기도 한다.

사회적 거리두기는 국민 경제활동에 대한 제약을 통해 이루어지는 것으로 감염병 발병 초기에 급격한 확산을 막는 데는 효과적이지만 이후 장기화될 경우에는 경제적 타격, 피로도 누적 등으로 이행률이 떨어지고 국민 반대에 직면하게 된다. 이후, 많은 나라에서는 의료체계가 버틸 수 있는 수준을 감안하여 예방접종을 확대하는 한편 감염병으로 인한 위중증률을 기준으로 한 일상속으로 복귀하여 감염병에 대응하는 방법을 취하게 된다.

특히, 종교 단체에 대한 대면예배 금지 등의 조치를 취하거나 정치적 집회 등을 금지하기도 하는데, 이러한 정부의 조치가 헌법에 규정된 종교적 자유, 표현의 자유 등을 침해한다는 논란이 발생하기도 한다.

〈 과거 사례 〉

■ 페스트(Pest) 또는 흑사병

페스트는 감염 후 살이 썩어 검게 되기 때문에 흑사병(Plague)으로도 불렸는데, 1300년대 초 중앙아시사의 건조한 평원지대에서 시작되어 실크로드를 통해 1340년대 말 전 유럽으로 확산됐다. 유럽에 상륙한 페스트는 1351년까지 유럽 전체 인구의 30~40%를 몰살시켰는데, 200년이 지난 16세기가 되어서야 창궐 이전 수준으로 회복될 정도로 당시 엄청난 영향을 미쳤다. 19세기 말 파스퇴르에 의해 치료법이 개발되면서 역사 속으로 사라진 듯했으나 현재도 아프리카, 아시아 일부 지역 등에서 발병 사례가 나오고 있다.

■ 스페인 독감

1918년 제1차 세계대전은 종식되었지만 스페인 독감이라 불리는 전염병에 제1차 세계대전에서보다 많은 최대 1억 명이 사망하였다. 가장 타격을 입은 국가는 남부유럽과 동남아시아였지만 아프리카, 인도, 중국, 한국 등까지 전 세계적으로 확산되어 사망자가 발생하였다. 전쟁터의 비위생적 환경뿐만 아니라 대규모 병력이동, 선생 후 병사들이 고향으로 돌아오면서 더 넓은 지역으로 확산되었다.

스페인 독감이라 명명되어진 이유는 스페인에서 발병되었다기보다는 제1차 세계대전하에서 언론검열로 인해 참전국에서는 거의 감염병의 사례가 보도되지 못했지만 중립국인 스페인에서는 언론통제가 약해 피해상황이 보다 적극 보도되었기 때문인 것으로 밝혀지고 있다.

〈 최근 사례 〉

■ 사스 – 중증급성호흡기증후군(Severe Acute Respiratory Syndrome; SARS)

코로나 바이러스(Corona Virus) 변종으로 인해 발생한 급성 호흡기 질환으로 발열, 기침, 호흡곤란이 주증상이며 심각한 폐렴으로 진행돼 사망에 이르기도 한다.

2002년 11월 중국에서 처음 발견되었으며, 전 세계를 공포에 내몰았으며 국내에서도 사스 환자라고 의심되는 사람이 나왔으나 다행히 검사결과 사스 환자가 아니라고 밝혀졌다. 2017년 기준으로 특별한 치료법은 개발되지 않은 상태다.

■ 신종인플루엔자(Influenza A virus subtype H1N1)

A형 인플루엔자 바이러스가 변이를 일으켜 생긴 새로운 바이러스에 의한 호흡기 질환이다. 증상은 일반적으로 독감이라 부르는 계절 인플루엔자와 비슷한 갑작스러운 고열, 두통, 오한 등이며, 구토나 설사 등이 오기도 한다. H1N1 또는 신종플루로 약칭한다.

2009년 3월 미국에서 처음 발견된 뒤 우리나라에는 2009년 5월 2일 첫 확진환자 발생 이후 2010년 1월 4일까지 763,761명의 확진환자가 확인되었고 이 중 270명이 사망하였다. '타미플루'라는 상품명으로 알려진 '오셀타미버(Oseltamivir)'라는 항바이러스제 등이 개발되어 치료에 활용되고 있다.

### ■ 메르스 – 중동호흡기증후군(Middle East Respiratory Syndrome; MERS)

코로나 바이러스(Corona Virus) 변종으로 인해 발생한 중증 급성 호흡기 질환으로 중동지역의 아라비아 반도를 중심으로 주로 감염환자가 발행하여 '중동호흡기증후군'이라 명명되었다. 증상으로는 발열을 동반한 기침, 호흡곤란, 가래 등 호흡기 증상을 주로 보이며 두통, 오한, 구토 등의 증상도 나타날 수 있다.

2012년 9월 사우디아라비아에서 최초로 발견되었으며, 우리나라에서는 2015년 5월 20일부터 7월 4일까지 186명이 확진을 받고 이 중 38명이 사망하였으며 병원, 자택 등에 격리된 인원만 1만 6,693명에 달했다. 원인으로는 낙타접촉 등에 의한 1차 감염이 병원내 2차 감염으로 급속하게 확산된 것으로 보고 있다. 2017년 기준으로 특별한 치료법은 개발되지 않은 상태다.

### ■ 코로나19(COVID-19)

코로나 바이러스(Corona Virus) 변종으로 인한 급성 호흡기 질환으로 전 세계적으로 수많은 감염환자가 발생하였다. 증상으로는 발염, 기침 등 폐렴과 비슷하였고 치료 후에 미각 또는 후각상실 등 후유증이 남는 사례가 확인되었다. 발생 초기에는 최초 발견지를 따라 '우한 폐렴' 등으로 불리다가 WHO에서 COVID-19로 명명하였다. 다른 어떤 인체감염병에 비해서도 유행기간이 길었을 뿐만 아니라 전파력이 강했다.

2019년 11월 중국 우한에서 최초로 발견되었으며 현재까지 전 세계에서 지속되고 있다. 우리나라의 경우 2020년 1월 20일에 최초 발생하였으며 2022년 4월 기준 1,700만여 명 이상 확진을 받고 이 중에서 21,000여 명이 사망하였다. 2021년부터 백신이 개발되어 사용되었으며, 주사를 통한 항체치료제 외에 2022년에는 먹는 항바이러스제가 보급되어 치료에 활용되고 있다.

## ✍ 백신접종 거부에 대한 문화적 차이와 역사적 배경

앞선 사례와 같이 최근 치사율과 전염력이 높은 신종 바이러스가 자주 창궐하고 있다. 이러한 치명적인 바이러스에 대해서는 일반적으로 개발된 치료제가 없으므로 신속한 백신접종을 통해 바이러스에 대한 집단면역을 가지는 것이 최선의 해결책이다. 하지만 신종 바이러스에 대해 집단면역을 가지기까지는 넘어야 할 산이 많다.

백신은 기본적으로 개발하기도 어렵지만 이렇게 개발된 백신을 사람들에게 접종하도록 설득하는 것도 매우 어려운 일이다. 물론 2021년 코로나19 백신접종에서 보여주었듯 한국의 경우 예외일 수도 있다. 당시 한국은 백신을 맞고자 하는 사람들이 한꺼번에 몰려들어 백신접종 예약 시스템이 마비되는 일이 속출하였다.

하지만 미국 등 서구에서 백신접종에 대한 일반 국민들의 거부율이 높다. 2021년 7월 기준으로 코로나19로 인해 확진자와 속출하는 상황에서도 미국의 18세 이상에 대해 정부가 아무리 설득해도 접종률이 70%가 넘지 않았다(신성식, 2021).[25] 미국을 비롯한 서구에서 백신접종에 대한 일반 국민들의 거부감은 역사적으로 뿌리깊은 백신에 대한 불신에서 비롯된다.

200여 년 전인 1789년 미국 보스턴에서는 성직자뿐만 아니라 의사들이 "백신접종은 신의 의지에 내한 노선"이라고 선언하면서 '백신 접종 반대 모임'을 결성했다. 또한, 19세기 후반~20세기 초반 미국·영국 등에서 백신접종을 강제하는 법이 생기자 많은 사람들이 "개인건강에 대한 주정부의 의사 결정권 침해"라고 반발했다(신성식, 2021).

하지만 백신에 대한 서구사회의 불신에 대해서는 이러한 종교적, 정치적 이유 외에도 실제 과학적 배경에도 그 뿌리를 두고 있다. 일반적으로 백신은 미국 등 서구에서 먼저 개발되어 왔는데, 필연적으로 개발된 백신이나 신약 임상과정에서 부작용이 발생하였다.

1974년 백일해 백신과 뇌손상의 연관관계에 대한 논문, 1990년대 말에는 홍역·볼거리·풍진에 대한 혼합백신인 MMR 백신과 자폐증 관련성 논문이 나왔다. 이외에도 초기개발 단계인 백신의 접종과정에서 부작용으로 다수의 사상자가 발생하였다. 이러한 이유로 백신에 대한 음모론과 같은 부정적 의견이 사회전반에 쉽게 스며든다. 이에 반해 한국은 해외에서 임상시험을 통과한 안전한 제품을 가져와 사용해 오면서 실제로 부작용을 경험한 적이 극히 드물다(신성식, 2021).

또한, 미국에서는 흑인과 같은 특정인종의 백신 접종에 대한 거부율이 특히 높다. 이렇게 미국에서 흑인의 백신 접종에 대한 거부율이 높은 배경에는 흑인들의 뿌리깊은 백인 중심의 의료체계에 대한 불신이 자리잡고 있다. 이러한 흑인의 의료체계에

---

25) 신성식 (2021). 정말 말 잘 듣는 한국 ⋯ "백신 꺼져라" 20% 극렬거부 美 왜 [뉴스원샷]. 중앙일보 2021년 7월 17일자. https://news.joins.com/article/24107476

대한 신뢰를 해치는 역사적 대표사례로는 '터스키기(Tuskegee) 매독 생체실험'이 있다.

1932년부터 1972년까지 40년 동안 미국 공중보건국(US Public Health Services; US PHS)은 당시 치료법이 없었던 매독에 대해 치료를 하지 않으면 일상생활에 어떤 문제가 발생하는지 연구하기 위해 미국 앨리배마주 터스키기에 거주하는 흑인 600명을 대상으로 생체실험을 실시한다(강태영, 2018).[26]

이 실험에서는 흑인 매독 환자에게 실험내용에 대해서는 철저히 비밀에 부치고 오히려 '나쁜 피(bad blood)' 때문이라는 민간에 떠돌던 병명으로 호도하고 치료하는 시늉만을 하면서 치료약을 주지 않고 수십 년 동안 병을 앓고 죽는 진행과정을 관찰, 기록해서 의학논문의 자료로만 활용하였다.

더 충격적인 사실은 비록 이 실험이 시작한 1932년에는 치료제가 없었지만 1942년 매독을 치료할 수 있는 페니실린이 나왔는데도 불구하고 일부러 치료제를 투여하지 않았다. 또한, 장례비를 대준다는 명목으로 사후에 시체 해부와 검사를 해도 좋다는 승낙까지 받아 챙겼다. 결국 이 생체실험으로 7명이 매독으로 인해 사망하고 154명이 관련 합병증으로 사망했다.

이러한 잔인한 실험은 공중보건국에 근무하는 피터 벅스턴(Peter Buxtun)이라는 내부고발자가 1972년에 언론에 제보되기 전까지는 아무도 그 윤리성에 대한 문제를 인식하지 않았다. 1936년부터 1973년까지 의학저널에 정기적으로 생체실험 과정과 결과가 계재되었으면서도 말이다.

1973년에는 생체실험에 대한 의회 청문회까지 열렸지만 오히려 참가의사들은 자신들이 잘못을 전혀 인식하지 않고 반성하지 않았다. 미국 정부차원에서 흑인 유족들에게 공식적 사과가 이루어진 것은 뒤늦게 1997년 클린턴 대통령에 의해서 이루어졌다.

하지만 이러한 터스키기 생체실험은 빙산의 일각일 뿐 흑인들은 그동안 알려지지 않은 많은 의학실험의 대상이 되어왔다는 것이 알려졌다. 터스키기 생체실험은 인체를 대상으로 하는 연구 윤리성에 대한 인식을 높이는 계기가 되었지만, 흑인들이 백인집단의 연구나 의학적 처치를 극단적으로 불신하는 배경이 되었다.

* 출처: 강석하 (2020). 코로나19 백신 개발이 어려운 이유?. 의협신문 2020.4.12. 수정.
  https://www.doctorsnews.co.kr/news/articleView.html?idxno=134234 등

---

26) 강태영 (2018). 터스키기 매독 생체실험 사건. 오만잡설 2018년 9월 6일자
    https://blog.naver.com/ghangth/221353387590

## 4.2 가축전염병

### (1) 재난발생 및 특성

가축전염병은 질병의 전염속도, 예방관리의 특성, 국내 발생여부, 사회경제적 파급효과 등에 따라 크게 제1종 · 제2종 · 제3종의 가축전염병으로 나뉜다(「가축전염병 예방법」, 2021). 대표적인 가축전염병으로는 최근 꾸준히 발생하고 있는 구제역, 고병원성 조류인플루엔자(Avian Influenza; AI), 아프리카 돼지열병(African Swine Fever; ASF) 등이 제1종으로 분류되며, 제2종으로는 일명 '광우병'이라 불리는 소해면상뇌증 등이 있다.

표 2.34 가축전염병의 종류

| 종 류 | 특 성 |
|---|---|
| 제1종<br>가축전염병 | 우역, 우폐역, 구제역, 가성우역, 블루텅병, 리프트계곡열, 럼피스킨병, 양두, 수포성구내염, 아프리카마역, 아프리카돼지열병, 돼지열병, 돼지수포병, 뉴캣슬병, 고병원성 조류인플루엔자 및 그 밖에 이에 준하는 질병 |
| 제2종<br>가축전염병 | 탄저, 기종저, 브루셀라병, 결핵병, 요네병, 소해면상뇌증, 큐열, 돼지오제스키병, 돼지일본뇌염, 돼지테센병, 스크래피(양해면상뇌증), 비저, 말전염성빈혈, 말바이러스성동맥염, 구역, 말전염성자궁염, 동부말뇌염, 서부말뇌염, 베네수엘라말뇌염, 추백리(병아리흰설사병), 가금티푸스, 가금콜레라, 광견병, 사슴만성소모성질병및 그 밖에 이에 준하는 질병 |
| 제3종<br>가축전염병 | 소유행열, 소아카바네병, 닭마이코플라스마병, 저병원성 조류인플루엔자, 부저병 및 그 밖에 이에 준하는 질병 |

\* 출처: 「가축전염병 예방법」 제2조 제2호

가축전염병은 일반적으로 전염성이 강할 뿐만 아니라 최근 국경을 넘나드는 사람과 물류의 이동 등으로 인해 국경을 넘어서 국가 간에 전염되는 경우가 빈번하다. 이러한 특성은 인간감염병에도 공통적으로 적용되는데, 가축전염병은 야생동물을 통한 전파라는 제어하기 어려운 변수가 추가적으로 있다. 고병원성 조류인플루엔자의 경우에는 겨울철마다 이동하는 철새를 통해 국가 간에 전파되며, 아프리카돼지열병은 휴전선까지도 넘나드는 야생멧돼지가 주요한 전염매개체가 된다. 또한 이들의 죽은 사체를 먹이로 하는 오소리, 까마귀 등으로 인해 전파가 가속화된다. 현실적으로 이러한 야생동물의 이동을 통제하는 것은 불가능에 가깝기 때문에 가축전염병이 일단 어느 한 국가에서 발생하게 세계적으로 전파되어 동시다발적으로 발생하게 되고 축산물 가격급등 등 사회경제적으로 파급효과도 크다.

가축전염병은 야생동물 외에도 발생농장에서 오염된 분변, 도축된 고기 등이 가축, 사람, 차량, 물품 등에 묻어서 전파된다. 따라서 야생동물과의 접촉을 차단하는 방법과 함께 가축점염병이 우려되면 소독시설의 운영, 이동제한 및 통제, 신속한 살처분 실시 등을 통해 추가적인 전파를 차단하여야 한다.

---

### ✍ 조류 인플루엔자 바이러스의 혈청아형 표기방법

자연계에는 크게 A, B, C형의 인플루엔자 바이러스가 존재하는데, 조류 인플루엔자 바이러스는 이 중에서 A형이다. A형의 조류 인플루엔자 바이러스는 일반적으로 H1N1식의 알파벳과 숫자의 조합으로 표시되는데, 이를 학술적으로는 혈청아형(Subtype)이라고 한다.

이러한 혈청아형은 크게 혈구응집소(Hemagglutinin; HA)와 표면단백질(Nueraminidase; NA)의 특성에 따라 구분된다. 혈구응집소는 특성에 따라 H1부터 H16까지 16종이 있으며, 표면단백질은 특성에 따라 N1부터 N9까지 9종이 있다. 따라서 이러한 H형과 N형을 결합할 경우 조류 인플루엔자 바이러스는 총 144종(=16X9)의 혈청아형이 존재하게 된다.

조류 인플루엔자의 진단법으로는 원인체인 바이러스를 종란에 접종하여 분리한 후 추가로 정밀검사하는 방법과 분변·조직 등의 시료에서 유전자를 바로 검출하는 방법이 흔히 사용된다.

바이러스는 또한 저병원성(Lowly Pathogenic Avian Influenza; LPAI)과 고병원성(Highly Pathogenic Avian Influenza; HPAI)으로 나뉜다. 조류 인플루엔자 검사 이후 이러한 병원성을 확인하기 위한 2차 검사가 이루어지는데, 원칙적으로는 무균닭의 정맥에 배양된 바이러스를 주사 후 75% 이상이 폐사하면 고병원성으로 분류한다. 하지만 최근에는 발달된 유전자 염기서열 분석을 통해 고병원성 여부를 추정하고 있다.

일반적으로 이러한 조류 인플루엔자 바이러스는 대부분 저병원성(Lowly Pathogenic Avian Influenza; LPAI)으로 존재한다. 하지만 일부 혈청아형의 경우에는 잦은 변이를 거치면서 고병원성(Highly Pathogenic Avian Influenza; HPAI)으로 발전하게 된다. 따라서 어떤 혈청아형이 고병원성이라는 대응관계는 성립하지는 않으며, 다만 그간의 발생사례를 보면 주로 H5 및 H7형에서 고병원성으로 발전할 가능성이 높았다.

* 출처: 축산물평가원 (2021). 설명자료 등

- 산란계 농장: 계란의 생산을 목적으로 키우는 닭을 산란계라고 하는데, 산란계 농장의 경우 계란의 선별, 수집, 도매, 판매 등의 과정으로 복잡하게 연계되어 있다. 따라서 어느 한 과정에서 바이러스가 전파되게 되면 농장으로 쉽게 유입될 뿐만 아니라 다른 농장까지 손쉽게 전파가 이루어지게 된다. 따라서 산란계 농장의 경우에는 보다 철저한 방역조치를 취해야 한다.

- 오리 농장: 일반적으로 닭은 조류 인플루엔자에 감염되면 바로 증상이 나타나면서 사망하기 때문에 발병여부를 쉽게 알 수가 있다. 하지만 오리의 경우에는 조류 인플루엔자에 감염되더라도 증상이 나타나지 않아 사육 농가에서 발병사실을 인지하지 못한 상태에서 출하 등 이동을 통해 다른 농장에 바이러스를 전파하게 된다. 따라서 오리 농장의 경우에는 닭보다 자주 진단검사를 통해 바이러스 감염여부를 확인해야 한다.

- 모돈: 새끼를 생산하기 위한 목적으로 사육하는 가축인 모돈 등의 농장인 경우에는 다른 가축에 비해서 자주 출입을 하게 된다. 따라서 그만큼 농상인부들이 외부에서 바이러스를 전파시킬 가능성이 높아지게 되는 것이다. 아프리카 돼지열병의 경우 모돈에서 발생한 비율이 상당히 높았다.

- 축산계열화 사업자의 계약 사육농장: 축산계열화 사업이란 특정 축산사업자가 다수의 가축사육 농장과 계약을 체결하여 가축, 사료 등 사육자재 등을 공급하여 가축을 사육토록 하고 이후 사육된 가축 또는 그 생산된 축산물을 출하받는 사업을 말한다. 이 경우에 축산사업자는 가축, 사료 등을 공급하기 위해 다수 농장에 출입하고, 도축시설 등을 공유하는데 이 과정에서 어느 한 농장에서 가축전염병이 발생하면 연계된 다른 농장으로 빠르게 전파된다. 오리 및 육계에 대한 대부분의 농가가 축산계열화 사업자와 계약을 통해 사육하고 있다.

■ 인수공통전염병

사람에게 발생한 전염병은 사람끼리만 전염되고 동물에서 발생한 전염병은 동물 간에만 전염되는 것으로 잘못 인식하는 경우가 많다. 하지만 실제로는 바이러스가 사람과 동물 사이에서 상호 전파되는 경우가 빈번하게 발생한다. 이러한 현상을 '스필오버(spillover)'라고 하며, 이를 통해 전염된 질병이 '인수공통전염병(Zoonoses)'이다. 인수공통전염병의 영어표현인 Zoonoses는 그리스 어원인 동물(zoon)과 질병

(noso)이 합쳐진 표현이다.

실제 인간에게 질병을 일으키는 1,400여 개 바이러스 중 약 60~70%가량이 인수공통전염병을 일으키는 것으로 알려져 있다(농림축산검역본부, 2020). 예를 들어, 유행성출혈열, 에볼라바이러스, 후천성면역결핍증(AIDS), 중증급성호흡기증후군(SARS), 신종플루(H1N1), 중동호흡기증후군(MERS), 코로나19(COVID‒19) 등이 동물에서 사람으로 전파된 가장 대표적인 인수공통전염병이다.

인수공통전염병이 새로운 관심을 가지면서 공중보건 및 방역체계와 관련하여 사람과 동물 그리고 이들의 사는 생태계의 건강이 상호 의존적이며 서로 연결되어 있기 때문에 통합적 시각으로 접근해야 한다는 주장이 설득력을 얻고 있다(민태원, 2020). 이러한 주장을 반영하는 것으로서 '원 헬스(one health)' 또는 '원 웰페어(one welfare)'의 개념이 대두되어 왔다.

원 헬스는 2013년 세계동물보건기구(OIE)에서 사람, 동물, 생태계의 건강이 하나로 연결되었음을 강조하기 위해 선언한 개념이다. 같은 맥락에서 세계동물보건기구는 사람과 동물이 행복해지기 위해서는 상호 모두가 다 함께 행복해질 때 가능하다는 의미로 '원 웰페어(one welfare)'를 선언하였다. 즉, 사람과 동물의 질병을 다루는 의료인 간의 상호 협력의 중요성이 강조되고, 기후변화 등으로 인한 신종 전염병의 출현에도 관심이 집중되고 있다. 또한, 재난상황에서 반려동물, 가축 및 야생동물 등이 방치되는 사례에도 경종을 울리고 있다.

✍ 조류인플루엔자와 인수공통전염병

　조류인플루엔자 바이러스는 그동안 다른 병원체보다 매우 빠르게 증식하며 전염되어 왔다. 이는 조류인플루엔자가 오랫동안 야생조류, 특히 '조용한 숙주'라고 불리는 야생오리를 숙주로 삼았기 때문이다. 야생오리는 조류인플루엔자 바이러스를 보균한 상태에서도 쉽게 발병하지 않는다. 따라서 오히려 바이러스가 야생오리의 창자에서 증식한 뒤 야생오리와 함께 이동하고 배설물로 배출되어 다른 숙주로 옮겨가며 증식하는 역할을 해왔다.

　실제 1990년대 들어서는 조류인플루엔자가 야생오리와 같은 야생조류에서 닭 등 가금류로, 다시 가금류에서 사람으로, 다시 사람에서 사람으로 전염된다는 것이 확인되었다. 또한, 고양이 등 다른 동물에게도 전염되기도 하였다. 예를 들어, 1996년에는 조류인플루엔자 바이러스의 한 종류인 H5N1이 닭에 전염되었고 1997년에는 사람이 이에 감염되어 사망하였다. 2004년에는 닭에 전염된 사람과 그 사람을 통해 감염된 사람이 사망하였다. 즉, 조류인플루엔자는 아주 짧은 시간에 야생조류, 닭 등 가금류뿐만 아니라 다른 동물을 넘어 사람이라는 전혀 다른 종의 장벽까지도 넘은 것이다.

　왜 이러한 일이 생길까? 사람들이 만든 환경과 생태 변화 때문에 조류인플루엔자 바이러스에게 변이능력을 발휘할 기회가 더 많아지고 있기 때문이라는 지적이 있다. 예를 들어, 1980년대 이후 중국 남부와 동남아시아에서는 급속한 도시화가 일어나면서 도시외곽 슬럼지역에는 농가에서 키우는 닭과 오리, 도시민들에게 값싸게 가축을 공급하기 위한 공장식 사육장, 인근 습지와 하천에 날아든 야생 조류가 뒤섞이게 된다. 게다가 하수시설도 부족해서 야생조류의 배설물에 노출되었던 닭, 오리와 사람들의 접촉이 빈번해져서 새로운 숙주로 건너갈 경로가 열린 셈이다.

　이렇게 조류인플루엔자 등 가축전염병은 고등동물인 인간에게도 치명적 위협이 되고 있다. 바이러스 등 병원체들의 특성에서도 그 이유를 찾을 수가 있는데, 병원체들은 변이에 능해서 외부환경의 변화에 빠르게 적응하며 전염력을 강화하는 반면에 인간 등 고등생물인 숙주의 면역체계 변이능력은 그에 훨씬 못 미치기 때문이다.

* 출처: 이은경 (2017). [이은경의 유레카] 인수공통전염병 연구가 중요한 이유. 서울신문 오피니언 2017년 3월 21일자 일부내용 요약정리

## (2) 재난대응 및 대책

가축전염병에 대한 재난관리 주관기관은 농림축산식품부이다. 농림축산식품부는 「가축전염병 예방법」, 「축산법」 등에 따라 가축전염병에 대한 사항을 관장하며, 이를 위해 「가축질병 위기관리 표준매뉴얼」 등을 운용하고 있다.

### ■ 야생동물과 농장방역의 관계

앞서 설명한 바와 같이 가축전염병은 야생동물이라는 제어하기 힘든 특정매개체에 의해 감염되는 특성을 가진다. 따라서 사육하는 가축뿐만 아니라 야생에 사는 동물들에 대해서도 방역조치가 동시에 이루어져야 한다. 사육가축에 대한 방역업무의 주무관청이 농림축산식품부라면 야생동물에 대한 방역업무는 환경부를 주무관청으로 두고 이루어진다.

환경부는 고병원성 조류인플루엔자와 아프리카 돼지열병의 특정매개체인 야생의 철새와 멧돼지 현황, 이동경로 등 정보를 수집·분석하여 농림축산식품부 등과 공유한다. 철새가 도래하는 겨울철에는 철새 서식지에 대한 접근을 통제하고 야생멧돼지에 대해서는 고속도로 등 주요 시설물을 포함한 광역 울타리를 설치하여 이동을 차단하고 포획활동을 통해 야생멧돼지 자체의 개체수를 줄이기도 한다. 그 외에 각종 야생동물 사체를 신속하게 수거하여 바이러스에 감염되어 있을 수 있는 사체가 다른 야생동물에 의해 훼손되어 바이러스가 다른 지역으로 전파되는 것을 사전에 방지한다. 이뿐만 아니라 살처분된 가축의 매몰지에 대한 환경관리 기술지원도 실시하고 있다.

### ■ 예·경보체계: 재난위기경보

일반적으로 가축전염병이 발생한 경우에 축산농가에서는 수입보장을 위해 정상적인 영업을 요구하고 반면에 관계당국에서는 가축전염병이 확산되기 전에 신속한 차단조치를 할 필요가 있다. 따라서 축산농가 반발과 영향을 최소화하면서 조기에 가축전염병의 확산을 막을 수 있는 조치가 필요하다.

앞서 살펴본 바와 같이 가축전염병에 대해서는 질병의 전염속도, 예방관리의 특성 등을 고려하여 1~3종 가축전염병으로 구분하여 위험성에 대한 구분을 두고 있다. 이외에 가축전염별 종류별로 주변국 발생상황, 백신 접종가능 여부, 국내 발생상황 등을 고려하여 관심, 주의, 경계, 심각의 재난위기경보를 발령한다. 또한, 이러한 발령수준과 더불어 심각도, 파급성 등에 따라 중앙정부 차원 또는 범정부적 대처가 필요한 경우 중앙사고수습본부, 중앙재난안전대책본부 등이 가동된다.

참고로 '환축'이라 함은 정밀검사를 실시하여 가축전염병에 걸린 것으로 확인된 가축을 말한다. 가축전염병에 걸린 것으로 의심되어 신고하였으나 아직 가축방역기관 소속의 가축방역관이 확인하기 전의 가축은 '의심축'이라고 부르며, 이 중에서 가축방역관이 임상검사 등을 실시한 결과 가축전염병에 걸렸다고 믿을 만한 상당한 이유가 있다고 판단한 가축은 '의사환축'이라 한다.

표 2.35 재난위기경보 단계

| 종류 | 기준 | | | |
|------|------|------|------|------|
| | 구제역 | 고병원성<br>조류 인플루엔자 | 아프리카<br>돼지열병 | 신종<br>가축전염병 |
| 관심 | 주변국에서의 가축전염병 발생 및 유행 | | | |
| 주의 | • 백신 미접종 유형<br>: 의사환축 발생시<br>• 백신 접종 유형<br>: 환축 발생시 | • 철새 이동시기(10~2월)<br>• 다른 기간: 농장 또는 야생에서 환축 발생시 | 의사환축<br>발생시 | 의사환축<br>발생시 |
| 경계 | • 백신 미접종 유형<br>: 해당없음<br>• 백신 접종 유형<br>: 다른 지역 환축 발생시 | – | – | 환축<br>발생시 |
| 심각 | • 백신 미접종 유형<br>: 환축 발생시<br>• 백신 접종 유형<br>: 여러 지역 환축 발생 및 전국 확산 우려시 | • 철새 이동시기(10~2월):<br>농장 또는 야생에서 환축 발생시<br>• 다른 기간: 여러 지역 환축 발생 및 전국 확산 우려시 | 환축<br>발생시 | 여러 지역<br>환축 발생시 |

■ 가축방역관과 역학조사관

농림축산식품부, 지방자치단체 등에는 가축방역에 관한 사무를 처리하기 위하여 가축방역관을 둔다. 가축방역관은 수의사여야 하며, 소속기관장의 명을 받아 가축전염병의 예방과 관련된 조사·연구·계획·지도·감독 및 예방조치 등에 관한 업무를 담당한다. 또한, 농림축산식품부장관 또는 지방자치단체장은 소정의 교육과정을 마친 사람을 가축방역사로 위촉하여 가축방역관의 업무를 보조하게 할 수도 있다.

국립가축방역기관장, 시·도지사 및 시·도 가축방역기관장은 가축전염병이 발생하였거나 발생할 우려가 있다고 인정할 때에는 지체없이 해당 가축전염병의 발생 원인과 역학적 특성 등을 조사하는 역학조사를 하여야 한다. 이를 위하여 미리 수의사, 의료인 등의 자격요건을 충족한 사람을 역학조사관으로 지정하고, 기관별로 역학조사관을 포함한 역학조사반을 설치하여 운영한다.

### ■ 가축방역심의회 운영

가축방역과 관련된 주요정책을 심의하기 위해 농림축산식품부장관 소속으로 중앙가축심의회를 두고 시·도지사 소속으로 지방가축방역심의회를 두고 있다(「가축전염병 예방법」 제4조). 이러한 심의회의 위원장은 각각 가축방역업무를 총괄하는 농림축산식품부 소속의 실장급 공무원, 시·도의 국장급 공무원이며, 위원은 수의·축산·의료·환경 등 관련분야에 대한 전문지식을 가진 사람이 참여해야 한다. 심의회는 각각 중앙과 지방의 가축전염병 예방 및 관리대책의 수립 및 시행, 가축전염병에 관한 조사 및 연구, 가축전염병별 긴급방역대책의 수립 및 시행, 가축방역을 위한 관계기관과 협조대책 등을 심의하게 된다. 또한, 아래에서 설명하는 일시이동제한 명령, 방역지역의 설정, 살처분 실시기준 등도 심의회에서 심의하게 된다.

### ■ 일시이동제한 명령

의사환축을 포함하여 구제역, 고병원성 조류인플루엔자, 아프리카 돼지열병 등과 같은 가축전염병이 발생하였거나 전국적으로 확산되어 심각한 피해가 예상되는 경우에 농림축산식품부장관, 시·도지사는 가축전염병의 전국적 확산을 방지하기 위하여 해당 가축전염병의 전파가능성이 있는 가축, 차량, 사람, 물품 등에 대하여 일시이동중지(일명, 'Standstill')를 명령할 수 있다.

일시이동제한은 어떤 가축전염병이 국가적으로 최초 발생했을 때, 시·도 단위로 신규 발생했을 때, 그 밖에 중앙 또는 지방가축방역심의회에서 결정한 경우 등의 경우에 있어서 시행한다. 이는 일반적으로 가축점염병 발생 초기에 역학조사 등 각종 방역조치를 실시 또는 준비하기 위한 시간을 확보하기 위한 조치이다.

전국적 또는 권역별로 실시될 수 있으며, 명령 한 번에 48시간을 초과할 수 없다. 다만, 해당 가축전염병의 급속한 확산방지를 위한 조치가 완료되지 않은 경우에는 1회 48시간의 범위에서 일시이동중지 명령을 연장할 수 있다. 따라서 최대 96시간까지 일시이동중지 명령이 발효될 수 있는 것이다. 일반적으로 최초 발생시에는 전국단위로 발령되며, 이후에는 중앙가축방역심의회에서 발생농장이 소재한 지역특성, 가축전염병의 역학특성 등을 종합적으로 고려하여 권역범위를 결정한다.

시·도지사가 일시이동중지 명령시에는 지방가축방역심의회를 통해 적용 범위 및 기간 등을 논의하여야 하며, 농림축산식품부장관과 관련내용에 대해 사전협의를 거쳐야 한다. 또한, 농림축산식품부장관 및 시·도지사는 발생농장의 역학조사에 따른 방역지역 설정, 이동제한 조치 등 방역조치가 완료되면 일시이동제한 명령을 해제하게 된다.

### ■ 방역지역(대)의 설정

가축전염병 발생농장이 확인되면, 인근지역에 대해 방역지역(대)을 설정하고 살처분, 이동통제, 정밀검사, 집중소독 등 초기 방역조치를 수행한다. 방역지역(대)은 일반적으로 발생농장을 중심으로 반경 10km에 대해 설정되는데, 발생농장으로부터 거리에 따라 관리지역, 보호지역, 예찰지역으로 구분된다.

먼저, 관리지역은 발생농장을 중심으로 반경 500m 이내에 해당되는 곳으로 해당 가축전염병에 오염되었다고 의심되는 지역이다. 그리고 보호지역은 관리지역 밖으로 발생농장을 중심으로 반경 500m~3km에 해당되는 곳으로 추가적인 발생이 우려되는 지역이다. 예찰지역은 보호지역 밖으로 발생농장을 중심으로 반경 3~10km에 해당되는 곳으로 연속적인 확산이 우려되는 지역이다.

이러한 방역지역(대)과는 별도로 전국은 가축방역을 목적으로 가축의 사육밀도, 사료공급, 종축이동 등 농장특성 및 역학특성을 고려하여 몇 개의 광역단위로 권역을 나누고 있다. 그리고 특정 가축전염병이 발생하면 해당권역을 발생권역이라 명칭하며 권역별로 필요한 방역조치를 취하기도 한다.

### ■ 살처분 명령

시장·군수·구청장은 지정된 제1종 가축전염병에 걸렸거나 걸렸다고 믿을 만한 역학조사·정밀검사 결과나 임상증상이 있는 가축소유자에게 해당 가축의 살처분(殺處分)을 명령하게 된다. 이때 필요한 경우에는 해당 가축전염병이 퍼지거나 퍼질 것으로 우려되는 지역에 있는 가축소유자에게도 살처분을 명령할 수도 있다.

살처분은 특정 가축감염병 발생시 취할 수 있는 가장 강력한 방역조치의 하나로서, 감염되었거나 감염이 의심되는 해당 동일군이나 다른 동물군의 동물을 죽이는 것을 말한다. 살처분된 동물의 사체 등은 추가적인 전염병의 전파를 방지하기 위하여 소각 또는 매몰하거나 기타의 방법으로 폐기한다. 과거에는 살처분시 살아 있는 동물을 그대로 매장하는 방법을 사용하여 생명윤리적으로 지탄을 받은 적이 있다. 현재에는 전기, 약물, 가스 등을 사용하여 미리 동물들을 죽인 후에 매몰하는 방법을 주로 사용한다.

원칙적으로 살처분을 하는 범위는 발생농가를 중심으로 반경 500m, 즉 방역지역(대) 중 관리지역으로 한다. 하지만 고병원성 조류인플루엔자의 경우에는 발생농가를 중심으로 반경 3km, 즉 보호지역까지 예방적 살처분을 하기도 한다. 이러한 살처분 범위에 대해서는 농림축산식품부 소속의 농림축산검역본부장 또는 시·도지사가 지방 가축방역심의회의 심의를 거쳐 농림축산식품부장관에게 건의하여 조정할 수 있다. 농림축산식품부장관은 이러한 건의를 받은 경우에는 중앙 가축방역심의회의 자문을 받아 결정하게 된다.

또한, 시장·군수는 가축 소유자가 명령을 이행하지 않거나 따를 수 없는 경우에는 소속 가축방역관으로 하여금 해당 가축을 직접 살처분하게 할 수 있다. 살처분 비용의 일부 또는 전부를 정부에서 지원하고 있다. 원칙적으로는 가축감염병이 발생한 농가에 대해서는 일부(80%)를, 예방적 살처분에 대해서는 전부를 지원하고 있다.

### ■ 이동통제초소 및 거점소독시설

가축전염병 발생시에는 가급적 축산 관련 차량 등의 이동을 통제하고 불가피한 경우에는 축산 관련 차량을 철저하게 소독하여 운행토록 해야 한다. 이를 위하여 시장·군수·구청장은 방역 관련 주요 장소에는 축산 관련 차량을 전담하여 소독할 수 있는 거점소독시설을 설치하고 주요 도로에는 이동통제초소를 설치하여 운영한다.

축산차량은 방역지역별 또는 시·군·구별로 지정된 넓은 공터 등에 설치된 거점소독시설에서 차량 내·외부뿐만 아니라 운전자에 대해서도 세척·소독을 받은 후에 소독필증을 발급받아야 한다. 최근 거점소독시설에서의 소독처리가 적절하지 못해 오히려 거점소독시설에서 바이러스가 전염되는 교차감염이 문제가 된 바가 있다. 따라서 소독약의 희석 및 살포에 대한 철저한 시행과 관리가 필요하다.

이동통제초소에서는 축산 관련 차량에 대해 통행을 통제하거나 부득이 이동하여야 하는 축산 관련 차량에 대해서는 거점소독시설에서 소독을 완료하였다는 소독 필증을 확인 후 통과시켜야 한다. 이동통제초소는 발생농장의 위치를 고려하여 축산밀집지역[27]뿐만 아니라 관리·보호·경계지역의 각 방역지역간 경계되는 주요지점에 차량이 반드시 통과해야 하는 요충지 중에서 우회로가 없는 곳에 설치하여야 한다. 이동통제초소에서도 일반적으로 소독약 살포가 이루어지는데, 최근 이동통제초소에서 뿌려진 소독약이 하천으로 유입되어 환경오염을 유발하는 문제를 야기한 바 있다. 따라서 이동통제초소에는 가급적 소독약의 유출을 방지하기 위한 방지둑 또는 저류조를 설치하여 운영하고 있다.

### ■ 중점방역관리지구 지정

농림축산식품부장관은 제1종 가축전염병이 자주 발생하였거나 발생할 우려가 높은 지역을 중점방역관리지구로 지정할 수 있다. 중점방역관리지구로 지정된 지역에 대해서 농림축산식품부장관, 시·도지사 및 시장·군수·구청장은 가축전염병을 예방하거나 확산을 방지하기 위하어 가축 또는 가축전염병 특정매개체(야생동물 등) 등에 대한 검사·예찰·점검 등의 조치를 할 수 있다.

특히, 중점방역관리지구 내의 가축사육 또는 축산업자는 방역복 착용 등을 위한 전실, 내·외부 울타리 등 방역시설을 갖추어야 하며, 그 소요비용의 일부는 국비 또는 지방비에서 지원될 수 있다. 또한, 시장·군수·구청장은 가축전염병의 확산을 막기 위하여 해당 가축에 대한 사육제한을 명령할 수도 있다.

농림축산식품부장관, 시·도지사 및 시장·군수·구청장은 중점방역관리지구로 지정되기 전부터 축산업을 영위하던 자가 중점방역관리지구에서 i) 방역시설의 설치로 인한 비용의 증가로 경영이 악화되어 축산업을 계속 영위하는 것이 곤란한 경우, ii) 인근지역의 가축 또는 가축전염병 특정매개체에 의해 아프리카돼지열병의 발생 위험이 높아 축산업을 계속 영위하는 것이 곤란한 경우 등의 경우로 폐업신고를 한 경우에는 폐업지원금 지급 등 필요한 지원시책을 시행할 수 있다.

### ■ 세계동물보건기구 보고

특정 가축전염병은 세계동물보건기구(OIE)에서 관리대상으로 지정하고 있다. 관리대상으로 지정된 가축전염병에 대해서는 각 국가에서 해당 가축전염병 발견시 그

---

27) 이를 농장초소라고 부르기도 한다.

발병사실을 세계동물보건기구에 신속하게 보고해야 한다. 우리나라도 이러한 보고 의무를 관련법령에 명시하고 있다.

## ✍ 가축전염병 발생시 조치사항

앞서 분야별로 정리한 가축전염병 발생시 방역대책을 다시 정리하면 다음과 같다. 먼저, 가축전염병 발생이 확인되면 신속하게 발생농장을 격리하고 소독한다. 이를 위해 발생농장에 대해 이동제한 조치를 내리고 사람과 차량 등에 대해서도 출입을 통제하게 된다. 이러한 조치는 발생농장과 최근 왕래가 있었던 역학적 연관성이 높은 농장과 인근농장 등에 대해서도 동일한 조치가 이루어진다. 아울러, 광범위하게 시·도 등 해당 권역 등에 대해서는 일시이동중지(Standstill) 명령이 내려지게 된다.

역학조사를 위해 현지에 역학조사반이 파견되어 발생원인 등에 대한 면밀한 조사가 이루어진다. 발생농장, 특정범위의 인근농장, 역학적 연관성이 높은 농장에 대해서는 즉시 살처분도 이루어진다. 이외에 해당 농장과 주변 도로 등에 대한 소독도 실시된다. 아울러 역학적 연관성이 높은 농장에 대해서는 정밀검사가 이루어지게 되고 역학적 연관성은 있지만, 그 정도가 낮은 농장에 대해서는 동일 가축전염병과 유사 증상을 보낼 때만 검사하는 임상검사가 이루어진다. 검사결과 동일한 가축전염병으로 확인되면 앞서 설명한 동일한 조치가 취해진다.

## ✍ 축산농가 방역수칙

■ 가축전염병 방역의 첫걸음은 검역이다. 축산농가에서는 우선 가축감염병 발생국가에 대한 여행을 자제해야 한다. 불가피하게 해당 국가에 여행해야 하는 경우에는 방역수칙을 철저히 준수하고 입국 후에는 최소 5일 이상은 농장출입을 금지해야한다. 발생국가의 육류나 가공품의 반입은 금지하고, 발생국가의 국제 우편물도 소독해야 한다. 최근 외국인 근로자를 고용하는 사례가 증가하고 있는바 신고 및 방역 교육에도 철저해야 한다.

■ 농장과 축사에서 가장 중요한 것은 사람과 차량을 출입하지 못하도록 일명 '차단방역'이다. 사람과 차량이 출입하지 못하도록 평상시에 잠금장치를 설치해서 외부인이 출입하지 못하도록 하고 외부인 출입통제를 알리는 경고문과 안내판을 설치해야 한다. 부득이하게 출입해야 하는 축산관련 차량에 대해서는 농장입구에 차량 소독기를 설치해서 차량 내외부를 철저하게 소독한 후 출입할 수 있도록 해야 한다.

■ 농장과 축사에 대해 철저하게 청소하고 소독제로 소독해야 한다. 특히, 분무식 소독제 외에도 농장 진입로·울타리, 축사 주변부에 대해서는 생석회를 뿌리는데, 생석회는 물과 반응하면 200℃ 이상의 고열을 발생시킬 뿐만 아니라 pH13 정도의

강한 알칼리성으로 바이러스를 사멸하는 것으로 알려져 있다. 생석회는 물과 희석하거나 물로 바닥을 적신 후에 살포하여야 하는데, 특히 차량이 많은 도로에서는 분말형태로 뿌려서는 안 된다. 마른 상태에서는 소독효과가 낮을 뿐만 아니라 눈에 들어가면 실명을 초래할 수도 있기 때문이다. 축사 내에서 분무식 소독제를 사용할 때에는 천장 → 벽 → 바닥 순으로 소독제를 살포하는 것이 바이러스 사멸에 효과적이다.

- 농장 내외부를 철저하게 분리해야 한다. 왜냐하면 일상생활 속에서 우연히 접촉된 바이러스가 농장으로 유입될 수도 있고, 반대로 농장 내 바이러스가 지역의 다른 농장으로 전파될 수도 있기 때문이다. 우선, 장화 등 신발에 대해 실외용과 축사용으로 철저하게 구분해야 하고, 축사에서는 방역복을 챙겨 입어야 한다. 손 소독제 사용도 철저히 해야 하고 반입물품에 대한 소독도 철저히 해야 한다.

* 출처: 농림축산식품부 (2021). AI 방역수축. 농림축산식품부 홈페이지. 수집 2021.7.10. 등

✍ 최근 가축전염병 대표사례

■ 구제역(Foot and Mouth Disease): 발굽이 둘로 갈라진 소, 돼지 등 우제류 동물에 감염되는 제1종 가축전염병으로 입·혀·발굽·유두 등에 물집이 생기고 식욕이 저하되어 심하게 앓거나 죽게 되는 치사율이 50% 정도로 높은 급성 전염병이다. 다만, 사람에게 전파되는 사례는 없다.

　과거에는 살처분이 유일한 대책이었으나 최근에는 예방백신 접종을 통해 발병률이 급속히 낮아지고 있다. 2000년 → 2002년 →2010년/2011년 → 2014년 → 2016년 등 발생한 바 있으며, 특히 2010.1.2.~2011.4.21.(3차례 475일간)에는 6,691농가 354만두가 살처분되었다. 예방백신 접종으로 인해 최근에는 대규모 발병사례가 보고되지 않고 있다.

■ 고병원성 조류인플루엔자(Highly Pathogenic Avian Influenza; AI): 일명 '조류독감'으로 불리며 닭·오리·칠면조 등 조류에서 폐사율이 높은 제1종 가축전염병으로서, 증상으로 나리 또는 벼슬에서 청색증, 호흡기 증상 등 나타내고 심한 산란율 저하를 초래한다. 병원성 정도에 따라 고병원성과 저병원성으로 구분되며, 고병원성은 전염성과 폐사율이 높아 제1종 가축전염병으로 분류된다. 중국, 태국 등 다수 해외 국가에서 사람에게 전파되어 사망하는 사례가 나타나고 있으나, 아직 우리나라의 경우 인체감염 사례는 없다.

　매 겨울철마다 철새 이동철에 철새 도래지를 중심으로 발생하면서 인접지역으로 바이러스가 이동하는 것으로 알려져 있어, 정부에서는 철새 도래지를 중심으로 집중 관리하고 있다. 이 시기에는 철새 도래지를 중심으로 야생 조류의 분변을 검사 및 감시하여 소독을 실시하고 있다. 또한, 철새 도래지에 대한 산책, 낚시 등 사람과 차량의 출입도 통제하고 있다.

　아직 예방백신 접종은 활성화되지 않아 현재까지 살처분 위주로 대처하고 있다. 2008년 →2010년 → 2014/2015년 → 2016/2017년→ 2017/2018년→ 2020/2021년 등 거의 매해 발생하고 있으며, 특히 2014~2015년에는 1,937만두, 2016~2017년에는 3,787만두, 2020~2021년에는 2,993만두가 살처분되었다.

■ 아프리카 돼지열병(African Swine Fever; ASF): 돼지에게 감염되는 전염병으로 출혈과 고열이 주 증상이다. 피부에 푸른 반점과 충혈이 생기면서, 감염된 돼지는 발병 후 9일 안에 거의 100% 죽는다. 제1종 가축전염병으로 분류되어 있으며, 치료제나 백신이 없어서 치사율이 거의 100%이다. 인수공통감염병이 아니므로 사람은 감염되지 않고 돼지과에 속하는 동물에만 전파된다.

　감염된 다른 돼지의 분비물에 직간접적 접촉으로도 전염될 수 있지만, 야생 멧돼지 분비물의 직간접적 접촉으로 전파되는 비율이 높다. 특히, 휴전선 부근에서 많이 발견되어 북한으로부터의 전염 가능성도 고려되고 있다. 또한, 오염된 돼지고기 가공품 등이 사료로 쓰이면서 전염되기도 한다. 바이러스의 생존력이 강해서 고기를 얼린 상태에서는 1,000일, 소금으로 절인 상태에서는 1년 이상 살 정도로서, 발병농가는 같은 장소에서는 더 이상 돼지를 사육할 수 없다는 얘기가 나올 정도이다.

　2019년 9월 16일 경기도 파주시에서 처음 발생한 이후에 2019~2021년 사이에 양동농가에서 21건이 발생했으며 야생멧돼지에는 1,808건이 발생한 바 있다(2021년 기준).

## 5. 그 밖의 사회재난

우리나라는 급격한 산업화, 도시화가 이루어진 사회로서 앞서 언급한 인위적 요인에 의한 재난 외에도 과거에는 다양한 신종재난이 일상화되고 있다. 이러한 재난의 유형은 열거하는 것조차 어려울 정도로 우리가 상상하지 못했던 유형일 수 있다. 여기서는 최근 가장 관심이 집중이 되고 있는 미세먼지에 대해 살펴본다. 하지만 이외에도 다양한 재난유형이 향후 추가될 것이다.

### 5.1 미세먼지

#### (1) 재난발생 및 특성

##### ■ 미세먼지의 정의

미세먼지는 대기 중에 떠다니거나 흩날려오는 10㎛ 이하의 입자형태의 물질을 의미한다. 이러한 미세먼지를 정의에는 입자의 크기만을 고려할 뿐 오염물질의 포함여부는 고려되지 않는다. 입자직경을 기준으로 미세먼지를 분류하는데, 세부분류로서 입자직경이 10㎛ 이하이면 미세먼지(PM10[28])라 하고 이 중에서도 2.5㎛ 이하이면 초미세먼지(PM2.5)라고 구분한다. 머리카락 직경이 약 50~70㎛임을 감안할 때 초미세먼지는 머리카락의 1/20~1/30 크기보다 작은 입자이다. 일반적으로 황사의 경우 입자크기가 10㎛ 이하로서 입자크기에 따라 PM10의 미세먼지에 포함된다고 할 수 있다.

##### ■ 미세먼지의 발생

황사가 자연현상에 의한 것임에 반해 미세먼지는 일반적으로 자동차 또는 공장에서 배출되는 매연이 주 원인으로 인위적인 인간활동의 결과로 생성된다. 세부적으로 살펴보면 자동차 또는 공장에서 배출되는 매연에서 직접 배출되기도 하고 황산화물($SO_x$), 질소산화물($NO_x$) 등이 대기 중에서 수증기 등과 화학반응하여 2차적으로 생성되기도 한다.

이외에도 황사 등에 의한 광물입자, 해염 등에 의한 소금입자, 꽃가루와 같은 생물성 입자와 같이 자연적으로 발생하기도 한다. 우리나라에 영향을 주는 미세먼지는 상당부분은 중국 등에서 발생한 고농도 미세먼지가 강한 서풍 또는 북풍의 영향으로 서해안을 통해 국내로 유입된 것이다. 즉, 황사가 자연재난의 위해에 가까운 반

---

28) PM이란 Particulate Matter의 약자이다.

면에 미세먼지는 인위재난의 위해에 가깝다.

　미세먼지는 일반적으로 입자가 미세하여 코점막을 통해 걸러지지 않고 흡입시 폐 또는 뇌까지 직접 침투할 수 있는 데다 중금속 등 인체에 유해한 오염물질을 포함하고 있어 호흡기 질환, 심장 질환, 심하면 폐에 염증을 일으키거나 심근경색을 일으켜서 사망의 원인이 되기도 한다. 세계보건기구(WHO) 산하 국제암연구소는 미세먼지를 인간에게 암을 일으키는 1군 발암물질로 분류한 바 있다.

　일반적으로 미세먼지는 겨울과 봄철에 주로 발생하는데, 이때는 강한 북서풍이 형성되어 중국으로부터 고농도의 미세먼지가 유입되고, 대기 역전층이 형성되어 공기 중에 확산이 이루어지지 않으며, 강수량이 적어 세정효과가 미미하기 때문이다. 따라서 이러한 원인이 집중되는 11~3월에 미세먼지의 농도가 전반적으로 높으며, 특히 3월에 최고값을 기록하고 있다. 미세먼지의 중국 배출영향에 대해서는 우리와 중국 간 그리고 학자들 간에도 연구결과가 상이한데 장기적인 관점에서 25~60%가 중국에 의한 영향으로 추정하고 있다.

## (2) 재난대응 및 대책

　미세먼지에 대한 재난관리 주관기관은 환경부이다. 환경부는 관계법령인 「미세먼지 저감 및 관리에 관한 특별법」, 「대기환경보전법」 등에 따라 미세먼지로 인한 재난을 관장하며, 이를 위해 「초미세먼지 재난 위기관리 표준매뉴얼」 등을 운용하고 있다.

### ■ 예 · 경보체계: 미세먼지 예보와 경보

　황사와 미세먼지는 관측 및 예측기관도 다른데, 황사는 발원지의 겨울철 강수량과 발원지를 통과하는 저기압의 영향을 받기 때문에 기상예보를 담당하는 기상청에서 관리하지만, 미세먼지는 오염물질의 배출과 대기 안전도의 영향을 많이 받기 때문에 대기오염을 관장하는 환경부에서 관리한다.

　환경부 산하의 국립환경과학원에서는 미세먼지에 대해 일평균 미세먼지 농도가 표 2.37에 표시된 특정 기준치를 넘을 것으로 예측될 때, 좋음, 보통, 나쁨, 매우 나쁨의 4단계로 구분하여 미세먼지 예보를 실시하고 있으며, 시 · 도지사는 실제의 시간당 미세먼지 농도가 일정기준(표 2.37 참조)을 초과하면 대기오염 경보(주의보, 경보)를 발령하고 있다.

특히, 미세먼지의 경우에는 황사로 인해 발생하는 경우가 주요원인으로서 미세먼지 예보 또는 경보에 황사에 대한 분석결과를 포함하여 발표하고 있다. 즉, 미세먼지(PM10) 예보 또는 경보시에 황사로 인한 미세먼지라고 명시하면서 미세먼지 농도의 예측 또는 관측값에 따라 예보 및 경보를 실시하고 있다.

표 2.36 미세먼지 예보 발표기준

| 구 분 | 등 급 [일평균 미세먼지 농도($\mu$g/㎥)] | | | |
|---|---|---|---|---|
| | 좋음 | 보통 | 나쁨 | 매우 나쁨 |
| 미세먼지(PM10) | 0~30 | 31~80 | 81~150 | 151 이상 |
| 초미세먼지(PM2.5) | 0~15 | 16~35 | 36~75 | 76 이상 |

표 2.37 미세먼지경보 발표기준

| 대상물질 | 단 계 | 기 준 |
|---|---|---|
| 미세먼지 (PM10) | 주의보 | 기상조건 등을 고려하여 시간당 평균농두가 150$\mu$g/㎥ 이상 2시간 이상 지속될 때 |
| | 경 보 | 기상조건 등을 고려하여 시간당 평균농도가 300$\mu$g/㎥ 이상 2시간 이상 지속될 때 |
| 초미세먼지 (PM2.5) | 주의보 | 기상조건 등을 고려하여 시간당 평균농도가 75$\mu$g/㎥ 이상 2시간 이상 지속될 때 |
| | 경 보 | 기상조건 등을 고려하여 시간당 평균농도가 150$\mu$g/㎥ 이상 2시간 이상 지속될 때 |

■ 비상저감조치, 계절관리제도 및 재난위기경보

시 · 도지사는 초미세먼지인 PM2.5의 예측 농도가 다음 각 호 중 하나 이상에 해당하는 경우 비상저감조치가 발령하여 시행하여야 한다. 또한, 2개 이상 시 · 도에 걸쳐 광역적으로 비상저감조치가 필요한 경우에는 환경부 장관은 해당 시 · 도지사에게 비상저감조치 시행을 요청할 수 있고 요청받은 시 · 도지사는 정당한 사유가 없으면 이에 따라야 한다.

표 2.38 비상저감조치 발령요건

| 종류 | 비상저감조치 | 예비저감조치 |
|---|---|---|
| | PM2.5(초미세먼지) 농도가 아래 각 호 중 하나 이상에 해당 | |
| 기준 | ① 당일 50$\mu$g/m³ 초과(0시~16시 평균) + 내일 50$\mu$g/m³ 초과 예보<br>② 당일 주의보 · 경보 발령(0시~16시) + 내일 50$\mu$g/m³ 초과 예보<br>③ 내일 75$\mu$g/m³ 초과 예보 | ① 내일 50$\mu$g/m³ 초과 예보 + 모레 50$\mu$g/m³ 초과 예보<br>② 모레 '매우 나쁨' 예보 |

비상저감조치는 일반적으로 다음 날 06시부터 21시까지를 시행시간으로 하여 전날 17시에 발령된다. 비상저감조치가 발령된 경우, 일일 미세먼지 발생량을 줄이기 위한 다양한 조치가 시행된다. 예를 들어, 공공기관 차량의 경우 2부제를 실시하고, 건설공사장 · 석탄발전소 등 다량의 대기배출업종의 경우 가동률을 하향 조정해야 한다.

또한 영유아 · 노년층 등의 취약계층 관련시설에 대한 휴원 · 휴업 등의 보호조치가 내려지고 배출가스 특정등급(5등급) 차량에 대해 도심진입 금지 등 차량운행제한이 내려질 수 있다. 만약, 비상저감조치가 내일이 아닌 모레 발령될 것으로 예상되는 경우에는 수도권 지역을 대상으로 예비저감조치가 내려질 수 있다. 위기경보 단계 중 관심단계에 비상저감조치가 시작되며, 예측 농도가 강해지거나 기간이 길어질수록 비상저감조치가 강화되게 된다.

또한, 환경부 장관은 계절적 요인 등으로 초미세먼지의 농도가 특히 심화되는 기간(12.1.~3.31.)을 미세먼지 계절관리기간으로 설정하고 비상조감조치와 유사한 미세먼지 계절관리제도의 상시 시행을 관계 중앙행정기관, 지방자치단체, 공공기관의 시설운영자 등에게 요청하기도 한다. 이외에 환경부 장관은 대규모 화재 등 비상시적 요인으로 미세먼지 등의 배출 저감 및 관리를 효율적으로 수행하기 위해 필요하다고 인정되는 기간에도 이러한 조치를 취한다.

이러한 비상저감조치는 초미세먼지의 심각도에 따라 관심, 주의, 경계, 심각의 재난위기경보 단계와 연계되면 이에 따른 조치내용도 단계적으로 강화되게 된다. 이와 연계하여 재난의 심각도, 파급성 등에 따라 중앙정부 또는 범정부적 대처가 필요한 경우 중앙사고수습본부, 중앙재난안전대책본부 등이 가동된다.

표 2.39 미세먼지 위기경보 발령기준

| 구 분 | 판단기준 | 조치기준 |
|---|---|---|
| 관 심<br>(Blue) | • 지역적 또는 전국적으로 비상저감조치 시행 또는 발령기준 충족 | 비상저감조치 1단계 |
| 주 의<br>(Yellow) | • 지역적 또는 전국적으로 다음 어느 하나에 해당하는 경우<br>  − 관심단계 2일 연속 + 1일 지속 예상<br>  − PM2.5 1시간 $150\mu g/m^3$, 2시간 이상 지속 + 다음날 $75\mu g/m^3$ 초과 예보 | 비상저감조치 2단계 |
| 경 계<br>(Orange) | • 지 역적 또는 전국적으로 다음 어느 하나에 해당하는 경우<br>  − 주의단계 2일 연속 + 1일 지속 예상<br>  − PM2.5 1시간 $200\mu g/m^3$, 2시간 이상 지속 + 다음날 $150\mu g/m^3$ 초과 예보 | 비상저감조치 3단계<br>(재난대응체계의<br>가동) |
| 심 각<br>(Red) | • 전국적으로 다음 어느 하나에 해당하는 경우<br>  − 경계단계 2일 연속 + 1일 지속 예상<br>  − PM2.5 1시간 $400\mu g/m^3$, 2시간 이상 지속 + 다음날 $200\mu g/m^3$ 초과 예보 | 비상저감조치 3단계<br>(국가적 차원으로<br>대응태세) |

표 2.40 비상저감조치 단계별 조치사항

| 구분 | 계절관리제도 실시사항 (12월~3월) | 고농도 발생시 조치사항 (비상저감조치) | | |
| --- | --- | --- | --- | --- |
| | | 1단계(관심) | 2단계(주의) | 3단계(경계/심각) |
| 수송 | • 5등급 차량 운행제한 (수도권)<br>• 행정 · 공공기관 2부제 | • 5등급 차량 운행제한 (전국)<br>• 행정 · 공공기관 2부제 (전국) | • 관용(공용)차량 운행 전면제한<br>* 출퇴근 임시 셔틀버스 | • 민간차량 2부제 (경계 : 자율/심각 : 강제)<br>* 대중교통 증차 등 시행<br>• 행정 · 공공기관 차량 운행 전면제한 (임직원차 포함) |
| | • 50억 이상 관급공사장 노후건설기계 사용제한(자발적 협약)<br>• 민간공사장 노후건설기계 사용제한(자발적 협약) | | • 관급공사장 노후 건설기계 사용 중단 | |
| 발전 | • 지정된 석탄화력 가동중단<br>• 가동중단 外 석탄화력 상한제약 (전력수급 · 계통 상황 고려) | • 가동 중인 전체 석탄 · 중유화력 상한제약 (전력수급 · 계통 상황 고려) | | |
| 산업 | • 대형사업장 자발적 감축 | • 의무사업장(494개소) 가동률 조정 등<br>• 공공사업장 가동시간 단축 (배출량 15~20% 감축) | • 공공사업장 가동시간 추가 단축 (배출량 25~30% 감축) | • 민간사업장 휴업 권고<br>• 공공사업장 휴업 검토 (필수사업장 제외) |
| | • 주거지 주변 공사장 비산먼지 저감 및 농도정보 공개 확대 (자발적 협약) | • 비산배출 공사장 공사시간 조정 · 변경 (전국 35,000개소) | • 관급공사장 일부공정 제한 | • 민간공사 중단 권고<br>• 관급공사장 전면 중단 |
| | • 사업장 불법배출 상시 점검 (첨단감시 장비, 민간점검단 등 활용) | • 다량배출사업장 기동점검 (환경부 · 지자체 중심, 관계부처 참여) | • 사업장대상 관계부처 합동점검 (점검 · 감시인력 지원) | • 사업장 점검 가용 인력 총동원 |
| 생활 | • 집중관리 도로 선정 및 관리 강화 (물청소 2~4회 실시) | • 도로청소 강화(물청소 3회 이상)<br>• 소방차 등 공공차량 도로청소 지원 | | • 민간 청소 · 살수차 동원 |
| 건강보호 | • 민감 · 취약계층 이용시설 사전점검<br>• 저소득층 · 옥외작업자 마스크 보급<br>• 다중이용시설 점검 및 저감조치 강화 | • 민감계층 보호조치 이행점검 강화<br>• 재난문자, 홍보 | • 탄력적 근무 권고<br>• 가용 홍보수단 총동원 (재난방송 등) | • 휴업 · 휴원 명령 검토<br>• 마스크 무상 배포 |

# [참고자료]

국민안전처 (2016). 2015 **국민안전처 통계연보**.

국민안전처 (2016). **2015년 재해연보**.

국민안전처 (2017년 4월 28일). **특수재난분야 합동워크샵 자료집**.

농림축산검역본부 (2020). Zoonoses (인수공통전염병). 농림축산검역본부 위험평가과.

민태원 (2020). 오피니언: **신종 바이러스의 습격, 그리고 '원헬스'**. 국민일보 2020년 1월 30일자.

반기성 (2001). **전쟁과 기상**. 명진출판사.

시사상식사전 (2021). 긴급절전 수용조정제도. 네이버지식백과. 수집 2021.7.26.
https://terms.naver.com/entry.naver?docId=1987126&cid=43667&categoryId
=43667

소방방재청 (2013). **2013년 화재통계연감**.

소방방재청 (2013). **재난상황관리정보 제02호(접경지역 재난대응체계)**. 소방방재청 재난상황실.

소방방재청 (2014). **재난상황관리정보 제03호(황사와 미세먼지)**. 소방방재청 재난상황실.

원자력안전위원회 & 산업통상자원부 (2016). 「**원전안전분야**」 위기관리 표준매뉴얼.

유명수, 김연주, 백수진, 권동혁 (2021). 감염재생산지수 개념 및 방역정책에 따른 변화. **주간 건강과 질병**. 14(6).

윤충식 (2016). **화학물질의 비상시 (누출, 사고) 기준**. Korea Industrial Health Association.

환경부 (2016). 「**유해화학물질 유출사고**」 위기관리 표준매뉴얼.

Whitemore C 등 (2010). Paeoechological perspectives on fire ecology: Revisiting the fire-regime concept. The Open Ecology Journal 3: 6-23.

# CHAPTER 03

## 자연현상과 인적작용에 의해 모두 발생가능한 재난

## 1. 개설

어떤 재난의 경우 발생 이후의 현상은 동일하지만 그 발생원인이 자연현상일 수도 있고 인적작용에 의한 것일 수도 있다. 예를 들어, 산불의 경우 낙뢰, 화산 등과 같은 자연현상에 의해 발생할 수도 있는 반면에 부산물 소각, 입산자 방화 등과 같은 인적작용에 의한 것일 수도 있다. 따라서 이러한 재난 유형은 재난 그 자체만으로는 자연재난이나 인적재난의 어느 하나로 특정할 수 없다.

## 2. 산불

### (1) 재난발생 및 특성

#### ■ 산불의 정의 및 원인

산불이란 "산림이나 산림에 잇닿은 지역의 나무, 낙엽 등이 인위적으로나 자연적으로 발생한 불에 타는 것"을 말한다(「산림보호법」 제2조 제7호). 따라서 산불은 발생원인에 따라 낙뢰, 지진, 화산 등에 의한 자연재난이 될 수도 있고, 실화, 방화 등에 의한 인위재난이 될 수도 있다. 지난 10년간(2007~2016년) 발생통계를 보면 우리나라 산불은 표 3.1에서 볼 수 있는 바와 같이 주로 입산자의 실화나 부산물 소각 등 인위적 요인이 대부분(99%)을 차지하고 있어서 주로 인위재난이라 할 수 있다. 드물기는 하지만 우리나라에서도 낙뢰와 같은 자연재난에 의한 산불이 발생하기도 한다. 하지만 우리나라에서 낙뢰 등 자연요인에 의한 것은 1%에 불과하여, 미국·캐나다 등에서 10%가량이 자연적 요인에 의해 발생하고 있는 것과 비교되고 있다.

표 3.1 지난 10년간 산불발생 원인(2007~2016)

| 원 인 | 입산자 실화 | 농발두렁 소각 | 쓰레기 소각 | 담뱃불 실화 | 성묘객 실화 | 어린이 불장난 | 건축물 화재 | 기 타 | 합 계 |
|---|---|---|---|---|---|---|---|---|---|
| 건수(건) | 149 | 72 | 49 | 24 | 17 | 4 | 10 | 69 | 394 |
| 비율(%) | 38 | 18 | 13 | 6 | 4 | 1 | 3 | 17 | 100 |

* 출처: 산림청 산불통계연보(2016)

■ 산불의 발생 통계

1년 중 산불이 가장 많이 발생하는 시기는 봄철(2.1~5.15)과 가을철(11.1~12.15)이다. 산림청에서는 이 시기를 산불조심기간으로 지정하여 특별관리하고 있다. 이 중에서 3~4월에는 건조기가 지속되고 강풍이 빈발하며 농산물 소각, 입산자 실화 등으로 크고 작은 산불이 동시다발적으로 발생하여 한정된 인력, 장비 등으로 진화에 어려움을 겪게 된다. 이로 인해 대형산불이 주로 이 시기에 발생하게 되고 산림청은 이 시기를 '대형산불 특별대책기간'으로 특별관리하고 있다.

표 3.2 지난 10년간 월별 산불발생 현황(2007~2016)

| 월 | 1월 | 2월 | 3월 | 4월 | 5월 | 6월 | 7월 | 8월 | 9월 | 10월 | 11월 | 12월 | 합계 |
|---|---|---|---|---|---|---|---|---|---|---|---|---|---|
| 건수(건) | 30 | 49 | 100 | 94 | 38 | 24 | 2 | 3 | 7 | 14 | 19 | 14 | 394 |
| 비율(%) | 8 | 12 | 25 | 24 | 10 | 6 | 0 | 1 | 2 | 4 | 5 | 3 | 100 |

* 출처: 산림청 산불통계연보(2016)

■ 산불의 종류

① 의도성 여부에 따른 분류

먼저, 산불은 발생의 의도성 여부에 따라 야생화(wild fire)와 처방화(prescribed fire)로 구분된다(강호정 등, 2004). 일반적으로 산불이라 하면 발생시키려는 의도는 없었지만 뜻하지 않은 인위적 또는 자연적 이유로 발생한 것을 생각하기 쉽다. 이렇게 의도치 않게 발생한 산불을 야생화(wild fire)라고 한다. 하지만 일부 산불은 일부러 발생시키기도 한다. 예들 들어, 해충방재 등 특정 동식물이 살기 좋은 생태계를 만들기 위해 또는 더 큰 산불을 억제하기 위해 통제된 형태의 산불을 일으키는 경우가 있는데, 이렇게 의도적으로 발생시킨 산불을 처방화(prescribed fire)라고 한다.

② 불꽃이 도달하는 높이에 따른 분류

또한, 산불은 불꽃이 도달하는 높이에 따라 지중화(ground fire), 지표화(surface fire), 수간화(stem fire) 및 수관화(crown fire)로도 구분된다(강호정 등, 2004). 첫째, 지중화는 토양 속에 축적된 이탄이나 낙엽 형태의 유기물 연료에 의해 진행되는 산불로 보통 불꽃이 지면에 노출되지 않고 화재가 지중에서 진행되면서 지상으로는 연기만을 내뿜는다. 주로 낙엽층의 분해가 아주 더딘 고산지대의 저습지대에서 표면이 습하고 속이 말라 있을 때 발생하기 쉽다. 우리나라에서는 거의 발생하지 않지만 산속의 공급이 막혀 연기도 적고 불꽃도 없이 연소되는 부분이 땅속에 있기 때문에 발견하기가 어려울 뿐만 아니라 진화하기도 쉽지 않다. 따라서 생태계에 미치는 영향이 매우 크다.

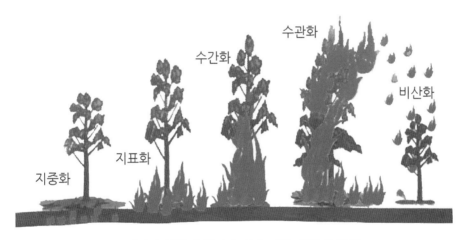

그림 3.1 불꽃의 도달 높이에 따른 산불의 종류

* 출처: 국립산림과학원(2023)

둘째, 지표화는 불꽃의 길이가 1m 이내로 숲 생태계의 층상구조 중 지표면 가까이에 있는 초목층과 관목층만을 태우고 빠르게 진행하는 속성을 갖는다. 산불 중에서 가장 빈번하게 발생하는 형태이다. 산불강도가 약해서 피해정도가 적을 뿐만 아니라 생태계에 미치는 영향이 적어 산불 이후 재생하는 속도도 빠르다.

셋째, 수간화는 나무줄기가 타는 형태를 일컫는 표현으로 불꽃의 길이가 1~3m로 숲 생태계의 층상구조 중 초목층, 관목층을 모두 태우고 최상위인 교목층의 일부를 태우거나 열을 가해 피해를 입혀 고사시키는 산불이다. 일반적으로 고사목 또는 나무줄기의 속이 썩어서 공동부를 이루고 있는 경우에는 공동부가 굴뚝과 같은 작용을 하여 강한 불꽃으로 타오른다. 보통 교목층의 중간 정도까지 그슬릴 정도의 산불이라 하여 하층화(understory fire)라고 부르기도 한다.

넷째, 수관화는 지표화가 수간화를 거쳐 잎이 달려 있는 나무줄기 끝, 즉 수관(crown)까지 확대된 상태를 일컫는 표현으로 불꽃의 길이가 3m 이상으로 숲의 층상구조 중 최상위인 교목층을 포함하여 전체를 연소시키는 불이다. 이러한 수관화는 화세가 매우 강할 뿐만 아니라 대류현상으로 인해 수십 미터의 상승기류가 발생하여 불꽃이 바람을 타고 수백 미터까지 날아가 제2의 산불을 일으키는 비화(flying sparks)현상이 일어나기도 하는데, 이를 비산화라고 한다. 일반적으로 수관화는 침엽수림으로 구성된 산림에서 발생하기 쉬우며, 같은 맥락으로 산불취약지역에서는 불에 강한 참나무류 등 활엽수림을 내화수림으로 조성하기도 한다. 이러한 산불은 진화가 매우 어렵기 때문에 피해가 매우 크게 발생하고 있다.

③ 그 밖의 산불특성에 따른 분류

마지막으로 산불은 신압의 어려움, 영향의 심각성 등의 측면에서 몇 가지 다른 분류가 가능하다. 진압의 어려움 측면에서는 도시형 산불, 대형 산불, 동시다발 산불 등의 분류가 있다. 도시지역에서 발생한 '도시형 산불'의 경우, 일반화재로 확산되어 다수의 인명 사고와 주택 피해가 발생할 수 있다. 이 경우 소방관서가 산불이 도심지에 확산되지 않도록 방어선을 구축하는 등 초동대응이 중요하다. 2003년에 발생한 포항·울주 산불이 대표적인 경우이다. 또한, 산림청에서는 발생 산불 중에서 피해면적이 100만 제곱미터 이상으로 확산된 산불 또는 24시간 이상 지속된 산불로 진화자원의 투입이 어렵고, 산림 내 주요 시설물에 피해를 야기할 수 있는 산불을 '대형 산불'로 분류하고 진화를 위한 특별대책을 추진한다.

이외에도 산불이 빈발하는 기간에 부산물 소각, 입산자 실화 등으로 크고 작은 산불이 전국에 동시다발적으로 발생한 '동시다발 산불'이 발생하는 경우에는 산림당국에서는 한정된 자원으로 초기진화에 어려움을 겪기도 한다. 또한, 산림청에는 영향의 심각성 측면에서 산불로 인하여 인명과 재산, 국가에 대한 심각한 피해가 발생하고 산림 생태계에도 심각한 영향을 주는 산불에 대해 '재난성 산불'이라고 별도로 분류하고 있다.

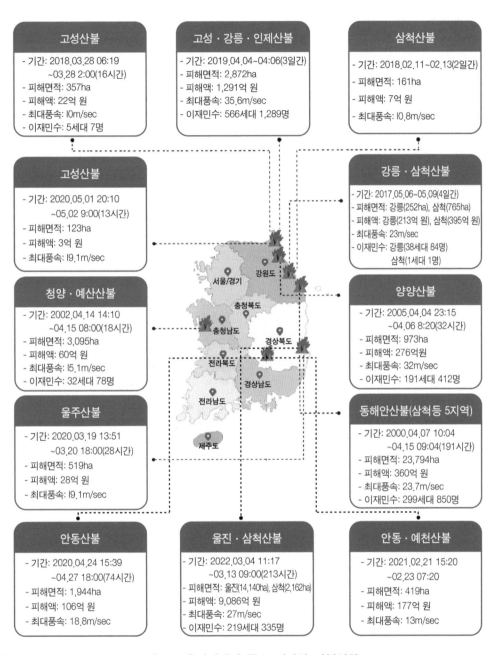

**고성산불**
- 기간: 2018.03.28 06:19
  ~03.28 2:00(16시간)
- 피해면적: 357ha
- 피해액: 22억 원
- 최대풍속: l0m/sec
- 이재민수: 5세대 7명

**고성·강릉·인제산불**
- 기간: 2019.04.04~04:06(3일간)
- 피해면적: 2,872ha
- 피해액: 1,291억 원
- 최대풍속: 35.6m/sec
- 이재민수: 566세대 1,289명

**삼척산불**
- 기간: 2018.02.11~02.13(2일간)
- 피해면적: 161ha
- 피해액: 7억 원
- 최대풍속: l0.8m/sec

**고성산불**
- 기간: 2020.05.01 20:10
  ~05.02 9:00(13시간)
- 피해면적: 123ha
- 피해액: 3억 원
- 최대풍속: l9.1m/sec

**강릉·삼척산불**
- 기간: 2017.05.06~05.09(4일간)
- 피해면적: 강릉(252ha), 삼척(765ha)
- 피해액: 강릉(213억 원), 삼척(395억 원)
- 최대풍속: 23m/sec
- 이재민수: 강릉(38세대 84명)
  삼척(1세대 1명)

**청양·예산산불**
- 기간: 2002.04.14 14:10
  ~04.15 08:00(18시간)
- 피해면적: 3,095ha
- 피해액: 60억 원
- 최대풍속: l5.1m/sec
- 이재민수: 32세대 78명

**양양산불**
- 기간: 2005.04.04 23:15
  ~04.06 8:20(32시간)
- 피해면적: 973ha
- 피해액: 276억원
- 최대풍속: 32m/sec
- 이재민수: 191세대 412명

**울주산불**
- 기간: 2020.03.19 13:51
  ~03.20 18:00(28시간)
- 피해면적: 519ha
- 피해액: 28억 원
- 최대풍속: l9.1m/sec

**동해안산불(삼척등 5지역)**
- 기간: 2000.04.07 10:04
  ~04.15 09:04(191시간)
- 피해면적: 23,794ha
- 피해액: 360억 원
- 최대풍속: 23.7m/sec
- 이재민수: 299세대 850명

**안동산불**
- 기간: 2020.04.24 15:39
  ~04.27 18:00(74시간)
- 피해면적: 1,944ha
- 피해액: 106억 원
- 최대풍속: 18.8m/sec

**울진·삼척산불**
- 기간: 2022.03.04 11:17
  ~03.13 09:00(213시간)
- 피해면적: 울진(14,140ha), 삼척(2,162ha)
- 피해액: 9,086억 원
- 최대풍속: 27m/sec
- 이재민수: 219세대 335명

**안동·예천산불**
- 기간: 2021.02.21 15:20
  ~02.23 07:20
- 피해면적: 419ha
- 피해액: 177억 원
- 최대풍속: 13m/sec

그림 3.2 우리나라의 주요 재난성 산불현황

\* 출처: 산림청 홈페이지(2024)

✍ 봄철 산불이 더 무서운 이유?

봄철에 대형산불이 자주 발생하는 이유는 크게 기상현상과 생활환경에서 찾아볼 수 있다. 먼저, 산불은 날씨가 건조할수록 또한 바람이 강할수록 발생하기도 쉽고 일단 발생하면 대형산불로 확산되기 쉽다. 봄철은 다른 계절보다 건조하면서도 바람의 세기가 강하다. 이는 봄철의 건조한 대기와 큰 일교차에서 그 원인을 찾아볼 수 있는데, 대기가 건조하면 태양 일사의 작은 차이만으로도 부등가열이 강하게 일어나고 큰 일교차도 이러한 부등가열을 가중시킨다. 이로 인해 강한 바람이 발생하게 되는 것이다.

또한, 봄철에는 아직 활엽수에 새싹이 돋아나기 전에 가을부터 떨어진 낙엽들이 지면에 쌓여 있다. 더욱이 이러한 봄철에는 농사를 새롭게 시작하면서 생기는 부산물 또는 폐기물을 소각하는 일이 빈번하게 일어난다. 또한, 날씨가 풀리면서 산행을 하는 인구들도 급격하게 증가한다. 이렇게 농사를 위한 소각행위, 산행하다 무심코 던진 담뱃불 등이 낙엽에 붙게 되면 순식간에 주변으로 확산되는 경우가 빈번하게 발행하다.

더구나 봄철의 강한 바람은 산불진화의 핵심장비인 헬기의 운항을 어렵게 한다. 특히, 일반적으로 산정상과 골짜기의 열용량 차이로 인해 산간지방에서는 낮에는 골짜기에서 산성상으로 강한 곡풍(골바람)이 불고, 밤에는 산정상에서 골짜기로 약한 산풍(산바람)이 분다. 일반적으로 산불은 산정상 방향으로 확산되는 성향이 있고 바람에 따라 가속화되기 때문에 산불은 밤보다는 낮에 화세가 세서 진압하기 어렵다.

하지만 이러한 이유로 낮시간에는 강풍으로 인해 헬기 운항이 어려운 상황이 자주 발생하며 화세가 세서 물을 뿌려도 쉽게 잡히지 않는다. 또한, 바람이 잦아들어 집중적으로 진압이 필요한 밤시간에는 안전을 위하여 헬기의 야간 운항이 어려워 인력진화에 주로 의존해야 한다. 따라서 이러한 산불 화세의 시간대별 특성을 고려할 때 야간에 헬기가 운항할 수 있다면 보다 신속하고 효과적으로 산불진압이 가능하다.

* 출처: 홍영근 (2021). 봄철 대형산불의 원인과 대책(2020년 4월 안동산불을 중심으로). 방재저널. 23(2). 90-96.

✍ 봄철에 강원 영동 지역에 대형산불이 집중되는 이유?

최근 발생한 대형산불의 추세를 보면, 2000년 동해안 산불(23,138ha), 2005년 양양산불(973ha), 2019년 고성·강릉·인제산불(2,832ha) 등 주로 봄철에 동해안에 접한 강원 영동지역에 집중되는 것을 확인할 수 있다. 이러한 산불현상을 묘사할 때, 세찬 바람에 따라 순식간에 불똥이 이리저리 날아가며 옮겨붙는 이른바 '도깨비 불'[1) 현상을 지적한다. 그 이유를 정리하면 다음과 같이 2가지로 요약할 수 있다.

• 양강지풍 또는 양간지풍의 영향: 봄철에는 남고북저형의 기압배치가 나타나 우리나라에 서풍이 불어오는데, 이 서풍은 태백산맥을 넘으면서 상층에 있는 따뜻한 공기에 눌려 압축되어 풍속이 매우 빨라진다. 이는 최대 30m/s에 육박하기도 하는데, 바람이 부는 이 지역, 즉 강원 양양−강릉, 양양−간성 구간의 이름을 따서 이를 '양강지풍' 또는 '양간지풍'이라고 한다.

• 소나무 숲의 휘발성: 강원 영동 지역에는 지역적 특성상 소나무와 같은 침엽수가 많은데, 송진이 있는 솔잎과 같은 침엽수 잎은 인화성이 강해서 불이 나면 나무 전체가 쉽게 불덩이가 된다. 이는 참나무와 같은 활엽수 지역에서 불이 나더라도 떨어진 낙엽 주위로만 제한되는 것과 대비된다.

이런 이유로 강원도에는 '동해안산불방지센터'라는 다른 지역에서 없는 특수한 기관이 있다. '동해안산불방지센터'는 2018년 9월 21일에 강원도 행정기구로 신설된 조직으로서 다른 지방자치단체 행정기구와는 다르게 다양한 관계기관에서 파견된 직원들이 함께 근무하는 협업기구이다. 2021년 기준, 강원도 본청 직원뿐만 아니라 도내 6개 시·군을 비롯하여 산림청, 기상청에서 파견나온 인원이 상시 근무하고 있으며, 산불 특별대책기간 등에는 국방부, 국립공원관리공단 등에서도 파견 나와 합동근무하고 있다.

관계기관에서 파견 나온 인원을 중심으로 하여, 산불진화 헬기·자원 등을 통합하여 연계관리하며, 합동으로 불법소각 행위 등을 단속할 뿐만 아니라 실제 산불발생시 관계기관 간 효과적인 협조가 될 수 있도록 총괄·조정하는 역할을 하고 있다. 예를 들어 시·군 간 협조체계를 산불규모에 따른 3단계로 명문화하여 단계가 상향될 때마다 지원해야 하는 인접 시·군과 지원 인력·장비의 규모를 따로 정해놓고 있다.[2)

---

1) 산림청 등 현장종사자의 증언에 따르면 불티가 계곡이나 강을 넘어서 2km 떨어진 곳으로도 옮겨 붙는다고 한다.

2) 예를 들어, 산불규모가 10ha 미만일 경우에는 현행처럼 관할 시·군에서 독자적으로 대응하지만, i) 산불규모가 10ha를 넘어서면 1단계가 발령되어 사전에 지정된 인근 2개 시·군에서 산불진화를 위해 보유한 인력·장비의 1/3을 지원하게 된다. ii) 이후 산불규모가 50ha를 넘어서면 2단계가 발령되고 인근 5개 시·군에서 보유한 인력·장비의 1/3을 지원하게 되며, iii) 산불규모가 100ha를 넘어서면 3단계가 발령되고 도내의 전체 시·군에서 인력·장비를 지원하게 된다.

(2) 재난대응 및 대책

산불에 대한 재난관리 주관기관은 산림청이다. 산림청은 「산림보호법」 등에 따라 산불에 대한 사항을 관장하며, 동시다발적으로 발생한 산불이 대규모의 재난성 산불로 확산되어 심각한 인명 및 재산 피해가 우려되는 재난상황에 적용하기 위한 목적으로 「산불재난 위기관리 표준매뉴얼」 등을 운용하고 있다.

■ 예 · 경보체계: 산불위험지수, 산불위험예측정보, 대형산불위험예보 그리고 재난위기 경보

산림청은 전국 각 지역에 대해 촘촘하게 실시간으로 지형조건, 임상조건(산림물질의 가연성), 기상조건(온도 · 습도 · 풍속 등)을 분석 · 예측하여 산불위험도를 1~100까지 숫자로 나타낸 '산불위험지수'를 생산하고 있다. 산불위험지수는 다시 시 · 도 또는 시 · 군 · 구 단위로 4단계로 등급화하여 매우 높음(산불위험지수 86점 이상), 높음(66~85점), 보통(51~65점), 낮음(51점 이하)의 지역별 산불위험등급인 '산불위험 예측정보'로 변환되어 지역별로 사불발생 우려를 사전에 주의 · 환기하는 수단으로 사용된다.

이외에 대형산불에 발생위험에 대해서는 읍면동 단위로 앞서 언급한 산불위험지수 외에 실효습도와 풍속을 기준으로 하여 경보 및 주의보 형태로 사전에 발생 위험성을 산정하여 전파하고 있다.

표 3.3 대형산불 위험예보

| 구 분 | 기 준 |
|---|---|
| 대형산불주의보 | 해당 읍면동의 산불위험예측정보 '다소높음' 이상<br>+ 실효습도 45% 이하가 2일 이상 지속 + 풍속 7m/s 이상 |
| 대형산불경보 | 해당 읍면동의 산불위험예측정보 '다소높음' 이상<br>+ 실효습도 30% 미만이 2일 이상 지속 + 풍속 11m/s 이상 |

또한 산불위험지수의 지역별 분포를 고려하여 산불에 대한 '재난위기경보'를 실시하고 있다. 이러한 발령기준과 더불어 심각도, 파급성 등에 따라 중앙정부 차원 또는 범정부적 대처가 필요한 경우 중앙사고수습본부, 중앙재난안전대책본부 등이 가동된다.

**표 3.4 산불 재난위기경보 기준**

| 구 분 | 기 준 |
|---|---|
| 관 심 | • 산불발생 시기 등을 고려하여 산불예방에 관한 관심이 필요한 경우로서 주의단계의 발령기준에는 미달되는 경우 |
| 주 의 | • 산불위험지수가 51 이상인 지역이 70% 이상<br>• 산불발생 위험이 높아질 것으로 예상되어 특별한 주의가 필요하다고 인정되는 경우 |
| 경 계 | • 산불위험지수가 66 이상인 지역이 70% 이상<br>• 발생한 산불이 대형산불로 확산될 우려가 있어 특별한 경계가 필요하다고 인정되는 경우 |
| 심 각 | • 산불위험지수가 86 이상인 지역이 70% 이상<br>• 산불이 동시다발적으로 발생하고 대형산불로 확산될 개연성이 높다고 인정되는 경우 |

산불이 발생하면 표 3.4와 같이 해당지역에 있는 관할기관에서 진화하는 것이 책무이지만, 상황이 악화되어 관할기관만의 인력 · 장비 등으로 진화가 어렵다고 판단되면 산림청장은 예상되는 피해면적을 우선 기준으로 하고, 진화시간, 평균풍속 등을 참고 기준으로 인접기관 등에게 인력 · 장비 · 헬기 · 드론 등을 지원토록 1~4단계의 진화자원 동원령을 발령하게 된다. 이때 산불 4단계는 초대형 산불에 적용되는 동원령으로 국가적으로 총력대응하는 체계이다.

표 3.5 산불단계별 진화자원 동원령 구분

| 구분 | | 산불 1단계 | 산불 2단계 | 산불 3단계 |
|---|---|---|---|---|
| 발령<br>기준 | 피해(영향구역) | 10~50ha | 50~100ha | 100ha 이상 |
| | 기상(평균풍속) | 3~7m/s | 7~11m/s | 11m/s 이상 |
| | 예상진화시간 | 5~10시간 | 10~48시간 | 48시간 이상 |
| 동원<br>규모 | 인력 | 150명 이상<br>(특수 진화대 등) | 350명 이상<br>(특수 진화대 등) | 650명 이상<br>(특수 진화대 등) |
| | 장비 | 관할기관 100% | 관할기관 100%<br>인접기관　50% 이내 | 관할기관 100%<br>광역기관(시 · 도) 50%<br>이내 |
| | 항공 | 관할기관 100%<br>인접기관　50% 이내 | 관할기관 100%<br>광역기관(시 · 도) 50%<br>이내 | 산림청장이 필요하다고<br>생각하는 모든 진화헬기 |

* 출처: 산림청(2024)

　　최근에는 산불진화 및 예방을 위해 지연제(Retardant)를 쓰기도 한다. 산불 지연제란 살포시 진행 중인 산불에 대해서는 확산저지의 역할을 하고 위험지역에 대해서 사전살포를 할 경우에는 산불발생 예방효과도 거둘 수가 있다. 일반적으로 친환경 무독성 액체형으로 산림에 무해할 뿐만 아니라 생육을 촉진하는 비료 성분을 함유하고 있기도 한다. 현재 사용되고 있는 제품은 항공기를 통해 살포되며, 약 48시간 효과가 지속되는 것으로 알려져 있다.

## ✍ 산불에 영향을 줄 수 있는 변수

산불도 화재의 한 종류이기 때문에 연소의 3요소라고 하는 연료, 열, 산소에 영향을 줄 수 있는 환경 인자에 의해 영향을 받는다. 산불은 산림이라는 특수한 상황에서 발생하는 환경이기 때문에 이러한 연소의 3요소에 영향을 주는 다음과 같은 환경 인자를 생각해볼 수 있다.

① 경사: 산불은 일반적으로 대류현상에 의한 상승기류로 산정상으로 진행한다. 따라서 경사가 급할수록 진행 속도가 빨라진다. 만약, 바람이 경사면에서 정상으로 향하게 되면 진행 속도가 더 빨라지게 된다.

② 방위: 방위도 산불의 양상에 변화를 주는 중요한 인자이다. 일반적으로 산의 경사면 중 남향이 북향보다 태양에 직접 노출되므로 고온이고 건조하여 풍부한 가연물로 산불 발생의 가능성이 높다.

③ 지세: 산불은 일반적으로 골짜기에서 계곡풍의 영향을 받아 급속하게 방향을 바꾸게 될 뿐만 아니라 굴뚝 또는 상자 모양의 좁은 협곡에서는 상승기류에 따라 산불이 비화할 가능성이 높다. 즉, 지세가 험할수록 산불 확산이 빨라진다.

④ 습도: 산불은 습도의 영향을 많이 받는다. 습도가 높으면 산불 발생의 가능성이 낮다. 일반적으로 비가 내린 후 3일 동안에는 가연물이 수분을 머금고 있어서 산불이 발생하기 어렵다. 또한, 기온이 높으면 습도가 낮아져 산불 가능성이 높다.

⑤ 바람: 산불은 특히 바람의 영향을 많이 받는다. 바람이 강하면 산소의 공급이 풍부해질 뿐만 아니라 산불이 비화할 수 있어서 더 빨리 진행된다. 또한, 바람이 강하면 헬기의 운항이 어려워져 산불진화에 어려움이 있게 된다.

## ✍ 산불 또는 화재: 습도가 낮으면 위험이 높다? 상대습도 vs 실효습도

일반적으로 습도는 다양한 방식으로 표현된다. 이 중에서 재난관리 분야에서 쓰이는 습도의 표시방법은 크게 상대습도와 실효습도이다. 상대습도란 일정한 부피의 공기가 포함할 수 있는 최대 수증기량, 즉 포화 수증기압에 비해 현재 공기 내에 포함되어 있는 수증기량을 비율로 표시한 값이다. 이는 일반적으로 우리가 일상생활에서 흔히 쓰이는 습도라는 표현으로 현재 상태가 얼마나 건조한지를 설명해 준다.

$$\text{상대습도}(\%) = \frac{\text{현재 수증기량}}{\text{포함할 수 있는 최대 수증기량}} \times 100$$

$$= \frac{\text{현재 수증기압}}{\text{포화 수증기압}} \times 100$$

이러한 상대습도는 현재의 건조상태를 나타내는 것이지만 산불과 관계되는 목재, 초목 등의 건조도는 상대습도보다는 당일 이전부터 상당기간 축적되어 있는 공기 내의 수증기량에 좌우되는 특성이 있다. 이를 잘 표현하는 습도의 표시 방법으로 실효습도가 있는데, 실효습도는 수일 이전부터 당일까지의 일별 평균 상대습도에 계수를 곱해수어 목새, 초목 등과 같은 섬유질의 건조상태를 수치적으로 나타내어 화재발생의 위험도를 표시한다.

$$\text{실효습도}(\%) = (1-r)(h_0 + rh_1 + r^1h_1 + r^2h_2 + r^3h_3 + r^4h_4 + r^5h_5)$$

여기서 r은 당일의 습도가 다음 날의 습도에 영향을 줄 수 있는 계수로서 기상청에서는 0.7의 값을 쓰며, $h_0$는 당일의 평균 상대습도, $h_i$는 i 전날의 평균 상대습도를 의미한다.

기상청에서는 5일간의 습도에 기반하여 실효습도를 정의하고 실효습도에 기반하여 건조특보를 발표하고 있다. 즉, 당일의 습도(상대습도)가 아주 낮다고 해서 화재의 위험이 크거나 불이 붙을 수 있는 물질이 건조하다고 단정할 수는 없다. 그래서 물질내부의 건조상태까지를 나타내는 실효습도가 화재 또는 산불의 위험도를 판단하는 척도가 되는 것이다.

### 표 3.6 건조특보 발표기준

| 구 분 | 기 준 |
|---|---|
| 건조주의보 | 실효습도 35% 이하가 2일 이상 계속될 것이 예상될 때 |
| 건조경보 | 실효습도 25% 이하가 2일 이상 계속될 것이 예상될 때 |

*출처: 이정구 (2006). [이정구의 생활기상] 실효습도 낮을 때 화재 위험. 전북일보 2006년 1월 19일자

■ 통합지휘체계 및 산불진화단계

산불진화는 산림, 소방관서 등을 포함한 다양한 기관 간의 협업이 필요하다. 따라서 산불진화에 대한 재난관리주관기관은 산림청이지만 산불현장에는 이러한 여러 기관들을 통합지휘하기 위한 통합지휘본부를 설치하여 운영하게 된다. 이때 본부장은 중소형 산불의 경우 특별자치도지사, 특별자치시장, 시·군·구청장이 되며, 예외적으로 국유림에 한정된 산불의 경우에는 국유림 관리소장이 본부장이 된다. 하지만 이러한 산불이 2개 이상의 시·군·구에 걸쳐 발생하거나 대형산불로 확산될 경우에는 시·도지사가 본부장이 되어 통합지휘하여야 한다. 비슷한 맥락에서 산불이 2개 이상의 시·도에서 발생하면 산림청장이 통합지휘하게 된다.

산불이 발화되어 확산된 후의 진화단계는 크게 주불진화 → 잔불진화 → 진화완료 → 뒷불감시로 구성된다. 이때 주불은 계속적으로 확산되고 있는 화세가 강한 불을, 잔불은 주불이 진화되고 남아 있는 불로서 주변 산림으로 확산될 우려가 없는 화세가 약한 불을, 뒷불이란 잔불진화 이후에도 다시 발화된 불을 의미한다. 일반적으로 산불은 완전히 불씨를 없애는 데 오랜 시간이 걸리므로 산불관서에서는 쓰는 진화완료라는 표현은 불이 완전히 꺼진 상태가 아니라 잔불진화 단계에서 진화선을 구축하고 기상여건 등을 고려하여 조기에 진화가 완료될 것으로 판단될 때를 의미한다. 따라서 이후 산불이 다시 발화하지 않도록 진화선을 순찰하여 불씨가 다시 발화하지 않도록 감시하는 뒷불감시도 매우 중요하다.


■ 산불진화용 장비 및 인력

일반적으로 산불은 헬기가 아니고는 사람들의 접근이 어려워 진화하기 쉽지 않다. 하지만 산림청이 보유하고 있는 산불진화형 헬기(3,000리터 이상의 담수용량)를 제외한 소방, 군용 등 많은 헬기들이 산불진화용이 아니고 임시로 '밤비버켓(Bambi-Bucket)'이라 하는 1,000리터의 대형물통을 임시 장착해 사용하고 있어서 강풍지역에서 작전수행이 어렵다. 지방자치단체에서는 산불대책기간 중에는 민간에서 헬기를 임차하여 이러한 대형물통을 장착하여 산불현장에 투입하고 있다.

현재 산불 진화에 투입되는 대부분의 헬기는 야간에는 시계가 확보되지 않아서 진압작전이 불가능하다. 따라서 야간에는 그저 산불이 번지는 것을 지켜볼 수밖에 없다.

이뿐만 아니라 헬기의 경우, 강풍이 불면 운행이 어렵다. 특히, 산불현장이 넓으면 산불열기에 따른 부등가열로 돌풍이 발생하여 헬기의 운항을 어렵게 만든다. 반면에 바람이 불지 않으면 산불연기가 빠져나가지 못해 생기는 연무로 시계가 확보되지 않아 진화작전 수행이 어렵다.

비의 경우에도 산불진화에 득과 실이 되기도 하는데, 많은 비의 경우에는 당연히 자연스레 산불이 진화되도록 하지만, 보슬비와 같이 적은 비는 오히려 안개로 인해 시계를 확보하기 어렵게 만들어 헬기의 운항을 어렵게 만든다.

일반적으로 도시지역에서 발생하는 화재는 소방관서에서 진화의 책임이 있지만, 산불은 산림관서에 진화의 책임이 있다. 이를 위해 지방자치단체에서는 매년 산불조심기관 중에 지역주민을 산불감시원으로 채용하여 평상시 감시초소에서 산불감시활동을 하도록 하고, 산불에 대한 예방 및 진화를 담당하는 산불전문예방진화대로 채용하고 있다. 산림청 소속의 국유림관리소의 경우에도 신불전문예방진화대를 채용하고 있다. 일반적으로 산불전문예방진화대는 지역주민으로 한시적으로 채용된 인원이라는 점에서 필수교육을 받고 투입되기는 하지만, 대원들의 전문성 부족을 지적하는 목소리가 지속적으로 제기되어 왔다. 이런 이유로 난이도가 평이한 산불에 투입된다. 이에 반해, 산림청에서는 산림항공관리소 내에 산불진화의 전문인력으로 헬기를 통한 산불현장 투입 및 인명구조 활동까지 할 수 있는 공중진화대를 운영하고 있으며, 지방산림청 및 국유림관리소에는 특수진화대를 운영하고 있다.

표 3.7 산불 예방 및 진화 인력현황(2022년 기준)

| 구 분 | 산불감시원 | 산불전문예방진화대 | 특수진화대 | 공중진화대 |
|---|---|---|---|---|
| 주요역할 | 산불감시 및 계도활동 (감시초소, 마을인근) | 평이한 산불진화 (일반 산불발생 지역) | 고난도 산불진화 (인명·재산피해 지역) | 특수진화대 훈련, 공중투입 및 인명구조 등 (암석지, 고산지 등) |
| 운영주체 | 지방자치단체 | 지방자치단체, 산림청 (국유림관리사무소) | 산림청 (지방산림청, 국유림관리사무소) | 산림청 (산림항공본부) |
| 운영기간 | 산불조심기간 | 산불조심기간 | 연중 | 연중 |
| 신 분 | 임시고용 (지역주민) | 임시고용 (지역주민) | 공무원 (공무직, 기간제) | 공무원 (정규직) |
| 운영규모 (명) | 11,943 (지자체) | 10,110 (지자체: 8,199, 산림청: 1,405) | 435 (산림청) | 104 (산림청) |

## ✍ 접경지역에서 발생한 산불대책

DMZ(Demilitarized Zone)라고 불리는 비무장 지대는 남북 간 군사분계선(Military Demarcation Line; MDL)과 남방한계선 사이를 일컫는 지대이다. 이러한 비무장 지대는 남북한군이 감시초소 인근의 잡목을 소각하거나 상대방의 전력에 피해를 주기 위한 군사상 목적으로 의도적으로 발화하는 등의 사유로 산불이 자주 발생한다.

이러한 산불은 강풍과 함께 대형산불로 확산되어 비무장 지대를 넘어 접경지역에 인명 및 재산상 피해를 일으킬 수 있다. 하지만 비무장 지대의 경우 비행금지구역으로 설정되어 있어 북한의 동의 없이는 헬기투입이 어려울 뿐만 아니라 산불진화 헬기의 군사분계선 월선 등과 같은 부주의한 활동이 남북 간 긴장을 유발할 수 있는 소지가 있다. 따라서 접경지역의 산불진화는 남북 간의 합의된 절차에 따라 신중하게 접근되어야 한다.

우선 기본원칙은 접경지역에 산불이 발생하는 경우에는 산불이 재난성 산불로 확대될 우려가 없는 경우에는 해당 지역 군부대에서 자체적으로 대응한다. 하지만 재난성 산불로 확산될 우려가 있으면 관계기관 간 협조체계로 전환되는데 남북협조는 국방부에서 주관하며, 산림청은 해당 작전지역 군부대의 협조를 받아 산불진화를 주관하게 된다.

비무장 지대에 산불이 발생하여 재난성 산불로 확산이 우려되면 해당 작전지역 군부대는 합동참모본부에 이를 보고하고 합동참모본부는 제반여건을 판단하여 산림청과 사전 협의하여 국방부에 대북협조 조치를 요청하게 된다. 이후, 국방부는 유엔군사령부 군사정전위원회(UNC)를 경유하여 산불진화용 헬기의 비무장 투입에 대해 북한과 협조하고 북한의 회신내용을 접수하게 된다.

이후 북한의 회신내용은 합동참모본부에 전달되고 합동참모본부는 해당 책임지역 군부대에 진화활동을 지시하고 산림청 등에 통보하여 산림청이 주관하여 해당 책임지역 군부대의 협조하에 헬기를 통한 산불진화에 착수하게 된다. 비무장 지대의 산불진화를 위해 산불진화용 헬기를 투입할 경우 해당 작전지역 군 선도헬기의 지원하에 산불진화 임무를 수행해야 한다. 또한, 국방부는 북한의 오인사격 방지 등을 위해 유엔군사령부 정전위원회(UNC)를 통해 북한의 회신을 받은 경우에도 대북전통문 발송을 통해 산불발생지역의 북한 전방부대에 다시 한번 산불진화 활동 인지를 확인하게 된다.

유엔군사령부 정전위원회(UNC)를 통한 대북협조가 원활하지 않을 경우에는 예비채널로서 대북전통문이 활용되기도 하며 통일부 또는 적십자의 남북연락사무소가 활용되기도 한다. 접경지역 산불의 경우에도 접경지역을 넘어서 일반 도시지역까지 확산될 수 있는 바 인근 지방자치단체 및 소방관서 등과 협력하여 산불진화가 이루어지게 된다.

비무장 지대 산불로서 대북협조가 이루어진 대표적인 사례로는 2005년 3월 30일에 발화하여 남방한계선을 남하하여 4월 4~8일까지 산림 534ha를 태운 고성산불이 있는데, 당시 유엔사 군정위를 통해 북한과 사전협조가 이루어져 산림청 진화헬기 2대가 투입되었다. 2021년 기준, 비무장 지대에는 매년 10건 내외의 산불이 발생하고 있다.

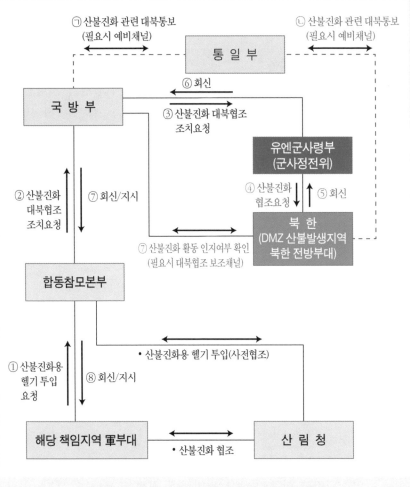

그림 3.3 비무장 지대 산불발생시 대북협조 절차

* 출처: 산림청 등(2021). 접경지역 재난사고 위기관리 매뉴얼

## 3. 우주물체의 추락·충돌

### (1) 재난발생 및 특성

추락·충돌 등으로 인해 지구에 위협이 되는 우주물체에는 소행성, 유성체 등과 같은 자연우주물체와 인공위성, 우주발사체 등과 같은 인공우주물체가 있다. 따라서 전자의 경우에는 자연재난으로 후자의 경우에는 인적재난으로 분류될 수 있다.

#### ■ 자연우주물체의 추락·충돌

먼저, 자연우주물체의 피해유형을 살펴본다. 지구근접 공간을 지나는 작은 천체인 소행성 중에서 일부는 지구와 충돌 가능성이 높다고 분류된다. 이러한 소행성을 '충돌위협 소행성(Potentially Hazardous Asteroid)'이라고 하는데, 1,940개의 소행성이 해당된다고 한다(NASA/JPL, 2018). 하지만 대부분은 실제 지상에 떨어지지는 않으며 극히 일부가 실제 지상에 떨어져 인명 및 재산피해를 일으킨다. 소행성보다 작은 고체인 유성체의 경우도 같은 방식으로 우리에게 피해를 줄 수 있다.

이러한 소행성·유성체 등 자연우주물체는 지구 대기권에 진입하여 공중에서 폭발하거나 지상 또는 해상에 충돌하여 지반, 시설 건물 등이 파괴되거나 붕괴되고 해안가가 침수·범람되는 등 직접적인 피해를 야기할 수 있다. 특히, 공중폭발한 자연우주물체는 강한 충격파를 발생시켜 광범위한 지역에 피해를 발생시킨다. 이외에도 주요시설 파괴 등에 따라 위험물질 확산 등과 같은 2차 복합 또는 연계피해가 발생할 수 있다.

#### ■ 인공우주물체의 추락·충돌

또한, 인공위성, 우주발사체 등 인공우주물체의 경우에도 수명완료, 충돌발생 등으로 인해 지구로 추락하게 될 수 있다. 일반적으로 지구 대기권 진입 후 상당 부분에 대해서는 연소되지만 잔존 잔해물은 지표에 직접 충돌할 수 있다. 이러한 잔해물의 지상 충돌에 따라 직접적으로 인명 및 재산 피해가 발생한다. 이외에도 주요시설 파괴 또는 자체 보유하고 있는 플루토늄 등 위험물질 확산 등으로 2차 피해도 발생할 수 있다.

직접적인 피해는 아니지만 임무수행 중인 인공위성 등 국가 우주자산이 인공우주물체와 충돌하거나 충돌우려로 회피기동을 하게 되면 통신, 관측 등 수행 중인 임무에 대한 기능저하, 운영중단되는 상황까지 발생할 수 있다.

---

### ✎ 소행성 등 자연우주물체 추락사례

#### • 러시아 첼랴빈스크(Chelyabinsk) 소행성 추락(2013년 2월 15일)

러시아 첼랴빈스크 상공 29.7km에서 대기권 돌입시점을 기준으로 직경 17m, 무게 1만 톤으로 추정되는 소행성이 폭발하였다. 이로 인해 1,500여 명이 부상을 입었으며, 건물 7,200여 채가 파손되었다. 또한, 폭발 당시의 충격파 진동으로 인해 전기, 통신, 가스 등의 시설에 피해가 발생하고 공급이 단절되었다.

#### • 러시아 퉁구스카 소행성 추락(1908년 6월 30일)

러시아 퉁구스카 지역에서 소행성으로 추정되는 우주물체가 고도 5~10km 상공에서 폭발하였다. 다만, 정확한 우주물체의 제원은 확인되지 않았지만, 우주물체 추락 기록상 가장 큰 운석 충돌 사례로 기록되고 있다. 이로 인해 2,150km²의 숲이 초토화되고 나무 약 8천만 그루가 소실되었다.

#### • 우리나라 운석 추락(2014년 3월 9일)

수원, 청주, 포항, 진주 등 전국 각지에서 밝은 유성 추락이 목격되었으며, 특히 진주에서는 크기 20cm, 무게 9.4kg의 순석이 발견되었다. 당시 농가 비닐하우스 1채가 파손되었으며, 이를 계기로 정부에서는 자연우주물체 관리·활용체계를 구축하였다. 이에 따라 운석등록제가 시행되고 있고 운석의 개인소유권은 인정하나 국외반출은 금지하고 있다.

한국지질자원연구원은 과학기술정보통신부의 업무위탁에 따라 운석신고센터를 설치·운영하며 운석감정 및 등록업무를 수행하고 있다. 국내에서 운석을 발견하거나 국외에서 반입된 운석에 대해 운석신고센터에 자율적으로 등록을 신청하면 운석여부 분석 후 등록대장을 작성하여 데이터베이스화하여 이력관리를 실시하게 된다.

* 출처: 과학기술정보통신부 (2019). 소행성·유성체 등 자연우주물체 추락·충돌 재난 위기관리 표준매뉴얼

---

2020년 5월 11일과 2021년 5월 9일 모두 중국의 우주발사체 잔해물이 우주에서 지구로 낙하하는 사고가 발생하였다. 2020년에는 실제 아프리카의 코티디부아르의 작은 마을에 잔해물이 떨어졌으며, 2021년에는 다행히 인도양 바다에 떨어졌다. 두 사고 모두 다행스럽게 인명피해는 발생하지 않았다.

하지만 중국의 우주낙하물이 낙하하기 며칠 전부터 미국 등 서방언론에서는 중국의 우주발사체 낙하물이 도심 한가운데 떨어지는 것도 배제할 수 없다는 위험상황에 대해 지속적으로 보도하면서 중국의 낙하물 처리에 대한 무책임한 태도를 비판하였다. 두 사례 모두 당초 20여 톤, 30m가량되던 잔해물이 대기권에 들어왔으며, 이 중 상당 부분은 소각되었으나 일부가 지상 또는 바다에 추락하였다.

우리나라의 경우, 미국 연합우주작전본부(CSpOC)가 중국의 우주발사체 잔해물의 대기권 진입 가능성을 관측한 이후에 우주위험감시기관인 한국천문연구원이 개발한 '우주물체 추락예측 프로그램'을 가동하여 잔해물의 진입 예측지점과 최종 낙하지점을 분석하였다. 실제 추락 12시간 전에 실시한 분석결과는 추락시간의 오차가 20분 이내였으며 추락지점도 상당한 정확성을 보였다.

* 출처: 과학기술정보통신부 (2021). 보도자료: 중국 우주발사체 「창정-5B호 잔해물」 낙하 중

자연우주물체와 달리 특정 국가에서 운영하던 인공위성 등이 추락하여 다른 나라에 피해를 일으키면 누가 피해보상을 해야 하느냐 문제가 발생할 수 있다. 일반적으로 이런 경우에는 해당 인공위성을 운영하던 국가에서 피해를 입은 국가에 피해보상을 해주고 있다.

예를 들어, 1978년 옛 소련의 인공위성 '코스모스 954호'가 캐나다의 그레이트 슬레이크 호수 인근에 떨어졌을 때 인명피해는 없었지만 상당수의 재산피해가 발생하였다. 당시 일부 논란은 있었으나 결국 옛 소련은 캐나다에 300만 달러를 피해 보상금으로 지급한 바 있다.

## (2) 재난대응 및 대책

우주위험 재난에 대한 재난관리 주관기관은 과학기술정보통신부이다. 과학기술정보통신부는 관계법령인 「우주개발진흥법」 등에 따라 우주위험에 대한 재난을 관장하며, 이를 위해 자연우주물체에 대해서는 「소행성·유성체 등 자연우주물체 추락·충돌 재난 위기관리 표준매뉴얼」, 인공 우주물체에 대해서는 「인공우주물체 추

락·충돌 주요상황 대응매뉴얼」 등을 운용하고 있다.

■ 예·경보체계: 재난위기경보

우주물체의 추락·충돌은 그 자체로 국가적 대응이 필요한 대형재난으로 지역적 재난경보 없이 바로 국가적 태응태세와 관련된 재난위기경보만으로 운영된다. 자연 우주물체와 인공 우주물체에 대해 기준이 다소 차이가 나기는 하지만, 추락·충돌까지 걸리는 기간, 우리나라의 피해발생 가능성 등을 기준으로 관심, 주의, 경계, 심각의 경보단계가 결정된다. 이러한 발령기준과 더불어 심각도, 파급성 등에 따라 중앙정부 차원 또는 범정부적 대처가 필요한 경우 중앙사고수습본부, 중앙재난안전대책본부 등이 가동된다.

표 3.8 자연 우주물체 관련 재난위기경보

| 구 분 | 기 준 |
|---|---|
| 관 심 | • 지구 충돌 징후가 인지된 상황 |
| 주 의 | • 1주 이내 지구 충돌이 확실한 경우 |
| 경 계 | • 우리나라에 추락·충돌하여 피해 발생을 인지하였을 경우 |
| 심 각 | • 우리나라에 추락·충돌하여 광역적 피해가 발생하고 복합피해 및 재난 확대가 예상되는 경우 |

표 3.9 인공 우주물체 관련 재난위기경보

| 구 분 | 기 준 |
|---|---|
| 관 심 | • 추락예측 시간범위의 시작시간까지 남은 시간이 72시간 이내이며, 추락 예상 지역에 우리나라가 포함될 경우 |
| 주 의 | • 추락예측 시간범위의 시작시간까지 남은 시간이 36시간 이내이며, 추락 예상 지역에 우리나라가 포함될 경우 |
| 경 계 | • 추락예측 시간범위의 시작시간까지 남은 시간이 6시간 이내이며, 추락 예상 지역에 우리나라가 포함될 경우 |
| 심 각 | • 우리나라에 인공 우주물체가 추락하여 피해 발생한 경우 |

■ 우주위험대책본부와 중앙사고수습본부

우주물체의 추락·충돌이 발생 또는 우려되는 위험상황이 발생하게 되면, 정부에서는 「우주개발진흥법」 제15조의3에 따라 과기정통부 차관이 본부장이 되는 우주위험대책본부가 가동·운영한다. 이러한 우주위험대책본부는 우주위험 대비와 관련된 중앙행정기관과 과기정통부 장관이 위촉하는 전문가로 구성된다. 우주위험대책본부 편제로 우주위험대책반이 있는데, 이는 우주위험대책본부에 참여하는 실무 부서장(반장: 과기정통부 거대공공연구정책관)으로 구성되며, 실질적으로 우주위험대책본부의 사무국 역할을 수행한다.

자연 우주물체의 경우에는 주의단계, 인공 우주물체의 경우에는 경계단계에서 재난관리주관기관인 과학기술정통부는 차관을 본부장으로 하는 우주위험대책본부를 가동한다. 이후 자연 우주물체의 경우에는 경계단계, 인공 우주물체의 경우에는 위험상황이 재난상황으로 발달하게 된다고 판단하고 우주위험대책본부를 개편하여 「재난 및 안전관리 기본법」에 따라 과기정통부 장관이 본부장인 중앙사고수습본부로 전환하게 된다.

### ■ 우주환경감시센터, 인공위성운영기관 등의 역할

우주위험에 대처하기 위해서는 고도의 전문성이 필요하다. 따라서 우주위험과 관련해서는 정부기관을 뛰어넘는 다양한 유관기관의 전문가의 도움이 절대적으로 필요하다. 먼저, 우주위험 상황이 발생하면 각종 위험상황을 감시하여 전파하고 추락 우주물질의 위험성에 대한 정보제공을 할 수 있는 기관이 필요하다. 우리나라 경우, 우주환경감시기관으로 한국천문연구원의 우주위험감시센터가 지정되어 활동하고 있다. 한국천문연구원은 실제로 '우주물체 추락예측 프로그램'을 가동하여 잔해물의 진입 예측지점과 최종 낙하지점을 분석하고 있다. 실제 최근 발생한 인공우주물체 추락 12시간 전에 실시한 분석결과는 추락시간의 오차가 20분 이내였으며 추락지점도 상당한 정확성을 보인다.

한국천문연구원은 국제기구인 UN COPUOS(Committee on the Peaceful Uses of Outer Space) 산하 과학기술소위원회의 국제소행성경보네트워크(IAWN)와 우주임무기획자문그룹, 국제 우주잔해물 조정위원회(Inter-Agency Space Debris Coordination Committee; IADC) 등과 함께 국제적인 협력을 실시하고 있다.

공군 우주작전대대 우주정보상황실의 역할도 매우 중요하다. 이는 우주위험 정보가 미국 우주사령부(U.S. Space Command) 연합우주작전센터(Combined Space Operations Center; CSpOC)가 중심이 되어 제공되기 때문인데, 공군 우주정보상황실은 인공우주물

체의 궤도정보(TLE) 등 우주감시정보를 입수하여 우주환경감시기관인 한국천문연구원
에 제공하는 역할을 담당한다.

인공위성운영기관인 한국항공우주연구원 위성정보센터 및 KAIST 인공위성연구
소의 역할도 중요하다. 이러한 기관들은 실무적으로 인공우주물체 추락시점 예측 등
분석 수행 등을 통해 한국천문연구원의 활동을 지원할 뿐만 아니라 실제 인공위성
운영기관으로서의 실무분야도 담당한다.

### ■ 우주물체 추락시 행동요령

우주물체가 지구로 추락하고 있으면 우리나라 어디에든 추락할 가능성이 있다.
만약 대피장소가 없으면 낙하물의 진행 반대방향으로 대피하는 것이 좋다. 대피하는
경우에 있어서 가급적 2차 피해를 방지하기 위해 수도와 가스 밸브를 잠그고 전기차
단기를 내린 후 비상구로 대피하는 것이 좋다.

추락한 위성 중 일부에는 플루토늄과 같은 방사능 물질, 그 밖에 위해화학물질
이 포함된 연료와 용기를 탑재하고 있을 수 있다. 따라서 위성 낙하물로 의심되는
물체를 발견한 경우에는 절대 직접적으로 접촉하지 말고 과학기술정보통신부 등 관
계기관에 즉시 신고해야 한다.

# 4. GPS 전파혼신

## (1) 재난발생 및 특성

### ■ GPS 전파혼신 발생원리: 자연 및 인적재난

1994년 미국에서 군사목적으로 개발된 인공위성을 이용한 위성항법체계인
GPS(Global Navigation Satellite System)는 이제 자동차 운전에서부터 핸드폰 상용까지
일상에서의 고유명사가 될 정도로 친숙하고 필수적인 수단이 되었다. 만약 GPS 전
파가 어떤 이유로 혼신되어 사용할 수 없다면 일상의 불편은 물론 사회가 마비될 수
도 있다.

GPS 전파는 자연 또는 인위적인 원인에 의해 혼신될 수 있다. 이러한 이유로
GPS 전파혼신은 발생원인에 따라 자연 또는 인적재난이 될 수 있다. 먼저, 자연재난
으로서는 이 부록의 2.3.1절에서 설명한 바와 같이 태양흑점 폭발, 태양입자 유입,

지구자기장 교란 등 태양활동과 우주공간에서 지자기, 전리층 등 전자파 에너지의 변화로 발생하는 '우주전파 재난' 발생시 인공위성의 기능에 장애가 발생하고 인공위성에 기반한 GPS 전파에 혼신이 발생한 바 있다. 최근 과학기술의 발달에 따라 이러한 전파 혼신은 대부분 우주전파환경의 관측을 통해서 사전에 예측되고 있다.

인적재난으로도 GPS 전파혼신이 발생할 수 있는데, 일례로 GPS 인공위성의 전파송출 장비결함과 같이 의도하지 않는 전파혼신도 발생할 수 있다. 이러한 경우에는 인공위성의 전파송출 장비의 고장난 부위를 찾아서 수리하거나 다른 인공위성으로 대처한다. 하지만 이보다도 최근 문제가 되는 것은 누군가가 의도적으로 특정 지역을 대상으로 GPS 신호에 혼신을 발생하는 의도적인 행위가 새로운 재난유형으로 문제가 되고 있다. 이렇게 의도적으로 GPS 신호에 혼선을 일으키는 방법으로 '재밍(jamming)'이라는 기법이 주로 사용된다.

### ■ 재밍(jamming)에 의한 GPS 전파교란 원리 및 사례

GPS 전파는 지상에서 멀리 떨어진 인공위성에서 송출되는 것으로 신호 강도는 일반 핸드폰 수신 감도의 1/300 수준으로 매우 약하다. 이러한 GPS 전파의 신호 강도는 같은 주파수 대역에서 이보다 훨씬 강한 신호가 발생되면 쉽게 혼선이 일어나게 된다. 이것이 바로 GPS 전파를 교란하는 장비인 '재머(jammer)'의 원리이다. 이는 우리가 멀리 떨어진 조명등에서 방출되는 빛을 관찰하고 있는 상황에서 이보다 훨씬 강한 서치라이트의 빛이 가까이에서 비춰질 때, 조명등의 빛을 감지하지 못하는 것과 같은 원리이다.

우리나라에서 이러한 의도적인 GPS 전파혼신이 재난으로 분류되는 이유는 북한에서 '전자전'의 개념으로 이러한 GPS 교란장비를 보유하고 실제 사용하여 왔기 때문이다.[3] 실제, 2010년부터 최근까지 북한에서 발신된 것으로 추정되는 재밍 신호에 의해 총 4차례 우리나라 항공기, 선박 등의 항해에 장애가 발생한 바 있으며 지속적인 위협을 받고 있다(과학기술정보통신부, 2021). 특히, 2016년의 경우에는 재난위기경보 주의단계가 발령된 바 있다.

---

3) GPS 교란장비 외에도 최근 EMP(Electromagnetic Pulse)라 불리는 전자기 충격파를 활용한 무기가 개발되어 실전에 배치되고 있다. EMP란 원래 핵폭발에 의해 생기는 전자기 충격파인데 엄청난 에너지를 가지고 있다. 따라서 EMP가 영향을 미치는 곳에 전자기기가 있으면 그 전자회로에 버틸 수 없을 정도의 과전류를 흐르게 한다. 이로 인해 EMP가 다다른 곳에 위치한 통신장비, 군사장비 등 반도체에 기반한 거의 모든 형태의 전자기기는 파괴 또는 마비되게 된다. 최근에는 핵폭발 없이도 EMP를 기계적으로 만들 수 있는 폭탄 등 무기가 만들어지면서 군사적으로 사용되고 있다.

표 3.10 북한의 GPS 전파 교란 사례

| 구 분 | 1차 | 2차 | 3차 | 4차 |
|---|---|---|---|---|
| 시 기 | 2019.8.23~26 (4일간) | 2011.3.4~14 (11일간) | 2012.4.28~5.13 (16일간) | 2016.3.31~4.5 (6일간) |
| 발신지 | 개성 | 개성, 금강산 | 개성 | 개성, 금강산, 해주, 연안, 평강 |
| 영 향 | 기지국 181국, 항공기 14대, 선박 1척 | 기지국 145국, 항공기 106대, 선박 10척 | 기지국 109국, 항공기 1,016대, 선박 254척 | 기지국 1,794국, 항공기 1,007대, 선박 715척 |

*출처: 최민지(2017). 17배나 증가한 교란영향, 북한 GPS 전파교란 대응체계 시급. 디지털데일리. 2017년 9월 24일자

미국 캘리포니아 샌디에고에서도 2007년 1월 항구에 정박 중이던 해군 함정 2대가 통신두절 상황을 가정한 훈련을 하다가 반경 15km 이내의 GPS 신호를 교란시켜 인근의 현금자동입출금기(ATM) 인출중단, 공항 관제탑과 선반 유도 시스템 오작동 등을 일으켜 2시간 동안 도시전체가 대혼란에 빠진 적이 있다. 2009년에는 미국 뉴저지의 고속도로를 통행하던 트럭 운전기사들이 회사에서 트럭의 이동경로를 감시하는 것을 피하기 위해 GPS 교란장비를 사용하다 인근 공항의 착륙유도 장비가 며칠 동안 고장을 일으킨 바 있다(과학기술정보통신부, 2021).

## (2) 재난대응 및 대책

GPS 전파혼신에 대한 재난관리주관기관은 과학기술정보통신부이다. 과학기술정보통신부는 관계법령인 「전파법」 등에 따라 GPS 전파혼신에 관한 사항을 관장하며 이를 위해 「GPS 혼신재난 위기관리 표준매뉴얼」 등을 운용하고 있다.

### ■ 예 · 경보체계: 재난위기경보

GPS 전파교란은 광범위한 지역에 영향을 미치기 때문에 지역별 위험경보는 없으며 국가적으로 재난위기경보가 운영되고 있다. 전파교란의 심각도, 파급성 등에 따라 중앙정부 차원 또는 범정부적 대처가 필요한 경우 중앙사고수습본부, 중앙재난안전대책본부 등이 가동된다.

표 3.11 GPS 전파혼신에 대한 재난위기경보

| 구분 | 기준 |
|------|------|
| 관심 | • 대규모 군사훈련, 국제행사 등으로 인해 북한으로부터 GPS 전파교란 가능성이 증가할 때<br>• 전파감시(과기정통부, 국방부/합참) 결과, 30분 이내이면서 비연속적으로 혼신 발생<br>• 후방지역에서 전파송출장비 결함에 의한 혼신 신고가 있을 때<br>• 항공기 및 선박 1~2대에서 GPS 신호 미수신 신고 발생<br>• 우주전파환경 4단계 상황이 발생되는 경우<br>• 기타 이에 준하는 상황으로 주관기관이 "관심" 경보 발령이 필요하다고 판단할 때 |
| 주의 | • 북의 핵실험 등 남북관계가 급격히 악화될 우려가 있을 때<br>• GPS 혼신으로 인해 이동통신기지국, 3대 이상의 항공기, 선박 등에 GPS 수신 장애 발생<br>• 우주전파환경 4단계 상황이 48시간 이상 지속되거나 5단계 상황이 발생되는 경우<br>• 기타 이에 준하는 상황으로 주관기관이 "주의" 경보 발령이 필요하다고 판단할 때 |
| 경계 | • GPS 혼신으로 항공기, 선박, 이동통신 외 방송·교통·금융 등 국가기반분야로 장애영역이 확대되었을 때<br>• GPS 혼신에 의해 다양한 피해가 발생하고, 피해 규모가 1개 시도로 확대될 때<br>• 우주전파환경 4단계 상황이 일주일 이상 지속되거나 5단계 상황이 48시간 이상 지속되는 경우<br>• 기타 이에 준하는 상황으로 상황판단회의에서 "경계" 경보 발령이 필요하다고 판단할 때 |
| 심각 | • GPS 혼신 감시결과, 피해규모가 2개 시도 이상으로 확대될 때<br>• 우주전파환경 4단계 상황이 10일 이상 지속되거나 5단계 상황이 7일 이상 지속되는 경우<br>• 국가적 차원에서 공동 대처가 필요하다고 판단될 때<br>• 기타 이에 준하는 상황으로 상황판단회의에서 "심각" 경보 발령이 필요하다고 판단할 때 |

■ GPS 전파교란 대응기술

GPS 전파교란시 재밍 신호를 반대 신호를 활용하여 차단 또는 제거하는 기술, 즉 항재밍(anti-jamming) 기술이 개발되고 있다. 이러한 기술을 GPS 수신기에 탑재하는 방법을 통해 GPS 전파를 교란하는 재밍에 대비할 수 있다. 이뿐만 아니라 현행 GPS 신호를 대체하는 방법도 사용되고 있다. 금융, 전산 등에서 GPS 시계 외에 대체 수단을 사용하는 것 외에도 우리나라를 포함하여 일부 국가에서는 해상에 운항 중인 선박에 대해 지상 전파 송신소를 통해 항법정보를 제공하거나 독자적인 인공위성을 띄워서 해당 국가에 특화된 항법장치 개발을 추진하고 있다.

하지만 아직 이러한 방법은 경제성 등을 이유로 당장 사용하기 곤란한 상황이다. 따라서 GPS 전파교란이 발생하면 이러한 발생사실을 인지하고 조심하거나 GPS 사용을 자제하는 등 관련대책은 매우 제한적이다. 우리나라의 경우 과학기술정보통신부 소속의 중앙전파관리소(국립전파연구원 우주전파센터)에서 GPS 신호의 교란 또는 혼신을 감시하고 있으며, 특히 북한의 의도적 GPS 신호 교란 행위에 대해서는 관련 국방부가 총괄하여 관련 군부대에서 이를 추적·감시하고 있다.


■ GPS 전파교란시 대처요령

GPS 전파혼신이 발생하면 재난관리주관기관인 과학기술정보통신부에서는 국민들에게 이러한 사실을 알리고 행동요령을 전파한다. 자동차, 항공기, 선박 등 GPS를 활용한 장비는 오작동 가능성이 있으니 안전운전에 주의해야 한다. 출항 중에 있는 선박은 가능한 빠른 시일 내에 귀환하는 것이 좋으며, 불가피한 경우에는 선박위치를 레이더 등 다른 방법으로 확인해야 한다.

GPS 교란은 이동통신 서비스에도 영향을 미칠 수 있을 뿐만 아니라 금융·전력 등에도 영향을 미칠 수 있으므로 GPS 시간을 활용하는 분야에서는 가능한 한 운영을 자제하는 것이 필요하다.

# [참고자료]

강호정 등 (2004). **생태복원공학**. 라이프사이언스.

국민안전처 (2016). 2015 **국민안전처 통계연보**

국민안전처 (2016). 2015년 **재해연보**

산림청 (2016). 「**산불 재난**」 위기관리 표준매뉴얼.

미래창조과학부 (2016). 「**우주전파 재난**」 위기관리 표준매뉴얼.

Whitemore C 등 (2010). Paeoechological perspectives on fire ecology: Revisiting the fire-regime concept. The Open Ecology Journal 3: 6-23.

# PART 02

# 국가별 재난관리체계

한 나라의 정치·행정체제가 그 나라 고유의 사회·문화적 배경을 바탕으로 독자적 특성을 가지고 발달하여 왔듯 한 나라의 재난관리체계도 정치·행정체제의 틀 안에서 국가별 재난환경에 따라 고유한 형태로 형성되어 왔다고 볼 수 있다.

　이 징에서는 대표적으로 미국, 일본, 영국, 중국, 독일, 호주, 스위스, 프랑스 등 국가별 재난관리체계의 특성을 법령체계, 조직체계 및 운용체계의 3가지 측면에서 비교·분석해가며 시사점을 찾아보기로 한다.

# CHAPTER
# 04
# 미국의 재난관리체계

## 1. 법령체계

우리나라가 고대로부터 "모든 것이 국왕의 탓이다"라는 국가중심의 재난관리 철학을 기반으로 재난관리 행정이 발전해 왔다면 미국의 경우는 이와 대조적으로 "모든 것이 개인의 탓이다"라는 자유방임(Laissez－Faire) 사상에 토대를 두고 재난관리 행정이 발전해왔다. 즉, 재난관리는 개인의 영역이지 국가가 개입할 영역은 아니라는 것이다. 이런 이유로 과거 미국의 재난관리는 주로 적십사자와 같은 자원봉사 비정부기구가 주도적 역할을 담당하고 이를 지방정부에서 지원하는 방식으로 이루어져 왔다.

재난관리는 개인의 영역이지 국가가 개입할 영역은 아니라는 자유방임(Laissez－Faire) 사상에 토대를 둔 미국 재난관리 원칙에 변화가 생긴 최초의 사례는 1803년 뉴 햄프셔(New Hampshire)주 포츠머스시에서 발생한 대규모 화재 사고였다. 당시 화재로 도시 내 항구의 많은 지역이 파괴되면서 지역 상인들은 생계에 위협을 받게 된다. 이때 미국 의회에서는 당시 의회법(Congressional Act of 1803) 제정을 통해 미국 역사상 최초로 재난으로 인한 피해 상인들을 구제하게 된다(Rubkin, 2012).

이후 1917년에는 미시시피, 오하이오 등 미국 북동부 지역 홍수를 계기로 홍수 통제를 위한 홍수조절법(Flood Control Act of 1917)이 탄생하게 된다. 하지만 이때까지도 미국의 재난관리체계는 국가 차원의 항구적인 지원체계를 정립했다기보다는 개별 사안에 대해 건별로 하는 임시적 조치였다. 예를 들어, 1950년 이전까지 100여차례의 국가차원의 재난지원이 이루어졌는데, 이는 모두 사안별로 이루어졌을 뿐만 아니라 150여 년이라는 기간을 고려할 때 매우 예외적인 경우라고 할 수 있다.

이후 1950년에 최초로 국가 차원의 항구적인 지원체계가 정립하게 되었다. 당시 미국 중서부 지역을 휩쓴 대규모 홍수를 계기로 지방정부에 대한 연방정부의 지원 등 국가차원의 지원체계를 입법화한「재해구호법(Federal Disaster Relief Act of 1950)」이 제정된 것이다. 이러한 이유로 일반적으로 미국의 재난관리 역사를 논할 때, 1950년을 미국의 근대적 재난관리의 시발점으로 본다. 이후 1974년에는 기존 재해구호법에 민간손실에 대한 재난지원 체계가 보완되면서 연방정부의 재난지원 역할이 강화된「재해구호법(Disaster Relief Act of 1974)」으로 개정되었다(Rubin, 2012).

현재, 미국의 재난관리 기본법 역할을 하고 있는「스태포드 재난지원 및 응급구호법(Robert T. Stafford Disaster Assistance and Emergency Relief Act)」은 이러한 과정을 거쳐 1988년 제정되었다.「스태포드법」은 미국 재난관리에 대한 기본법으로서 재난관리 지원방식으로 보충성의 원칙, 연방 지원활동의 통합화 원칙, 연방정부의 차별금지 원칙 등을 기본 방침으로 규정하고 있다.

「스태포드법」은 이후 몇 차례 개정과정을 거치게 되는데, 주요 개정법에 대해서는 별도의 명칭을 부여하고 있다. 예를 들어, 2000년에는 재난 이후 복구사업 외에 재난 이전 경감사업 추진에 대한 근거조항을 추가하고 재난경감 활동에 적극적인 지방정부에 대한 재정적 인센티브를 규정하였다. 또한, 재난경감 계획의 수립을 비응급 재난지원에 대한 전제조건으로 규정한 바 있는데, 이러한 개정법을「재난경감법(Disaster Mitigation Act of 2000)」이라 한다.

2012년 10월 24일 허리케인 샌디가 상륙하면서 미국 동부해안에 수백만 명에게 전력이 공급되지 않는 등 대규모 피해가 발생할 때, 연방정부의 늑장대응이 문제되었다. 이후 후속조치로 재난 피해자에 대한 연방재난관리청의 지원절차를 대폭 개선하는 방식으로 법률개정이 이루어지는데, 이 개정법을「샌디 복구개혁법(Sandy Recovery Reform Act of 2013)」이라 한다.

또한, 2017년에는 연이은 허리케인과 산불 피해가 발생하면서 연방재난관리청의 업무체계를 보다 단순화하고 미래재난에 대응할 수 있는 역량을 구비토록 법률개정이 이루어졌다. 이러한 개정법을「재난복구개혁법(Disaster Recovery Reform Act of 2018)」이라고 한다(Rubin, 2012).

# 2. 조직체계

## 2.1 중앙조직

미국 연방정부의 재난관리 조직으로는 국토안보부와 그 외청으로 연방재난관리청이 있다.

### 2.1.1 재난관리 조직변천의 역사

현재의 미국 연방정부의 재난관리 조직이 확립되기까지의 과정을 살펴보면 명확한 구분은 힘들지만 크게 i) 민방위 개념의 재난관리, ii) 전문행정으로의 재난관리, iii) 국토안보 일환의 재난관리로 구분하여 설명될 수 있다.

#### ■ 민방위 개념의 재난관리(1950~1973년)

제2차 세계대전이 끝난 후 미국과 소련의 냉전시대가 지속됨에 따라 민방위는 국가의 중요한 기능이 되었는데, 당시 특별한 재난관리조직이 없던 미국 행정부는 재난관리를 민방위의 일부로 간주하였다. 이는 당시 각급 정부의 민방위 조직과 자원을 재난관리에 효율적으로 활용할 수 있을 뿐만 아니라 전쟁과 재난의 성격이 유사하다고 여겨, 재난상황이 국가가 핵공격과 같은 매우 드문 상황을 미리 연습해 볼 수 있는 좋은 계기가 된다고 생각했기 때문이다(Kreps, 1990).

당시 연방정부의 민방위 조직은 국방부에 설치(Office of Civil Defense 1948~1953; Federal Civil Defense Administration 1953~1958; Office of Civil Defense Mobilization 1958~1961; Office of Civil Defense 1968~1979)되어 있었는데, 이런 이유로 연방정부뿐만 아니라 주, 지방정부까지 대부분의 민방위 조직은 퇴역군인으로 채워졌고 재난관리도 흡사 군사작전과 같은 개념에서 운영되었다.

하지만 이 시기에도 점차 재난(주로 자연재난)을 전담하는 조직이 싹트게 되었는데, 실제 1960년도부터 미국 정부는 재난관리를 기존의 민방위 조직과 새롭게 창설된 재난 조직이 함께 담당하는 투 트랙 재난관리 행정을 추진하였다. 이에 따라 1961년 당시 대통령실 산하에 재난계획실(Office of Emergency Planning, 향후 Office of Emergency Preparedness)이 신설되었으며, 이후 1973년 이는 일반행정청의 연방대비청(Federal Preparedness Agency; FPA)과 주택도시개발부의 연방재난지원청(Federal Disaser

Assistance Administration; FDAA)으로 세분화되었다.

### ■ 전문행정으로 재난관리(1979~2003년)

이러한 이중의 재난관리 조직운영으로 각 지역별로 이중의 지역사무소가 운영되는 등 재난관리 업무가 산발적으로 분산되는 문제가 야기되었다. 이에 따라 1979년 카터 행정부는 분산된 각종 재난관리 조직을 통합하여 연방재난관리청(Federal Emergency Management Agency; FEMA)을 창설하게 되었다. 당시 연방재난관리청은 여러 지역에 분산되어 운영될 정도로 초기 정착에 어려움이 있었지만, 전문행정기관의 존재는 재난관리가 전문영역으로 자리매김할 수 있는 계기가 되었다(Tierney, 2007).

이에 따라 기존에 퇴역군인으로 구성된 재난관리 조직이 이제 정규교육을 받은 재난관리 전문가로 대체되게 된다. 또한, 많은 대학에서 재난관리 독립학과가 세워지고, 재난관리 철학도 군사작전을 전제로 한 명령, 통제방식에서 협력, 조정방식으로 전환된다. 1992년에 만들어진 연방대응계획(Federal Response Plan; FRP)도 이러한 철학을 반영하고 있다. 또한, 재난관리의 중점도 기존의 대응에서 예방 중심으로 전환되고 각급 정부 간 역할도 지방이 중심이 되고 연방이 지원하는 역할을 하게 된다.

### ■ 국토안보 일환의 재난관리(2003년부터 현재)

2001년 9월 11일 테러는 재난관리 행정의 또 다른 전환의 계기가 되었다. 이후 2003년 미국 정부에서는 국토안보를 전담하는 부처를 신설하기 위해 22개 관련기관을 통합하여 국토안보부를 출범하게 된다. 연방재난관리청도 이 중 하나가 되었는데, 긴급상황을 공통분모로 하는 국토안보와 재난관리는 겉보기에는 비슷할지 모르지만 근본적인 운영철학이 달라 오히려 재난관리 행정에 장애가 되었다는 평가가 있었다(Tierney, 2007).

예를 들어, 국토안보는 일반적으로 대응중심의 비밀요원 또는 경찰조직과 같은 정보보안을 중시하고 또한 지시명령 위주의 통제조직인 데 반해, 재난관리는 상호이해를 기반으로 하는 조정협력의 조직이라는 것이다. 이로 인해 이번에도 재난관리 조직은 또다시 군대문화와 유사한 조직문화로 회귀하게 된다. 이로 인해 아직도 많은 재난관리 전문가들은 현재의 연방재난관리청의 문화가 너무 표준화를 강조하면서 경직되어 운영되고 재난관리의 중요한 유연성이 부족하다는 지적을 하고 있다.

또한, 그동안 독립기관으로 운영되던 연방재난관리청이 국토안보부로 편입되면서 주요 기능이 국토안보부 직할 부서로 이관되고, 지역사무소도 독립적 권한에 제약을 받으면서 통합적 재난관리를 위한 행정기능에 제한받게 되었다. 이후 2005년 8월 29일 허리케인 카트리나로 인해 루지애나주 등에 광범위한 피해가 발생하고, 이후 후속 대책으로 연방재난관리청이 다시 국토안보부내의 별개의 독립기관으로 분리되고 확대된 임무와 권한을 부여받게 된다. 이러한 개정법을 「카트리나 이후 재난관리 개혁법(Post – Katrina Emergency Reform Act of 2006)」이라 한다.

## 2.1.2 국토안보부와 연방재난관리청

앞서 설명한 바와 같이 현재, 미국의 재난관리에 대한 전담조직은 연방재난관리청이다. 국토안보부는 2001년 9·11 테러 이후 2003년 22개 연방기관과 100여 개의 관련조직이 통·폐합되어 만들어진 조직으로 국내외 모든 위협으로부터 시민을 보호하고 국토를 수호하는 것을 주요 임무로 하며, 테러 및 재난에 대한 예방·대비·대응·복구와 각종 비상상황에 대한 대처에 중심적인 역할을 수행한다(Tierney, 2007).

그림 4.1의 국토안보부 조직도에서 볼 수 있는 바와 같이 다양한 참모조직과 함께 산하에 연방재난관리청, 해상보안청 등이 외청으로 편제되어 있다. 즉, 재난관리를 담당하는 연방재난관리청이 국토안보부의 외청으로 재편되어 있음으로서 국토안보부가 테러 등을 포함하여 재난을 안보위협이라는 포괄적 위기로 간주하여 관리하고 있다고 볼 수 있다.

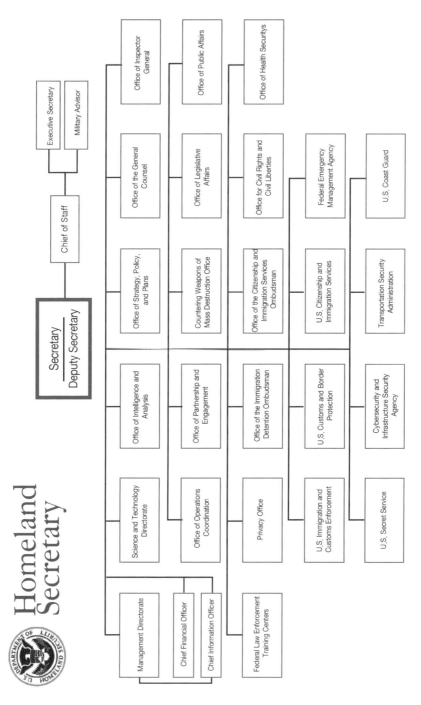

그림 4.1 국토안보부 조직 구성

* 출처: U.S. Department of Homeland Security(2023)

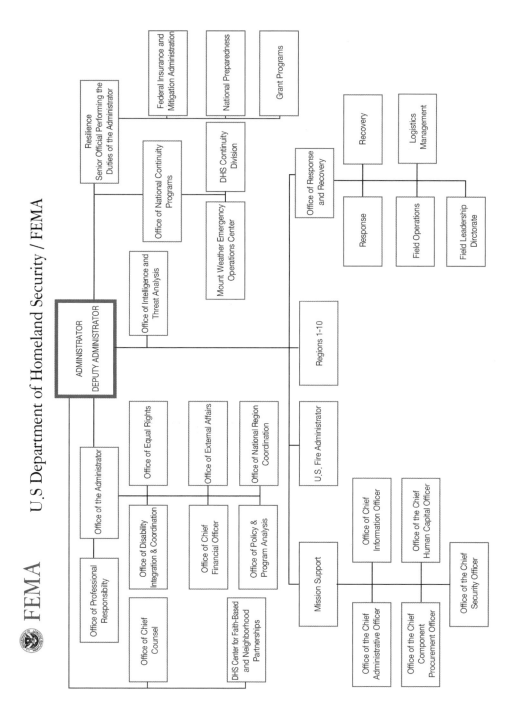

그림 4.2 연방재난관리청 조직 구성

* 출처: U.S. Department of Homeland Security(2023)

연방재난관리청은 1979년 카터 행정부가 분산된 각종 재난관리 조직을 통합하여 창설한 조직이다. 연방재난관리청은 설립 이후, 내각회의에도 청장이 직접 참석할 수 있는 막강한 권한을 갖는 독립조직으로 운영되었다. 하지만 2003년 국토안보부가 설립되면서 병합되었고 현재는 국토안보부의 외청으로 자리하고 있다.

특히, 국토안보부에 병합된 당시에는 외청으로의 지위조차 상실하고 많은 기능이 국토안보부 본부의 소속 부서로 변경되면서 그동안 누렸던 독립조직으로서 위상에 타격을 받았다. 2005년 8월 29일 허리케인 카트리나로 인해 루지애나주 등에 발생한 광범위한 피해의 수습과정에서 연방재난관리청의 제한된 기능으로 인한 문제점 논의가 있었으며, 이후 후속 대책으로 연방재난관리청이 다시 국토안보부내의 외청으로 분리되고 확대된 임무와 권한을 부여받게 된다(Tierney, 2007).

연방재난관리청은 워싱턴 D.C.에 본부를 두고 미국 전역에 10개의 지역사무소가 설치되어 있으며, 국토 전역에 비상물류 저장창고 및 준비구역을 지정해두고 있다. 또한, 재난이 발생한 지역에는 신속한 대응 및 복구를 위해 현장사무소를 가동하기도 한다. 연방재난관리청은 그동안 조직의 위상에 있어서 부침이 있었지만, 다른 외청에 비해 조직의 규모 및 위상이 매우 강력하다.

| 지역사무소 | 관할지역 |
|---|---|
| 1 | Connecticut, Maine, Massachusetts, New Hampshire, Rhode Island, Vermont |
| 2 | New Jersey, New York, Puerto Rico, Virgin Islands |
| 3 | Delaware, Maryland, Pennsylvania, Virginia, District of Columbia, West Virginia |
| 4 | Alabama, Florida, Georgia, Kentucky, Mississippi, North Carolina, South Carolina, Tennessee |
| 5 | Illinois, Indiana, Michigan, Minnesota, Ohio, Wisconsin |
| 6 | Arkansas, Louisiana, New Mexico, Oklahoma, Texas |
| 7 | Iowa, Kansas, Missouri, Nebraska |
| 8 | Colorado, Montana, North Dakota, South Dakota, Utah, Wyoming |
| 9 | Arizona, California, Hawaii, Nevada, Guam, American Samoa, Commonwealth of Northern Mariana Islands, Republic of Marshall Islands, Federated States of Micronesia |
| 10 | Alaska, Idaho, Oregon, Washington |

그림 4.3 연방재난관리청 지역사무소 관할지역

## ▪ 국가 및 권역 대응조정센터와 합동현장사무소

국토안보부(DHS)는 재난뿐만 아니라 테러 등 모든 위기상황을 포괄적으로 관리하는 국가상황실(National Operations Center; NOC)을 항상 운영하고 있다. 아울러 연방재난관리청(FEMA)도 이러한 국가상황실(NOC)의 기능의 일부로서 연방재난관리청내에 재난상황을 관리하는 국가대응조정센터(National Response Coordination Center; NRCC)를 항상 운영하고 있다. 국가상황실 및 국가대응조정센터 모두 원칙적으로 해당 기관의 인원으로 근무가 이루어지지만 필요시 유관 기관·단체 등으로부터 파견을 받아 합동 근무를 실시하게 된다(FEMA, 2017 & 2019).

평시에는 가동하지 않다고 대규모 재난이 임박하거나 발생했을 때에 권역별 지역사무소는 권역대응조정센터(Regional Response Coordination Center; RRCC)를 가동하게 된다. 권역대응조정센터도 주로 연방재난관리청 지역사무소 인원으로 충원되지만 다른 연방정부의 지역사무소 인원 등이 추가로 파견되어 근무하기도 한다.

재난현장에는 권역 지역사무소가 합동현장사무소(Joint Field Office)를 가동한다. 합동현장사무소는 사고에 대한 통합지휘센터라고 일컬어지지만 현장 작전을 직접 지휘한다기보다는 현장 작전을 지원하는 기능을 담당하고 있다. 이러한 이유로 명칭과 달리 합동현장사무소는 반드시 현장에 설치되는 것은 아니고 현장에서 멀리 떨어진 재난상황실 등에 설치될 수도 있다.

## ▪ 통합조정체계에 대한 이해

합동현장사무소 등의 기능을 가장 잘 이해하기 위해서는 그 작동원리인 통합조정체계(Unified Coordination System)를 이해해야 하는데, 통합지휘체계는 민간부분뿐만 아니라 비정부기구, 각급 공공부문까지를 망라하는 연락관들이 함께 통합조정그룹(Unified Coordination Group; UCG)를 구성하여 사고의 수습을 지원하게 된다. 통합조정그룹은 통합지휘체계 내에서 지휘부의 역할을 수행하며, 여기에 파견되어 있는 연락관들은 실무급이 아닌 의사결정 권한을 가진 간부급이다(FEMA, 2017 & 2019).

통합조정체계는 뒤에서 설명할 사고지휘체계(ICS)와 호환하는 구조로 되어 있다. 다만, 사고지휘체계에서 지휘관이 지휘부 역할을 하는 통합조정그룹으로 대체되어 있다고 보면 될 것 같다. 다수의 지역 또는 국가적으로 영향을 미치는 사고의 경우에는 다수의 통합조정체계가 만들어지게 되는데, 이때 이러한 다수의 통합조정체계를 아우르는 지역단위의 통합조정체계가 뒤에서 언급할 지역지휘체계(Area Command

System)와 연계하여 운영되기도 한다.

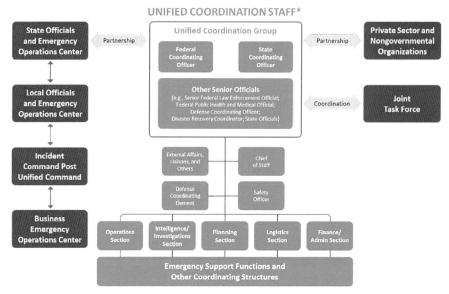

그림 4.4 **통합조정체계**(Unified Coordination System)

* 출처: FEMA(2017 & 2019)

## 2.2 지방조직

미국 문헌에서는 "Emergency is local."이라는 문구를 자주 접하게 된다. 즉, 재난은 항상 지역에서 발생한다는 점을 염두에 두고 지방정부는 재난관리에 있어서 실질적인 권한과 책임을 가지게 된다. 이에 따라, 대부분의 지방정부(시 등)에서는 재난관리 부서를 두고 있으며, 대규모 재난이 발생하면 재난상황실을 대책본부(Emergency Operations Center; EOC)로 확대하여 대처하게 된다. 주정부에도 이러한 지방정부의 행정조직에 상응하는 주 재난관리청(State Emergency Management Agency)과 재난상황실을 두고 있다.

미국에서는 앞서 설명한 바와 같이 연방재난관리청의 10개 지역사무소가 국토 전역을 권역별로 망라하고 있어 대규모 재난시 연방정부와 주ㆍ지방정부 간에 가교역할을 하면서 국가적 재난대응의 허브역할을 담당하게 된다. 예를 들어, 필요할 경우 지역사무소가 주관하여, 지역사무소 내에는 권역사고조정센터(RRCC)를 가동하고 재난현장에는 합동현장사무소(JFO)를 운영하면서 주·지방정부의 재난대응을 지원하게 된다.

# 3. 운용체계

미국에서 재난대응에 대한 기본원칙은 "민간부분의 참여하에 지방정부가 실행하고 주정부가 관리하고 연방정부가 지원한다(locally executed, state managed, federally supported under public-private partnership)."이다. 이를 위해, 연방대응체계(Federal Response Partnerhip; FRP) 문서상에 다음과 같은 대응방침을 세워 놓고 있다(FEMA, 2017 & 2019).

- **동업적 파트너십**(engaged partnership)
재난대응을 위해서는 지방, 주, 연방정부 등 공공부분뿐만 아니라 민간부분까지 상황을 공유하고 공통의 목표를 세워 분야별 역량을 합쳐 재난에 대응할 수 있어야 한다.
- **계층적 대응**(tiered response)
대부분의 사고는 지역 단위에서 대응된다. 하지만 지역 단위의 대응역량을 넘어서는 사고는 주 또는 인근 지역에서 지원을 받게 되고, 주 단위의 대응역량을 넘어서는 사고는 인근 주 또는 연방정부에서 지원하게 된다.
- **탄력적 대응**(scalable, flexible, and adaptable operational capabilities)
사고는 규모 및 성격이 매우 다양하므로 사고대응체계는 사고별 다양한 필요를 만족할 수 있도록 탄력적으로 적용될 수 있는 수단이 마련되어야 한다.
- **통일적 체계**(unity of effort through unified command)
사고는 다양한 기관 및 지역의 인력이 참여하기 때문에 통일된 지휘체계에 따라 대응 노력이 통합될 수 있어야 한다.
- **신속한 대응**(readiness to act)
사고는 예고없이 발생할 수 있고, 규모와 성격이 예상과는 다른 방향으로 변화될 수 있으므로 신속하게 실행할 수 있는 대응체계를 구축하고 있어야 한다.

## 3.1 지방 및 주정부에 대한 연방정부 지원방식

일반적으로 대부분의 재난은 지방정부에서 대응할 수 있다. 하지만 지방정부가 자체적으로 대응할 수 있는 규모 이상의 재난이 발생하게 되면, 지방정부는 주정부에 지원을 요청하게 되는데, 필요한 경우 주정부는 직접 재난 상황을 수습하거나 지원하게 된다. 또한, 해당 재난의 규모가 주정부의 대응역량조차 넘어서게 되면 주정부는 연방정부에 그 지원을 요청하게 된다. 원칙적으로 지방정부는 주 정부를 통하지 않고 직접 연방정부에 지원을 요청할 수는 없다.

이렇게 지방정부뿐만 아니라 주정부의 대응능력으로도 대처할 수 없는 재난에 대해서는 「로버트 스태포드 재난 구호 및 긴급지원법(Robert T. Stafford Disaster Relief and Emergency Assistance Act)」에 따라 연방정부에서 수습 또는 지원하게 되는데, 원칙적으로 연방정부의 지원은 대통령의 비상사태 선언 또는 주요 재난 선포를 통해 공식화된다(FEMA, 2017 & 2019).

주목할 만한 것은 일부 정량적인 기준(선포 행정구역의 인구수 × 기준금액 등)이 참고자료로 활용되기는 하지만, 연방재난관리청장의 건의에 따라 대통령이 정치적 상황 등까지 포함하여 선포하게 된다는 점이다. 이러한 이유로 미국의 주요 재난 선포 여부는 정치관련 학술논문 등에 자주 다뤄지고 있다.

- 비상사태(emergency) 선언: 비상사태 선언은 재난이 발생한 상황에서뿐만 아니라 발생의 징후가 포착되는 등 재난발생 이전에도 선언될 수 있다. 비상조치를 위한 각종 지원정책을 통해 재난으로 인한 피해를 줄이거나 예방할 수 있으나, 주요 재난 선언에 비해 지원 범위가 제한되고 특히, 복구사업과는 연계되지 않는다.
- 주요 재난(major disaster) 선언: 비상사태 선언에 비해 지원 범위가 넓으며, 재난이 진행 중인 대응단계에서도 선언될 수 있으나 주로 재난 이후 복구사업의 지원을 위해 선언된다. 즉, 주로 재난으로 파손된 피해시설 등의 복구사업 재원에 대해 연방정부 차원의 지원을 위한 목적으로 활용된다.

이외에도 연방부처에서는 소관업무에 따라 개별법령에 따라 자체적으로 지원하기도 한다. 대표적인 지원사항은 표 4.1과 같다.

표 4.1 스태포드법 외에 개별법령에 따른 연방지원 재난유형

| 구 분 | 주요 조치 |
|---|---|
| 농식품 사고 | 농식품부 장관이 심각한 가축 또는 농작물 질병이 발생한 경우, 특별 비상사태 (extraordinary emergency)를 선포하고 관련 지원 및 직접 대응을 실시함 |
| 공중보건 사고 | 보건복지부 장관이 공중보건에 대한 위기상황에서 공중보건 비상사태(public health emergency)를 선포하고 관련 지원 및 직접 대응을 실시함 |
| 기름 및 유해화학물질 누출 | 환경청은 육상에서, 해안경비대는 해상에서 심각한 기름 및 유해화학물질 누출이 발생한 경우, 국가적 중요 유출(spill of national significance)로 분류하고 관련 지원 및 직접 대응을 실시함 |

\* 출처: FEMA(2017 & 2019) 재구성

## 3.2 국가재난관리를 위한 종합계획: 국가계획체계(NPS) 및 국가대응체계(NRF)

### 3.2.1 국가계획체계(NPS)

미국 연방재난관리청에서는 국가대비목표(National Preparedness Goal)로서 5대 임무 영역을 정하고 32개 핵심 역량을 이러한 각각의 임무 영역에 지정해 놓고 있다. 그리고 그림 4.5와 같이 5대 임무 영역인 예방(Prevention), 보호(Protection), 저감(Mitigation), 대응(Response), 복구(Recovery)에 대해 각각 「국가종합계획(National Planning Framework)」을 수립하고 있다(FEMA, 2017 & 2019).

즉, 미국 재난관리를 위해서는 5개 임무영역에 대한 종합계획인 국가예방계획 (National Prevention Framework), 국가보호계획(National Protection Framework), 국가저감체계(National Mitigation Framework), 국가대응계획(National Response Framework), 국가복구계획(Nation Disaster Recovery Framework)이라는 종합계획에 따라 재난관리가 이루어지고 있는 것이다(FEMA, 2017 & 2019).

또한, 이러한 국가종합획계획을 구현하기 위해 하부계획으로 예방(Prevention), 보호(Protection), 대응(Response) 및 복구(Recovery), 저감(Mitigation) 분야에 대해 「연방기관간 운영계획(Federal Interagency Operational Plan)」을 운영하고 있다. 아울러, 연방재난관리청의 권역별 지역사무실에서는 「권역별 재난대응계획(Regional Emergency Operations Plan)을 운영하고 있으며, 이외에도 「주정부 및 지방정부에도 대응계획 (State Emergency Operations Plan, Local Emergency Operations Plan)」을 각각 운영하고 있다(FEMA, 2017 & 2019).

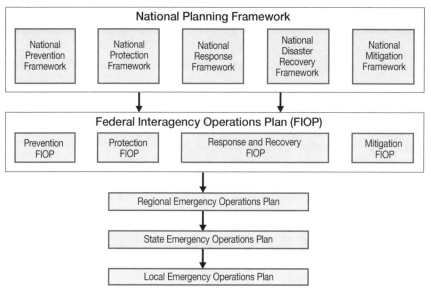

그림 4.5 **국가종합계획**(National Planning System)의 개요

* 출처. FEMA(2017 & 2019) 재구성

### 3.2.2 국가대응계획(NRF)

국가계획체계 중에서 실제 재난발생시, 관계 기관 및 단체 간 어떻게 임무와 역할을 수행하는가를 가장 잘 표현한 것은 바로 국가대응계획(National Response Framework; NRF)이라고 하는 재난대응에 대한 종합계획이다. 국가대응계획은 크게 기본 문서(Base Document)와 부록 문서(Annexes)로 구성되어 있다(FEMA, 2017 & 2019).

이 중에서 부록 문서에는 긴급지원기능(Emergency Support Function) 부록과 그 밖에 필수적인 지원 부록(Support Function)으로 구성되어 있다. 이때 긴급지원기능은 표 4.2와 같이 모든 유형의 재난 및 사고의 대응에서 공통적으로 사용되는 기능에 대해 주관 조정기관, 주요 활동사항 등을 규정하고 있다. 그리고 필수적인 지원 부록은 재정관리, 국제업무, 공공업무, 부족관계, 자원봉사 및 성금관리, 보건안전 등으로 구성되어 있다(FEMA, 2017 & 2019).

표 4.2 긴급지원기능(Emergency Support Function)

| 구분 | 명칭 | 기능 | 주관조정기관 |
|---|---|---|---|
| ESF 01 | 교통 | 교통관리, 교통안전, 시설안전, 교통통제 등 교통시설 및 체계의 지원활동 조정 | 교통부 |
| ESF 02 | 통신 | 핵심통신기능 및 악성 사이버 공격에 의한 시스템 안정화, 재난대응 통신지원 활동지원 등 조정 | 국토안보부 (사이버 · 인프라 보안청) |
| ESF 03 | 공공건설 | 사회기반시설 보호 및 응급복구, 핵심기반시설 긴급운영, 응급 서비스에 대한 긴급조달 등 활동지원 조정 | 국방부 (육군 공병단) |
| ESF 04 | 소방 | 화재 감지 및 진압(산불 포함) | 농업부(산림청), 국토안보부(연방재난관리청/소방본부) |
| ESF 05 | 정보 및 계획 | 위기행동계획, 정보 분석 및 전파 등 다부처 계획 및 지원활동 조정 | 국토안보부 (연방재난관리청) |
| ESF 06 | 구호 | 임시 주거시설 등 긴급 구호 및 응급 지원활동 조정 | 국토안보부 (연방재난관리청) |
| ESF 07 | 보급 | 재난 종사자 및 피해자에 대한 자원의 계획 및 관리 활동 조정 | 총무청 및 국토안보부 (연방재난관리청) |
| ESF 08 | 공중보건 | 부상자 이송 등 응급의료, 사망자 관리 등 공중보건에 관한 활동 조정 | 보건복지부 |
| ESF 09 | 수색 및 구조 | 육상 및 해상 수색구조 활동 조정 | 국토안보부 (연방재난관리청) |
| ESF 10 | 기름 및 유해화학물질 유출 | 기름 및 유해화학물질 유출 관련 환경평가 및 방제작업 조정 | 환경청 |
| ESF 11 | 농업 및 자연생태 | 농축산물 공급, 농축산 질병관리 등 농축산 및 자연생태 관련 업무 조정 | 농업부 |
| ESF 12 | 에너지 | 에너지 기반시설 복구, 방사선 물질유출 관련 기술지원활동 등 조정 | 에너지부 |
| ESF 13 | 공공안전 | 공안안전, 인파관리 등에 대한 자원 및 역량 활동 조정 | 법무부(알코올/담배/무기류국) |
| ESF 14 | 섹터 간 사업 | 앞서 언급한 ESF와 달리, 동일 섹터가 아니라 다른 섹터를 지원하기 위한 민간, 공공, 특히 사회기반시설 사업 · 운영자 간 업무 조정 | 국토안보부 (사이버 · 인프라 보안청) |
| ESF 15 | 대외협력 | 공보활동 조정(피해주민, 관계부처, 언론 · 방송 등) | 국토안보부 |

\* 출처: FEMA(2019) 재구성

이러한 국가대응계획(NRF)은 뒤에서 언급할 국가사고관리체계(National Incident Management System; NIMS)의 기본개념과 호환을 이루고 있는데, 이는 사고발생시 참여 개체 간 역할과 책임에 대해 사고의 규모, 성격, 범위 등에 관계없이 어떤 유형의 사고에도 적용될 수 있도록 체계화하기 위한 조치이다. 즉, 미국에서 국가대응계획(NRF)이 재난대응에 대한 구조와 방식을 제공하는 지침서격 종합계획이라면 국가사고관리체계(NIMS)는 이를 구현할 수 있는 방법서격의 템플렛(templet)인 셈이다(FEMA, 2017 & 2019).

■ **주 · 지방정부의 재난대응계획**

전국 단위의 국가대응체계(NRF)에 대응하는 주 · 지방정부 차원의 재난대응계획으로 주 또는 지방정부에서는 EOP(Emergency Opertations Plan)라고 불리는 재난대응계획을 수립해 놓고 있다.

재난대응계획은 재난발생에 대비한 비상상황을 전제로 수립되어 있는 계획으로 동상적으로 주지사 또는 시장 등의 비상사대 선포를 통해 재난대응계획이 효력을 발생하게 된다. 일부 내용은 현행 법령 규정을 넘어서는 내용이 있기 때문에 재난대응계획의 효력발생 시점은 중요한 의미를 가진다.

또한, 주목할 내용으로 주 또는 지방정부의 재난대응계획은 그 형식면에서도 전국 단위의 재난대응계획인 국가대응체계(NRF)와 일관성을 가지고 있다. 앞서 언급한 긴급지원기능(ESF)의 적용뿐만 아니라 향후 서술할 국가사고관리체계(NIMS)의 적용 등이 그대로 반영되어 있다.

## 3.3 국가사고관리를 위한 방법론 표준화: 국가사고관리체계(NIMS) 및 사고지휘체계(ICS)

우리 주변의 사고는 규모, 주기, 성격, 범위 등에 있어서 매우 다양한 모습으로 발생한다. 이러한 사고를 대처하는 데 있어서 다수의 개인, 기관, 단체 등이 관여하게 되는데, 재난발생시 이러한 다수의 참여 주체 간 유기적적으로 협력하는 데 그 성공여부가 달려있다고 할 수 있다. 미국 국토안보부에는 이러한 목적으로 모든 유형의 사고에 대해 적용할 수 있는 국가사고관리체계(National Incident Management System; NIMS)를 구축하여 운영하고 있다.

이러한 취지로 크게 유연성, 표준화, 일체성의 3가지 운용 원칙을 따르고 있다.

먼저, 어떤 종류의 상황에서도 적용될 수 있는 유연성(Flexibility)을 가지고 있어야 한다. 둘째, 다양한 참가 주체가 서로 이해하고 활동할 수 있도록 체계가 표준화(Standardization)되어 있어야 한다. 그리고 다양한 이해 관계를 가지는 참여 주체가 공동목표를 달성할 수 있도록 상호간에 일체감(Unity of Effort)을 가질 수 있도록 해야 한다. 즉, 국가사고관리체계는 사고관리에 관한 공통된 용어, 체계, 절차 등을 제시하며, 공공 및 민간 부분뿐만 아니라 비정부 기구(NGO)까지 사고와 관련한 방지, 보호, 저감, 대응, 복구의 기능을 수행하는 지침이 되고 있다(FEMA, 2017 & 2019).

국가사고관리체계는 크게 자원 관리(Resource Management), 명령과 조정(Command & Coordination), 통신 및 정보관리(Communications & Information Management)의 3개로 구성된다.

## 3.3.1 자원 관리(Resource Management)

재난대응에서 중요한 것은 최대한의 자원을 확보하여 투입하는 것이다. 여기에서 말하는 자원이란 인력, 자재, 장비 등 인적·물적자원 모두를 망라한다. 하지만 일반적으로 어떤 기관이나 지역도 재난에 대응할 수 있는 충분한 자원을 보유하고 있지는 못한다. 따라서 해당 기관이나 지역이 가지고 있는 자원 외에도 자원봉사, 민간부문(개인, 기업) 등의 자원을 확보하기 위해 노력한다(FEMA, 2017 & 2019).

아울러 주정부 및 연방정부 등 상급정부의 지원을 받기도 하고 다른 기관이나 지역이 가지고 있는 자원을 요청하여 지원받기도 한다. 상급정부의 지원은 스태포드법에 따라 긴급사태 또는 주요 재난의 선포 등에 따라 이루어지지만 이외에도 개별부처의 역할과 임무에 따라 이루어진다. 다른 기관이나 지역이 가지고 있는 자원에 대해서는 상호협약을 체결하는 방식 등을 통해 서로 지원하기도 한다(FEMA, 2017 & 2019).

### ■ 상호지원(Mutual Aid)

기관 또는 지역 간 상호지원에 대한 법규적 근거를 확보하기 위해 상호지원에 대한 협약을 체결하기도 한다. 미국에서는 관계법령에 따라 50개 주를 포함하여, 워싱턴 D.C., 푸에르토 리코, 괌, 및 버진 아일랜드 등에 대해 주정부 간 상호지원 협약, 이른바 EMAC(Emergency Management Assistance Compact)가 체결되어 있다. 이러한 상호지원 협약에서 중요한 것은 지원 후에 비용청산을 어떻게 할 것인가에 대한 내용도 있다. 지원종류별로 비용청산을 하는 대상과 그렇지 않은 대상으로 나누어진다

(FEMA, 2017 & 2019).

### 3.3.2 지휘 및 조정(Command & Coordination)

어떤 사고가 점차 복잡해지거나 규모가 커지게 되면 다양한 기관 및 지역이 참여하면서 사고관리에 관여하게 되는 참여 주체가 늘어나게 된다. 이 경우, 다양한 참여 주체를 지휘 및 조정하기 위해서는 모든 참여주체에 적용되는 표준화된 체계가 필요하게 된다. 이를 위해, 미국 연방재난관리청에서는 MACS(Multi−Agency Coordination System)라고 부르는 다기관조정체계를 운영하고 있다. 이때 다기관운영체계는 사고지휘체계(Incident Command System; ICS), 다기관조정그룹(Multi−Agency Coordination Group; MACG), 합동정보체계(Joint Information System; JIS)로 구성된다(FEMA, 2017 & 2019).

### (1) 사고지휘체계(ICS)

국가사고관리체계의 지휘 및 조정(Command & Coordination)의 핵심은 사고지휘체계(Incident Command System; ICS)이다. 사고지휘체계는 사고현장에서 다양한 기관들이 효율적인 활동을 할 수 있도록 위계구조를 가진 지휘, 통제 및 조정에 대한 표준화된 접근방법이다. 즉, 사고지휘체계(ICS)는 국가사고관리체계의 일부이면서 재난현장에서 어떻게 사고대응을 지휘할지에 대해 표준화된 공통의 지휘체계에 대해 언급하고 있다.

#### ① 사고지휘체계의 종류

사고지휘체계는 사고대응에 관여하는 기관수, 관할 지방정부수 등에 단일지휘체계, 통합지휘체계, 지역지휘체계로 나누어질 수 있다.

- **단일지휘체계(Single Command)**: 발생한 어떤 사고가 단일 지역과 단일 기관의 역할에 국한될 경우에는 한 명의 사고 지휘관이 선임되게 된다. 이를 단일지휘체계(Single Command)라고 하며, 사고지휘체계의 가장 기본적 단위이다(FEMA, 2017 & 2019).

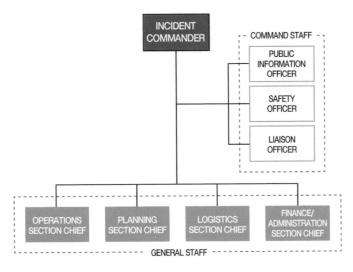

그림 4.6 단일 지휘관 기반 사고지휘체계(단일지휘체계)

* 출처: FEMA(2017 & 2019)

■ **통합지휘체계**(Unified Command): 어떤 사고가 다수 기관의 소관이거나 다수 지역에 걸쳐 있을 때는 지휘관을 어느 한 명으로 특정하기 어려워진다. 이때에는 다수 기관이 함께 통합적으로 지휘부를 구성하여 지휘하는 체계이다. 각 지휘관은 소관 기관에 대한 권한과 책임을 유지하며 사고를 지휘하는 반면에, 통합적 지휘부를 통해 공통의 목표와 전략을 세우고, 단일 사고활동계획(Incident Action Plan; IAP)에 따라 활동하게 된다. 다만, 어떤 사고가 다수 기관의 소관이거나 다수 지역에 걸쳐 있을 경우에도 지휘관을 어느 한 명으로 특정하는 것이 효율적이고 서로 동의된다면 단일지휘체계를 가동할 수 있다(FEMA, 2017 & 2019).

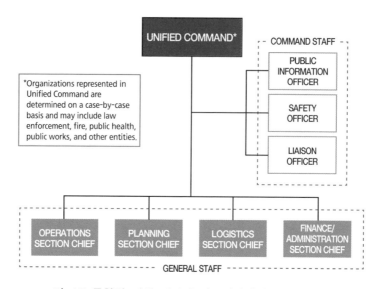

그림 4.7 통합적 지휘 기반의 사고지휘체계(통합지휘체계)

* 출처: FEMA(2017 & 2019)

■ 지역지휘체계(Area Command): 지진, 태풍 등과 같이 복합 사고가 발생하거나 소규모 사고가 동시다발적으로 발생하게 되면 사고현장별로 다수의 사고지휘 체계가 가동되게 되는데, 이 경우에 다수의 사고지휘체계를 전반적으로 관리 하고, 특히 사고현장 간 자원배분 등 우선순위를 부여하기 위해 지역지휘체계 를 가동한다. 일반적으로 다수 기관 또는 지역과 연계되는 경우가 많기 때문에 앞서 언급한 통합지휘체계(Unified Command)의 방식과 결합한 통합 · 지역지휘 체계(Unified Area Command)의 형태로 가동되기도 한다(FEMA, 2017 & 2019).

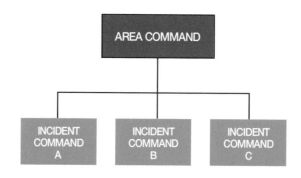

그림 4.8 지역 지휘관 기반 사고지휘체계(지역지휘체계)

* 출처: FEMA(2017 & 2019)

② 사고지휘체계의 구성

사고지휘체계는 기본적으로 보면 크게 현장 지휘관과 지휘참모(Command Staff)와 일반참모(General Staff)로 구성된다. 지휘참모 및 일반참모의 기능 및 역할에 대해 그림 4.6의 단일지휘체계를 기준으로 세부적으로 살펴보면 다음과 같다(FEMA, 2017 & 2019).

■ **지휘참모**

지휘참모는 일반적으로 공모담당관, 안전담당관, 연락담당관으로 구성되지만, 필요에 따라 현장 지휘관은 추가적인 담당관 등을 지정할 수도 있다. 공보담당관은 사고와 관련하여 일반대중, 언론·방송, 관계기관 등에 사고와 관련하여 정보를 분석하여 전파하는 역할을 담당한다(FEMA, 2017 & 2019).

만약, 통합지휘체계에서와 같이 다수 기관에서 관여하는 경우에는 기관별로 공보담당관이 별도로 있게 되는데, 이 경우에는 지휘관 또는 지휘부가 대표 공보담당관을 지명하게 된다. 기관별 공보담당관은 홍보 메시지가 일관성을 유지하도록 원보이스(One Voice)를 내어야 한다. 같은 이유로 규모가 크거나 복합적 재난의 경우에는 기관별 공보담당 부서에서는 합동정보센터(Joint Information Center; JIC)를 설치하기도 한다.

안전담당관은 사고현장에서의 종사들에 대한 건강과 안전을 보장하기 위한 업무를 담당한다. 위험이 도사리는 사고현장에서 위험요소를 평가하고 전파하고 저감하기 위한 활동을 수행한다. 대응활동이 위험하다고 판단하는 경우에는 관련 활동을 중단시킬 수 있는 권한을 가진다.

연락담당관은 통합지휘체계에서 통합 지휘부에 포함되지 않은 관계 기관·단체에 대한 연락을 담당하는 임무를 수행한다. 연락담당관을 통해서 관계 기관·단체에서는 가용자원 등에 대한 정보를 공유하고 수행해야 할 임무에 대해 협조를 하게 된다.

■ **일반참모**

일반참모는 사고지휘체계의 기능별 역할을 담당하는 사람들로 일반적으로 작전(Operations), 계획(Planning), 보급(Logistics), 행재정반(Finance/Administration)으로 구성된다. 작전반은 사고에 대처하기 위한 전략을 계획하고 수행한다. 사고 대처는 많은 방식으로 수행된다. 따라서 사고 상황에 대한 정확한 분석을 통해 현장여건에 최적화되도록 작전반을 구성해야 한다. 계획반은 사고상황 정보를 수집, 분석, 전파하는 기능을 수행한다. 상황보고서를 작성하여 보고하고, 가용한 자원현황을 관리하며, 사고활동계획서(Incident Action Planning; IAP)를 작성한다(FEMA, 2017 & 2019).

보급반은 효과적이고 효율적인 지원을 위해 사고관련 자원을 관리한다. 관련 장비와 자재뿐만 아니라 현장대원들을 위한 식음료 및 의료 서비스 제공 등의 업무도 담당한다. 행재정반은 사람들의 근무시간을 관리하고 필요한 예산확보, 관련계약의 진행 등 행재정적 업무를 담당한다. 이외에 사고대처가 범죄 또는 테러활동과 연계되는 등 정보 또는 수사활동이 필요할 때는 관련되는 조직을 포함시키기도 한다(FEMA, 2017 & 2019).

### (2) 재난상황실

#### ① 임무와 역할

재난관리 관련 부서 또는 부처에서 운영하는 재난상황실(Emergency Operations Center; EOC)은 개별 부처의 재난상황실과는 나르다. 개별 부처의 재난싱황실이 해딩 부처의 인원으로만 구성되어 해당 부처 소관의 업무를 수행한다는 재난관리 관련 부처 또는 부처의 재난상황실은 여러 관계기관 또는 부처에서 나온 담당자들이 합동 근무하는 것으로 재난현장의 사고대처 및 개별 기관의 재난상황실의 활동을 지원하는 역할을 한다(FEMA, 2017 & 2019).

주목할 부분은 만약 재난현장의 지휘부가 가동되지 못한 경우에는 재난상황실장이 직접 재난현장의 지휘부(Incident Command) 역할을 하기도 한다는 점이다. 특히 지리적으로 떨어진 재난현장 간 활동 등을 조정해야 하는 경우에는 이런 측면에서 다수의 사고지휘체계를 관할하는 지역지휘체계(Area Command)의 역할을 한다고 할 수 있다(FEMA, 2017 & 2019).

#### ② 구성 및 운영

일반적으로 재난상황실은 재난현장과의 호환성을 고려하여 재난현장의 사고지휘체계를 따르고 있다. 하지만 이 경우 사고지휘체계를 그대로 모방하기보다는 재난상황실의 역할에 따라 구성을 변화시키도 한다. 예를 들어, 그림 4.9(a)의 경우에서는 재난현장의 사고지휘체계를 최대한 반영하고 있지만, 그림 4.9(b)의 경우에는 계획반의 상황관리 기능을 분리하여 이를 작전반과 통합하여 상황관리반으로 변형해서 활용하고 있다. 다만, 일부에서는 그림 4.9(c)와 같이 관계 부서 및 기관자체를 그대로 하부조직에 상응시켜 편성하기도 한다(FEMA, 2017 & 2019).

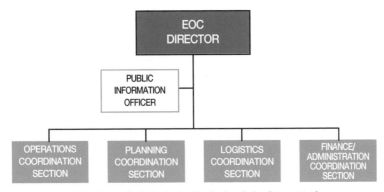

(a) 사고지휘체계에 최대한 상응하는 구성

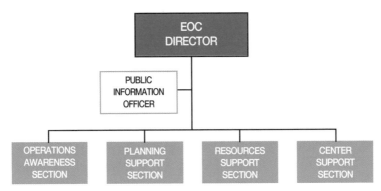

(b) 사고지휘체계 지원에 중점을 두는 구성

(c) 참가하는 부서 또는 부처의 기능별 구성

**그림 4.9 재난상황실의 다양한 구성 방법**

* 출처: FEMA(2017 & 2019) 재구성

우리나라의 중앙재난안전대책본부가 비상단계에 따라 참가하는 관계부서 및 기관을 달리하는 것처럼 미국의 재난상황실(EOC)도 표 4.3과 같은 비상등급을 운영하고 있다. 하지만 이러한 비상등급의 형식과 내용은 기관별 재난상황실의 운영방식에 따라 다르다.

### 표 4.3 재난상황실 가동 등급

| 가동 등급 | 주요 내용 |
|---|---|
| 3 | 주요 사고가 발생하지 않을 경우의 평상시 운영형태 |
| 2 | 주요 사고가 발생하였거나 위험 징후가 있을 경우에, 일부 관계 부서 및 기관의 인원이 보강되고 대응하게 됨 |
| 1 | 대규모 사고가 발생하였거나 위험 징후가 있을 경우에, 모든 관계 부서 및 기관의 인원이 보강되어 대응하게 됨 |

\* 출처: FEMA(2017 & 2019) 재구성

### (3) 다기관 조정그룹(Multi-Agency Coordination Group; MACG)

재난상황실이 현장 대응을 지원하는 실무적 기능을 수행한다면 다기관 조정그룹(Multi-Agency Coordination Group; MACG)은 현장 지휘관뿐만 아니라 이러한 재난상황실에 정책 지침 및 전략 방향을 제시하는 정책그룹이라는 차이가 있다. 일반적으로 관계 부서 또는 기관의 수장이나 고위급 임원으로 구성이 되며, 중요 정책 및 전략에 대한 결정을 할 뿐 현장 지휘관이나 재난상황실처럼 직접적 지휘를 하거나 조정을 하는 기능을 수행하지는 않는다. 이런 측면에서 다기관 조정그룹은 물리적으로 특정공간에 모여야 하는 것은 아니고, 영상회의 등을 통한 비상설 회의체 등으로도 운영될 수 있다(FEMA, 2017 & 2019).

---

✍ **현장 지휘관, 재난상황실장 및 다부처 조정그룹 간의 관계**

사고관리의 3단계 계층을 현장 지휘관, 재난상황실장, 다부처 조정그룹이라고 부른다. 사고 지휘관은 해당 현장에서 사고를 직접 관리하는데, 현장/전략(Tactical) 계층으로 일컬어진다.

그리고 재난상황실(EOC)장은 이러한 현장 대응을 지원하는 기능을 담당하며, 지원/조정(Coordination) 계층으로 부른다. 아울러 다부처 조정그룹(MACG)은 현장 지휘관 및 재난상황실에 정책 지침 및 전략 방향을 제공하며, 정책/전술(Strategic) 계층이라 한다.

\* 출처: FEMA(2017 & 2019)

## (4) 합동 정보체계

재난상황에서 일반 대중에게 시의적절하고 정확할 뿐만 아니라, 일관적이고 쓸모있는 정보가 지속적으로 전달되어야 한다. 하지만 재난상황에서는 이렇게 대중에게 필요한 정보를 충분히 확보해서 전달하는 것은 결코 쉬운 일이 아니다. 많은 사람, 기관 및 단체가 관여하고 있을 뿐만 아니라 높은 불확실성으로 인해 정보전달 및 수집에 한계가 있으며, 이로 인해 각종 루머 또는 불확실한 정보가 만연하기도 한다(FEMA, 2017 & 2019).

이를 위해 앞서 언급한 사고지휘체계 또는 재난상황실에는 공보담당관(Public Information Officer; PIO)이 지정되어 있을 뿐만 아니라 재난대처에 참여하는 개별 기관 및 단체에서도 개별적으로 공보담당관을 운영하고 있다. 이는 재난현장에서 일반 대중과 소통하는 공보업무가 그만큼 중요하다는 것을 대변하는 것이다. 하지만 역설적으로 이렇게 개별적인 공보담당관 간에 서로 일치되지 않은 내용이 일반 대중에 발표되어 혼선이 발생하기도 한다. 즉, 재난대처에서 원 보이스(One Voice) 유지를 위해 합동 정보체계는 매우 중요하다(FEMA, 2017 & 2019).

### ■ 합동정보센터(Joint Information Center; JIC)

필요한 경우, 합동 정보체계의 효율적인 구현을 위해 재난현장 또는 재난상황실에 합동정보센터(Joint Information Center; JIC)가 설치되어 운영되기도 한다. 합동정보센터에는 재난대처에 참여하는 다양한 기관 및 단체를 대표하는 공보담당자들이 합동으로 근무한다. 일반적으로 재난대처에 참여하는 다양한 기관 및 단체의 목소리를 대표해서 전달하기도 하고, 각 기관 및 단체에서 개별적으로 발표할 기관 및 단체의 목소리를 원 오이스 원칙에서 조정하거나 검토하기도 한다(FEMA, 2017 & 2019).

합동정보센터는 일반적으로 재난현장에 설치되어 운영하는 것을 원칙으로 한다. 하지만 필요에 따라서는 재난상황실에 설치하기도 한다. 또한, 재난규모가 크거나 장기화되거나 연방정부가 주관하는 국가적인 재난일 경우에는 연방정부에서 직접 중앙 합동정보센터를 운영하기도 한다.

표 4.4 합동정보센터의 종류

| 구 분 | 특 징 |
|---|---|
| 현장 JIC | 재난현장에 설치하는 경우로서, 언론/방송 접근이 용이하다. 필요에 따라서 재난상황실에 설치하기도 한다. |
| 가상 JIC | 재난현장에 물리적으로 설치할 경우가 어려운 경우에, 다양한 통신매체를 통해 가상적으로 운영할 수도 있다. |
| 위성 JIC | 복수의 합동정보센터가 설립될 경우에 메인 합동정보센터의 통제를 받으면서 이를 보조하는 규모가 작은 보조 합동정보센터이다. |
| 지역 JIC | 재난상황이 복합적이거나 복수의 재난상황이 동시다발적으로 발생할 경우에 해당 지역을 대표하여 설치하는 합동정보센터이다. |
| 중앙 JIC | 재난규모가 크거나 장기회되거나 연방정부가 주관하는 국가적인 재난일 경우에 연방정부가 설치하는 합동정보센터이다. |

* 출처: FEMA(2017 & 2019)

### 3.3.3 통신 및 정보관리

재난상황에서 참여하는 다수의 기관 및 단체는 전개되고 있는 재난상황에 대한 정보를 서로 간에 공유하고 있어야 한다. 이를 위해서는 관련 통신망을 유지하고 단말기가 접속되고, 관련 정보관리를 위한 체계를 운영하고 있어야 한다. 이때 서로 간의 원활한 소통을 위해서는 사용하는 언어 및 자료와 관리하여 공통된 용어, 평이한 언어, 자료 호환성 등이 확보되어야 한다(FEMA, 2017 & 2019).

이러한 통신 및 정보관리 체계는 다음과 같은 원칙에 따라 구축되어야 한다.

- 상호작전성(Interoperability): 통신망은 기관 및 지역과 관계없이 상호 작전가능할 수 있도록 호환성을 갖추고 있어야 한다.

- 신뢰성(Reliability), 탄력성(Scalability), 이동성(Portability): 통신 및 정보체계는 사고의 규모 및 성격, 참석기관의 규모 등과 상관없이 어떤 종류의 사고에도 신뢰될 수 있는 품질을 가지고 탄력적으로 이용될 수 있어야 한다. 또한, 해당 지역 외에서도 사용될 수 있는 이동성을 가지고 있어야 한다.

- 탄력성(Resilience), 가외성(Redundancy): 통신 및 정보체계는 재난으로 인한 피해를 입지 않거나 기능을 유지할 수 있어야 한다. 또한, 다수의 복제된 동일 수단을 통해 어느 하나를 통해서도 그 목적을 달성할 수 있어야 한다.

- 보안성(Security): 사고 관련 정보는 노출되면 민감할 수 있다. 따라서 통신 및

정보체계는 보안성을 보장할 수 있어야 한다.

## 3.4 각급 정부 및 유관 기관 간 관계 요약·정리

그림 4.10은 미국의 재난관리 운용체계를 가장 잘 표현하고 있는 그림이다. 이를 이용하여 각급 정부 및 관계 기관 간 관계를 다시 정리하면 다음과 같다(FEMA, 2017 & 2019).

- 모든 재난은 원칙적으로 지역 단위의 현장에서 사고지휘체계(ICS)를 기반으로 명령과 통제(Command & Control)를 통해 현장대응 조치가 이루어진다. 현장대응을 제외하고 재난대응의 기본원칙은 지원과 조정(Support & Coordination)이다.
- 이러한 현장대응은 지방정부의 재난상황실에서 1차적으로 지원하고 조정한다. 이때 다른 지방정부와의 상호지원협정(Local‒to‒Local Mutual Aid)에 따라 지원을 받거나 민간영역 또는 NGO 단체의 지원을 받기도 한다.
- 지방정부의 대응역량을 넘어서는 규모의 재난에 대해서는 주정부가 지원하거나 직접 관리한다. 이때 주정부 재난상황실이 주된 역할을 수행한다. 필요한 경우 주정부 내 관련기관 간 상호지원협정(Intrastate Mutual Aid) 또는 다른 주정부와의 상호지원협정(Interstate Mutual Aid)에 따라 지원을 받거나 민간영역 또는 NGO 단체의 지원을 받기도 한다.
- 주정부의 대응역량을 넘어서는 규모의 재난에 대해서는 연방정부가 지원하거나 직접 관리한다. 필요한 경우 연방정부의 장비와 자원, 예산 또는 관련 기술지원을 하게 된다. 이때 주정부 재난상황실이 주된 역할을 수행한다. 필요한 경우 해당 재난에 대한 주관기관인 소관 연방 부처 또는 총괄적인 지원·조정이 필요한 경우에는 연방재난관리청이 주관한다.

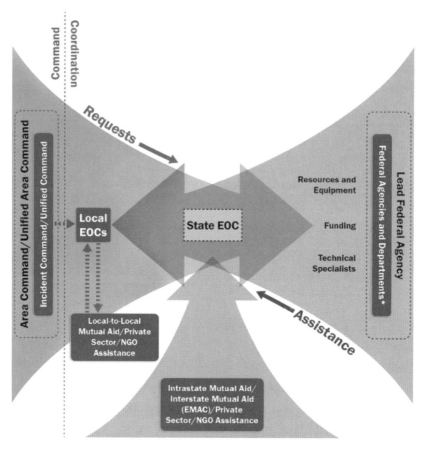

*Some Federal agencies (U.S. Coast Guard, Environmental Protection Agency, etc.) have statutory responsibility for response and may coordinate and/or integrate directly with affected jurisdictions. During responses conducted under Stafford Act declarations, FEMA establishes a Joint Field Office (JFO) to coordinate Federal response activities.

그림 4.10 각급 정부 및 유관 기관 간 관계

* 출처: FEMA(2017 & 2019) 재구성

# [참고자료]

FEMA (2017). National Incident Management System(NIMS). Federal Emergency Management Agency.

FEMA (2019). National Response Framework (NRF). Federal Emergency Management Agency.

Rubin, C. B. (Ed.). (2012). Emergency Management: The American Experience 1900 −2010. CRC Press.

Tierney, K. J. (2007). Recent developments in US homeland security policies and their implications for the management of extreme events. In Hand book of disaster research (pp.405−412). Springer New York.

Kreps, G. A. (1990). The federal emergency management system in the United States: Past and present. International journal of mass emergencies and disasters, 8(3), 275−300.

# CHAPTER
## 05
# 일본의 재난관리체계

## 1. 법령체계

　일본은 지리 및 기상학적 이유로 지진, 태풍, 대설 등 자연재난이 빈번하게 발생하는 나라다. 하지만 그동안 끊임없는 재난관리 시스템의 정비를 통해 최근에는 재난 피해를 획기적으로 줄여왔다. 이로 인해 1960년 이후 일본의 자연재난 피해는 실제 급격하게 감소했다(일본 내각부, 2023).

　일본의 재난관리 기본법은 1961년 제정된 「재해대책기본법」이다. 이 법은 1959년 9월 26일 이세완 태풍으로 인해 유례없는 피해(사망 4,697명, 실종 401명의 인명피해, 전파 36,135동, 반파 113,052동, 유실 4,703동의 재산피해)가 발생함에 따라 국가적인 방재체제를 정립하고 재해정책의 기틀을 만들기 위해 제정되었다(김경희, 2018a).

　하지만 자연은 다양한 형식과 방법으로 인간의 한계를 시험하여 왔고 최근에는 그동안 상상하지 못한 수준까지 그 잔혹함을 더해오고 있다. 1995년 규모 7.3의 한신-아와지 대지진으로 6,427명이 사망 · 실종되었고 2011년 동일본 대지진(규모 9.0)으로 인한 지진해일로 22,503명이 사망 · 실종되었다. 이러한 재난과의 싸움에서 인간은 번번히 시련을 겪어 왔지만, 「재해대책기본법」도 지속적으로 내실있는 발전을 거듭해 왔다(일본 내각부, 2023). 현행 「재해대책기본법」의 주요 내용을 살펴보면 다음과 같다.

표 5.1 일본 「재해대책기본법」의 주요 내용

| 구분 | 주요 내용 |
|---|---|
| i) 방재에 관한 이념 및 책무의 명확화 | • 재난관리 대책의 기본이념, 재해경감 등 주요 용어의 정의<br>• 정부, 도도부현, 시정촌, 지정공공기관 등의 책무(방재계획의 수립, 상호협조 등)<br>• 국민의 책무: 자율적 대비, 기본 물자의 축적, 재난 대비 활동의 참여 |
| ii) 방재 관련 조직: 종합적 방재행정의 정비 | • 중앙정부: 중앙방재회의, 재해대책본부(특정, 비상, 긴급)<br>• 도도부현, 시정촌: 지방방재회의, 지방재해대책본부 |
| iii) 방재계획: 계획적 방재대책의 정비 | • 중앙정부: 중앙방재회의가 작성하는 방재기본계획<br>• 지정행정기관, 지정공공기관: 방재업무계획<br>• 도도부현, 시정촌: 지역방재계획<br>• 마을 등 공동체: 지구방재계획 |
| iv) 재해대책의 추진 | • 재해예방: 재난훈련, 물자비축 등<br>• 기본 재난대응 절차: 피해 상황 파악, 재난대피 명령, 재난구호 요청 등<br>• 재난복구를 위한 각 분야별 역할과 임무에 대한 지침 등 |
| v) 피해자 보호대책 | • 재난구호가 필요한 사람들에 대한 사전 준비<br>• 재난 대피시설 기준의 설정<br>• 재난 피해자의 요건 및 명부 작성<br>• 대규모 대피 및 물품 운송을 위한 계획 수립 |
| vi) 재정금융 조치 | • 피해책임자 부담의 원칙<br>• 현저하고 극심한 재해에 대해서는 관계법령에 따라 정부 지원 실시 |
| vii) 재해 긴급사태 | • 내각총리대신의 재해 긴급사태 선포 권한<br>• 긴급 조치: 기본 물자의 수급 제한, 금융 의무의 유예, 정부의 임시명령 긴급시행(국제 원조의 수용, 피해자 권리 및 이익에 대한 제한 등) |

* 출처: 일본 내각부(2023) 재구성

참고로 우리와 같은 한자 문화권 속에서도 일본은 '재난'이라는 표현보다는 '재해'라는 표현이 법규, 공문 등에 일반화되어 있다. 또한, 재난의 분류에서도 지진, 태풍, 대설 등 자연재난에 대해서는 자연재해로 명기하고 있으나 화재, 붕괴, 폭발 등 통상적인 인적재난에 대해서는 사고재해라고 표시하고 있는 점도 상이하다(일본 내각부, 2023).

일본은 재난관리 기본법인 「재해대책기본법」 외에도 관련 개별법이 매우 체계적으로 발달한 나라이다. 재난 또는 사고유형에 따른 개별법과 재난관리 기능에 따른 개별법이 존재하는데, 우리나라의 법체계와도 유사하다. 다만, 재난 다발 국가인

만큼 상대적으로 더 다양한 개별법이 많다.

　구체적으로는 재난 및 사고유형별 개별법에는 지진·지진해일·화산에 대한 법률이 많다. 예를 들어, 그림 5.1에서 볼 수 있는 바와 같이 재난 및 사고유형인 지진·지진해일, 화산, 풍수해 등을 다루는 「대규모 지진대책 특별조치법」, 「활동화산 대책 특별조치법」 등이 있다.

　재난관리 기능을 예방, 응급·대응, 복구·부흥의 3단계로 나누어 각각의 재난관리 기능에 대한 법률이 있다. 「재해구조법」은 우리나라의 「재해구호법」과 유사한 법률로서 재난관리 기능 중 응급·대응의 재난관리 기능의 범주에 속한다. 복구·부흥과 관련된 법으로서는 「격심재해법」 등이 있다. 하지만 어떤 법률은 한 가지 재난관리 기능의 범주에 속하는 것이 아니라 다수의 재난관리 기능을 포함하기도 하는데, 「대규모 지진대책 특별조치법」은 예방과 응급·대응의 기능, 「지진해일 대책 추진에 관한 법률」은 예방, 응급·대응, 복구·부흥의 3단계 범위 모두를 포괄하고 있다.

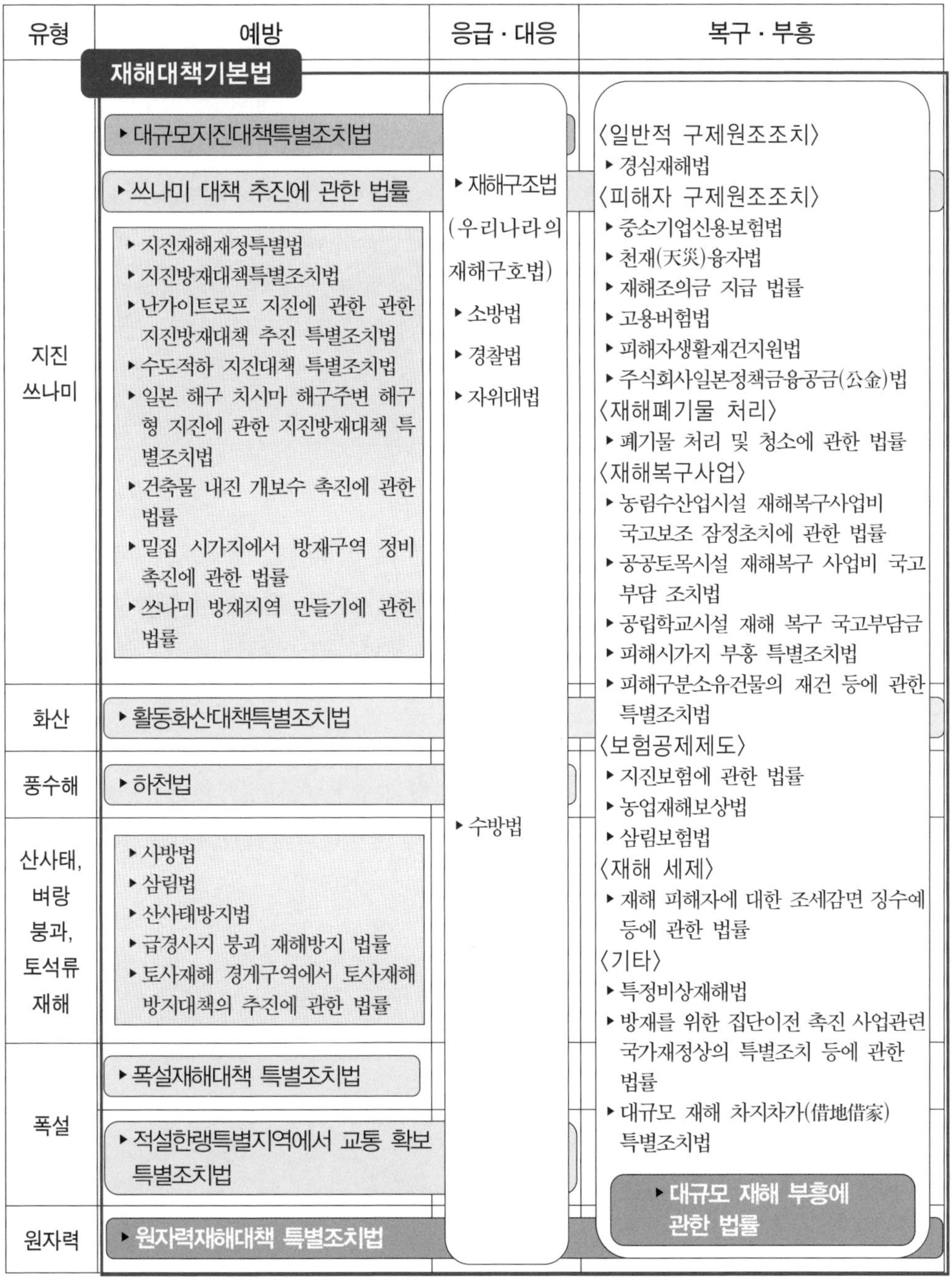

| 유형 | 예방 | 응급·대응 | 복구·부흥 |
|---|---|---|---|
| | **재해대책기본법** | | |
| 지진 쓰나미 | ▶ 대규모지진대책특별조치법<br>▶ 쓰나미 대책 추진에 관한 법률<br><br>▶ 지진재해재정특별법<br>▶ 지진방재대책특별조치법<br>▶ 난가이트로프 지진에 관한 관한 지진방재대책 추진 특별조치법<br>▶ 수도적하 지진대책 특별조치법<br>▶ 일본 해구 치시마 해구주변 해구형 지진에 관한 지진방재대책 특별조치법<br>▶ 건축물 내진 개보수 촉진에 관한 법률<br>▶ 밀집 시가지에서 방재구역 정비 촉진에 관한 법률<br>▶ 쓰나미 방재지역 만들기에 관한 법률 | ▶ 재해구조법<br>(우리나라의 재해구호법)<br>▶ 소방법<br>▶ 경찰법<br>▶ 자위대법<br><br><br><br><br><br>▶ 수방법 | 〈일반적 구제원조조치〉<br>▶ 경심재해법<br>〈피해자 구제원조조치〉<br>▶ 중소기업신용보험법<br>▶ 천재(天災)융자법<br>▶ 재해조의금 지급 법률<br>▶ 고용버험법<br>▶ 피해자생활재건지원법<br>▶ 주식회사일본정책금융공금(公金)법<br>〈재해폐기물 처리〉<br>▶ 폐기물 처리 및 청소에 관한 법률<br>〈재해복구사업〉<br>▶ 농림수산업시설 재해복구사업비 국고보조 잠정초치에 관한 법률<br>▶ 공공토목시설 재해복구 사업비 국고 부담 조치법<br>▶ 공립학교시설 재해 복구 국고부담금<br>▶ 피해시가지 부흥 특별조치법<br>▶ 피해구분소유건물의 재건 등에 관한 특별조치법<br>〈보험공제제도〉<br>▶ 지진보험에 관한 법률<br>▶ 농업재해보상법<br>▶ 삼림보험법<br>〈재해 세제〉<br>▶ 재해 피해자에 대한 조세감면 징수에 등에 관한 법률<br>〈기타〉<br>▶ 특정비상재해법<br>▶ 방재를 위한 집단이전 촉진 사업관련 국가재정상의 특별조치 등에 관한 법률<br>▶ 대규모 재해 차지차가(借地借家) 특별조치법 |
| 화산 | ▶ 활동화산대책특별조치법 | | |
| 풍수해 | ▶ 하천법 | | |
| 산사태, 벼랑 붕괴, 토석류 재해 | ▶ 사방법<br>▶ 삼림법<br>▶ 산사태방지법<br>▶ 급경사지 붕괴 재해방지 법률<br>▶ 토사재해 경계구역에서 토사재해 방지대책의 추진에 관한 법률 | | |
| 폭설 | ▶ 폭설재해대책 특별조치법<br>▶ 적설한랭특별지역에서 교통 확보 특별조치법 | | ▶ 대규모 재해 부흥에 관한 법률 |
| 원자력 | ▶ 원자력재해대책 특별조치법 | | |

그림 5.1 일본의 재난관리 관계법률 체계

* 출처: 김경희(2018a) 재구성

## 2. 조직체계

　재난에 대한 일본 정부의 관심은 일본 정부 내 재난조직의 특성에도 그대로 나타난다. 일본에서는 내각부에 장관급의 방재담당 특명대신이 재난관리 업무를 총괄하고 있고 극심한 재난발생시에 내각총리대신 관저에 긴급재해대책본부가 가동되는 등 정부수반인 내각총리대신의 역할을 강조되고 있다. 하지만 풀뿌리 조직으로 지방자치단체인 시정촌 → 도도부현의 재난관리 조직체계도 그 어느 나라보다도 촘촘하게 설계되고 관리되고 있다.

### 2.1 중앙조직

#### 2.1.1 평상시 조직

　일본은 재난관리의 총괄·조정 기구가 내각총리대신을 보좌하는 내각부 내에 있다. 2001년 각 행정부처에 산재된 재난관리 관련기능을 통합하여 내각부에 장관급의 방재담당 특명대신을 신설하고 중앙정부의 재난관리 업무를 총괄·조정토록 하고 있다. 구체적으로는 방재담당 특명대신 아래에 방재담당 정책총괄관(실장급)과 2명의 심의관(국장급)이 있으며, 참사관(과장급)이 부서장인 8개의 개별부서가 있다. 8개의 개별부서는 업무총괄담당, 재해긴급사태대처담당, 조사·기획담당, 방재계획담당, 피해자행정담당, 보급개발·제휴담당, 지방·훈련담당으로 2015년 기준 총 92명이다(일본 내각부, 2023).

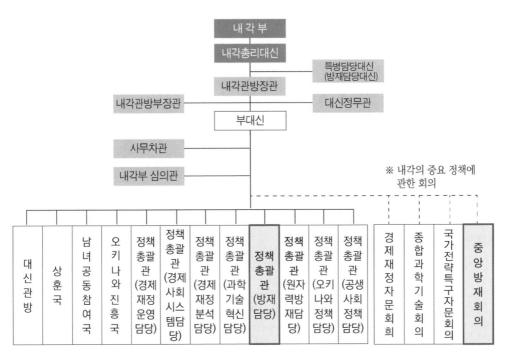

그림 5.2 일본 중앙정부의 재난관리 조직

* 출처: 김경희(2018a) 재구성

표 5.2 방재담당 정책총괄관하의 8개 참사관실 주요 업무

| 부  서 | 업  무 |
| --- | --- |
| ① 업무총괄담당 참사관 | 내각부 방재분야 소관사무 종합 · 조정, 재해대책기본법 관장, 홍보 등 |
| ② 재해긴급사태대처담당 참사관 | 응급대책 추진, 재해시 초동대응, 수도직하 지진 등 응급대책 입안 |
| ③ 조사 · 기획담당 참사관 | 복구 · 부흥, 격심재해제도, 피해자 생활 재건지원 제도 등 관장 |
| ④ 사업추진담당 참사관 | 대규모 재해 방재시책 추진 |
| ⑤ 방재계획담당 참사관 | 방재기본계획, 지역방재계획, 업무계속성 계획 등 수립 관장 |
| ⑥ 피해자행정담당 참사관 | 피해자 응급구조 및 피난주민 구조 · 구호 등 피해자 지원 추진, 피난소 환경개선, 재해구조법 피해자 대장관리 등 관장 |
| ⑦ 보급개발 · 제휴담당 참사관 | 피해경감대책 보급 · 계발, 자원봉사자 활동환경 정비, 재해교훈 기록 · 전승, 국제방재협력 등 관장 |
| ⑧ 지방 · 훈련담당 참사관 | 지자체 등과 합동 방재훈련 추진, 자연재해에 신속 적절하게 대처 가능한 인재 육성 등 관장 |

* 출처: 김경희(2018a) 재구성

## 2.1.2 재난시 조직

일본의 중앙 및 지방정부의 재난관리 관계기관·단체 등에서는 재난에 대해 다양한 정보를 수집하고 상호 공유하고 있다. 특히, 내각부에는 내각정보집약센터가 설치되어 있는데, 24시간 가동하며 재해정보를 수집하고 전파하고 있다. 대규모 재난발생이 우려되거나 발생하게 되면 각 성·청의 국장급으로 구성되는 긴급대응팀(약 100여 명)이 내각총리대신 관저 내의 위기관리센터에 설치된다. 설치된 긴급대응팀은 지체없이 재난상황을 분석하여 내각총리대신에게 결과를 보고하게 된다. 필요한 경우에는 각료회의 등 고위급 대책회의가 개최되고, 재해대책본부가 설치되어 관련대책을 수립하고 기관별 대응활동을 총괄·조정한다(일본 내각부, 2023).

재해대책본부는 비상재해대책본부와 긴급재해대책본부로 나누어진다. 먼저, 발생한 재난의 규모가 광역자치단체인 도도부현의 대응역량을 넘어서게 되면, 중앙정부에서는 재난관리주관기관인 성·청의 담당대신을 본부장으로 하는 비상재해대책본부를 가동한다. 이때 대규모 자연재난에 대해서는 내각부의 방재담당 특명대신을 본부장으로 내각부 청사에 비상대책본부가 설치되며, 사고재난의 경우에는 이를 관장하는 성·청장이 본부장이 되는 비상재해대책본부가 해당 성·청의 청사에 설치된다(일본 내각부, 2023).

만약, 재난의 규모가 이상·격심 재난이라고 불리는 국가적 재난의 수준이면 재난유형에 상관없이 내각총리대신 관저에 직접 내각총리대신이 본부장이 되는 긴급재해대책본부가 설치된다. 일반적으로 내각총리대신이 본부장이 되는 긴급재해대책본부가 가동되면 관계 성·청에는 상응하는 비상재해대책본부가 가동된다. 이외에도 재난상황이 매우 긴박하게 전개되는 경우에는 방재담당 특명대신을 단장으로 하는 정부조사단이 현지에 파견되기도 하고 이와 별도로 현지에 현장재해대책본부가 설치되기도 한다. 현장재해대책본부는 긴급재해대책본부가 가동될 때뿐만 아니라 비상재해대책본부가 가동될 때도 설치될 수 있다(일본 내각부, 2023).

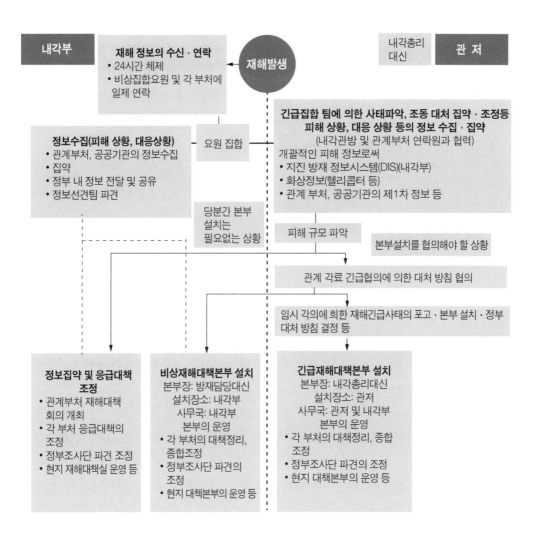

그림 5.3 재난발생시 일본의 비상기구 운영체계

* 출처: 일본 내각부(2023) 재구성

표 5.3 비상재해대책본부와 긴급재해대책본부의 비교

| 구 분 | 비상재해대책본부 | 긴급재해대책본부 |
|---|---|---|
| 설치기준 | 대규모 재난발생시 | 이상·격심 재난발생시 |
| 본부장 | • 자연재난: 내각부 방재담당 특명대신<br>• 사고재난: 재난관리 주관기관 성·청장 | 내각총리 대신 |
| 장 소 | • 자연재난: 내각부(중앙합동청사 제8호관) 청사<br>• 사고재난: 재난관리주관기관 성·청 청사 | 총리대신 관저 |

### 2.1.3 중앙방재회의

내각의 주요 방재정책을 심의하기 위한 비상설 회의체로 중앙방재회의가 운영된다. 중앙방재회의의 의장은 내각총리대신이며, 위원은 내각부의 방재담당 특명대신을 비롯하여 모든 국무대신, 내각총리대신이 임명하는 지정공공기관의 대표자(4명: 일본은행총재, 일본적십자사시장, NHK사장, NTT사장), 내각총리대신이 임명하는 학식과 경험이 풍부한 전문가(5명)로 구성된다. 내각부의 방재담당 정책총괄관실이 사무처 역할을 담당하고 있다(일본 내각부, 2023).

중앙방재회의는 i) 방재기본계획 및 지진방재계획의 작성·실시, ii) 방재정책의 기본방침, 방재시책의 종합·조정, 재해긴급사태 선포 등 방재에 관한 중요사항에 대해 내각총리대신, 방재담당 특명대신에게 자문 및 관련사항 심의, iii) 방재관련 중용사항에 관하여 내각총리대신 및 방재담당 특명대신에게 보고 등의 역할을 수행하고 있다(일본 내각부, 2023).

중앙방재회의 산하에는 간사회와 전문조사회가 있는데, 간사회는 내각부 대신 정무관이 회장으로 각 성·청 국장급 공무원을 간사로 하는 실무회의 조직이다. 전문조사회는 중앙방재회의 의결에 의해 설치되는데, 특정지역의 지진 등 전문사항 조사 실시 등의 역할을 담당한다(일본 내각부, 2023).

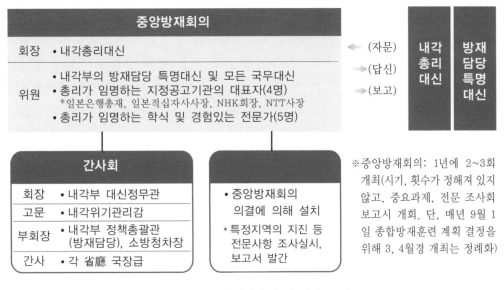

| 중앙방재회의 | | |
|---|---|---|
| 회장 | • 내각총리대신 | |
| 위원 | • 내각부의 방재담당 특명대신 및 모든 국무대신<br>• 총리가 임명하는 지정공고기관의 대표자(4명)<br>　*일본은행총재, 일본적십자사사장, NHK회장, NTT사장<br>• 총리가 임명하는 학식 및 경험있는 전문가(5명) | |

(자문) →
(답신) →
(보고) →

내각
총리
대신

방재
담당
특명
대신

| 간사회 | |
|---|---|
| 회장 | • 내각부 대신정무관 |
| 고문 | • 내각위기관리감 |
| 부회장 | • 내각부 정책총괄관<br>　(방재담당), 소방청차장 |
| 간사 | • 각 省廳 국장급 |

• 중앙방재회의
　의결에 의해 설치
*특정지역의 지진 등
　전문사항 조사실시,
　보고서 발간

※중앙방재회의: 1년에 2~3회
개최(시기, 횟수가 정해져 있지
않고, 중요과제, 전문 조사회
보고시 개회. 단, 매년 9월 1
일 종합방재훈련 계획 결정을
위해 3, 4월경 개최는 정례화)

그림 5.4 중앙방재회의 및 산하 조직

* 출처: 김경희(2018a) 재구성

## 2.2 지방조직

일본의 재난관리 원칙은 각급 기관간 보충성의 원칙을 따르고 있다. 즉, 모든 재난에 대한 1차적인 대응은 우리나라의 기초자치단체인 시정촌이 맡게 되어 있으며, 시정촌의 자체 대응 능력을 초과하는 재난이었을 경우에 광역자치단체인 도도부현, 그 이상일 경우에 중앙정부에서 개입하게 되어 있다. 따라서 재난관리를 위한 지방조직은 매우 중요한 의미를 가진다.

우선 지방정부에서도 중앙정부의 재해대책본부 및 중앙방재회의와 상응하는 기구가 운영된다. 먼저, 지방방재회의는 지방정부의 재난대책 조치에 관한 자문기관으로 도도부현 및 시정촌 방재회의가 구성되어 지역방재계획의 작성 등 재난정책에 대한 중요사항 등이 심의 또는 논의된다. 이때 시정촌 방재회의는 여러 인접 또는 유관 시정촌이 함께 공동의 시정촌 방재회의를 설치하기도 한다(일본 내각부, 2023).

대규모 재난이 발생한 경우에 지역별 다수의 관계 기관·단체가 재난수습 과정 중에서 관련대책을 총괄·조정하기 위해 지역재난대책본부를 가동한다. 지방정부의 재난대응은 일반적으로 시정촌을 중심으로 이루어지기 때문에, 시정촌 재해대책본부가 주축이 된다. 하지만 그 이상의 피해가 발생하면 도도부현에도 도도부현 재해대책본부가 가동된다(일본 내각부, 2023).

　또한 필요한 경우에는 앞서 언급한 것처럼 내각부에서 현지재해대책본부를 개설하여 지방정부와 현장에서 직접 협조하게 된다. 이를 통해 중앙 및 지방정부가 더욱 긴밀하게 협조할 수 있게 되는 것이다. 중앙정부의 이러한 현지재해대책본부는 2011년 동일본 대지진 당시 최초로 운영되었는데 그 이후에 중요성을 더해가고 있다(일본 내각부, 2023).

## 3. 운용체계

　일본에서는 각급 정부기관뿐만 아니라 지역사회에서 「재해대책기본법」에 따라 방재계획을 수립하게 되는데, 이러한 방재계획에는 재난에 대해 각 주체별로 어떻게 재난을 예방, 대비, 대응 및 복구해야 하는지 총괄적으로 설명되어 있다.

　먼저, 일본에서 정부의 재해대책 근간이 되는 방재분야의 최상위 기본계획은 방재기본계획이다. 방재기본계획은 「재해대책기본법」에 근거를 두고 내각부의 중앙방재회의에서 작성하게 되는데, 뒤에서 언급할 방재업무계획 및 지역방재계획의 근간이 되는 장기적 종합계획이라 할 수 있다. 1963년 최초 수립된 이후 매년 검토하여 필요시 개정하고 있다. 특히, 1995년 한신－아와지 대지진 이후에는 전면 개정된 바 있다. 이후, 2011년 동일본 대지진 이후 지진해일과 관련된 부분이 신설되었으며, 코로나19 등 새로운 재난에 대응하면서 얻은 교훈에 따라 내용이 수정·보완되고 있다(일본 내각부, 2023).

　방재기본계획에서는 기본방침으로 방재체계 확립, 방재사업 촉진, 재해복구 및 부흥, 방재에 관한 과학기술 연구 및 진흥 등을 두고 있다. 그 구성을 살펴보면, 재해유형과 무관하게 공통으로 적용되는 대책을 먼저 기술하고 이후 각 재해유형에 따라 대책을 기술하고 있다. 자연재해로서 지진, 지진해일, 풍수해, 화산, 설해 등을 중점적으로 다루고 있으며, 사고재해로는 해상, 항공기, 철도, 도로, 원자력, 위험물, 대규모 화재, 산불 등을 중정적으로 다루고 있다. 각 재해유형별 각급 기관별로 수행해야 할 대책 등이 예방 및 사전대책→대응 및 응급대책→복구 및 부흥대책 순으로 기술되어 있다.

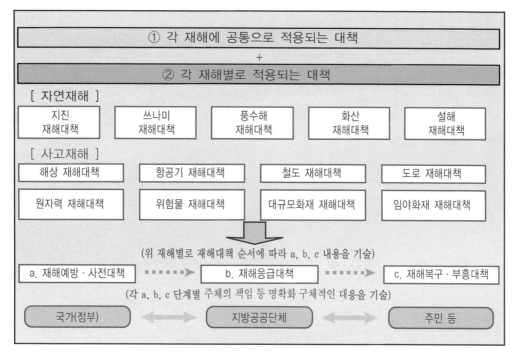

① 각 재해에 공통으로 적용되는 대책
+
② 각 재해별로 적용되는 대책

[ 자연재해 ]

| 지진 재해대책 | 쓰나미 재해대책 | 풍수해 재해대책 | 화산 재해대책 | 설해 재해대책 |

[ 사고재해 ]

| 해상 재해대책 | 항공기 재해대책 | 철도 재해대책 | 도로 재해대책 |
| 원자력 재해대책 | 위험물 재해대책 | 대규모화재 재해대책 | 임야화재 재해대책 |

(위 재해별로 재해대책 순서에 따라 a, b, c 내용을 기술)

| a. 재해예방·사전대책 | ······▶ | b. 재해응급대책 | ······▶ | c. 재해복구·부흥대책 |

(각 a, b, c 단계별 주체의 책임 등 명확화 구체적인 대응을 기술)

국가(정부) ◀──▶ 지방공공단체 ◀──▶ 주민 등

그림 5.5 방재기본계획 주요 내용

\* 출처: 김경희(2018), 일본 내각부(2023) 재구성

이러한 방재기본계획에 근거하여 지정행정기관(내각부, 국토교통성, 후생노동성, 총무성 등) 및 지정공공기관(일본은행, 일본적십자사, NHK, NTT 등)에서는 방재업무계획을 작성하도록 되어 있다. 아울러 지방공공단체인 도도부현과 시정촌에서도 지역방재계획을 작성하게 되어 있다. 이러한 도도부현과 시정촌 방재계획은 각각 지역방재회의에서 작성하게 된다(일본 내각부, 2023).

아울러 일본에서는 지역 공동체내 주민, 기업 등이 지구방재계획을 작성하고 있다. 지구방재계획은 풀뿌리 조직부터 단계적으로 방재역량을 고양하고 상호간에 자조하는 기조 아래 지역 공동체의 적극적 재난관리 활동을 촉구하기 위한 목적을 두고 있다. 즉, 지역 공동체를 위한 지구방재계획은 지역방재회의에 다양한 방재시책을 건의하는 등 적극적인 시민 참여를 통해 만들어지고 있다(일본 내각부, 2023).

이러한 각급 방재계획 외에도 일본 정부에서는 공공기관 및 민간기업 등에 대한 기능 연속성 계획(Business Continuity Plan)의 수립을 강조하고 있다. 예를 들어, 공공기관에 대한 기능 연속성 계획에는 재난발생시에도 최소 1주일간 핵심기능이 중단없이 가동되도록 대체시설, 대체인력 등에 대한 운영방안을 포함하고 있다. 또한,

민간기업에 대한 기능 연속성 계획의 수립을 촉진하기 위해 정부에서 관련 지침을 운영하고 있다.

이외에도 「재해대책기본법」에 따르면 행정부는 매년 당해 재난에 대한 각종 통계자료 및 조치사항 등을 망라하는 '방재백서(White Paper)'를 입법부에 제출하게 되어 있으며, 재난관리 정책에도 정부의 끊임없는 견제와 균형의 원리를 적용하고 있다(일본 내각부, 2023).

# [참고자료]

김경희 (2018a). 일본의 재해대책 법·조직 및 대응 체계. 방재저널 82.

김경희 (2018b). 일본의 방재교육 및 훈련 제도. 방재저널 83.

일본 내각부 (2023). 일본의 재해대책. 일본 내각부. 내각부 방재담당 정책총괄관실.

# CHAPTER
# 06

# 영국의 재난관리체계

## 1. 법령체계

영국의 재난관리체계는 전쟁 상황에 대처하기 위한 민방위(Civil Defense) 개념에서 시작하였다. 영국에서 민방위는 제2차 세계대전 당시 독일의 폭격으로부터 산업 및 주거 시설 등을 보호하기 위한 방어대책으로 정립된 것으로 1939년에 제정된 「민방위법(Civil Defense Act 1939)」에 근거를 두고 있다(김학홍 & 권욱, 2017).

민방위 활동은 종전이후에 삼시 소강상태를 보였으나 다시 미국과 소련 간의 냉전시대가 도래하면서 소련의 핵 공격 위협으로부터 국가적 방어체계를 구축하기 위해 1948년에 기존 민방위법을 개정하였는데, 많은 학자들은 바로 이 개정된 「민방위법(Civil Defense Act 1948)」을 영국에서 현대적 의미의 재난관리 시작이라고 보고 있다(김학홍 & 권욱, 2017). 즉, 영국의 재난관리는 핵 공격의 위험성에 대비한 국사적 안보개념에 근간을 두고 있는 것이다.

이후 1980년대에는 대형 재난의 발생에 따라 전쟁이 아닌 평시 재난 대비 및 대응에 대한 국민적 요구가 증대되고 이에 1986년에 「평시 시민보호법(Civil Proection in Peacetime Act 1986)」이 제정되었다. 이 법은 전쟁이 아닌 평시에도 재난 대비 및 대응을 위하여 민방위 자원 및 인력을 사용할 수 있도록 허용토록 하였다는 데 큰 의미가 있었다. 다만, 법적인 의무사항까지는 규정하지 않고 있어서 임시대책에 불과하다는 지적도 있었다(김학경, 2009).

이후 1990년대에 소련이 붕괴되면서 냉전이 종식되고 핵 공격의 위험성에 대비한 군사적 안보개념에 근거한 민방위 개념은 더 이상 필요하지 않게 되면서 이러한 민방위 개념에 기반한 재난관리체계도 한계에 직면하게 되었다. 이후, 군사적 안보 개념에서 벗어난 다양한 재난유형에 대처할 수 있는 통합적 재난관리체계(Integrated Emergency Management)의 필요성이 강조되기 시작하였다. 2001년에는 이러한 통합적

재난관리체계의 기조에 맞춰 그간 연방 내무부(Home Office)에서 담당하던 재난관리 업무가 내각부(Cabinet Office) 내의 국가 재난관리사무처(Civil Contingencies Secretariat; CCS)를 신설하여 이관하게 되었다.

그리고 같은 맥락에서 2004년에는 기존 민방위법은 폐지되고 새로운 통합적 재난관리체계에 걸맞는 「국가재난관리법(Civil Contingencies Act 2004)」이 2004년에 제정되었다. 국가재난관리법에서는 민방위 위주의 군사적 안보개념이 추구했던 원인 및 유형과 관계없이 재난에 따른 영향(consequences) 위주의 관리 개념을 채택함으로써 다양한 위협에 대응할 수 있는 통합적 재난관리체계의 기틀을 마련하였다(Cabinet Office, 2013a).

## 2. 조직체계

### 2.1 중앙조직

#### 2.1.1 국가재난관리사무처(CCS)와 국가재난관리위원회(COBR)

■ **국가재난관리사무처(CCS)**

영국은 재난관리 총괄조직으로 과거에는 연방 내무부가 그 역할을 담당하고 있었으나, 2001년부터는 통합적 재난관리체계 구축을 위해서 내각부에 신설된 국가재난관리사무처(Civil Contingencies Secretariat; CCS)가 현재 재난관리 총괄을 위한 전담조직으로의 역할을 수행하고 있다. 처장은 차관급이며 역량실(Capabilities), 감시 및 대응실(Horizon Scanning & Response), 지역대응역량실(Local Response Capability), 자연재난실(Natural Hazards Team), 비상계획교육원(Emergency Planning College)의 5개 부서로 구성되어 있다(Cabinet Office, 2013a).

표 6.1 국가재난관리사무처(CCS) 조직구성

| 부서명 | 주요 업무 |
|---|---|
| 역량실<br>(Capabilities) | • 전국 및 지방수준에서의 재난발생 위험수위 등을 평가한 후 복원력<br>(Resilience)을 증진하기 위한 계획 및 정책 수립 |
| 감시 및 대응실<br>(Horizon Scanning<br>& Response) | • 비상사태가 발생하였을 때, 비상사태의 발전추이 등을 즉각적이면서 정기<br>적 평가 및 분석을 통해 전파<br>• 위기대응을 위한 관련 정책을 추진 |
| 지역대응역량실<br>(Local Response<br>Capability) | • 시민안전기금을 관리하고 중앙 및 지방간 업무관계 및 상호계약을 수행 |
| 자연재난실<br>(Natural Hazards<br>Team) | • 자연재난에 대한 재난관리 업무 수행 |
| 비상계획교육원<br>(Emergency<br>Planning College) | • 재난관리에 대한 교육 및 훈련 총괄 |

■ 국가재난관리위원회(COBR)

국가재난관리위원회(Civil Contingencies Committee)는 영국 최고의 위기 대응 및 관리 비상기구로서 위기의 유형 및 규모에 따라서 구성은 달라지지만 원칙적으로 총리가 위원장이다. 뒤에서 설명할 3개 레벨로 구성된 비상상황 중에서 레벨 2와 3의 비상상황에서 지방정부의 요청이 있거나 중앙정부에서 필요하다고 판단하여 가동하게 된다(Cabinet Office, 2013a).

별칭으로는 코브라(COBR)라고 불리는데, 이는 내각부에서 각종 위기상황시 비상회의를 하던 회의공간을 일컫는 영문약자(Cabinet Office Briefing Room → COBR)에서 유래되었다. 앞서 설명한 국가재난관리사무처가 국가재난관리위원회(Civil Contingencies Committee)의 사무처 역할을 수행하고 있다(Cabinet Office, 2013a).

국가재난관리위원회는 정보반(Intelligence Cell), 상황반(Situation Cell) 등 다양한 하부조직으로 구성된다. 하지만 모든 비상상황에서 이러한 하부조직이 한꺼번에 가동되는 것은 아니고 비상상황의 심각성 등에 따라 단계적으로 가동된다. 가동초기에 상황반(Situation Cell)만 운영하기도 하는데, 이런 이유로 상황반을 국가재난관리위원회의 최소조직이라고 한다(Cabinet Office, 2013a).

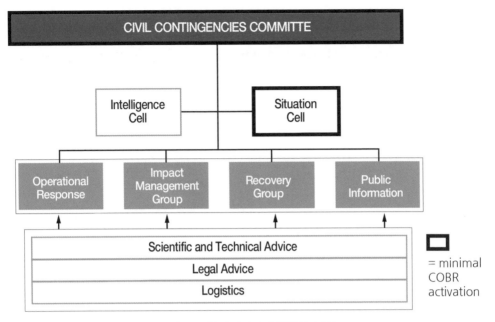

그림 6.1 국가재난관리위원회 구성

* 출처: Cabinet Office(2013a)

## 2.1.2 재난관리 주관부처(LGD)

영국은 재난을 유형별로 분리하고 유형에 따라 각각 대비 및 대응에 대한 재난관리주관부처(Lead Government Department; LGD)와 복구에 대한 재난관리주관부처를 별도로 지정하여 그 임무와 역할을 명확하게 하고 있다(Cabinet Office, 2013a). 예를 들어 표 6.2에 보이는 바와 같이 홍수의 경우 잉글랜드에서는 대비 및 대응은 환경·식품·농촌부(Department of Environment, Food and Rural Areas)에서 담당하지만, 복구는 지역사회 및 지방자치부(Department for Communities and Local Government)가 담당한다. 참고로 영국은 연합왕국이기 때문에 이를 구성하는 나라(Home Nations)별로 담당부처가 다르기 때문에 표 6.2는 잉글랜드를 기준으로 작성되었다(Cabinet Office, 2013a).

이를 위해 각 주관부처의 장관들은 소관 재난유형에 대한 행정규칙을 만들 수 있는 행정입법권(Logislative Powers), 급박한 상황에서 긴급조치를 지시할 수 있는 긴급명령권(Urgetn Powers of Direction) 그리고 재난대응기관의 평상시 활동을 감시하고 정보를 요구할 수 있는 기관감독권(Monitoring Powers) 등의 권한을 행사할 수 있다(김학홍 & 권욱, 2017).

## 표 6.2. 재난유형별 주관부처

| | 재난유형 | 주관부처(대비·대응) | 주관부처(복구) |
|---|---|---|---|
| 1 | Terrorism—conventional/siege/hostage | Home Office | Department of Culture Media and Sports |
| 2 | Terrorism—CBRN (Chemical, Biological, Radical, & Nuclear) | Home Office | Department of Environment, Food and Rural Areas |
| 3 | Electronic Attack | Home Office with Centre for the Protection of National Infrastructure | 상황별 결정 |
| 4 | Disruption of supply chains | | |
| | 1) telecommunications, postal services | Department of Business, Innovation and Skills | 좌동 |
| | 2) oil, gas, electricity | Department of Energy and Climate Change | 좌동 |
| | 3) strategic chemicals, manufacturing | Department of Business, Innovation and Skills | 좌동 |
| | 4) healthcare | Department of Health | 좌동 |
| | 5) land, sea transport | Department of Transport | 좌동 |
| | 6) air transport | Department of Transport | 좌동 |
| | 7) finance | Her Majesty's Treasury | 좌동 |
| | 8) food, water, waste | Department of Environment, Food and Rural Areas | 좌동 |
| 5 | Major Software Failure | Cabinet Office | 상황별 결정 |
| 6 | Transport accidents | | |
| | 1) shipping and other accidents at sea | Department of Transport (Maritime & Coastguard Agency) | 좌동 |
| | 2) land transport | Department of Transport | 좌동 |
| | 3) air transport | Department of Transport | 좌동 |
| 7 | Pollution to ground and surface waters, marine and coastal and marine salvage: | | |
| | 1) from vessels and offshore installations | Department of Transport (Maritime & Coastguard Agency) | 좌동 |
| | 2) pollution to ground and surface waters | Department of Environment, Food and Rural Areas and Environment Agency | 좌동 |
| | 3) control of maritime salvage | Department of Transport (Maritime & Coastguard | 좌동 |

| | | | Agency) |
|---|---|---|---|
| 8 | Radiation hazards | | |
| | 1) civil nuclear | Department of Energy and Climate Change | Department of Environment, Food and Rural Areas |
| | 2) defence nuclear installations and material in transit | Ministry of Defence | 상황별 결정 |
| | 3) accidental release in transit | Department of Transport | Department of Environment, Food and Rural Areas |
| 9 | Radiation Hazards (extraterritorial): | | |
| | 1) as a result of terrorism overseas | Home Office | Department of Environment, Food and Rural Areas |
| | 2) as a result of accidents overseas | Department of Energy and Climate Change | Department of Environment, Food and Rural Areas |
| 10 | Hazardous materials (테러, 9번 및 11번 항목 제외) | CCS가 지정 | Department of Environment, Food and Rural Areas (환경정화), Department of Communities and Local Government (주민대피) |
| 11 | Serious Industrial Accidents: | CCS가 지정 | Department of Communities and Local Government |
| | 1) Health and Safety Executive 관련 사고 | Department of Work and Pensions with Health and Safety Executive | 해당없음 |
| | 2) wider economic and commercial impacts | Department of Business, Innovation and Skills | 좌동 |
| | 3) pollution arising | Department of Environment, Food and Rural Areas with Environment Agency | Department of Environment, Food and Rural Areas (환경정화), Drinking Water Inspectorate(식용수) |
| 12 | Severe storms and weather: | CCS가 지정 | |
| | 1) impact on transport | Department of Transport | 좌동 |
| | 2) impact on power | Department of Energy and Climate Change | 좌동 |
| | 3) impact on built environment | Department of Communities and Local Government | 좌동 |

| 13 | Flooding | Department of Environment, Food and Rural Areas | Department of Communities and Local Government |
|---|---|---|---|
| 14 | Dam failures | Department of Environment, Food and Rural Areas | Department of Communities and Local Government |
| 15 | Earthquakes | Department of Communities and Local Government | 좌동 |
| 16 | Major structural failures in buildings | 건축물 소관 부처 | 좌동 |
| 17 | Animal Disease and Welfare | Department of Environment, Food and Rural Areas | 좌동 |
| 18 | Infectious Diseases | Department of Health with Health Protection Agency | 좌동 |
| 19 | Plant diseases | Department of Environment, Food and Rural Areas with Forestry Commission | 좌동 |
| 20 | Food contamination | Food Standard Agency with Drinking Water Inspectorate | 좌동 |
| 21 | Drinking Water Contamination | Department of Environment, Food and Rural Areas with Drinking Water Inspectorate | 좌동 |
| 22 | Emergencies in Crown Dependencies | Ministry of Justice | 좌동 |
| 23 | Disasters Overseas (Provision of UK humanitarian assistance) | Department of International Development | 좌동 |
| 24 | Reception and Housing of UK Citizens evacuated from overseas | Department of Communities and Local Government | 좌동 |
| 25 | Disasters in sports grounds | Department of Culture Media and Sports | 좌동 |
| 26 | Satellite Incidents | Civil Contingencies Secretariat | 좌동 |
| 27 | Major Public Order Incidents (significant civil unrest and disturbance) | Home Office | 상황별 결정 |

* 출처: https://www.gov.uk/government/publications/

## 2.2 지방조직

영국의 재난관리를 보충성의 원칙에 따라 지방정부가 재난관리의 1차 책임을 지닌다. 이에 따라 지역의 대응기관은 현지의 경찰, 소방, 구조ㆍ구급, 의료기관 등 1차 핵심대응기관과 가스, 전기, 철도, 교통기관 등 2차 협력대응기관으로 나뉜다. 일반적으로 영국에서는 지역 경찰이 지역단위의 재난관리에 있어서 기관 간의 조정 역할(Coordination)을 수행하고 있는데, 이는 조정과 협력의 역할에 국한된 것으로 직접적인 지시 또는 통제권을 가지고 있는 것은 아니다.

구체적으로 살펴보면 영국의 재난관리체계는 크게 대비, 대응, 복구 기능에 따라 구분된다. 먼저, 대비에 대해서는 지역회복포럼(Local Resilience Forum; LRF)이라는 기관협력체계를 중심으로 이루어지는데, 앞서 설명한 1차 핵심대응기관이 주된 참여기관이 되고 2차 협력대응기관은 상황에 따라 선택적으로 참여하게 된다. 경찰행정 구역 단위를 기준으로 참여기관 상호간에는 상호협력과 정보공유가 이루어지고 의장은 지역 경찰청장이 맡게 된다. 이를 통해 각종 재난대응계획 등이 수립되고 관련된 교육ㆍ훈련 등이 이루어진다.

대응에서는 비상상황의 규모에 따라 Bronze, Silver, Gold의 계층적 대응모델이 만들어져 있다. 이때 Bronze는 일상적으로 발생하는 사고에 적합한 현장(Operational) 단위의 대응이고, Silver는 일상적 사고보다 심각한 상황으로 전술적(Tactical) 단위의 대응이 필요한 상황이다. 또한, Gold는 매우 심각한 재난 상황에 대한 전략적 (Strategic) 단위의 대응이 필요한 상황으로서 1차 핵심대응기관과 2차 협력대응기관에는 각각 대응기관별로 각 레벨에 맞는 지휘관이 지정되어 비상상황에 따라 상호 연락하고 협력하게 된다. 이때도 레벨별로 기관별 지휘관의 활동은 경찰 지휘관에 의해 총괄ㆍ조정된다. 특히, 전략적 단위인 Gold 레벨의 대응이 필요한 경우에는 전략조정그룹(Strategic Coordinating Group; SCG)이 구성되는데, 이 경우에도 지역 경찰청장이 의장으로 1차 핵심대응기관과 2차 협력대응기관이 참여하게 된다.

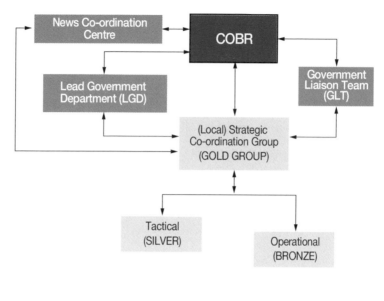

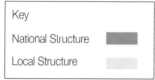

그림 6.2. 중앙-지방 간 재난대응 체계

* 출처: Cabinet Office(2013b)

마지막으로 복구단계에서의 관계기관 협력체계는 복구조정그룹(Recovery Coordinating Group: RCG)이 구성되는데, 앞서 설명한 대비 및 대응단계에서 관계기관 협력체계와는 달리 복구관련 각종 기관이 참석하면서 의장직은 지역 경찰청장이 아닌 관할 지방자치 단체가 직접 맡게 된다.

이러한 지역단위 단위의 관계기관 협력체계 외에도 권역단위의 협력체계가 구성되기도 하는데, 연합왕국을 구성하는 나라별로 명칭이 다르기는 하지만 잉글랜드(England)의 경우를 예로 들면, 대비단계에서는 지역사회 및 지방자치부의 '복원력 및 비상상황과(Resilience and Emergencies Division in Department for Communities and Local Government)'가 그 업무를 담당하고 있으며, 권역별 대응과 복구는 각각 '다중 전략조정 그룹(Multi－Strategic Coordination Group: Multi－SCG)'과 '다중 복구조정그룹(Multi－Recovery Coordination Group: Multi－RCG)'이 구성되어 담당하고 있다(Cabinet Office, 2013b).

# 3. 운용체계

영국의 재난관리에 대한 기본법인 국가재난관리법(Civil Contingencies Act)에서는 'disaster(재난)'라는 용어를 사용하지 않고 'emergency(비상상황)'라는 용어를 기본으로 하고 있다. 이때 비상상황은 재난보다 작은 수준의 사고뿐만 아니라 아직 발생하지 않은 사고까지 포함하는 것으로 영국의 재난관리체계는 다른 나라에서 다루는 재난보다 넓은 범위를 대상으로 한다고 할 수 있다.

구체적으로 비상상황(emergency)을 "인간의 복지, 환경 또는 안보에 심각한 피해를 위협 또는 일으킬 수 있는 어떤 상황 또는 일련의 사건(Cabinet Office, 2013a)"으로, "기상의 악화, 심각한 홍수, 동물 질병, 테러 및 사회 필수기능 및 핵심기반에 대한 초래된 혼란 등"을 포함하고 있다고 정의하고 있다. 즉, 영국의 재난관리체계에서는 재난의 원인 및 유형을 구분하지 않는 통합적 재난관리방식을 채택하고 있으며, 테러와 같은 안보적 요인까지 재난의 범위에 포함하고 있다.

이러한 비상상황은 심각성 등을 기준으로 중앙정부의 지원이 필요한 수준에 따라 다음과 같이 3단계로 구분된다. 1단계 비상상황은 중앙정부 내 주관부처의 지원이 필요한 수준으로 범정부적 대응이 필요로 하는 단계는 아니지만, 2단계와 3단계 비상상황은 이를 넘어서 비상기구인 국가재난관리위원회(COBR)의 가동이 필요하게 된다(김학홍 & 권욱, 2017).

- 1단계 비상상황: 중앙정부 내 주관부처의 지원이 필요한 수준의 비상상황으로 범정부적 대응이 필요한 단계는 아니다. 심각한 기상악화 또는 해외 영사업무 지원과 관련한 비상상황이 이에 해당한다.

- 2단계 비상상황: 중앙정부 내 주관부처뿐만 아니라 그 밖의 관계부처를 포함한 범정부적 대응이 필요한 재난으로 광범위하거나 오래 지속되는 비상상황을 말한다. 테러리스트 공격, 광범위한 도시홍수, 사회필수기능 마비, 심각한 가축질병, 재외국민에 대한 대규모 사고 등이 이에 해당한다. 주관부처장 주관으로 국가재난관리위원회가 가동된다.

- 3단계 비상상황: 범위 및 정도가 극심한 수준의 비상상황으로 즉각적인 범정부적 대응이 필요할 뿐만 아니라 1단계와 2단계 비상상황이 지방정부의 요청에 따른 Bottom-Up 방식을 원칙으로 한다면, 3단계 비상상황은 지방정부의 요청과 무관하게 Top-Down이 이루어지기도 한다. 총리 주관으로 국가재난관리위원회가 가동된다.

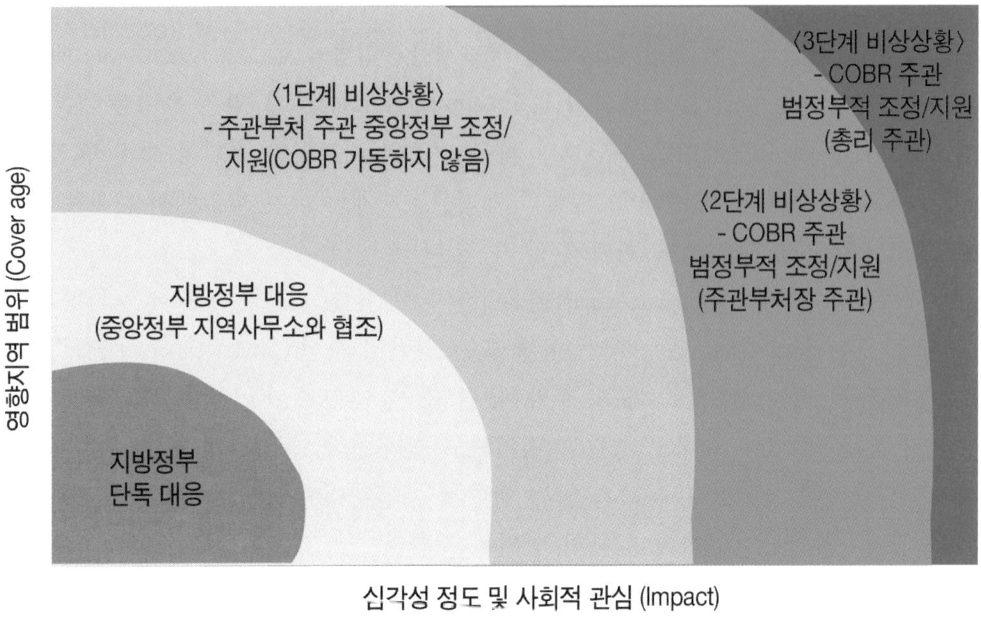

세로축: 영향지역 범위 (Cover age)

가로축: 심각성 정도 및 사회적 관심 (Impact)

〈3단계 비상상황〉
- COBR 주관
범정부적 조정/지원
(총리 주관)

〈1단계 비상상황〉
- 주관부처 주관 중앙정부 조정/
지원(COBR 가동하지 않음)

〈2단계 비상상황〉
- COBR 주관
범정부적 조정/지원
(주관부처장 주관)

지방정부 대응
(중앙정부 지역사무소와 협조)

지방정부
단독 대응

그림 6.3. 비상상황 단계 및 대응주체

# [참고자료]

김학경 (2009). **영국의 국가위기관리체계에 관한 고찰**. 경찰법 연구. 10. 186－216.

김학경 & 권욱 (2017). **영국의 재난관리체계 및 재난위험성 평가제도의 도입 및 적용에 관한 연구**. 한국경호경비학회. 50. 11－32.

Cabinet Office (2013a). Emergency Response and Recovery － Non－statutory Guidance Accompanying the Civil Contingencies Act 2004.

Cabinet Office (2013b). Responding to Emergencies － The UK Central Government Response － Concept of Operations, London: Cabinet Office.

# CHAPTER 07

# 중국의 재난관리체계

## 1. 법령체계

중국의 재난관리 기본법은 2007년에 제정된 「중화인민공화국 돌발사건응대법 (中华人民共和国 突发事件应对法)」이다. 이 기본법은 i) 총칙, ii) 비상사태의 예방 및 대비, iii) 감시 및 조기경보, iv) 긴급조치 및 구조·구제, v) 긴급복구 및 재건, vi) 법적 책임, vii) 부칙의 7개 장으로 구성되어 있다.

재난대응을 위해 국무원에서는 국가적 비상사태(突拔公共事件, Emergency Incident)를 대응하기 위한 종합계획으로 「국가총체 응급예안(国家总体 应急预案, State Overall Emergency Reponse Plan)」을 수립한다. 또한, 각 재난유형별 재난관리 주관부처에서는 재난유형별 비상사태에 대응하기 위한 세부계획의 형태로 「국가단항 응급예안(国家专项 应急预案, Specialized Emergency Response Plan)」을 수립한다. 2022년 기준, 19개의 국가단항 응급예안이 수립되어 운용중이다. 이외에도 부처 단위의 세부계획이 별도로 운용된다. 지방자치단체의 경우에도 이와 유사하게 성, 시·현·촌 등 각급 지방행정기관별로 종합 비상계획, 특별 비상계획 및 부서별 비상계획 등을 운용하고 있다(Wang 등, 2016).

그림 7.1 중국의 재난대응계획 위계

*출처: Wang 등(2016) 재구성

- 국가산불비상대책(2021년 12월)
- 국가 자연재해 긴급구호계획(2020년 10월)
- 국가 홍수 통제 및 가뭄 구호 비상 계획(2020년 10월)
- 국가지진비상대책(2020년 10월)
- 갑작스런 지질 재해에 대한 국가 비상 계획(2020년 10월)
- 산업안전사고 국가재난비상대책(2020년 10월)
- 철도교통사고 대응 국가비상대책(2020년 10월)
- 민항기 비행사고 대응 국가비상대책(2020년 10월)
- 국가해양수색구조 비상대책(2020년 10월)
- 전국 도시철도 운영 비상대응계획(2020년 10월)
- 대규모 정전 국가비상대책(2020년 10월)
- 국가원자력비상대책(2020년 10월)
- 국가환경비상대응계획(2020년 10월)
- 국가통신보안 비상대책(2020년 10월)
- 공중 보건 비상 사태에 대한 국가 비상 대응 계획(2020년 10월)
- 공공 응급 의료 및 건강 구조를 위한 국가 비상 계획(2020년 10월)
- 주요 동물 전염병 국가 비상 계획(2020년 10월)
- 식품안전사고 국가비상대책(2020년 10월)
- 국가 곡물 비상 계획(2020년 10월)

\* 출처: Wang 등(2016) 재구성

## 2. 조직체계

### 2.1 중앙조직

#### ■ 상시기구: 응급관리부(応急管理部)

중앙정부에서 재난관리를 총괄하는 조직은 「응급관리부(応急管理部)」로서 중국은 재난관리에 특화된 전담부처를 중앙정부 내에 운용하고 있다. 특별재난, 중대재난 등 범정부적 재난대응이 필요할 경우, 관련 부서·지역 간의 책임과 역할을 조정하고, 응급사태에 대비한 지도·감독 등의 업무를 수행한다. 이외에도 「국가총체 응급예안(国家总体 応急预案, State Overall Emergency Reponse Plan)」을 작성하는 등 범정부적 재난관리 업무를 수행하고 특히, 산업안전 및 소방행정 업무도 관장하고 있다(Wang 등, 2016).

표 7.1. 응급관리부 주요 부서 및 기관

| 부서 및 기관 | 내 용 |
|---|---|
| 주요부서<br>(机关司局) | • 판공청(办公厅)<br>• 안전생산집법관리감독국(安全生产执法和工贸安全监督管理局)<br>• 구조협조예방관리국(救援协调和预案管理局)<br>• 인사사(人事司)<br>• 교육훈련사(教育训练司)<br>• 위험측정종합재해사(风险监测和综合减灾司)<br>• 화재방지관리사(火灾防治管理司)<br>• 홍수가뭄사(防汛抗旱司)<br>• 지진지질구조사(地震和地质灾害救援司)<br>• 위험화학품안전감독일사(危险化学品安全监督管理一司)<br>• 위험화학품안전감독이사(危险化学品安全监督管理二司)<br>• 안전생산기초사(安全生产基础司)<br>• 안전생산종합협조사(安全生产综合协调司)<br>• 구조 물자보장사(救灾和物资保障司)<br>• 정책법규사(政策法规司)<br>• 국제합작구조사(国际合作和救援司)<br>• 계획재무사(规划财务司)<br>• 조사평가통계사(调查评估和统计司)<br>• 신문선전사(新闻宣传司)<br>• 기술정보화사(科技和信息化司)<br>• 응급지휘센터(应急指挥中心)<br>• 퇴직간부국(离退休干部局)<br>• 기간당위(机关党委) |
| 상주기관<br>(派驻机构) | • 중앙국가감독위원회 기율검사 감독팀<br>  (中央纪委国家监委驻应急管理部纪检监察组) |
| 소속기관<br>(部属单位) | • 중국지진국(中国地震局)<br>• 국가탄광안전감찰국(国家煤矿安全监察局)<br>• 소방구조국(消防救援局)<br>• 삼림소방국(森林消防局)<br>• 국가안전생산응급구조센터(国家安全生产应急救援中心)<br>• 중국소방구조학원취업망(中国消防救援学院招生就业网) |

* 출처: 응급관리부 홈페이지(2022)

**■ 비상기구: 국가돌발사건 응급지휘부(国家突发事件 应急指挥机构)**

응급관리부와 같은 상시조직 외에도 비상시에는 국무원 총리를 지휘관으로 관계부처·기관 등이 참여하는 범정부적인 비상기구인「국가돌발사건 응급지휘부(国家突发事件 应急指挥机构)」가 가동되게 된다. 이는 원칙적으로 성급 지방정부의 독자적인 대응역량을 넘어서는 중대재난 발생 시에 가동하도록 되어 있다. 재난발생 상황을 조사하여 대응방향을 결정하여 이행하고, 필요한 경우에 현장상황관리팀을 파견하고 인력·장비 등을 동원하여 파견·배치하기도 한다(Wang 등, 2016).

이외에도 재난유형별로 별도의 비상기구 등이 운영되는데, 국가홍수가뭄총지휘부(国家防汛抗旱总指挥部), 국무원지진구조지휘부(国务院抗震救灾指挥部), 국가삼림초원화재방지지휘부(国家森林草原防灭火指挥部), 국무원안전생산위원회(国务院安全生产委员会), 국가자연재해위원회(国家减灾委员会)로 5개 종류가 운용되고 있다.

## 2.2 지방조직

재난관리를 담당하는 지방인민정부의 행정조직은 중앙정부와 대응하는 형태이다. 성급 지방자치단체에는 응급관리청(应急管理厅) 등이 설치되어 있으며, 재난발생 시 하위 지방자치단체를 지원하는 등 필요한 재난대응을 실시하고 대규모 발생 및 조치사항에 대해 중앙정부에 보고한다. 이외에 지방단위의 비상응급계획을 작성하고 산업안전 관리, 재난 조기경보 등을 실시한다(Wang 등, 2016).

또한, 대규모 재난에 대해서는 성주를 지휘관으로 관계부서·기관 등이 참여하는 비상기구인「돌발사건 응급지휘부(突发事件应 急指挥机构)」를 가동하게 된다. 관할지역의 관계기관장뿐만 아니라 지역 중국인민해방군 및 무장경찰부대 등의 기관장 등도 참여하여 통일된 리더십을 통해 괄할지역 내의 관계부서·기관 및 하위 지방정부 간의 역할조정 등을 하게 된다.

# 3. 운용체계

중국의 재난관리 기본법인「중화인민공화국돌발사건응대법」이 대상으로 하는 재난의 유형은 i) 홍수·가뭄·지진 등과 같은 자연재난, ii) 교통사고·환경오염 등과 같은 사고성 재난, iii) 인체 감염병·동물 전염병·식품안전 등과 같은 공중보건

사건, iv) 테러공격·경제안보 등과 같은 사회안전 사건으로 포괄하는 범위가 넓다. 모든 재난에 대해서는 해당하는 재난에 대해 가장 적합한 주관부처, 즉 재난관리 주관기관에 의해 대응이 이루어진다(Wang 등, 2016).

재난은 4개 등급으로 구분되는데, 1급(특별재난), 2급(중대재난), 3급(대형재난), 4급(일반재난)으로 구성된다. 이 중에서 1급(특별재난)은 「국가돌발사건 응급지휘부(国家突发事件 应急指挥机构)」 가동과 같은 범정부적 대응이 필요한 재난이다(Wang 등, 2016).

재난에 대한 등급은 사전에 지정된 기준에 따라 재난관리 주관기관에서 선포하게 되는데, 특히 1급 재난은 재난관리 주관기관의 건의에 따라 국무원이 선포하게 된다. 예를 들어, 산불의 경우 24시간, 48시간, 72시간 내에 진압이 어려운 경우에, 각각 4→3→2급 재난으로 국립산불예방사령부에서 선포하며, 피해면적인 10만ha를 초과하면 국립산불예방사령부의 건의에 따라 국무원이 1급 재난으로 선포한다(Wang 등, 2016).

중국에서도 재난관리의 기본원칙 중의 하나인 '보충성'의 원칙에 따라 해당 지역에서 발생한 재난사고에 대해서는 우선 해당 관할지역의 지방정부에서 우선 대응하는 것을 원칙으로 한다. 하지만 피해규모가 확산되거나 발생규모가 큰 경우에는 성급 지방인민정부와 같이 상급기관 또는 중앙정부에서 대응하게 된다. 재난으로 인한 영향이 둘 이상의 행정구역에 영향을 미치게 되는 경우에도 상급 인민정부로 대응책임이 이양되고, 대응역량을 초과하는 경우에는 상급정부에 보고하고 지원을 요청하게 된다(Wang 등, 2016).

# [참고자료]

Wang, Z., Chang, E.Y., Liu, K. S., & Yeung, M. PS. (2016). The Disaster and Emergency
    Management System in China – Policy Report. Hong Kong: Collaborating
    Centre for Oxford University & CUHK for Disaster and Medical
    Humanitarian Response.

# CHAPTER

# 08

# 독일의 재난관리체계

## 1. 법령체계

우리나라의 헌법과 유사한 「독일기본법」에는 재난관리에 대한 중요규정을 이미 반영하고 있다. 예를 들어, 자연재난, 감염병 위험, 특별 중대사고의 개념을 규정하며 필요한 경우에는 격리조치, 이동제한 등을 실시할 수 있는 근거와 특정 행정구역을 넘어서는 대규모 재난에 대해 연방정부가 다른 행정구역의 인력 · 장비 등을 투입할수 있도록 명령하는 행정응원에 대해 근거를 규정하고 있다(이기춘, 2016).

「독일기본법」의 재난관리에 관한 근거 규정을 보다 구체화한 것이 「연방 민방위 및 재난지원에 관한 법률(ZSKG)」이다. 이는 1997년에 제정된 「민방위법(ZSG)」을 2009년에 기존 민방위 개념에 재난지원 관련 개념을 추가하여 전면 개정한 법률로서, 현재 재난관리 분야의 기본법의 역할을 하고 있다. 아울러 각 주별로 이에 대응하는 독자적인 재난관리 관련법령(뷔르템베르크 주, 시민보호법(LKatSG BW) 등)이 있다(최미옥, 2010).

이외에 독일의 재난관리 총괄기구 역할을 하는 연방 국민보호 · 재난관리청 설립의 근거가 되는 「연방 국민보호 · 재난관리청 설립에 관한 법률(BBKG)」이 2004년에 제정되었으며, 연방기술지원단 설립의 근거가 되는 「연방기술지원단의 지원관계에 관한 법률(THW−HelfRG)」도 제정되었다(최미옥, 2010).

# 2. 조직체계

## 2.1 중방조직

### ■ 연방 내무부(BMI)

연방정부의 내무부(BMI)는 4개의 차관을 두고 있는데, 이 중 제4차관이 재난관리 업무를 관장한다. 구체적으로는 제4차관실 내의 4개의 실 중에서 제3실인 위기관리 및 국민보호실이 재난관리 업무를 관장한다. 이에 따라 위기관리 및 국민보호실은 연방 내무부 산하에 있는 연방 국민보호·재난관리청, 연방기술지원단, 국민방위아카데미의 업무를 총괄하고 있다(최미옥, 2010).

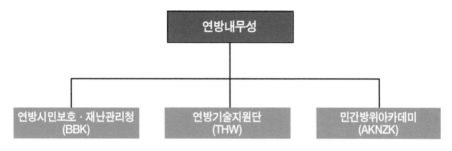

그림 8.1 독일 연방정부의 재난관리 조직

\* 출처: http://www.bbk.bund.de

### ■ 연방 국민보호 · 재난지원청(BBK)

2004년에 설립된 연방 내무부 산하에 있는 외청으로서 연방 국민보호·재난지원청(BBK)은 연방정부 내에서 재난관리를 총괄·조정하는 전담조직으로 주 또는 지방정부의 재난관리 활동을 지원한다. 공동신고상황센터(GMLZ)를 통해 주정부의 재난상황을 파악하고, 비상정보체계(deNIS)를 통한 재난정보 제공, 경보센터(Warn Z)를 통한 경보발령 등의 업무를 수행한다(최미옥, 2010).

청장 아래 5개의 국을 두고 있는데, 위기관리(Krisenmanagement), 위험관리 및 국제협력(Risikomanagement, Internationale Angelegenheiten), 과학기술(Wissenschaft und Technik), 국민보호훈련 및 교육(Bundesakademie für Bevölkerungsschutz und Zivile Verteidigung), 일반사무(Zentrale Dienste)의 업무를 담당한다(최미옥, 2010).

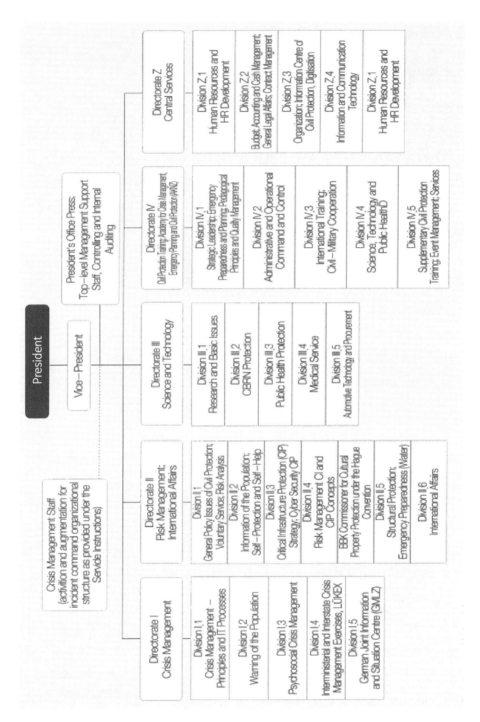

그림 8.2 연방 국민보호 · 재난지원청(BBK)의 조직

* 출처: http://www.bbk.bund.de

### ■ 연방기술지원단(THW)

연방기술지원단(Technisches Hilfswerk; THW)은 재난발생시 수색·구조, 응급복구 등 경찰·소방 활동을 포함한 다양한 재난대응 업무를 지원하기 위한 기관이다. 국내외 재난에 대한 기술적, 인도적 지원도 제공한다. 전체 인원 중 상근 공무원은 2%에 불과하고 나머지 98%는 민간 자원봉사자로 구성되어 있다. 독일 전역에 걸쳐 관할지역별로 66개의 지원본부를 두고 있으며, 지방정부와 대응하는 668개의 지원단을 갖추고 재난대응 업무를 수행하고 있다. 특히, 지원단별로 업무 수행을 위한 각종 장비·차량 등을 구비하고 있으며, 재난발생시 가동되는 기능은 표 8.1과 같다(최미옥, 2010).

#### 표 8.1 연방기술지원단의 기능별 팀 구성

| 구 분 | 역할 및 기능 |
|---|---|
| 구조팀(Bergungsgruppe) | 사람, 동물 및 재산의 구조 및 복구 등 |
| 기반시설복구팀(Infrastruktur) | 기반시설에 대한 회선 구축 및 보안 조치, 전기·가스 설치 작업 등 |
| 유류피해 관리팀(Ölschaden) | 식수·생활수와 유류 분리작업, 크레인 작업, 유류 탐사 등 |
| 잔해 제거팀(Räumen) | 건물 또는 파편 철거, 컨테이너 운송, 경로의 임시 포장 등 |
| 전기공급팀(Elektroversorgung) | 전기 작업 및 네트워크 구축, 위험인식에 따른 보호조치 등 |
| 대형인양팀(Schwere Bergung) | 인명 구조, 물적 자산의 복구, 토목·토공/금속 관련 보조공사 등 |
| 배수·하수처리팀<br>(Wasserschaden/Pumpen) | 폐수에 대한 처리, 파이프라인 건설, 펌프 작업 등 |
| 탐지·탐색팀(Orten) | 실종·매장 인원 탐색, 위치추적, 구조 등 |
| 지휘통제팀<br>(Führung/Kommunikation) | 지휘 및 통제, 인력 및 물자 지원 등 |
| 물자운송팀<br>(Logistikstelle Verpflegung) | 물자 조달 및 비축, 물자창고 설치 및 운영 등 |
| 발파·폭파팀(Sprengen) | 폭발·발화성 물질 취급, 발파, 열공학적 처리 등 |
| 물공급 및<br>정수팀(Trinkwasserversorgung) | 식수 공급·저장·운송, 정수 처리, 식수 공급 네트워크 및 회선 구축 등 |

* 출처: 최미옥(2010) 재구성

비상기구로서 연방정부 차원에서 부처 간에 재난대처를 위한 정책의 조정·협력을 위한 「부처 간 조정그룹(Inter-Ministerial Coordination Group)」을 가동하여 운영하기도 하고 대규모 재난에 대해서는 내무부－환경부, 내무부－보건부 등 부처 간 공동대응을 위한「공동위기관리단」을 운영하기도 한다(최미옥, 2010).

## 2.2 지방조직

각 주에도 내무부에 소방·구조 및 재난관리를 담당하는 부서가 있어서 재난관리를 관장한다. 각 주별로 독자적인 재난관리 법령을 운용하고 독립적으로 재난관리 체계를 운영하고 있다. 즉, 주정부는 재난관리에서 가장 중요한 기관이다. 이외에 시 등 지방정부에도 지역에 따라 재난관리를 전담하는 부서를 두고 있다(최미옥, 2010).

# 3. 운용체계

보충성의 원칙에 따라 원칙적으로 재난관리는 주 또는 지방정부의 권한과 책임 하에 있으며, 주 또는 지방정부의 역량을 초과하는 재난에 대해서 연방정부가 지원 하는 체계이다.

대규모 재난에 대한 연방차원의 대응지원을 위해 3단계로 나누어서 단계별로 연방기술지원단 외에 연방방위군 등을 투입한다. 1단계는 초기 대응단계로 연방기술 지원단과 소방·경찰 인력 일부가 투입된다. 2단계는 총력 대응단계로 연방기술지 원단과 소방·경찰 인력이 추가 투입되고, 인접 지역기관들과 연계하여 가용자원이 총투입된다. 그리고 3단계는 최고수준의 대응으로 연방방위군까지 지원이 이루어진 다(최미옥, 2010).

# [참고자료]

최미옥 (2010). **재난관리체계에 대한 한국과 독일의 비교연구.** 한국사회과학논총. 제20권 제2호.
이기춘 (2016). **독일 재난관리법의 기초.** 지방자치법연구 통권 제50호, 제16권 제2호.

# CHAPTER

## 09

# 호주의 재난관리체계

## 1. 법령체계

호주의 재난관리에 대한 기본법률은 「국가 비상사태 선포법(National Emergency Declaration Act 2020)」이다. 재난상황이 국가적 중요성을 가지면, 총리(Prime Minister) 의 권고에 따라 총독(Governor−General)은 국가비상사태를 선포하게 된다. 국가비상 사태가 선포되면 정부부처는 재난대처를 위해 다양한 실행권한을 확보하게 된다. 특 히, 신속한 재난대처를 위해 필요한 행정절차를 최소화하는 형식으로 업무방식이 전 환된다(PM & C, 2023).

호주도 법률적 정의에서 재난을 다른 나라와 유사하게 자연재난과 인위재난으 로 구분하고 있다. 다만, 인위재난의 범주에 통상 포함하고 있지 않는 전통적, 사이 버, 생화학 등 다양한 테러활동을 포함하는 포괄적 개념으로 접근하고 있다.

또한, 호주 헌법에서는 재난대처가 주정부를 중심으로 이루어지도록 주정부에 1차적인 책임과 권한을 부여하고 있다. 이에 따라 각 주별로 「재난관리법(Disaster Management Act)」을 제정하여 지역별 재난의 특성을 고려하여 재난관리를 하도록 하 고 있다(PM & C, 2023).

## 2. 조직체계

### 2.1 중앙조직

연방정부에서 재난관리는 내무부(Department of Home Affairs)에서 관장하고 있다. 내무부의 주요업무는 재난관리뿐만 아니라 테러안보, 이민정책, 국경관리 등을 포함 하고 있는데, 미국의 국토안보부와 유사한 형태라고 볼 수 있다.

이 중에서 재난관리 업무는 2022년에 기존의 Emergency Management Australia 와 National Recovery and Resilience Agency를 합병한 국가재난관리청(National Emergency Management Agency; NEMA)이 관장하고 있다. 국가재난관리청에는 국가상황실(National Situation Room; NSR)을 두어 재난발생시 실시간 상황관리, 지원업무 조정 등을 실시하고 있다(PM & C, 2023).

원칙적으로 연방정부는 주정부의 대응역량을 넘어서는 재난이 발생하여 주정부의 지원요청이 있는 경우, 재난의 영향이 국익과 직접적으로 연계된다고 판단되는 경우, 재난이 2개 이상의 주정부에 영향을 주어서 협력적 대응을 해야 할 경우 등에 한해 개입하는 것을 원칙으로 하고 있다.

**NEMA Organisational Structure – 15 September 2023**

| Coordinator-General<br>Brendan Moon AM | | |
|---|---|---|
| Deputy Coordinator-General<br>Emergency Management and Response Group<br>Joe Buffone PSM | Chief Operating Officer<br>COO Group<br>Vidoshi Jana FCPA | A/g Deputy Coordinator-General<br>Disaster Resilience and Recovery Group<br>Andrew Chandler |
| National Coordination Mechanism<br>A/g Assistant CG<br>Caitlin Bell | Corporate<br>Assistant CG<br>Cindy McGhie | Enterprise Governance<br>A/g First-Assistant CG<br>Sandon Morrell |
| National Crisis Operations<br>Assistant CG<br>David Long | Data and Technology<br>Assistant CG<br>Paul Gloyne | National Capability and Governance<br>A/g Assistant CG<br>Jamie Rossiter |
| National Resilience Capability Programs<br>A/g First-Assistant CG<br>Andrew Hocking | Media and Communications<br>A/g Senior Director<br>Karla Bridges | Review Taskforce<br>Assistant CG<br>Alison Sommerville |
| Community Engagement<br>Assistant CG<br>Angela Cameron | Strategic Engagement<br>A/g Assistant CG<br>Melanie Skinner | Policy and Programs<br>A/g First-Assistant CG<br>Andrew Minack |
| Operational Capability<br>Assistant CG<br>Bradley Creevey | | Policy and Design<br>A/g Assistant CG<br>Jo Hutchinson |
| | | Resilience and Community Programs<br>Assistant CG<br>Sophie Cartwright |
| | | Recovery Programs<br>A/g Assistant CG<br>Karina Menday |

그림 9.1 국가재난관리청 조직도

* 출처: PM & C(2023) 재구성

재난상황에서 총리는 필요에 따라 각 부처장관으로 구성된 내각을 소집하여 향후 대책을 논의하여 시행한다. 또한, 주정부와의 협력이 추가적으로 필요하면 각 주지사 등으로 구성된 최고위 협의기구인 국가 내각(national cabinet)을 소집하기도 한다.

이외에 재난상황에서 실무적 차원의 비상기구를 운영하는데, 위기 및 복구위원회(Australian Government Crisis and Recovery Committee: AGCRC)와 국가조정체계(National Coordination Mechanism; NCM)가 대표적이다. 두 기구 모두 국가재난관리청 내에서 담당국장(deputy coordinator)이 관장하고 된다. 위기 및 복구위원회가 연방정부 내 관련 부처 실국장급 공무원을 위원으로 하는 데 반해, 국가조정체계는 이외에 주정부 관련기관의 실국장급 공무원까지 포함하고 있는데, 상호간의 관계는 그림 9.2와 같다 (PM & C, 2023).

해외재난의 경우에는 범정부 재난관리 T/F(Inter−Departmental Emergency Taskforce; IDETF)를 가동하여 국내재난의 위기 및 복구위원회를 대신하게 된다. 이 경우, 외교통상부 차관이 범정부 재난관리 T/F와 국가조정체계의 두 기구를 모두 관장한다. 다만, 필요한 경우, 국내 및 해외재난 모두에 대해 내각부(Department of Prime Minister and Cabinet) 차관이 이러한 비상기구를 직접 관장할 수도 있다(PM & C, 2023).

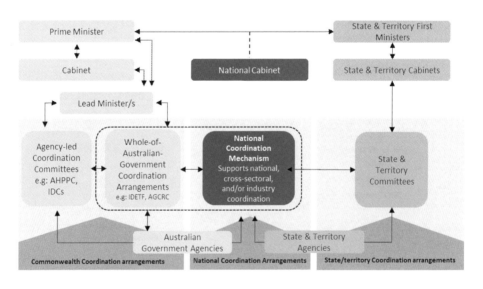

그림 9.2 국가조정체계의 작동원리

* 출처: PM & C(2023)

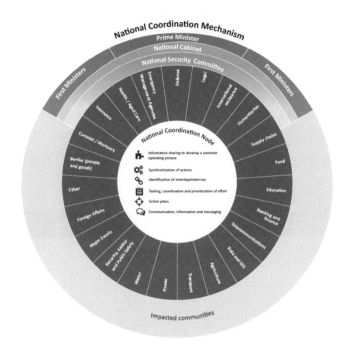

그림 9.3 국가조정체계의 구성

* 출처: PM & C(2023)

## 2.2 지방조직

호주에서는 주정부에 해당 지역에서 발생하는 재난관리의 1차적 대응책임이 있으며, 주도적인 역할을 하고 있다. 따라서 각 주에는 소방·구조 및 재난관리를 담당하는 부서가 있어서 재난관리를 관장한다. 독자적인 재난관리 법령을 운용하며 독립적으로 재난관리체계를 운영하고 있다. 이외에 시 등 지방정부에도 지역에 따라 재난관리를 전담하는 부서를 두고 있다.

# 3. 운용체계

호주 정부에는 일명 "호주 위기관리 기본체계(Australian Government Crisis Management Framework; AGCMF)"에 따라 재난에 대한 예방, 대비, 대응, 복구를 실시하고 있다. 특히, 재난대응에 대해서는 연방 재난대응계획(Australian Government Disaster Response Plan;

COMDISPLAN)이 세워져 있다. 연방 재난대응계획은 국가재난관리청 담당국장이 가동을 결정하며, 국가상황실에서는 이에 따라 주정부로부터 들어온 지원요청 사항을 조정한다 (PM & C, 2023).

각종 재난은 유형에 따라 표 9.1과 같이 연방정부 차원의 주관부처(lead ministry)가 규정되어 있어, 연방정부 차원에서 범정부적 재난대응이 필요한 경우에 주관부처가 이를 관장하도록 하고 있다. 이러한 주관부처는 연방정부에서 범정부적 대응이 필요하지 않은 경우에도 주정부 재난대응에 필요한 지원을 실시하기도 한다.

표 9.1 재난유형별 주관부처

| 주관부처 | 재난유형 |
|---|---|
| 외교통상부 | 해외재난 |
| 내무부 | 보안사고, 테러활동, 주관부처가 불분명한 재난 |
| 농림·수산·산림부 | 동식물 생화학 사고 |
| 보건·노인부 | 공중보건 또는 인체 유해상 테러활동 |
| 산업·과학·에너지·자원부 | 에너지 공급위기 |
| 사회기반·교통·지역개발·통신부 | 교통사고(해상 및 항공) |
| 내무부(국가재난관리청) | 자연재난, 우주재난 |

* 출처: PM & C(2023)

# [참고자료]

PM & C (2023). Australian Government Crisis Management Framework. Department of the
     Prime Minister and Cabinet, Australian Government. September, 2023.

# CHAPTER
# 10

# 스위스의 재난관리체계

## 1. 법령체계

스위스는 재난에 대한 위험도가 높지 않은 국가로 평가되고 있지만, 반면에 중립국임에도 불구하고 주변 강대국의 전쟁에 자주 휘말리면서 국민보호를 위한 민방위 체계가 매우 잘 발달된 나라이다. 스위스의 재난관리체계는 이렇게 전쟁에 대처하기 위해 발달된 민방위 개념을 기반으로 발달하여 왔다.

스위스는 이러한 배경을 바탕으로 하여 연방헌법에 다양한 위험으로부터 국민보호를 위한 민방위에 관련된 조항이 있으며, 이를 근거로 하여 1962년 제정된 「연방 국민보호 · 방위 기본법(Federal Act on Civil Protection and Civil Defence; CPDA)」이 재난관리에 대한 기본법으로 자리잡고 있다. 「연방 국민보호 · 방위 기본법」은 "다양한 위험으로부터 국민보호 및 국민경보, 구조 · 의료 · 구호 지원 등을 유관기관 협력, 문화유산 보호, 주 · 지방정부의 재난관리에 대한 지원" 등을 규정하고 있다 (DDPS, 2023).

이외에 하위법령으로 보호 · 지원 규정(Protection and Support Ordinance; CDO), 경보 · 방송 규정(Ordinance on Issuing Warnings, Raising the Alarm and Broadcasting Instructions to the Public; AlarmO), 화생방 및 자연재난 개입조직에 관한 규정(Ordinance on the Organisation of NBC and Natural Disaster Intervention) 등이 있다(DDPS, 2023).

# 2. 조직체계

## 2.1 중앙조직

### ■ 연방 국방 · 시민보호 · 체육부와 연방시민보호청

연방정부에서 재난관리 업무를 관장하는 기관은 '연방 국방 · 시민보호 · 체육부 (Federal Department of Defense, Civil Protection and Sport; DDPS)'이다. 다만, 연방 국방 · 시민보호 · 체육부는 재난관리에 전문화된 기관이라기보다는 다음과 같이 국방, 정보, 지형, 민방위, 체육 등 총 7개의 매우 광범위한 기능을 가진 복합기능기관이다 (DDPS, 2023).

예를 들어, 전반적인 지원업무를 담당하는 사무총국(General Secretariat) 외에 국방청(Armed Forces), 연방정보청(Federal Intelligence Service), 연방군수청(Federal Office for Defense Procurement), 연방지리청(Federal Office of Topography), 연방국민보호청 (Federal Office for Civil Protection), 연방체육청(Federal Office of Sports)이 있다.

이 중에서 연방시민보호청(Federal Office for Civil Protection; FOCP)이 재난 등 각종 위험으로부터 시민보호의 기능을 담당하고 있다. 연방시민보호청은 2022년 현재, 총 324명이 근무하고 있다. 주요 기능으로는 전략운영실, 정책관리실, 자원관리실, 국가 비상상황실(National Emergency Operations Center; NEOC), 민방위교육원, Spiez 화생방 연구실이 있다(DDPS, 2023).

### ■ 국가 비상상황실과 연방 민방위 위기관리위원회

연방시민보호청에는 국가 비상상황실(National Emergency Operations Center; NEOC) 이 365일 상시 운영된다. 국가 비상상황실은 평상시 다른 연방기관뿐만 아니라 주 (canton) 및 국제기관 등과 재난관련 정보를 공유하면서 관련조치를 취하는 최일선 상황관리 기관이다(NEOC, 2023).

만약, 국가적 중요성을 가진 재난이 임박하거나 발생하면 비상기구로서 연방 민방위 위기관리위원회가 가동된다. 이때 앞서 설명한 국가비상상황실이 사무국의 역할을 맡으면서, 시민보호와 관련된 사고정보를 접수받아 상황평가를 거쳐 연방 민방위 위기관리위원회의 가동 필요성에 대한 실무적 판단을 하게 된다(NEOC, 2023).

우리나라의 국무회의와 같은 연방회의(Federal Council)가 평상시 중요 국가정책 등을 논의하는 장관급 협의체라고 한다면 연방 민방위 위기관리위원회는 재난상황에서 임시로 가동되는 실무적 비상 협의체이다.

연방 민방위 위기관리위원회는 크게 관계기관 실국장 회의체, 관계기관 전문가로 구성된 전략계획반, 국가비상상황실이 담당하는 운영지원반으로 구성된다. 주된 기능으로는 위기상황에 대한 평가 및 정보공유, 관련 연방·주 등 정부기관·사회기반시설 운영기관 등과의 협력, 관련 국가자원의 지원조정 등을 담당하고 있다.

## 2.2 지방조직

스위스에서는 주정부가 해당 지역에서 발생하는 재난관리의 1차적 대응책임이 있으며, 주도적인 역할을 하고 있다. 따라서 각 주에는 소방·구조 및 재난관리를 담당하는 부서가 있어서 재난관리를 관장한다. 독자적인 재난관리 법령을 운용하며 독립적으로 재난관리체계를 운영하고 있다. 이외에 시 등 지방정부에도 지역에 따라 재난관리를 전담하는 부서를 두고 있다.

# 3. 운용체계

다른 나라와 마찬가지로 원칙적으로 스위스에서 발생한 재난에 대해서는 가급적 주(Canton)에서 처리하는 것을 원칙으로 하고 있다. 또한, 재난 수준이 주(Canton) 정부 역량을 능가하게 되면 연방정부에서 지원을 하는 것도 유사하다.

다만, 업무체계에서 주정부 간 협정(inter-cantonal agreements)이 일반화되어 있는 것은 주목할 만하다. 즉, 연방정부 지원을 받기 이전에 가급적 인접하는 주정부 간 상호지원을 통해 재난에 대처하는데 주안점을 두고 정책을 추진하고 있는 것이다. 이는 소방, 경찰 등과 같은 현장의 초기대응 분야에도 공통적으로 적용된다 (DDPS, 2023).

# [참고자료]

DDPS (2023). Civil Protection at the Federal Level. https://www.babs.admin.ch/en/home.
html. Retrieved on Oct. 16, 2023.

NEOC (2023). The Federal Civil Protection Crisis Management Board's Operations and
Support Unit. https://www.naz.ch/en/naz/eo.html. Retrieved on Oct. 16,
2023.

# CHAPTER 11

# 프랑스의 재난관리체계

## 1. 법령체계

프랑스는 2001년 미국 9 · 11 테러를 계기로 해서, 1987년부터 존재해온 비상계획체계를 전면 개편하기 위해 재난안전에 관한 새로운 개념과 원칙을 반영한 재난관리 법률체계 개편작업에 착수하였다. 그 결과물로 탄생한 것이 현재 재난관리를 위한 기본법의 역할을 하고 있는 「시민안전 현대화에 관한 법률(Loi de Modernisation de Scurite Civile)」이다. 이 법률은 총 6편으로 구성되어 있으며, 국내 재난관리뿐만 아니라 해외재난에 대한 대처 규정까지 포괄적으로 망라하고 있다(전미희, 2013).

표 11.1 「시민안전 현대화에 관한 법률」의 주요 내용

| 체계 | 주요 내용 |
|------|-----------|
| 제1편 | 법률의 목적, 재난관리 주체별 임무, 재난관리 기본 방향 |
| 제2편 | 시민안전에 대한 관련 조직, 시민안전예비군 동원체계, 시민안전협회에 관한 규정 |
| 제3편 | 재난안전 책임기관들간 연례연합회 규정, 지방자치단체 간 협력체계 등 |
| 제4편 | 전문 및 자원소방대원 인력관리, 군 소방인력 규정 등 |
| 제5편 | 해외재난 관리에 관한 규정 |
| 제6편 | 부칙 |

## 2. 조직체계

### 2.1 중앙조직

많은 사람들은 프랑스는 혁명의 국가이기 때문에 지방자치 및 지방분권이 매우 발달한 국가라고 생각한다. 하지만 프랑스는 전통적으로 지방자치단체에 대한 중앙

정부의 통제권이 상대적으로 강한 중앙집권적 국가이다. 같은 맥락에서 재난관리 분야에서도 지방자치단체에 대한 중앙정부의 통제권은 강력하다.

그림 11.1 내무부 조직체계

* 출처: 전미희(2013)

중앙정부에서 재난관리 관련 총괄·조정 조직은 내무부에서 맡고 있다. 내무부의 조직은 지방자치총국, 시민방어안전총국, 행정개혁평가국, 국가경찰총국의 총 4개의 총국으로 구성되어 있는데, 이 중에서 시민방어안전총국(Direction de La Defense et La Securite Civile)이 재난관리 업무를 주관하고 있다. 시민방어안전총국은 재난안전위원회의 사무국 역할도 하고 있는데, 시민방어안전총국장도 재난안전위원회의 위원이다(김미희, 2013).

　내무부 조직을 살펴보면 먼저, 지방자치총국은 지방자치단체에 관한 법령, 국가와 지방자치단체 간 사무분장, 지방공무원의 인력관리 등 지방자치에 대한 업무를 담당한다. 행정개혁평가국은 정부 행정체제의 현대화 작업을 위한 관련 법령의 정비, 업무의 재조정, 진행상황 평가 등의 업무를 총괄한다. 또한, 국가경찰총국은 국가경찰청을 총괄·지휘하면서 국방부와 긴밀한 협력관계 속에서 군경찰의 지원을 받아 전국 치안서비스를 총괄한다.

　마지막으로 시민방어안전총국은 국가의 재난방지 및 처리 등 재난관리 업무를 총괄하고 있다. 이를 위해 시민방어안전총국은 그림 11.1과 같이 1실(업무지원), 4국(위기관리, 재난대응, 소방구조, 물류지원)을 두고 있으며, 이외에 별도로 3개의 특별조직(감사실, 시·도 소방구조국, 국제협력실)과 1개의 교육시설(소방간부학교)로 구성되어 있다. 전국 60여 개 지역사무소 등에서 총 2,500명의 재난관리 공무원이 근무하고 있다(김미희, 2013).

　이 중에서 위기재난대응국 내의 부처간협력조정과는 부처 간 통합관리대응센터(COGIC, 중앙위기관리센터)를 운영하며, 국가안전 및 시민보호에 관한 전국적 대응업무를 총괄·조정하고 있다. 구체적으로 중앙위기관리센터는 작전상황 및 집행업무 등을 총괄하는 작전본부의 역할을 수행하고 있으며, 사전에 국가위기 및 시민안전에 관한 대응체제 및 훈련체제 등의 계획을 수립하여 운용하고 있다(김미희, 2013).

## 2.2 지방조직

　프랑스의 지방자치단체는 Commune(꼬뮌), Departement(데파트망), Region(레종)이 각각 기초, 중역, 광역자치단체의 역할을 하는 3단계로 구분된다. 기초자치단체인 꼬뮌의 시장은 자치경찰, 소방인력 등을 지휘하여 비상상황이 아닌 일상사고를 수습한다(전미희, 2013).

　다만, 중역 및 광역자치단체인 데파트망 및 레종의 자치단체장은 비상상황에 대한 어떠한 책임도 없다. 오히려, 데파트망 단위로 국가에서 임명하는 국가임명 지사가 재난관리 업무에 대해서는 중심적 역할을 하고 있다. 데파트망 프레페는 국가 지방행정기관장으로 지역비상계획을 수립하여 비상상황에서 구조·구급업무를 총괄·지휘한다(전미희, 2013).

　코뮌에 재난안전 부서가 있기도 하지만, 주로 데파트망 단위의 국가 지방행정기관에 재난안전 부서를 설치 운영 중이므로, 여기서 중앙정부와 지방자치단체 간 재난안전 분야에 대한 가교역할을 수행하고 있다고 볼 수 있다.


## 3. 운용체계

프랑스에서는 비상사태의 규모, 지역, 장소 등에 관계없이 국가차원에서 단일화된 비상체계를 갖추고 있는데, 이러한 국가비상계획을 '오르섹(Plan ORSEC)'이라고 한다. 오르섹은 내무부 시민방어안전총국에서 작성하며, 다양한 형태의 비상상황 발생에 대비하여 단일체계로 구성되면서도 다차원적 구조로 되어 있을 뿐만 아니라 상시 감시체계를 활용하여 위험발생 가능성 예측부터 사전 예방대책 전개 등까지 포괄하는 종합계획이다(김미희, 2013).

이외에 특별비상계획(Plan Specifique)으로 불리는 세부계획으로는 지역별 비상계획과 시설별 비상계획이 있다. 지역별 비상계획은 PSS(Plans de Secours Specialises)라고 불리며, 지역별로 발생하는 재난에 대처하기 위한 비상계획으로 국가도지사가 작성하도록 되어 있다(김미희, 2013).

이외에 사회기반시설 등에 대한 시설별 비상계획은 시설운영기관 등에서 시설별 특별비상계획(Plan Particuliers d'Intervention; PPI)을 수립하여 국가도지사에게 승인을 받게 된다. 아울러 특별비상계획을 세우는 기관에서는 기관의 영속성을 유지하기 위해 기관내부의 비상계획(Plan d Operation Interne; POI)을 수립하여 운영하고 있다(김미희, 2013).

프랑스에서는 재난 및 사고를 4단계로 구분하고 있다. 먼저, 1단계는 기초자치단체인 꼬뮌에서 대처가능한 수준으로 일상사고 수준이다. 2단계는 중역자치단체인 데파트망에서 대처가능한 수준으로 국가임명 지사인 데파트망 프레페가 총괄책임을 맡아 처리한다. 3단계는 국가의 방어권을 구분하기 위해 구분된 8개의 권역에 대해 국가임명 권역 지사가 총괄책임을 맡아 처리한다. 제4단계는 국가적 차원에서 범정부적으로 대응해야 하는 재난으로 내무부 시민안전총국장이 관장하면서 정부수반인 수상에게 보고하여 처리하게 된다(김미희, 2013).

# [참고자료]

전미희 (2013). 국가 위기관리체계의 비교 연구: **미국·프랑스·독일·일본·한국을 중심으로.** 박사
논문. 전북대학교 대학원 사회학과.

# CHAPTER 12

# 국가별 재난관리체계 비교·분석

## 1. 개설

앞서, 살펴본 바와 같이 국가별 재난관리체계를 비교·분석해 보면 상호간에 상당한 정도의 공통점이 있다는 것을 알 수 있다. 특히, 국가별 재난관리체계의 기본적 작동원리인 법령체계와 운용체계의 기본 철학은 매우 유사하다.

다만, 이러한 법령체계와 운영체계를 실현하기 위한 조직체계에 있어서는 국가별로 처한 고유한 정치·행정체계가 반영되면서 뚜렷한 차이점이 확인된다. 이 장에서는 이렇게 국가별 재난관리체계의 특성을 법령체계, 조직체계 및 운용체계의 3가지 측면에서 비교·분석해가며 시사점을 찾아본다.

## 2. 법령체계와 운용체계상 공통점

### 2.1 법령체계

각국의 재난관리 관련 법령체계는 앞서 I권 7장 「재난관리 법령체계」에서 살펴본 바와 같이 재난관리 기본법을 기반으로, 이를 분야별로 실행하기 위한 재난유형, 관리기능 또는 관리대상별 개별법으로 이원화되어 있다. 예를 들어, 일본의 경우 재난관리 기본법으로 「재해대책기본법」이 있는데, 분야별 개별법으로는 재난유형과 관련하여 「지진방재대책특별조치법」 등이 있고, 관리기능과 관련하여 구호업무를 규정하는 「재해구조법」 등이 있으며, 관리대상에 대해서는 「산림법」 등이 있다.

다른 나라의 경우에도 이와 유사한 맥락으로 법령체계가 만들어져 있다. 예를 들어, 기본법으로 영국은 「국가재난관리법(Civil Contingencies Act)」, 미국은 「스태포드 재난지원 및 응급구호법(Robert T. Stafford Disaster Assistance and Emergency Relief Act)」,

중국은 「중화인민공화국 돌발사건응대법(中华人民共和国 突发事件应对法)」, 독일은 「연방 민방위 및 재난지원에 관한 법률(ZSKG)」, 호주는 「국가 비상사태 선포법(National Emergency Declaration Act 2020)」, 스위스는 「연방 민방위 및 재난지원에 관한 법률(ZSKG)」, 프랑스는 「시민안전 현대화에 관한 법률」 등이 있다. 개별법의 경우에도 앞서 언급한 것처럼 재난유형, 관리기능 또는 관리대상별로 다수의 법률이 해당영역을 규정하고 있다. 이러한 이원화 체계는 대부분의 나라에서 공통적인 사항이다. 다만, 재난발생의 특성, 정치·행정체제 형태 등에 따라 그 다양성, 체계성에 있어서 정도의 차이만 있을 뿐이다.

## 2.2 운용체계

각국의 재난관리 운용체계는 몇가지 기본원칙을 공통적 기반으로 발달하여 왔다. 첫 번째 원칙은 재난관리론 Ⅰ(이론과 실제) 제8장(재난관리 정부 조직 및 기구)에서 살펴본 바 있는 보충성의 원칙(subsidiarity principle)의 적용이다. 이를 가장 잘 표현하고 있는 미국의 재난대응에 대한 기본원칙으로 "민간부문의 참여하에 지방정부가 실행하고 주정부가 관리하고 연방정부가 지원한다(locally executed, state managed, federally supported under public – private partnership)."가 있다. 즉, 재난관리는 하위 행정조직에서 책임과 권한을 가지고 관리해야 한다. 하지만 하위 행정조직의 역량을 넘어서는 재난이 발생한 경우에는 상위 행정조직에서 지원 또는 관리해야 한다.

두 번째 원칙은 재난이 발생하면 하나의 부서 또는 부처가 아닌 범정부적 대응을 기본으로 하고 있다는 것이다. 이를 위해 국가별로 범정부적 대응을 위한 범정부 비상기구를 명문화하고 있다. 예를 들어, 일본의 비상재해대책본부(본부장: 내각부 방재특명 담당대신 등), 긴급재해대책본부(본부장: 내각총리 내신), 영국의 국가재난관리위원회(위원장: 총리) 등이 대표적이다. 미국은 부처 차원에서는 연방재난관리청(FEMA) 내 국가대응조정센터(RRCC), 대통령실에서는 국가안전보장회의(NSC)의 상황실의 단계적 운영을 통해 이러한 비상기구의 역할을 대신한다. 중국, 독일 등 다른 나라도 유사한 범정부적 비상기구를 운영하고 있는 것으로 보인다.

이러한 재난원칙에 대해서 각국은 공통적으로 분야별 종합대책 또는 매뉴얼 등을 통해 운용체계를 세부적으로 규정하고 있다. 다만, 앞서 법령체계에서 언급한 것처럼 각국이 처한 재난발생의 특성, 정치·행정체제 형태 등에 따라 그 다양성, 체계성에 있어서 정도의 차이가 있다.

# 3. 조직체계상 차이점

## 3.1 총괄 · 조정기구

국가별 재난관리체계에서 가장 주목할 부분은 정부 내 재난관리기구 형태의 차이에 대한 것이다. 정부 내 재난관리기구는 크게 3가지의 모습을 보인다. ① 총리실 등 정부수반 사무실의 소속기구의 형태(영국, 일본), ② 독자적인 전문화된 중앙행정기관의 형태(미국, 중국), ③ 내무부 등 다른 중앙행정기구의 일부 기능의 형태(독일, 호주, 스위스, 프랑스 등)가 그것이다.

그렇다면, 어떤 요인들이 정부 내 재난관리기구의 형태에 영향을 주는 것일까? 앞서 언급한 바와 같이 국가별 재난관리체계도 정치, 경제, 사회, 문화적 환경에 따라 고유하게 발전해 왔으므로 이를 몇 가지 영향 요소로 재단하기는 어렵다. 하지만 정부 내 재난관리기구의 형태에 영향을 주는 몇 가지 공통된 특성이 있는데, ① 발생하는 재난의 규모 및 빈도, ② 국토의 면적 및 인구 등과 같은 물리적 크기, ③ 재난에 대한 사회적 경각심 및 재난관리 필요성 인식, ④ 대응 또는 복구와 같은 재난관리 단계 중 중점분야 등을 통해서 의미를 발견할 수 있다.

### (1) 총리실 등 정부수반 사무실의 소속기구의 형태: 일본과 영국

일본의 경우, 정부수반인 내각총리 대신을 보좌하는 사무실인 내각부 내에 재난관리 업무를 담당하는 장관급의 방재담당 특명대신이 8개 부서를 아우르며, 중앙정부의 재난관리 업무를 담당한다. 그리고 재난상황에서는 그 심각성에 따라 비상재해대책본부 또는 긴급재해대책본부와 같은 범정부 재난대처기구를 가동하여 국가적 재난상황에 대처하게 된다. 특히, 최고단계의 범정부 비상대처기구인 긴급재해대책본부는 본부장을 정부수반인 내각총리대신이 맡아 운영하고 있다.

영국의 경우도 과거에는 내무부가 그 역할을 담당했으나 2001년부터는 통합적 재난관리체계 구축을 위해 내각부에 5개 부서를 기능으로 두는 국가재난관리처(Civil Contingencies Secretariat; CCS)를 신설하여 연방정부의 재난관리업무를 담당한다. 또한, 재난상황에서는 최고단계의 범정부 비상대처기구인 국가재난관리위원회(Civil Contingencies Committee; COBR)를 총리가 위원장이 되어 가동하게 된다.

최고 권력자인 정부수반의 사무실에 재난관리기구를 두고 있는 일본과 영국, 두 나라는 공교롭게도 각각 세계적으로 가장 심각한 자연 및 인위재난을 겪고 있는 나라라는 점은 주목할 만하다. 일본은 태풍, 지진, 화산 등 자연재난의 발생이 가장 심각한 나라 중 하나이며, 영국은 산업혁명의 발생지로 이후 시간이 지나며 관련 시설 등이 낙후되며 인위재난의 발생이 빈번해지고 있는 대표적인 인위재난 다발 국가이다.

이를 앞서 설명한 정부 내 재난관리기구의 형태에 영향을 주는 요소와 연계시켜 보면, 재난의 규모 및 빈도가 클수록 이렇게 재난관리기구가 정부수반의 사무실에 소속기구로 설치되는 경향이 높다고 볼 수 있다. 이는 정부수반 사무실의 재난관리 소속기구는 정부수반이 직접 총괄하는 형태로서 재난관리에 대한 가장 강력하고 체계적인 정치체계라는 것과 연계시켜 생각해볼 수 있다.

다만, 미국 및 중국과 같은 경우에는 재난의 규모 및 빈도가 상대적으로 큰데도 불구하고 정부수반의 직접적 통솔체계가 아닌 독자적인 전문화된 중앙행정기관을 두고 관리하고 있다는 점은 또 다른 시사점이 있다. 이는 정부수반의 직접적 통솔체계로서 재난관리 직속기구 운영방식에 하나의 맹점이 있기 때문이다.

만약, 정부수반이 신경을 써야 할 재난의 총체적 수량이 적정수준 이상을 넘어지는 수준이 되면 정부수반의 사무실이 재난대처에 매몰될 수도 있다. 이는 국노의 면적 및 인구당 재난의 규모 및 빈도가 비슷하더라도 국토의 면적 및 인구 등이 커지게 되면 결국 신경써야 할 재난의 총량적 정도가 높아져, 정부수반의 직접적 통솔체계로는 한계가 있게 되는 것이다.

### (2) 독자적인 전문화된 중앙행정기관의 형태: 미국과 중국

미국은 재난뿐만 아니라 테러 등 포괄적 안보를 다루는 중앙행정기관으로 국토안보부(Department of Homeland Security; DHS)가 존재하며, 국토안보부 내 외청으로 있는 연방재난관리청(Federal Emergency Mangement Agency; FEMA)이 연방정부 내 중앙행정기관으로 국가재난관리를 총괄하고 있다. 여기서 미국의 연방재난관리청이 국토안보부의 외청임에도 불구하고 독자적인 전문화된 중앙행정기관으로 분류하고 있는 이유는 연방재난관리적인 역사적, 실질적으로 다른 기관에 비해 상대적으로 독립적 위상이 강하고 미국 전역에 10개의 지역사무소를 운영하는 등 조직의 규모도 상당하기 때문이다. 아울러, 중국은 최근 재난관리 전담기구로 응급관리부(应急管理部)를 설립하여 장관급의 중앙행정기관으로 재난관리를 총괄하고 있다.

공교롭게도 미국과 중국은 세계적으로 가장 넓은 국토의 면적과 가장 많은 인구를 자랑하는 대표적인 물리적 대국 대열에 있는 나라들이다. 이뿐만 아니라 두 나라에는 자연 및 인위재난의 규모 및 빈도도 다른 나라에 비해 상대적으로 많은 편이다. 이러한 두 나라는 재난관리기구가 독자적인 전문화된 중앙행정기관으로 존재하는 대표적인 국가라는 배경에는 다음과 같은 유추가 가능하다.

일본이나 영국과 비교할 때, 이들 두 나라는 결코 재난의 규모와 빈도가 낮은 국가들이라고 할 수는 없다. 그렇다면 왜 앞선 일본과 영국의 사례처럼 정부수반 사무실의 소속기구의 형태로 재난관리기구가 존재하지 않는 것일까? 이들 국가의 물리적 크기, 즉 면적과 인구를 고려할 때, 정부수반의 사무실의 직속기구로서 재난관리 조직을 두고 직접 총괄하기에는 다루어야 할 절대적인 재난범위가 지나치게 광범위하다고 할 수 있다. 수많은 국정사안을 처리해야 하는 정부수반의 입장에서는 재난관리를 직속 사무실 소속기구를 통해 관장하기에는 한계가 있을 수밖에 없다. 따라서 정부수반으로부터 위임을 받은 독자적인 전문화된 중앙행정기관이 이를 대리하게 되는 것이 효과적이라 할 수 있다.

### (3) 내무부 등 다른 중앙행정기구의 일부 기능의 형태: 독일, 호주, 스위스, 프랑스 등

마지막으로 살펴볼 수 있는 것이 독일, 호주, 스위스, 프랑스 등과 같이 내무부 등 다른 중앙행정기구의 일부 기능으로 정부 내 재난관리기구가 존재하는 형태이다. 일반적으로 정부서무 및 지방행정 업무를 다루는 부처에 민방위 업무와 같은 국민보호 기능과 연계하여 부처의 주요 부서 또는 독립된 외청 형태로 존재한다.

이때 재난관리 기능을 어떤 정부조직의 하부로 둘 것이냐는 재난관리에 대한 정부의 철학이 영향을 미친다. 재난이 발생이 발생하면 정부는 재난에 대응하고 피해를 복구해야 하는데, 재난대응에 중점을 두는 정부는 민방위, 안보·치안 등과 같은 기능과 결합하는 데 반해, 재난 복구에 중점을 두는 정부는 건설행정, 국토계획 등과 같은 기능과 결합을 하는 경향이 있다.

이러한 형태는 대규모 재난이 발생하지 않거나 발생하더라도 빈도가 적은 국가, 즉 재난의 위험성에 대한 인식이 상대적으로 낮은 국가에서 일반적으로 보이는 정부조직 형태이다. 세계적으로 앞서 살펴본 국가를 제외하고 대다수의 국가에서 취하고 있는 재난관리 정부조직 형태이며, 앞서 언급한 영국, 미국, 중국 등의 경우에도 현행체계로 개편하기 이전까지는 이런 모습을 유지했었다. 다시 말하면 재난관리 정부조직의 세계적인 추세는 재난에 대한 사회적 경각심 그리고 재난관리에 대한 사회적 인식이 제고되면서 다른 중앙행정기구의 일부 기능으로 조치하던 조직체계가 독립화된 형식(정부수반 사무실의 전문화된 소속기구 또는 독자적인 전문화된 중앙행정기관)으로 발전하고 있다.

표 12.1 국가별 재난관리조직의 형태와 영향 요인

| 구 분 | ① 재난의 규모 및 빈도 | ② 국토의 면적 및 인구 | ③ 사회적 경각심 및 필요성 |
|---|---|---|---|
| ① 정부수반 사무실 직속 | 大 | 小 | 大 |
| ② 독립적 중앙행정기관 | 大 | 大 | 大 |
| ③ 다른 중앙행정기구의 일부 | 小 | — | 小 |

## 3.2 정부수반 보좌기구

재난관리 조직이 정부수반 사무실에 직속기구로 있는 경우를 제외하고 독립적인 중앙행정기관 또는 다른 중앙행정기관의 일부 기능으로 있는 경우에는 정부수반 사무실에 정부수반을 보좌하는 기능이 별도로 필요로 한다. 만약 이러한 보좌기능에 문제가 발생하면 정부수반은 재난관리에 어려움을 겪게 되고 재난의 특성상 심각한 정무적 리스크를 가지게 된다. 이러한 정부수반 사무실 내에서 정부수반을 보좌하는 형태도 국가별로 서로 다를 수 있다.

미국의 사례를 대표적으로 살펴보면 대통령에 대한 전반적인 보좌기능을 가지는 대통령비서실장(Chief of Staff)과는 별도로 외교 및 안보분야에 대해 대통령을 보좌하는 국가안보보좌관(National Security Advisor)이 재난분야에 대해서도 대통령을 보좌한다. 국가안보보좌관은 대통령이 의장인 국가안전보장회의(National Security Council)를 관장하고 있다(HSPI, 2009).

특히, 재난 및 테러는 국토안보보장회의(Homeland Secuirty Council)를 통해 협의되는데, 이는 국가안전보장회의의 소속 협의기구로 이를 관장하는 국토안보보좌관(Homeland Security Advisor)은 국가안보부보좌관(Deputy National Security Advisor)의 지위를 가진다. 백악관 지하벙커에는 안보 및 재난에 대해 포괄적으로 상황을 관리를 위한 상황실(situation room)이 위치해 있는데, 130여 명의 국가안전보장회의 인원들이 근무하고 있다(HSPI, 2009).

# 4. 요약 및 결론

앞서, 살펴본 바와 같이 국가별 재난관리체계를 비교·분석해 보면 재난관리 방식의 기본원칙하에 법령체계, 운용체계계 등에서는 상당한 수준의 공통점이 발견된다. 다만, 실제 재난상황에서 이를 어떻게 적용할 것이냐에 대해서는 국가별로 처한 고유한 환경 속에서 서로 다른 모습을 보인다.

표 12.2는 앞서 국가별로 논의해온 사항들을 요약하고 있다. 즉, 법률체계, 조직체계, 운용체계의 기본흐름은 동일하나 국가별로 이를 적용하는 방식은 재난발생의 특성, 정치·행정체제 형태 등에 따라 그 다양성, 체계성 등에 있어서 정도의 차이가 있음을 알 수 있다.

표 12.2 국가별 재난관리체계 비교

| 국가 | 기본법률 | 총괄/비상조직(평상시→재난시) | 운영체계 |
|---|---|---|---|
| 일본 | 재해대책기본법 | 내각부 방재담당 특명대신<br>→ 비상재해대책본부<br>→ 긴급재해대책본부 | 방재기본계획, 지역방재계획,<br>지구방재계획 등 |
| 영국 | 국가재난관리법(Civil Contingencies Act) | 내각부 국가재난관리사무처(CCS)<br>→ 국가재난관리위원회(COBR) | 비상상황 1, 2, 3단계 등 |
| 미국 | 스태포드 재난지원 및 응급구호법(Robert T. Stafford Disaster Assistance and Emergency Relief Act) | 국토안보부(DHS) 산하 연방재난관리청(FEMA)<br>→ 지역긴급조정센터(RRCC), 합동현장사무소(JFO) 등 | 국가대응체계(NRF), 국가사고관리체계(NIMS), 사고지휘체계(ICS) 등 |
| 중국 | 중화인민공화국 돌발사건 응대법(中华人民共和国突发事件应对法) | 응급관리부 (应急管理部)<br>→ 국가돌발사건 응급지휘부(国家突发事件 应急指挥机构) | 국가총체 응급예안(国家总体应急预案), 국가단항 응급예안(国家专项 应急预案) 등 |
| 독일 | 연방 민방위 및 재난지원에 관한 법률(ZSKG) | 연방 내무부(BMI) 산하 연방 국민보호·재난지원청(BBK)<br>→ 부처 간 조정그룹 등 | 비상대응 1, 2, 3단계 등 |
| 호주 | 국가 비상사태 선포법(National Emergency Declaration Act) | 연방 내무부 산하 국가재난관리청(NEMA)<br>→ 국가내각, 위기 및 복구위원회(AGCRC), 국가조정체계(NCM) 등 | 연방 재난대응계획(COMDISPLAN) 등 |
| 스위스 | 연방 국민보호·방위 기본법 | 연방 국방·시민보호·체육부 산하 연방시민보호청(FOCP)<br>→ 연방 민방위 위기관리위원회 | 국가 비상상황실 등 |
| 프랑스 | 시민안전 현대화에 관한 법률 | 내무부 내 시민방어안전총국<br>→ 국가안전위원회 | 국가비상계획(오르섹, Plan ORSEC), 특별비상계획(Plan Specifique) 등 |

# [참고자료]

HSPI (2009). The Homeland Security Council: Considerations for the Future. Homeland Security Policy Institute.

White House (2017). National Security Presidential Memorandum−2: Organization of the National Security Council and the Homeland Security Council. White House. January 28, 2017.

# 색인

저자 소개

## 임현우

- **학 력**: 미국 University of Illinois at Urbana-Champaign에서 위험공학(Risk Engineering)으로 박사학위를 받았으며, 이후 미국 최초로 재난관리학이 독립학위 과정으로 개설된 University of North Texas 행정학과의 박사과정에 진학하여 재난관리 행정체계에 대한 연구를 수행하였다. 서울대학교 토목공학과를 졸업하고 同대학원에서 지진공학으로 석사학위를 받았다.
- **경 력**: 지난 25년간 대부분을 재난관리 분야 공직생활을 하며 실무경험을 쌓았다. 대통령실, 행정안전부, 국민안전처, 국무총리실, 소방방재청, 지방자치단체 등에서 재난관리 업무 등을 담당하였고, 구체적 업무영역으로 재난복구, 재난보험, 상황관리, 재난경감, 지진방재 등이 있다. 자연재난분야 중앙재난안전대책본부 담당관(2020~2021년)과 코로나19 중앙재난안전대책본부 제2본부 담당관(2021~2022년) 등을 역임하였으며, 현재에도 대통령실에서 정부의 재난관리를 총괄·보좌하는 공무원으로 재직 중이다.
- **연 구**: 미국 연방재난관리청(FEMA), 미국 국가과학재단(NSF) 등의 연구과제를 수행하였으며, University of North Texas의 Newell Fellowship 프로그램 등의 지원을 받아 재난행정에 대한 연구를 수행하였다. 이와 관련하여 국내외적으로 다수의 논문을 출판하였고 후학들을 위한 재난관리론, 정치와 정책, 경제성 분석론 등을 강의하였다.

## 유지선

- **학 력**: 미국 최초로 재난관리학이 독립학위 과정으로 개설된 University of North Texas 행정학과에서 박사학위를 받았다. 홍익대학교 건설도시공학부를 졸업하고 서울대학교 대학원에서 지진공학으로 석사학위를 받았다.
- **경 력**: 지난 18년간 대부분을 재난관리 분야 공직생활을 하며 실무경험을 쌓았다. 행정안전부, 국민안전처, 소방방재청 등에서 재난관리 업무 등을 담당하였고, 구체적 업무영역으로 재난복구, 재난예방, 안전관리, 기후변화, 국제협력, 위험커뮤니케이션 등이 있다. 현재에도 행정안전부의 재난 및 안전관리를 총괄·담당하는 공무원으로 재직 중이다.
- **연 구**: University of North Texas의 Newell Fellowship 프로그램 등의 지원을 받아 재난행정에 대한 연구를 수행하였으며, 국내외적으로 다수의 연구논문을 출판하였다.

☞ 본 교재와 관련된 강의자료 등을 포함한 각종 재난관리 관련 자료들은 네이버 카페(http://cafe.naver.com/dsmgmt)를 통해 공유될 예정입니다. 또한, 현재의 교재내용 중 부족한 부분에 대한 사항도 이를 통해 지속적으로 보완할 예정입니다. 이와 관련하여 질문이나 제안이 있으신 경우, 저자(임현우: flyhwlim@gmail.com, 유지선: flyjsryu@gmail.com)에게 직접 연락 주시기 바랍니다.

제3판
## 재난관리론 II –유형·국가별 재난관리체계–

| 초판발행 | 2019년 6월 10일 |
|---|---|
| 제2판발행 | 2022년 4월 28일 |
| 제3판발행 | 2024년 3월 10일 |

| 지은이 | 임현우 · 유지선 |
|---|---|
| 펴낸이 | 안종만 · 안상준 |

| 편 집 | 사윤지 |
|---|---|
| 기획/마케팅 | 조성호 |
| 표지디자인 | 권아린 |
| 제 작 | 고철민 · 조영환 |

| 펴낸곳 | (주) **박영사** |
|---|---|
| | 서울특별시 금천구 가산디지털2로 53, 210호(가산동, 한라시그마밸리) |
| | 등록  1959. 3. 11. 제300-1959-1호(倫) |
| 전 화 | 02)733-6771 |
| f a x | 02)736-4818 |
| e-mail | pys@pybook.co.kr |
| homepage | www.pybook.co.kr |
| ISBN | 979-11-303-1930-8  94350 |
| | 979-11-303-1928-5  (세트) |

* 파본은 구입하신 곳에서 교환해 드립니다. 본서의 무단복제행위를 금합니다.

정 가   30,000원